EL LENGUAJE DEL CORAZON

EL LENGUAJE DEL CORAZON

Los Escritos de Bill W. para el Grapevine

The A.A. Grapevine, Inc.

New York

Algunos de los artículos que Bill escribió para el Grapevine (o extractos de ellos) aparecen en folletos aprobados por la Conferencia de AA. "Problemas Diferentes del Alcohol," ha sido reimpreso en forma de folleto, y algunos extractos del mismo artículo se han publicado en forma de volante. Todos los artículos del folleto "La Tradición de AA: Cómo se Desarrolló" fueron publicados originalmente en el Grapevine y aparecen en la primera parte de este volumen.

CONTENIDO

PRIMERA PARTE: 1944-1950
Primera Sección: Las Tradiciones toman forma

Segunda Sección: Otros escritos de este período

SEGUNDA PARTE: 1950-1958
Primera Sección: AA llega a su mayoría de edad

Segunda Sección: Seamos amistosos con nuestros amigos

Tercera Sección: Otros escritos de este período

TERCERA PARTE: 1958-1970
Primera Sección: En todos nuestros asuntos

Segunda Sección: Con miras al futuro

Tercera Sección: Otros escritos de este período

ARTICULOS CONMEMORATIVOS

ARTICULOS ACERCA DEL GRAPEVINE

PROLOGO

Queridos amigos,

Como ya sabrán ustedes, en el curso de muchos años, Bill escribió numerosos artículos para el Grapevine. Para él era una forma de compartir su experiencia, fortaleza y esperanza con la Comunidad entera.

Me parece maravilloso que tantos de sus escritos vuelvan a estar disponibles ahora — especialmente para los incontables AA que se han unido a la Comunidad después de que se publicaran estos artículos por primera vez.

Espero que estos miembros los encuentren útiles.

Con gratitud,

Lois

INTRODUCCION

Con la publicación de *El Lenguaje del Corazón* se reúnen por primera vez casi todos los artículos que Bill W., cofundador de Alcohólicos Anónimos, escribió para el AA Grapevine. Aunque algunos de sus artículos se encuentran reimpresos por separado, ya sea en forma de folletos, libros de ΛΛ, o en números posteriores de la revista, hasta ahora nunca habían sido publicados en un solo volumen

En junio de 1944, se estableció el Grapevine como un boletín local gracias a los esfuerzos individuales de seis miembros de AA de la ciudad de Nueva York que se sentían preocupados por lo que parecía ser "una falta de entendimiento" entre los grupos del área metropolitana. El boletín, que los seis editores mandaban por correo a todos los grupos conocidos en los Estados Unidos y Canadá, y enviaban gratis a los AA que servían en las fuerzas armadas durante la Segunda Guerra Mundial, pronto se hizo popular a nivel nacional. En 1945, por votación de los grupos, se convirtió en la revista principal de la Comunidad en su totalidad y, a partir del número de enero de 1945, ha sido conocida como la revista internacional de Alcohólicos Anónimos.

Desde el primer número del boletín de ocho páginas, Bill W. fue un colaborador muy prolífico, un defensor entusiasta y, durante muchos años, era asesor de la redacción. A pesar de tener un horario de viajes muy apretado y de mantener una copiosa correspondencia, a Bill nunca le parecía que tenía suficiente oportunidad de responder a las numerosas y variadas demandas de una Comunidad que estaba todavía en el proceso de formación, y en el Grapevine encontró el vehículo ideal de comunicación con los miembros y los grupos que clamorosamente le pedían que compartiera sus ideas y experiencia. En más de 150 artículos, escritos en un período de 26 años, Bill documentaba el laborioso proceso de pruebas y tanteos que tuvo como resultado los principios espirituales de AA, de Recuperación, Unidad y Servicio; y exponía su visión de lo que la Comunidad podría llegar a ser.

Cuando la redacción actual del Grapevine se puso a considerar las diversas formas en que se podían agrupar los artículos de Bill en secciones lógicas, al principio parecía una tarea hercúlea—pero al final no resultó ser así. Debido principalmente a la forma ordenada y bien centrada de pensar y trabajar que Bill tenía, los artículos casi se agrupaban por sí solos. Aparecen en orden cronológico en tres partes, según los principales temas de AA acerca de los cuales Bill estaba pensando y escribiendo durante cada período. Además, cada Parte está subdividida según temas de mayor o menor importancia. En las breves introducciones a la Primera, Segunda y Tercera Parte, se resumen los principales acontecimientos y tendencias de AA que motivaban a Bill a hacer resaltar un aspecto determinado de la vida de AA, y en unos cuantos casos, un par de frases introductorias establecen el contexto del artículo en cuestión. Hacia el final aparece un grupo del artículos conmemorativos (redactados en reconocimiento de algunos amigos no alcohólicos de AA, así como del Dr. Bob y de Bill D., el AA Número Tres), y un Apéndice que contiene siete artículos en los que Bill reflexionaba sobre el Grapevine.

Aunque nuestra intención es hacer disponible una recopilación total de los escritos publicados por Bill en el Grapevine, se han omitido algunos debido a consideraciones de espacio. La serie de artículos acerca de las Tradiciones, escrita en 1952 y 1953 y reimpresa más tarde en el libro *Doce Pasos y Doce Tradiciones* ya está disponible en ese libro y, por lo tanto, no la repetimos aquí; por razones parecidas, no se han incluido dos extractos de *AA Llega a su Mayoría de Edad* que fueron reimpresos como artículos del Grapevine, y un artículo que apareció dos veces en el Grapevine solo aparece aquí una vez. También se han suprimido todas las breves (de una media página cada una) felicitaciones Navideñas y del Día de Acción de Gracias, expresadas por Bill a la Comunidad, con la excepción del mensaje de Navidad de diciembre de 1970, su último artículo para el Grapevine. Y finalmente, también se han omitido algunos breves artículos (cortos tributos conmemorativos a miembros del personal de la Oficina de Servicios Generales y un aviso de que la Oficina de Servicios Generales iba a trasladarse a un nuevo lugar).

Ya que esta colección es, por su naturaleza, un documento histórico, se deben mencionar algunas características. Primero, repetición: Los artículos aparecieron originalmente en una publicación periódica, y Bill nunca podía estar seguro de que los lectores de cualquier número hubieran leído uno anterior. Por lo tanto, a menudo repetía ideas o ejemplos, y se han conservado estas repeticiones para asegurar la integridad de la obra de Bill. Segundo, algunos materiales son ahora obsoletos; por ejemplo, algunas ideas acerca de las Tradiciones expresadas en sus primeros artículos sobre el tema resultaron ser impracticables a la luz de la experiencia posterior; pero por fidelidad histórica, no se han hecho enmiendas editoriales en las primeras versiones. Por último, Bill era un hombre de su época, y puede que los lectores encuentren expresiones y terminología poco conocidas, o puede ser que se queden sorprendidos por una fraseología que hoy podría considerarse poco apropiada. En estos casos también, se ha conservado el lenguaje original (con algunos cambios que no requerían una nueva redacción), porque alterar la fraseología también podría haber alterado el significado.

La más citada descripción que hizo Bill del Grapevine aparece en *AA Llega a su Mayoría de Edad*: "El Grapevine es el espejo del pensamiento y de la acción de AA, a escala mundial. Es una especie de alfombra mágica en la cual todos nosotros podemos viajar desde un remoto bastión de AA hasta otro, y ha llegado a ser un maravilloso medio de intercambio de nuestros pensamientos y experiencias actuales." La redacción del Grapevine tiene la esperanza de que las ideas de Bill, escritas durante los años cuarenta, cincuenta y sesenta, y que nunca han perdido su actualidad, les sirvan como un espejo a los miembros de AA de los años ochenta y posteriores, recordándonos cómo era, documentando lo que pasó y por qué pasó, e iluminado el presente con la sabiduría de la experiencia de AA durante sus primeros treinta años.

PRIMERA

PARTE

1944 - 1950

En el verano de 1944, Alcohólicos Anónimos estaba experimentando un crecimiento fenomenal. La dirección de AA todavía residía principalmente en las manos de sus miembros fundadores; Bill W. y unos cuantos más instalados en una pequeña oficina en Nueva York, se esforzaban por mantenerse al ritmo del aumento casi abrumador del número de miembros. Como consecuencia del artículo de Jack Alexander, publicado en el *Saturday Evening Post* en 1941, el número de miembros de AA aumentó de 2,000 a 8,000 a finales de ese año. Para 1950, habría más de 96,000 miembros, y el número de grupos, unos 500 en 1944, ascendería a 3,500. Al mismo tiempo que ocurría este tremendo desarrollo dentro de la Comunidad, mucha gente no alcohólica del campo de la medicina, de la religión y de los medios de comunicación iban llegando a tener conciencia de AA como solución para los alcohólicos aparentemente desahuciados, y estaban pidiendo a gritos información y respuestas a sus preguntas referentes a la política y normas de AA.

La cartas que inundaban la pequeña Sede de AA, junto con la experiencia sacada de sus visitas a los grupos en todas partes de Norteamérica, contribuyeron a que Bill y los otros miembros fundadores vieran con mayor claridad cuáles eran los principios que parecían favorecer la unidad del grupo, así como aquellos que a menudo acababan causando conflictos. Enfrentado con este rápido desarrollo y numerosas demandas internas y externas, Bill se daba perfecta cuenta de que la nueva Comunidad podría fácilmente hundirse bajo el peso de su propio éxito a no ser que se pudiera formular un conjunto común de principios orientadores y una política eficaz para relacionarse con el público en general.

En los artículos de la Primera Parte, Bill describió la experiencia acumulada y sugirió para la consideración de la Comunidad un conjunto de principios orientadores prácticos. Estos artículos de significación decisiva llegaron a su punto culminante en el número de abril de 1946 con el titulado "Doce Puntos Sugeridos Para la Tradición de AA," los cuales constituyen ahora la forma larga de las Doce Tradiciones.

Sección

1

Las Tradiciones toman forma

La modestia: un elemento de las buenas relaciones públicas

Agosto de 1945

Durante los pocos años que Alcohólicos Anónimos ha estado a la vista del público, se le han dedicado cientos de miles de palabras de publicidad en los periódicos y las revistas. A estos medios se les han añadido recientemente los comentaristas radiofónicos y, aquí y allá, algunos programas de radio patrocinados por AA. En muy contadas ocasiones se nos ha dirigido una palabra de crítica o de burla. Aunque a veces nuestra publicidad ha carecido de cierta dignidad, difícilmente podemos quejarnos. Después de todo, el beber no es asunto de gran dignidad.

Indudablemente, tenemos motivos para sentirnos agradecidos por el hecho de que una multitud de escritores, redactores, clérigos, médicos—amigos de toda clase y condición—han seguido preconizando nuestra causa de forma tan comprensiva y entusiástica. Como consecuencia directa de sus esfuerzos, miles de alcohólicos han llegado a AA. Es un buen resultado. Un resultado providencialmente bueno, al considerar los muchos errores que pudiéramos haber cometido; lo profundamente comprometidos que pudiéramos estar, si hubiéramos seguido otra política. Por ejemplo, en la polémica sobre la prohibición. Es incluso posible que hubiéramos reñido con nuestros buenos amigos, la religión y la medicina. No ha sucedido ninguna de estas cosas. Hemos sido increíblemente afortunados, gracias a Dios.

Aunque podemos tener aquí material para una buena historia de éxito, no es, a nuestro parecer, motivo para felicitarnos a nosotros mismos. Los AA veteranos que conocen bien los hechos opinan unánimemente que una inteligencia superior a la nuestra ha tenido sin duda una gran influencia; si no, no podríamos haber evitado tantos escollos, no podríamos haber tenido una relación tan venturosa con nuestros millones de amigos del mundo exterior.

Pero en la historia aparece la crónica de la grandeza y, no olvidemos, la decadencia de muchas empresas—políticas, religiosas, y sociales—todas ellas benignas y prometedoras. Algunas perduraban después de perder su utilidad, pero la mayoría murieron prematuramente. Algunos defectos o debilidades internos acabaron manifestándose claramente afuera. Sus relaciones públicas se vieron afectadas; no se desarrollaron más; se estancaron o se derrumbaron.

La glorificación personal, la soberbia, la ambición obsesiva, el exhibicionismo, la suficiencia intolerante, la loca avidez de dinero o poder, el no querer reconocer los errores y aprender de ellos, la satisfacción de sí mismo, la perezosa complacencia—estos y otros muchos son los típicos defectos que tan a menudo afligen a los movimientos así como a los individuos.

Aunque como individuos nosotros los AA hemos sufrido mucho de estos mismos defectos y, si esperamos mantenernos sobrios y útiles, debemos reconocerlos y enfrentarnos con ellos diariamente en nuestras vidas personales, es cierto, no obstante, que rara vez estas actitudes se han insinuado en nuestras relaciones públicas. Pero algún día pueden hacerlo. No digamos nunca, "eso no puede pasar aquí."

A los lectores del número de julio del Grapevine, les dejó asombrados y les hizo pararse a reflexionar el artículo publicado acerca del movimiento Washingtoniano. Nos resultaba difícil de creer que, hace cien años, en los periódicos de este país aparecieran reportajes entusiásticos acerca de cien mil alcohólicos que se ayudaban unos a otros a mantenerse sobrios; que hoy día la influencia de esta buena obra haya desaparecido tan completamente que muy pocos de nosotros hemos oído hablar de ella.

Echemos una mirada al artículo del Grapevine sobre los Washingtonianos y citemos algunas frases: "Mitin popular en 1841, en el Parque del Ayuntamiento de la Ciudad de Nueva York, atrajo a un auditorio de 4,000 personas. Los oradores hablaban subidos en barriles de ron." "Desfiles triunfales en Boston. El histórico Faneuil Hall estaba hasta los topes." (¿Autopromoción exagerada—

exhibicionismo? En cualquier caso, suena muy alcohólico, ¿no?) "Los políticos miraban con ojos ávidos al creciente número de miembros... sus intentos de reclutar votos contribuían a echar a perder los grupos locales." (Nuevamente, huele a ambición personal, y también a una innecesaria participación de los grupos en cuestiones polémicas; la cuestión de más actualidad del momento era la abolición de la esclavitud.) "Los Washingtonianos se sentían muy seguros de sí mismos... despreciaban los antiguos métodos." (Quizás un poco arrogante. No podían aprender de los demás y llegaron a competir, en lugar de cooperar, con otras organizaciones de su mismo campo.)

Al igual que los AA, los Washingtonianos originalmente tenía un solo objetivo: "Se interesaba únicamente en la rehabilitación de los borrachos y sostenía que no era asunto suyo el que otras personas, que parecían ser poco afectadas por ello, utilizasen el alcohol." Pero más tarde apareció una nueva tendencia: "En las organizaciones locales más antiguas, había una división— algunas permitirían vino y cerveza—otras clamaban a gritos por promulgar leyes que prohibieran el alcohol—en su celo por conseguir nuevos miembros, reclutaron a mucha gente bebedora, pero no necesariamente alcohólica." (Así, el firme y sencillo propósito original del grupo se disipó en vanas controversias y objetivos divergentes.)

Además: "Algunos [de los grupos locales de los Washingtonianos] echaron mano de sus arcas para financiar sus propias publicaciones. No había normas editoriales globales. Los editores de los periódicos locales se metieron en riñas con los editores de los periódicos de temperancia." (Aparentemente, el problema no estaba en el hecho de que tuvieran publicaciones locales. Era más bien que los Washingtonianos dejaron de aferrarse a su propósito original que les hubiera evitado entrar en peleas con nadie; y también el hecho patente de que no tenían ninguna política nacional de relaciones públicas, ni una tradición que todos los miembros estuvieran dispuestos a seguir.)

Estamos seguros de que, si los Washingtonianos originales pudieran regresar a este planeta, estarían encantados de vernos aprender de sus errores. No considerarían nuestros comentarios como una crítica sin objeto. Si hubiéramos vivido en su época, podríamos haber cometido los mismos errores. Tal vez ahora estemos empezando a cometer algunos de ellos.

Así que debemos examinarnos constante y detenidamente, a fin de tener la perpetua seguridad de que, dentro de nuestra Sociedad, siempre seamos lo suficientemente fuertes y estemos suficientemente fijados en nuestro único propósito como para relacionarnos apropiadamente con el mundo exterior.

Ahora bien, ¿Tiene AA un política de relaciones públicas? ¿Es todo lo buena que pudiera ser? ¿Son claros sus principios primordiales? ¿Puede responder a futuros cambios de circunstancias?

Ahora que nos encontramos cada vez más a la vista del público, estas preguntas van cobrando mayor importancia para muchos AA. En el número de septiembre del Grapevine, voy a tratar de resumir nuestras normas actuales de relaciones públicas, cómo se desarrollaron y en qué, al parecer de la mayoría de los miembros veteranos de AA, podrían mejorarse para responder con más eficacia a nuestros nuevos y más urgentes problemas.

¡Que siempre estemos dispuestos a aprender de la experiencia!

Las "reglas" son peligrosas pero la unidad es vital

Septiembre de 1945

¿Tiene Alcohólicos Anónimos una política de relaciones públicas? ¿Es adecuada para responder a nuestras necesidades actuales y futuras?

Aunque nunca se ha formulado definitivamente ni se ha expresado detalladada y precisamente, sin duda tenemos formada en parte una política de relaciones públicas. Como todo lo que hay en AA, ha venido desarrollándose por un proceso de pruebas y tanteos. Nadie la inventó. Nadie ha sentado un conjunto de reglas que la abarque, y espero que nadie lo haga jamás. Lo espero porque, para nosotros, las reglas y los reglamentos parecen ser de poco valor. Muy rara vez nos dan buenos resultados.

Si procediéramos por reglas, tendría que haber alguien que las elaborara y, aun más difícil, alguien que las hiciera cumplir. A menudo se ha tratado de elaborar reglas. Por lo general, los proyectos acaban en controversias entre los propuestos legisladores en cuanto a cuáles reglas debieran establecerse. Y a la hora de imponer algún edicto—bueno, ya sabes lo que pasa. Cuando intentamos hacer cumplir alguna regla o reglamento, por muy razonable que pueda ser, casi siempre caemos en desgracia y vemos desaparecer nuestra autoridad. Se oye gritar a la gente: "Abajo los dictadores, que los lleven al paredón." Heridos y asombrados, los comités directivos y los "líderes", uno tras otro, hacen el descubrimiento de que en nuestros asuntos la *autoridad humana*, por equitativa y benigna que sea, rara vez funciona bien o durante mucho tiempo. Los alcohólicos (no importa lo desarrapados que parezcan) son los más acérrimos individualistas, auténticos anarquistas de corazón.

Nadie, por supuesto, sostiene que este rasgo nuestro sea una esplendorosa virtud. Durante sus primeros años en AA, todo miembro conoce el impulso de rebelarse contra la autoridad. Yo sé que lo sentía, y no diría que lo haya superado. Además, he pasado por mi época de legislador, de regulador del comportamiento de los demás. Yo también he pasado noches desvelado, cuidando de mi ego "herido," preguntándome cómo podrían ser tan poco razonables, tan desconsiderados conmigo, aquellos cuyas vidas yo estaba tratando de dirigir. Ahora, al recordar esas experiencias, las puedo mirar con gran regocijo. Y también con gratitud. Me enseñaron que la cualidad que me impulsaba a gobernar a otras personas era ese mismo egocentrismo que a ellas les incitaba a rebelarse.

Se puede oír gritar a un lector no-AA: "Eso parece muy poco prometedor para el futuro de esta gente. Sin organización, ni reglas, ni autoridad. Es una anarquía; es dinamita; es 'atómico' y va a explotar. Menudas relaciones públicas. Si no hay autoridad, ¿cómo pueden tener una política de relaciones públicas? Este es exactamente el mismo defecto que hace cien años llevó a la ruina a los alcohólicos Washingtonianos. Fueron creciendo como hongos hasta llegar a los cien mil miembros, y luego se derrumbaron. No había ni política ni autoridad efectivas. Se peleaban entre ellos, y así finalmente el público los veía con los ojos amoratados. ¿No son estos AA el mismo tipo de borrachos, el mismo tipo de anarquistas? ¿Cómo pueden esperar tener éxito en lo que fracasaron los Washingtonianos?"

Estas son buenas preguntas. ¿Tenemos las respuestas? Aunque nunca debemos estar muy seguros, hay motivo para esperar que las tenemos; parece que en AA hay en juego unas fuerzas que no parecían estar en evidencia entre nuestros compañeros alcohólicos de los años cuarenta del siglo pasado.

Para empezar, nuestro programa de AA está enfocado en lo espiritual. La mayoría de nosotros hemos encontrado la suficiente humildad para creer y confiar en Dios. Hemos encontrado esa humildad enfrentándonos con la realidad de que el alcoholismo es una enfermedad mortal ante la que individualmente somos impotentes. Por el contrario, los Washingtonianos consideraban que beber no era sino otra mala costumbre muy arraigada de la que uno se podría quitar por fuerza de voluntad, expresada en forma de promesas solemnes, y reforzada por la ayuda mutua prestada por una sociedad comprensiva de ex borrachos. Aparentemente, tenían en poca consideración el cambio de personalidad, y en ninguna consideración la conversión espiritual.

La ayuda mutua y las promesas solemnes les sirvieron de mucho, pero no eran suficientes; sus egos individuales se desmandaban en todo asunto menos el del alcohol. Fuerzas egoístas sin ninguna verdadera humildad, con poca conciencia de que, para el alcohólico, el castigo por un exceso de obstinación es la muerte; sin ningún poder superior a quien servir, esas fuerzas acabaron por destruir a los Washingtonianos.

Por consiguiente, los AA, cuando miramos hacia el futuro, siempre tenemos que preguntarnos si el *espíritu* que ahora nos une en nuestra causa común siempre será más fuerte que aquellos deseos y ambiciones personales que tienden a desunirnos. Mientras las fuerzas positivas sean superiores, no podemos fracasar. Afortunadamente, hasta la fecha, los vínculos que nos unen han sido mucho más fuertes que los impulsos que nos podrían desgarrar. Aunque el miembro individual de AA no está sujeto a ninguna coacción humana, aunque tiene una casi perfecta libertad personal, hemos logrado, no obstante, una unidad magnífica en cuanto a lo esencial.

Por ejemplo, nadie se ve forzado a tragar los Doce Pasos de nuestro programa de AA. Ninguna autoridad humana los hace cumplir. No obstante, nos unen y unidos los seguimos, porque la verdad que contienen nos ha salvado la vida, y nos ha abierto una puerta hacia un nuevo mundo. Nuestra experiencia nos enseña que estas verdades universales producen resultados. La anarquía del individuo se rinde ante esta evidencia. El individuo logra su sobriedad y después, poco a poco, llega a estar totalmente de acuerdo con nuestros sencillos principios básicos.

Estas verdades acaban por gobernar su vida y él acaba por vivir bajo su autoridad, la autoridad más poderosa que se conozca, *la autoridad de su propio y pleno consentimiento voluntario*. El no está gobernado por la gente, sino por los principios, por las verdades y, como diría la mayoría de nosotros, por Dios.

Puede que algunos nos hagan la pregunta, "¿Qué tiene que ver todo esto con una política de relaciones públicas de AA?" Un AA veterano les contestaría, "Mucho." Aunque la experiencia nos indica que en AA no se puede crear ni enunciar ninguna política fijada con todo detalle, ni mucho menos imponerla eficazmente por ninguna autoridad humana, nos vemos enfrentados con el problema de desarrollar una política de relaciones públicas y de conseguir que se sostenga por la única autoridad que conocemos—la del entendimiento común y del consentimiento general, si no universal. Cuando logremos este consentimiento, podremos estar seguros de nosotros mismos. Los AA de todas partes llevarán a efecto espontáneamente esta política, como algo que cae por su propio peso. Pero primero tenemos que poner bien en claro ciertos principios básicos. Y estos principios tienen que haberse probado en el crisol de nuestra experiencia.

Por lo tanto, en futuros artículos me voy a poner a trazar la evolución de nuestras relaciones públicas desde el día en que llegamos a la vista del público. Así tendremos resumido lo que nuestra experiencia ya nos ha enseñado. De esa forma, todo miembro de AA puede tener un conocimiento básico y suficientemente amplio para pensar en este asunto de altísima importancia—un asunto referente al cual no podemos cometer graves errores; referente al cual, a lo largo de los años, no podemos permitirnos proceder de manera equivocada.

No obstante, debemos tener en mente una reserva: hay que recordar que una política no es como una verdad inmutable. Una política es algo que puede ajustarse para responder al cambio de circunstancias, aun cuando las verdades básicas que le sirven de fundamento no han cambiado en absoluto. Por ejemplo, en cuanto a sus verdades fundamentales, nuestra política puede basarse en nuestros Doce Pasos y, no obstante, permanecer razonablemente flexible en lo concerniente a los medios o métodos específicos de su aplicación.

Por lo tanto, tengo una ardiente esperanza de que miles de AA se pongan a pensar asiduamente en estas cuestiones de política que van cobrando cada vez más importancia para nosotros. La verdadera respuesta tiene que ser el fruto de nuestras discusiones, nuestras diferencias de opinión, nuestras experiencias cotidianas, y nuestro consentimiento general.

Como miembro que lleva largo tiempo en la Comunidad, puedo presentarles los hechos y contribuir al análisis de lo que ha ocurrido hasta la fecha. Tal vez, incluso puedo hacer algunas sugerencias de valor para el futuro. Pero no más que esto. Todos nosotros—y no yo solo—determinaremos si vamos a tener a fin de cuentas una política de relaciones públicas clara y viable.

Nace el libro

Octubre de 1945

En artículos recién publicados en el Grapevine, se ha dirigido la atención al hecho de que AA todavía está en el proceso de formular una política de relaciones públicas, que el no cristalizar una política segura podría perjudicarnos gravemente.

Durante los tres primeros años de AA, nadie pensó ni por un momento en las relaciones públicas. Era una época de "volar a ciegas," en la que tratábamos febrilmente de encontrar los principios que nos hicieron posible mantenernos sobrios y ayudar a los pocos alcohólicos que llegaban queriendo hacer lo mismo. Estábamos totalmente preocupados con la cuestión de vida o muerte de la recuperación personal. Era un asunto estrictamente individual e interpersonal. Ni siquiera habíamos llegado a estar de acuerdo en un nombre para nuestro movimiento. No había literatura.

Para el otoño de 1937, teníamos unos cuarenta miembros recuperados. Uno de nosotros llevaba tres años sobrio, otro dos y medio, y un buen número de nosotros ya habían cumplido un año o algo más. Visto que todos habíamos sido casos desahuciados, este lapso de tiempo empezó a cobrar importancia. Empezamos a darnos clara cuenta de que "habíamos descubierto algo." Había dejado de ser un dudoso experimento. *Los alcohólicos podían mantenerse sobrios. En grandes cantidades, quizás.* Aunque algunos de nosotros nos habíamos aferrado siempre a esta posibilidad, ahora el sueño tenía una base concreta. Si cuarenta alcohólicos se podían recuperar, ¿por qué no cuatrocientos, cuatro mil, o incluso cuarenta mil?

Una vez que asimilamos este concepto espectacular, nuestra forma de pensar experimentó un cambio súbito. Nuestra imaginación alcohólica se desbordó. La mayoría de nosotros somos por temperamento vendedores, promotores. Así que empezamos a hablar en términos grandiosos. Un número considerable no sería suficiente. Hablábamos de cifras astronómicas. Sin duda, dijimos, esto no era sino el comienzo de uno de los acontecimientos médicos, religiosos y sociales más significativos de la historia. Ibamos a darles una lección a los profesionales médicos y a los portavoces del cielo. Había un millón de alcohólicos en Norteamérica; unos millones más en el resto del mundo. No teníamos que hacer más que procurar que todos estos muchachos y muchachas lograran su sobriedad (y hacerles aceptar a Dios) y ellos revolucionarían la sociedad. Un nuevo mundo dirigido por ex borrachos. Imagínenselo, amigos.

¿Publicidad? Claro que sí. Millones de palabras. ¿Dinero? Seguro. Harían falta millones, naturalmente. Lo del dinero y la publicidad sería algo de coser y cantar—una enérgica campaña de promoción dirigida a los magnates y los editores norteamericanos resolvería rápidamente el asunto. ¿Cómo podrían resistirse cuando vieran lo que teníamos? Fíjense en nosotros los borrachos. En realidad, algunos de nosotros realmente éramos así de grandiosos. No se había visto ningún pregonero de feria tan entusiasta o extravagante como lo éramos algunos de nosotros en el otoño de 1937. De hecho, recuerdo haber pregonado mucho yo mismo.

Supongamos ahora que no se hubiera refrenado a los promotores de los días pioneros. Supongamos que se hubiera dejado en sus manos nuestra política de relaciones públicas. Supongamos que ellos hubieran podido recoger millones de dólares, e inundar el país con propaganda y afirmaciones exageradas acerca de AA. No solo habríamos reñido con nuestros mejores amigos, la religión y la medicina, sino que también nos habríamos visto desacreditados ante la misma gente a quien queríamos alcanzar—los hombres y mujeres alcohólicos. Grandes cantidades de dinero habrían supuesto un monumental equipo de terapeutas profesionales o "bienhechores" de AA; y los promotores más el dinero sin duda habría significado un bombo publicitario referente a todo tema posible, desde la prohibición del alcohol hasta el comunismo en Rusia. Dentro de nuestra Sociedad, si todavía existiera, habríamos sido desgarrados por controversias políticas y disensiones religiosas. Les pasó a los Washingtonianos. ¿Quién, entonces, nos ha salvado de esta suerte hasta la fecha?

La gente que hizo el trabajo de salvación y que desde entonces nos ha evitado multitud de problemas son una clase de individuos con los que la mayoría de los AA se muestran muy impacientes. *Son los conservadores*. Son los que dicen "vete despacio," "piénsalo," "no hagamos eso." No se puede encontrar a muchos de ellos entre nosotros los alcohólicos; pero sin duda es providencial que siempre hayamos tenido algunos a nuestro alrededor. A menudo acusados de ser un obstáculo al progreso (como lo son algunas veces), no obstante, constituyen una inapreciable ventaja. Nos bajan de las nubes al resto de nosotros; nos hacen enfrentar las realidades de la experiencia; prevén los peligros que la mayoría ignoraríamos alegremente. A veces su conservatismo es exagerado; innecesariamente "miran con alarma por el bien del movimiento." Ya que se dan cuenta de que un mero cambio no significa forzosamente el progreso, instintivamente se resisten al cambio. Nunca quieren dar un paso irrevocable; a menudo les horroriza tomar aquellas decisiones definitivas de las que no hay escape posible. Evitan los problemas asegurándose de nunca meterse en ellos.

Nunca olvidaré la primera discusión acerca de nuestras relaciones públicas que tuvimos en Akron en 1937. Los promotores no podían pensar en nada que no fuera llevar las buenas nuevas de nuestras recuperaciones a millones de alcohólicos, de la noche a la mañana si fuese posible. Si se hiciera esto, decían ellos, Dios haría el resto. Pero los conservadores no creían que Dios obrara de esta manera.

Luego, con un impacto inmenso, los conservadores recalcaron el hecho de que el hombre de Galilea no tenía agente de publicidad, ni periódicos, ni folletos, ni libros—nada más la palabra para llevar el espíritu de persona a persona, de grupo a grupo. ¿Por qué desviarnos de su ejemplo? ¿Estábamos a punto de sustituir el ejemplo personal por el bombo? ¿Ibamos a favorecer la glorificación personal ante el público, en lugar de la serenidad, la humildad y el anonimato?

Estas eran buenas preguntas. A nosotros los promotores, nos hicieron parar a pensar. Aunque en muchos aspectos nos veíamos obligados a darles por principio la razón a los conservadores, todavía nos parecía que su consejo era el de la perfección. No era práctico. Los conservadores nos replicaron que, aunque los promotores habíamos montado muchas empresas venturosas, si permanecíamos al mando, casi siempre las echábamos a perder. Los promotores (y confieso haber sido uno de ellos) les respondimos: ¿Cómo podían conciliar el sueño los de "vete despacio," al tener en consideración que después de tres largos años solo habíamos logrado establecer tres pequeños grupos; que en Norteamérica un millón de alcohólicos estaban cayendo como moscas; que a un tiro de piedra de donde estábamos sentados había tal vez centenares que podrían recuperarse si supieran lo que sabíamos nosotros? Y los alcohólicos de California, ¿iban a tener que esperar, sin alivio, hasta que las nuevas les llegaran de palabra? Y, ¿no había un grave peligro de ver grandemente desvirtuados

nuestros métodos de éxito, si no los pusiéramos por escrito y no los publicára-
mos en forma de libro? Y si no hiciéramos constar por escrito lo que habíamos
descubierto, ¿no había la posibilidad de que algunos columnistas se hicieran los
graciosos y empezaran a hacer burla devastadora de nosotros? Sí, les dijimos, no
dudamos que hay que proceder con cautela; pero, ¿no necesitamos nuestro
propio libro, y alguna publicidad?

Tal era la sustancia de la discusión de la que surgió la decisión de publicar
el libro *Alcohólicos Anónimos*. La publicación condujo a la publicidad, y al
establecimiento de la Junta de Custodios (la Fundación Alcohólica), y a la
creación de la Oficina Central [ahora la Oficina de Servicios Generales] de
Nueva York, a la cual los alcohólicos y sus familias pueden dirigirse para pedir
literatura y ayuda inmediata. Nuestro rápido y aparentemente sano desarrollo de
los últimos años demuestra con bastante seguridad la sabiduría de esas decisiones de los años pioneros.

El significado de lo que acabo de contar es obvio. Si estos asuntos cruciales
se hubieran dejado totalmente en manos de los promotores como yo, sin duda
nos habríamos desbocado y lo habríamos estropeado todo. Si se hubieran dejado
exclusivamente en manos de los conservadores, es probable que muy pocos de
nuestros miembros actuales se hubieran enterado de la existencia de AA. Miles
de ellos se encontrarían todavía hundidos en su aflicción. Muchos estarían
muertos.

Por lo tanto, parece claro que la única manera de formular una política
segura es dejar que se mezclen los promotores con los conservadores. Podemos
contar con que sus discusiones, si no entran en juego las ambiciones y los
resentimientos, nos darán las apropiadas respuestas. Para nosotros, no hay otra
forma de hacerlo.

He resumido aquí la historia del primer paso que dimos en las relaciones
públicas. En futuros artículos, me gustaría relatar más sobre nuestras experiencias recientes en este campo, con énfasis en la conveniencia de seguir con
modestia, anonimato y fidelidad a un solo objetivo: el de llevar el mensaje al
alcohólico que desea recuperarse.

Una tradición nacida de nuestro anonimato

Enero de 1946

En los años venideros, el principio de anonimato se convertirá sin duda en una parte de nuestra Tradición vital. Incluso hoy, nos damos cuenta de su valor práctico. Pero aún más importante, empezamos a percatarnos de que la palabra "anónimo" tiene para nosotros un inmensa significación espiritual. De una manera sutil y a la vez enérgica, nos recuerda que siempre debemos anteponer los principios a las personalidades; que hemos renunciado a la glorificación personal ante el público; que nuestro movimiento no sólo predica sino que de hecho practica una modestia auténticamente humilde. No puede haber la menor duda de que el practicar el anonimato en nuestras relaciones públicas ya ha tenido una profunda influencia beneficiosa tanto en nosotros como en nuestros millones de amigos del mundo exterior. El anonimato constituye ya la piedra angular de nuestra política de relaciones públicas.

La forma en que esta idea se originó y después fue cuajando entre nosotros es una parte interesante de la historia de AA. En los años anteriores a la publicación del libro *Alcohólicos Anónimos*, no teníamos nombre. Sin nombre, sin forma, con nuestros principios básicos de recuperación todavía sometidos a discusión y a prueba, no éramos sino un grupo de bebedores que andábamos a tientas por lo que esperábamos fuera el camino hacia la liberación. Una vez convencidos de que estábamos en el buen camino, decidimos escribir un libro por medio del cual podríamos contar las buenas nuevas a otros alcohólicos. Según el libro iba tomando forma, grabamos en sus páginas lo esencial de nuestra experiencia. Era el fruto de miles de horas de discusión. Representaba fielmente la voz, el corazón y la conciencia colectiva de aquellos de nosotros que habíamos abierto el camino durante los primeros cuatro años de AA.

A medida que se acercaba el día de la publicación, nos devanábamos los sesos para encontrar un título apropiado para el libro. Debimos de haber considerado al menos doscientos títulos. El idear títulos y someterlos a votación en las reuniones se convirtió en una de nuestras principales actividades. Tras multitud de discusiones y debates tumultuosos, logramos finalmente reducir - las posibilidades a dos. ¿Deberíamos titular nuestro nuevo libro *La Salida* [*"The Way Out"*], o deberíamos titularlo *Alcohólicos Anónimos*? Esa era la alternativa final. Se efectuó una votación de última hora entre los grupos de Akron y de Nueva York. Por un escaso margen, el veredicto fue titular a nuestro libro *La Salida*. Justo antes de imprimir el libro, alguien intervino sugiriendo la posibilidad de que hubiera otros libros con el mismo título. Uno de nuestros primeros Miembros Solitarios (nuestro querido Fritz M., que en ese entonces vivía en Washington, D.C.) fue a la Biblioteca del Congreso para investigar. Encontró exactamente doce libros ya titulados *La Salida*. Cuando hicimos circular esta información, nos estremecimos ante la posibilidad de ser la "Decimatercera Salida." Así que *Alcohólicos Anónimos* pasó a ser la primera preferencia. Así fue como convinimos en un título para nuestro libro de experiencia, un nombre para nuestro movimiento y, como ya estamos empezando a ver, una Tradición de la más alta importancia espiritual. ¡Los caminos de Dios son inescrutables!

En el libro *Alcohólicos Anónimos* solo aparecen tres referencias al principio del anonimato. El prólogo a nuestra primera edición dice: "Por ser la mayoría de nosotros gente de negocios o profesionales, algunos no podríamos realizar bien nuestro trabajo si se supiera que éramos miembros," y "recomendamos a cada uno de nuestros miembros que, cuando escriba o hable públicamente sobre el alcoholismo, omita su nombre y se presente como 'un miembro de Alcohólicos Anónimos,'" y luego, "muy seriamente le pedimos también a la prensa que observe esta recomendación, de otra manera nos veríamos gravemente perjudicados."

Desde la publicación de *Alcohólicos Anónimos* en 1939, se han formado centenares de grupos de AA. Cada uno de ellos hace estas preguntas: "¿Hasta qué punto debemos ser anónimos?" y "A fin de cuentas, ¿para qué sirve este principio de anonimato?" En su mayor parte, cada grupo ha llegado a su propia interpretación. Naturalmente, todavía hay grandes diferencias de opinión entre nosotros. Lo que significa exactamente nuestro anonimato y precisamente hasta qué punto se debe llevar, son cuestiones todavía pendientes.

Aunque ya no tememos como antes al estigma del alcoholismo, hay todavía individuos para quienes su conexión con nosotros es asunto muy delicado. Algunos entran en AA bajo nombres ficticios. Otros nos hacen jurar solemnemente que guardemos en secreto su identidad. Tienen miedo a que su conexión con Alcohólicos Anónimos perjudique sus negocios. Al otro extremo de la escala de opinión, tenemos al individuo que dice que el anonimato es pura niñería. Se siente obligado a gritar a los cuatro vientos que es miembro de AA. Hace notar que, dentro de nuestra Comunidad de AA, hay gente famosa, algunos de renombre nacional. ¿Por qué, nos pregunta, no debemos aprovechar su prestigio personal, tal como lo haría cualquier otra organización?

Entre los dos extremos, hay un sinfín de matices de opinión. Algunos grupos, en particular los nuevos, se comportan como sociedades secretas. No quieren que ni siquiera sus amigos sepan de sus actividades. Ni pensarían jamás en tener presentes en sus reuniones a los clérigos, los médicos, ni a sus mismas esposas. En cuanto a invitar a los reporteros—¡Dios nos libre! Otros grupos creen que sus comunidades deben estar bien enteradas sobre AA. Aunque no publican sus nombres personales, aprovechan toda oportunidad de anunciar las actividades de su grupo. A veces, celebran reuniones públicas o semipúblicas, donde los AA se presentan por su nombre en la plataforma. A menudo, se invita a médicos, clérigos y funcionarios públicos a hablar en estas reuniones. Algunos miembros han dejado de guardar completamente su anonimato. Sus nombres, sus fotos y crónicas de sus actividades han aparecido en la prensa. A veces, como miembros de AA, han publicado artículos acerca de su pertenencia a AA, en los que incluyen sus nombres completos.

Pues, aunque está bien claro que la mayoría de nosotros reconocemos la importancia del anonimato, las formas en que practicamos el principio varían mucho.

Naturalmente, debe ser el privilegio, e incluso el derecho, de cada individuo o grupo adoptar la actitud respecto al anonimato que más le convenga. No obstante, para hacer esto de una manera inteligente, debemos estar convencidos de que es un buen principio para casi todos nosotros; de hecho, debemos darnos cuenta de que la futura seguridad y eficacia de Alcohólicos Anónimos puede depender de la preservación de este principio. Entonces, cada individuo tendrá que decidir dónde trazar el límite—hasta qué punto debe llevar el principio en sus propios asuntos, hasta qué punto puede abandonar su propio anonimato sin perjudicar a Alcohólicos Anónimos en su totalidad.

La pregunta crucial es: ¿Dónde debemos fijar el punto en que las personalidades desaparecen y empieza el anonimato?

En realidad, muy pocos de nosotros somos anónimos en nuestros contactos diarios. Hemos dejado de guardar nuestro anonimato a este nivel porque creemos que nuestros amigos y colegas deben saber de Alcohólicos Anónimos y de lo que AA ha hecho por nosotros. También queremos librarnos del temor a admitir que somos alcohólicos. Aunque pedimos sinceramente a los reporteros que no revelen nuestra identidad, a menudo hablamos en reuniones semipúblicas utilizando nuestro nombre completo. Queremos convencer a nuestros auditorios de que nuestro alcoholismo es una enfermedad de la cual ya no tememos discutir ante nadie. Hasta aquí todo va bien. Pero si nos arriesgamos a sobrepasar este límite, sin duda perderemos el principio del anonimato para siempre. Si cada AA se sintiese libre de publicar su propio nombre, foto o historia, prontamente nos lanzaríamos a una orgía inmensa de publicidad personal, a la que, obviamente, no se podría poner ningún límite. ¿No es éste el punto en que, para ejercer la mayor atracción posible, debemos trazar la línea?

Si se me propusiera resumir una Tradición de anonimato, me imagino que lo haría así:

1. Debe ser el privilegio de cada miembro individual de AA abrigarse con tanto anonimato personal como desee. Sus compañeros de AA deben respetar

sus deseos y ayudarle a guardar su anonimato en el grado que le parezca apropiado.

2. Inversamente, el miembro individual de AA debe respetar los sentimientos de su grupo en cuanto al anonimato. Si su grupo quiere ser más anónimo que él, él debe complacerles a sus compañeros hasta que no cambien de opinión.

3. Con muy pocas excepciones, la Tradición de AA a nivel nacional debe ser que ningún miembro de Alcohólicos Anónimos nunca se considere libre de publicar (en conexión con sus actividades de AA) su nombre o foto en ningún medio de comunicación público. Esto, no obstante, no debe impedirle emplear su nombre en otras actividades públicas, siempre que no revele su conexión con AA.

4. Si, por alguna razón extraordinaria, para el bien de AA como una totalidad, le parece conveniente a un miembro abandonar su anonimato, no debe hacerlo hasta que no consulte con los miembros veteranos de su grupo. Si planea presentarse como miembro de AA ante el público en general a escala nacional, el asunto debe ser remitido primero a nuestra Oficina Central (GSO).

Ni por un momento considero estas declaraciones como reglas o reglamentos; son meras sugerencias de lo que parece constituir una Tradición sensata para el futuro. A fin de cuentas, cada miembro individual tendrá que examinar su propia conciencia.

Si hemos de desarrollar una clara Tradición respecto al anonimato, lo haremos únicamente por nuestro característico proceso de tanteos y pruebas, tras largas discusiones y por criterio colectivo y consentimiento común.

Para fomentar más amplias discusiones sobre la cuestión, en un próximo futuro me gustaría publicar en esta revista un resumen de nuestras experiencias con el anonimato. No dudo que, con el tiempo, acertaremos con las soluciones apropiadas.

Nuestro anonimato es tanto una inspiración como una protección

Marzo 1946

Al discutir el tema del anonimato en un número anterior del Grapevine, hice las siguientes observaciones: que el anonimato tiene para nosotros una inmensa significación espiritual; que el principio debe ser conservado como parte de nuestra Tradición vital; que, ya que todavía no tenemos una política muy bien definida al respecto, hay confusión en algunas partes referente a lo que el anonimato debe significar; que, por lo tanto, debemos formular una Tradición de consumada claridad que todos los AA se sentirían obligados a respetar. Además, hice algunas sugerencias, las cuales, esperaba, después de más amplias y detalladas discusiones, pudieran convertiste en la base de una política nacional. Estas sugerencias eran:

1. Debe ser el privilegio de cada miembro individual de AA abrigarse con tanto anonimato personal como desee. Sus compañeros de AA deben respetar sus deseos y ayudarle a guardar su anonimato en el grado que le parezca apropiado.

2. Inversamente, el miembro individual de AA debe respetar los sentimientos de su grupo en cuanto al anonimato. Si su grupo quiere llamar menos atención a nivel local que él, él debe complacerles a sus compañeros hasta que no cambien de opinión.

3. Con muy pocas excepciones, una norma de AA a nivel nacional debe ser que ningún miembro de Alcohólicos Anónimos nunca se considere libre de publicar (en conexión con sus actividades de AA) su nombre o foto en ningún medio de comunicación público. Esto, no obstante, no debe impedirle emplear su nombre en otras actividades públicas, siempre que no revele su pertenencia a AA.

4. Si, por alguna razón extraordinaria, le parece conveniente a un miembro abandonar su anonimato a nivel local, no debe hacerlo hasta que no consulte con su propio grupo. Si planea presentarse como miembro de AA ante el público en general a escala nacional, el asunto debe ser remitido primero a nuestra Sede nacional.

Si se van a adoptar estas sugerencias, tal como quedan expresadas o con modificación, como normas generales, todo miembro de AA querrá saber más acerca de nuestra experiencia ya acumulada. Sin duda querrá saber lo que la mayoría de nuestros miembros veteranos piensan respecto al anonimato hoy en día. El propósito de este ensayo será el de poner al tanto a todos acerca de nuestra experiencia colectiva.

Primero, creo que la mayoría de nosotros reconoceríamos que, en general, la idea de anonimato es acertada, porque contribuye a que los alcohólicos y las familias de alcohólicos recurran a nosotros en busca de ayuda. Todavía temerosos de ser estigmatizados, consideran nuestro anonimato como una garantía de que sus problemas serán tratados confidencialmente; de que la vergüenza alcohólica de la familia no vaya errando por las calles.

Segundo, el principio de anonimato protege nuestra causa. Nos evita el peligro de que nuestros fundadores o líderes, así llamados, se conviertan en personajes muy conocidos que podrían en cualquier momento emborracharse, perjudicando así a AA. Nadie tiene por qué mantener que esto no podría ocurrir. Es posible.

Tercero, casi todo periodista que hace un reportaje acerca de AA empieza quejándose de lo difícil que es escribir un artículo sin nombres. No obstante, al darse cuenta de que se trata de un grupo de gente a quienes no les importa en absoluto ninguna ventaja personal, pronto se ve dispuesto a dejar pasar esta inconveniencia. Es probable que esta sea la primera vez en su vida en que haga un reportaje acerca de una organización que no desea ninguna publicidad personal. Por cínico que sea, esta sinceridad patente le convierte inmediatamente en un amigo de AA. Por lo tanto, el artículo que escribe es amistoso, y nunca un mero trabajo rutinario. Escribe con entusiasmo, porque el reportero se siente entusiasmado. A menudo la gente se pregunta, ¿cómo es que AA ha logrado conseguir tanta publicidad tan favorable? La respuesta parece ser que casi todos los que escriben artículos sobre nosotros acaban siendo conversos y a veces ardientes partidarios de AA. ¿No es nuestra política de anonimato la causa principal de este fenómeno?

En cuarto lugar, ¿Por qué nos considera tan favorablemente el público en general? ¿Simplemente porque ayudamos a muchos alcohólicos a recuperarse? No, esto no puede explicarlo todo. Aunque nuestras recuperaciones les impresionen mucho, el público se interesa más en nuestra manera de vivir. A un público harto de la presión que ejercen comúnmente las ventas, las promociones sensacionalistas, las voces casi ensordecedoras de los personajes públicos, nuestra modestia, calma y anonimato les representa un cambio muy agradable. Puede ser, por eso, que sienta que se está generando un inmenso poder espiritual—que algo nuevo está entrando en su propia vida.

Si el anonimato ya ha hecho todo esto por nosotros, está claro que debemos mantenerlo como una política nacional. Este principio, de tanto valor para nosotros en estos días, puede que se convierta en una ventaja inestimable en el futuro. *En un sentido espiritual, el anonimato equivale a renunciar al prestigio personal como instrumento de política nacional.* Estoy convencido de que nos sería conveniente conservar este poderoso principio; que debemos estar resueltos a no abandonarlo nunca.

Consideremos ahora su aplicación. Debido a que anunciamos el anonimato a cada principiante, debemos, por supuesto, guardar el anonimato del nuevo miembro mientras él o ella quieran guardarlo. Porque, cuando leyeron nuestros anuncios y recurrieron a nosotros, nos comprometimos a hacer precisamente eso. Y aun si quisieran dar un nombre ficticio, debemos asegurarles que pueden hacerlo. Si quieren que no hablemos de su caso con nadie, ni siquiera con otros miembros de AA, debemos respetar sus deseos. Aunque a la mayoría de los principiantes no les importa un bledo quién sepa de su alcoholismo, hay algunos que se preocupan mucho por esto. Protejámoslos en todo lo posible hasta que superen esta preocupación.

Entonces se presenta el problema del principiante que quiere abandonar su anonimato demasiado pronto. Se apresura a comunicar a todos sus amigos las buenas noticias de AA. Si su grupo no le advierte al respecto, puede que vaya precipitadamente a la oficina de un periódico, o se ponga frente a un micrófono para narrar su propia historia a todo el mundo. También es posible que revele a todo el mundo los detalles más íntimos de su vida personal, y pronto descubra que, en este sentido, ya tiene demasiada publicidad. Debemos sugerirle que lo tome con calma; que primero tiene que restablecerse, antes de hablarles a todos acerca de AA; que ningún miembro pensaría en dar publicidad a AA sin tener seguridad de que su grupo lo aprobaría.

Luego tenemos el problema del anonimato del grupo. Es probable que el grupo, al igual que el miembro individual, deba andar con precaución mientras vaya ganando fuerza y experiencia. No se debe tener prisa en invitar a gente ajena, ni en efectuar reuniones públicas. No obstante, esta postura conservadora de los primeros tiempos puede ser exagerada. Algunos grupos siguen, año tras año, evitando toda publicidad y celebrando reuniones únicamente para alcohólicos. Es probable que estos grupos se desarrollen lentamente. Se vuelven algo anémicos por no dejar entrar la sangre renovadora con la suficiente rapidez. Preocupándose por mantenerse secretos, se olvidan de su obligación ante los demás alcohólicos de su comunidad que no saben que AA está a su disposición. No obstante, con el tiempo, esta cautela irrazonable va desapareciendo. Poco a poco, se abren algunas reuniones a los parientes y amigos. De vez en cuando, se invita a los clérigos y a los médicos. Finalmente, el grupo obtiene la ayuda del diario local.

En la mayoría de los casos, aunque no en todos, es costumbre que los AA utilicen sus nombres completos al hablar en las reuniones públicas o semipúblicas. Esto se hace para mostrar al público que ya no tememos al estigma del alcoholismo. Sin embargo, si hay en la reunión representantes de la prensa, les pedimos sinceramente que no publiquen los nombres de los oradores alcohólicos que figuran en el programa. De esta manera, se observa el principio del anonimato en lo concerniente al público en general y, al mismo tiempo, nos permite representarnos como un grupo de alcohólicos que ya no sentimos ningún temor a dar a conocer a nuestros amigos que hemos sido gente muy enferma.

En la práctica, entonces, el principio de anonimato parece reducirse a lo siguiente: Con una excepción muy significativa, la decisión respecto a fijar el punto hasta el cual un miembro o grupo puede romper su anonimato, es asunto estrictamente suyo. La excepción está en que todos los grupos y miembros, cuando hablan o escriben acerca de AA, deben sentirse obligados a no revelar nunca sus nombres completos. Excepto en muy raros casos, a casi todos nosotros nos parece que debemos trazar el límite del anonimato en este punto de publicación. *No debemos descubrirnos ante el público en general.*

Durante toda nuestra historia solo ha habido un puñado de AA que han dejado de guardar su anonimato ante el público en general. Algunos han sido casos accidentales, unos pocos han sido claramente innecesarios, y uno o dos aparentemente justificados. Naturalmente, debe haber muy pocas normas que, para el bien general, no puedan a veces ser suspendidas. No obstante, todo aquel que tuviera la intención de dejar de guardar su anonimato debe reflexionar que podría sentar un precedente que acabaría por destruir un valioso principio. Tiene que haber pocas e infrecuentes excepciones y deben ser consideradas muy cuidadosamente. Nunca debemos permitir que ninguna ventaja inmediata nos haga vacilar en nuestra determinación de aferrarnos a esta tan vital Tradición.

Para su recuperación permanente, le hace falta a cada miembro de AA mucha modestia y mucha humildad. Si estas virtudes son de una importancia tan crucial para el individuo, tienen que serlo también para AA en su totalidad. Este principio de anonimato ante el público en general, si lo tomamos con la debida seriedad, puede asegurar que el movimiento de Alcohólicos Anónimos tenga para siempre estos excelentes atributos. Nuestra política de relaciones públicas debe basarse principalmente en la atracción y rara vez, o nunca, en la promoción.

Doce puntos sugeridos para la tradición de AA

Abril de 1946

Nadie inventó Alcohólicos Anónimos. Brotó y evolucionó. Su desarrollo, logrado por un método de pruebas y tanteos, nos ha producido una rica experiencia. Poco a poco, hemos venido adoptando las lecciones de esta experiencia, primero como normas y luego como Tradición. Este proceso continúa, y esperamos que nunca termine. Si llegáramos a ser demasiado rígidos, la letra podría aplastar al espíritu. Podríamos esclavizarnos a nosotros mismos con prohibiciones y requisitos mezquinos; nos podríamos imaginar que ya hubiéramos dicho la última palabra. Podríamos incluso decir a los alcohólicos que aceptaran nuestras rígidas ideas o, si no, que se alejaran. ¡Que nunca estorbemos así el progreso!

No obstante, cada uno de nosotros está convencido de que las lecciones de nuestra experiencia son de una altísima significación. La experiencia de AA se puso por escrito por vez primera en el libro *Alcohólicos Anónimos*. En el libro nos enfocábamos en lo esencial de nuestro más apremiante problema—el de ser liberados de la obsesión alcohólica. En sus páginas aparecen experiencias personales de la aflicción de beber y de la recuperación y una exposición de aquellos divinos y antiguos principios que nos han ocasionado una milagrosa regeneración. Desde la publicación de *Alcohólicos Anónimos* en 1939, el número de miembros ha aumentado de 100 a 24,000. Han pasado siete años; siete años de nutridas experiencias en nuestra segunda gran empresa—el aprender a vivir y trabajar juntos. Este es hoy nuestro interés principal. Si podemos tener éxito en esta aventura—y seguir teniéndolo—entonces, y solamente entonces, tendremos nuestro futuro asegurado.

Puesto que la calamidad personal ya no nos mantiene cautivos, nuestro más urgente y estimulante interés en el presente es el que tenemos por el futuro de Alcohólicos Anónimos. Cómo preservar entre nosotros los AA una unidad tan sólida que ni las debilidades personales ni la presión y discordia de esta época turbulenta puedan perjudicar nuestra causa común. Sabemos que Alcohólicos Anónimos tiene que sobrevivir. Si no, salvo contadas excepciones, nosotros y nuestros compañeros alcohólicos en todas partes del mundo seguramente reanudaríamos nuestro desesperado viaje hacia el olvido.

Casi cualquier AA puede decirte cuáles son nuestros problemas de grupo. Fundamentalmente, tienen que ver con las relaciones entre nosotros mismos, y con el mundo afuera. Incluyen la relación del miembro con su grupo, del grupo con Alcohólicos Anónimos en su totalidad, y la posición de Alcohólicos Anónimos en ese mar agitado que es la sociedad moderna, donde toda la humanidad tiene que encontrar abrigo o naufragar. De gran importancia es nuestra estructura básica y nuestra actitud hacia las siempre urgentes cuestiones de liderazgo, de dinero y de autoridad. Puede que nuestro futuro dependa de cómo nos sentimos y cómo actuamos con respecto a asuntos que son controversiales, y de la postura que adoptamos hacia nuestras relaciones públicas. Es casi seguro que nuestro destino dependerá de lo que ahora decidamos hacer en cuanto a estas cuestiones cargadas de peligro.

Llegamos ahora al punto crucial de nuestra discusión. Es este: ¿Hemos adquirido ya la suficiente experiencia como para establecer normas claras en lo concerniente a nuestras inquietudes principales? ¿Podemos ahora establecer principios generales que con el tiempo pueden transformarse en Tradiciones vitales—Tradiciones sostenidas en el corazón de cada miembro de AA por su propia profunda convicción y por el consentimiento común de sus compañeros? Esa es la cuestión. Aunque es posible que nunca se eliminen completamente todas nuestras perplejidades, estoy seguro de que hemos llegado a una posición ventajosa de la cual podemos percibir las líneas principales de un cuerpo de Tradición, el cual, Dios mediante, puede servir como una segura protección contra los estragos de los años y las circunstancias.

Actuando bajo la persistente instancia de viejos amigos de AA y con la convicción de que ahora es posible llegar a un acuerdo y un consenso entre nuestros miembros, me atreveré a poner por escrito estas sugerencias para una

Tradición de Relaciones de Alcohólicos Anónimos—Doce Puntos Para Asegurar Nuestro Futuro.

Nuestra experiencia de AA nos ha enseñado que:

1. Cada miembro de Alcohólicos Anónimos no es sino una pequeña parte de una gran totalidad. Es necesario que AA siga viviendo o, de lo contrario, la mayoría de nosotros seguramente morirá. Por eso, nuestro bienestar común tiene prioridad. No obstante, el bienestar individual le sigue muy de cerca.

2. Para el propósito de nuestro grupo, sólo existe una autoridad fundamental—un Dios amoroso tal como se exprese en la conciencia de nuestro grupo.

3. Nuestra Comunidad debe incluir a todos los que sufren del alcoholismo. Por eso, no podemos rechazar a nadie que quiera recuperarse. Ni debe el ser miembro de AA depender del dinero o de la conformidad. Cuandoquiera que dos o tres alcohólicos se reúnan en interés de la sobriedad, podrán llamarse un grupo de AA.

4. Con respecto a sus propios asuntos, todo grupo de AA debe ser responsable únicamente ante la autoridad de su propia conciencia. Sin embargo, cuando sus planes atañen al bienestar de los grupos vecinos, se debe consultar con los mismos. Ningún grupo, comité regional o individuo debe tomar ninguna acción que pueda afectar de manera significativa a la Comunidad en su totalidad, sin discutirlo con los custodios de la Fundación Alcohólica [ahora la Junta de Servicios Generales]. En cuanto a estos asuntos, nuestro bienestar común es de máxima importancia.

5. Cada grupo de Alcohólicos Anónimos debe ser una entidad espiritual *con un solo objetivo primordial*—el de llevar el mensaje al alcohólico que aún sufre.

6. Los problemas de dinero, propiedad y autoridad nos pueden fácilmente desviar de nuestro principal objetivo espiritual. Por lo tanto, somos de la opinión de que cualquier propiedad considerable de bienes de uso legítimo para AA debe incorporarse y dirigirse por separado, para así diferenciar lo material de lo espiritual. Un grupo de AA, como tal, nunca debe montar un negocio. Las entidades de ayuda suplementaria, tales como los clubs y hospitales, que suponen mucha propiedad o administración, deben constituirse en sociedad separadamente, de manera que, si es necesario, los grupos las puedan desechar con completa libertad. La responsabilidad de dirigir estas entidades debe recaer únicamente sobre quienes las sostienen económicamente. En cuanto a los clubes, normalmente se prefieren directores que sean miembros de AA. Pero los hospitales, así como los centros de recuperación, deben operar totalmente al margen de AA—y bajo supervisión médica. Un grupo de AA puede cooperar con cualquiera, pero nunca debe vincularse con nadie.

7. Los grupos de AA deben mantenerse completamente con las contribuciones voluntarias de sus miembros. Nos parece conveniente que cada grupo

alcance este ideal lo antes posible; creemos que cualquier solicitud pública de fondos que emplee el nombre de AA es muy peligrosa; que el aceptar grandes donaciones de cualquier fuente, o contribuciones que supongan cualquier obligación, no es prudente. Además, nos causa mucha preocupación aquellas tesorerías de AA que siguen acumulando dinero además de una reserva prudente, sin tener para ello un determinado propósito AA. A menudo, la experiencia nos ha advertido que nada hay que tenga más poder para destruir nuestra herencia espiritual que las disputas vanas sobre la propiedad, el dinero, y la autoridad.

8. Alcohólicos Anónimos debe siempre mantenerse no profesional. Definimos el profesionalismo como la ocupación de aconsejar a los alcohólicos a cambio de una remuneración económica. No obstante, podemos emplear a los alcohólicos para realizar aquellos trabajos para cuyo desempeño tendríamos, de otra manera, que contratar a gente no alcohólica. Estos servicios especiales pueden ser bien recompensados. Pero nunca se debe pagar por nuestro trabajo de Paso Doce personal.

9. Cada grupo de AA debe tener el mínimo posible de organización. La dirección rotativa es normalmente lo mejor. El grupo pequeño puede elegir a su secretario; el grupo grande, a su comité rotativo; y los grupos de una extensa área metropolitana, a su comité central, que a menudo emplea un secretario asalariado de plena dedicación. Los custodios de la Fundación Alcohólica constituyen efectivamente nuestro comité de servicios generales. Son los guardianes de nuestra Tradición de AA y los depositarios de las contribuciones voluntarias de AA, por medio de las cuales mantienen nuestra sede principal de AA y nuestro secretario general en Nueva York. Están autorizados por los grupos a hacerse cargo de nuestras relaciones públicas a nivel global y aseguran la integridad de nuestra principal publicación, el AA Grapevine. Todos estos representantes debe guiarse por el espíritu de servicio, porque los verdaderos líderes en AA son solamente los fieles y experimentados servidores de la Comunidad entera. Sus títulos no les confieren ninguna autoridad real. El respeto universal es la clave de su utilidad.

10. Ningún miembro o grupo de AA debe nunca, *de una manera que pueda comprometer a AA*, manifestar ninguna opinión sobre cuestiones polémicas ajenas—especialmente aquellas que tienen que ver con la política, la reforma alcohólica, o la religión. Los grupos de Alcohólicos Anónimos no se oponen a nadie. Con respecto a estos asunto, no pueden expresar opinión alguna.

11. Nuestras relaciones con el mundo exterior deben caracterizarse por la modestia y el anonimato. Opinamos que AA debe evitar la propaganda sensacionalista. Nuestras relaciones públicas deben guiarse por el principio de atracción y no por la promoción. No tenemos necesidad de alabarnos a nosotros mismos. Nos parece mejor dejar que nuestros amigos nos recomienden.

12. Finalmente, nosotros los Alcohólicos Anónimos creemos que el principio de anonimato tiene una inmensa significación espiritual. Nos recuerda que debemos anteponer los principios a las personalidades; que debemos practicar una modestia verdaderamente humilde. Todo esto a fin de que las bendiciones que conocemos nunca nos estropeen; que vivamos siempre en contemplación agradecida de El que preside sobre todos nosotros.

Aunque estos principios han sido expresados en un tono algo categórico, no son sino sugerencias para nuestro futuro. Nosotros los Alcohólicos Anónimos nunca hemos reaccionado entusiásticamente a ninguna pretensión de autoridad personal. Tal vez es bueno para AA que esto sea así. Por lo tanto, no ofrezco estas sugerencias como el dictado de un solo hombre, ni como ningún tipo de credo, sino como una primera tentativa de describir ese ideal colectivo, hacia el cual hemos sido guiados ciertamente por un Poder Superior durante estos últimos diez años.

P.D. Para fomentar la libre discusión, me gustaría tratar más ampliamente estos Doce Puntos de nuestra Tradición en futuros artículos del Grapevine.

El uso prudente del dinero

Mayo de 1946

En Alcohólicos Anónimos, ¿es el dinero lo que hace bailar al perro o la raíz de todos los males? Estamos en el proceso de resolver este acertijo. Nadie pretende tener la respuesta completa. Buscamos el punto del "espacio espiritual" donde termina el uso adecuado del dinero y empieza el abuso. Son muy contados los problemas del grupo que causen mayor preocupación a los miembros serios de AA. Todo el mundo hace la pregunta, "¿Cuál debe ser nuestra actitud hacia las contribuciones voluntarias, los trabajadores asalariados, el profesionalismo, y las donaciones de fuentes ajenas?"

Durante los primeros años de AA no teníamos problemas de dinero. Nos reuníamos en nuestras casas, donde nuestras esposas nos preparaban el café y los bocadillos. Si algún miembro de AA quería dar una pequeña "subvención" a un compañero alcohólico, lo hacía. Era exclusivamente asunto suyo. No teníamos fondos de grupo y, por eso, no teníamos problemas con el dinero del grupo. Y hay que hacer constar que muchos de los veteranos de AA desearían poder retornar a aquellos días de sencillez alciónica. Ya que nos damos cuenta de que las disputas por cosas materiales han acabado aplastando el espíritu de muchas empresas bien intencionadas, a menudo se piensa que demasiado dinero resultará ser un mal para nosotros también.

No sirve de mucho ansiar por lo imposible. El dinero *ya* figura en nuestros asuntos y *nos hemos comprometido* a su uso prudente. Nadie consideraría seriamente abolir nuestros locales de reunión y clubs a fin de evitar todo lo que tiene que ver con el dinero. La experiencia nos ha enseñado que tenemos una gran necesidad de estas instalaciones, de manera que tenemos que aceptar cualquier riesgo que esto suponga.

Pero, ¿cómo podemos minimizar estos riesgos? ¿Cómo limitar por Tradición el uso del dinero para que no derrumbe nunca los fundamentos espirituales de los que depende completamente la vida de cada miembro de AA? Este es hoy nuestro verdadero problema. Echemos una mirada a los elementos principales de nuestra situación financiera, tratando de distinguir lo esencial de lo no esencial, lo legítimo e inofensivo de lo que puede ser peligroso o innecesario.

Comencemos con las contribuciones voluntarias. Cada AA pone dinero en "el sombrero" para pagar el alquiler de una sala de reuniones, de un club o para el mantenimiento de su oficina local o de la sede nacional. Aunque no todos estamos a favor de los clubs, y unos cuantos miembros no creen necesario una oficina local o nacional, se puede decir con razón que la gran mayoría de nosotros opinamos que estos servicios son fundamentalmente necesarios. Con tal de que sean manejados eficientemente, y de que se lleven las cuentas de una forma responsable, estamos bien dispuestos a comprometernos a apoyarlos asiduamente, provisto que, por supuesto, no se consideren nuestras contribuciones como una condición para ser miembro de AA. Estos usos de nuestro dinero son, por lo general, aprobados y, con algunas reservas, no vemos ningún motivo de temer que nos acarreen posibles malas consecuencias en el futuro.

No obstante, hay algunas inquietudes, principalmente con relación a nuestros clubs, oficinas locales y la sede nacional. Debido a que estas entidades normalmente emplean a trabajadores asalariados, y que sus operaciones suponen, hasta cierto grado, la administración de negocios, algunos miembros se preocupan por la posibilidad de que nos atasquemos en una burocracia pesada. O, peor aun, por la posible profesionalización de AA. Aunque estas dudas no son siempre irrazonables, ya hemos tenido la suficiente experiencia como para aliviarlas en gran parte.

Para empezar, parece ser casi seguro que nuestros clubs, oficinas locales y la sede nacional en la ciudad de Nueva York nunca nos abrumarán. Su función es prestar servicios; no pueden controlar ni gobernar a AA. Si cualquiera de ellos resultara ineficaz, o se volviera imperioso, tendríamos un remedio sencillo. Los miembros de AA no enviarían sus contribuciones mientras que no se cambiaran las condiciones. Debido a que nuestra pertenencia a *AA no depende de ninguna cuota ni honorario*, siempre tenemos la opción de "tomar o dejar nuestras instalaciones especiales. La alternativa que se presenta a estos servicios es: servirnos bien o fracasar. Ya que nadie está obligado a mantenerlos, no pueden nunca dictar órdenes, ni pueden desviarse por mucho tiempo de lo esencial de la Tradición de AA.

En conexión directa con el principio de tomar o dejar nuestras instalaciones especiales, existe una tendencia alentadora a constituir en sociedades separadas todas estas entidades especiales, si suponen una gran cantidad de dinero, propiedad o administración. Cada vez más, los grupos de AA se están percatando de que son entidades espirituales y no organizaciones comerciales. Por supuesto, los clubs o locales de reunión más pequeños quedan a menudo sin constituirse en sociedad, porque su participación en asuntos de negocios solo es nominal. Sin embargo, a medida que van experimentando un crecimiento grande, por lo general juzgan conveniente hacerlo, separando así el club de los grupos de la misma localidad. Entonces, el *mantenimiento del club llega a ser un asunto personal y no un asunto del grupo*. Pero si los grupos del área circundante disponen, a través del club, de los servicios de una secretaria de la oficina central, parece justo que dichos grupos sufraguen este gasto, porque la secretaria sirve a todos los grupos, aunque el mismo club no lo haga. Nuestro desarrollo en los centros grandes de AA está empezando a indicar claramente que, aunque es apropiado que un conjunto de grupos o su comité central pague el sueldo de la secretaria asalariada de su área, no es una responsabilidad de los grupos ni del comité central mantener los clubs económicamente. No todos los AA se interesan en los clubs. Por lo tanto, los fondos para mantener los clubs deben provenir de los AA individuales que los necesitan o a quienes les gustan los clubs—individuos que, a propósito, constituyen una mayoría. No obstante, la mayoría no debe de tratar de coaccionar a la minoría a mantener los clubs que no quiere ni necesita.

Por supuesto, los clubs también reciben cierta ayuda por medio de las reuniones que se celebran en el local. En los casos en que las reuniones centrales de un área tienen lugar en un club, normalmente se reparte el dinero de la colecta entre el club y el comité central, la parte mayor, por supuesto, asignada al club, ya que éste proporciona el local. Cualquier grupo que desee utilizar el local, ya sea para reunión o una diversión, puede concertar un acuerdo parecido con el club. Por lo general, la junta de directores del club se ocupa de la administración económica y de la vida social del local. No obstante, los grupos del área siguen siendo los responsables de los propios asuntos de AA. Esta separación de las actividades no es en absoluto una regla universal. Lo ofrecemos únicamente como una sugerencia que, por otra parte, refleja bien las tendencias actuales.

Un club grande o una oficina central supone, por lo general, uno o algunos trabajadores asalariados. ¿Qué me dicen de ellos? ¿Están profesionalizando a AA? Sobre esta cuestión se debate acaloradamente cada vez que un club o un comité central se vuelve lo suficientemente grande como para necesitar trabajadores a sueldo. Acerca de este tema, todos hemos tenido gran cantidad de borrosas reflexiones. Yo me contaría entre los primeros en declararme culpable de esta acusación.

La causa de lo borroso de nuestro pensamiento es la de siempre—el temor. Para cada uno de nosotros, el ideal de AA, por muy lejos que nos encontremos de alcanzarlo, es todo belleza y perfección. Es un Poder superior a nosotros mismos que nos ha rescatado de las arenas movedizas, y nos ha llevado a tierra firme. La más lejana posibilidad de empañar este ideal, sin mencionar la de trocarlo por otro, es para la mayoría de nosotros impensable. Por eso, estamos siempre alertas para que no surja dentro de AA una clase de profesionales o misioneros pagados. En AA todos somos por derecho propio gentes que profesan la buena voluntad de misioneros, y no hay necesidad alguna de pagar a nadie por hacer el trabajo de Paso Doce—una obra puramente espiritual. Aunque supongo que el temor en cualquier forma es deplorable, tengo que admitir que me agrada bastante que ejerzamos tanta vigilancia respecto a este asunto crucial.

No obstante, creo que hay un principio que nos servirá para resolver nuestro dilema honradamente. Es este: Un limpiador puede fregar el suelo, un cocinero puede asar la carne, un portero puede echar a los borrachos alborotadores, un secretario puede manejar una oficina, un editor puede publicar un boletín—todos, no lo dudo, sin profesionalizar a AA. Si no hiciéramos estos trabajos nosotros mismos, tendríamos que emplear a gente no AA para hacerlos por nosotros. No pediríamos a ninguna persona no AA que los hiciera a jornada completa sin pago. Entonces, ¿Por qué algunos de nosotros, que ganamos una vida cómoda en el mundo exterior, esperamos que otros AA se dediquen a ser porteros, o secretarios, o cocineros a jornada completa? ¿Por qué ellos deben trabajar sin sueldo en tareas que el resto de nosotros no podríamos o no querríamos hacer? O, ¿por qué deben estos trabajadores recibir un sueldo más bajo que el que podrían ganar en otra parte por un trabajo parecido? ¿Y qué más daría si, mientras hacen su trabajo, hicieran además algún trabajo de Paso Doce? El principio parece ser claro: podemos pagar bien por los servicios especiales—pero nunca nada por el trabajo de Paso Doce.

Entonces, ¿Cómo se podría profesionalizar a AA? Pues, muy sencillamente. Por ejemplo, yo podría alquilar una oficina y poner en la puerta un letrero que dijera: "Bill W.—Terapeuta de Alcohólicos Anónimos. $10.00 por hora." Esto sería tratamiento cara-a-cara del alcoholismo pagado. Y yo estaría así claramente aprovechándome del nombre de AA, una organización completamente no profesional, para aumentar mi clientela. Esto sería sin la menor duda profesionalizar a AA. Sería perfectamente legal, aunque difícilmente ético.

Pues, ¿implica esto que debamos criticar a los terapeutas como clase—incluso a los AA que elijan trabajar en este campo? Por supuesto que no. El caso es que ninguna persona debe hacer publicidad describiéndose como un terapeuta AA. Ya que no somos profesionales, no puede existir tal cosa. Constituiría una tergiversación de los hechos que ninguno de nosotros puede darse el lujo de intentar. Al igual que el jugador de tenis que tiene que renunciar su condición de aficionado cuando se hace profesional, los AA que se hacen terapeutas deben abstenerse de publicar su conexión con AA. Aunque dudo que muchos AA vayan a trabajar en el campo de la terapia del alcoholismo, ninguno de los que lo haga debe sentirse excluido, especialmente si son asistentes sociales, sicólogos, o siquiatras con buen entrenamiento profesional. No obstante, esta gente nunca debe publicar su conexión con AA, ni utilizarla de manera que den al público la impresión de que existe tal rango especial dentro de AA. En este punto tenemos que trazar la línea.

Normas referentes a los donativos

Junio de 1946

Al hablar sobre este tema en el Grapevine del mes pasado, hicimos las siguientes observaciones:

1. El uso del dinero en AA es un asunto de la más alta importancia. Siempre tenemos que vigilar atentamente el punto en que termina el uso y comienza el abuso del dinero.

2. AA ya se ha comprometido al uso limitado del dinero, ya que no consideraríamos cerrar nuestras oficinas, lugares de reunión y clubs, solo para evitar todo lo que tiene que ver con las finanzas.

3. Nuestro verdadero problema está hoy en fijar límites razonables y tradicionales al uso del dinero, minimizando así la posibilidad de los trastornos que tiende a causar.

4. Debemos mantenernos principalmente, y al fin y al cabo únicamente, con las contribuciones voluntarias de los miembros de AA. Este tipo de automantenimiento siempre impedirá a nuestras oficinas y clubs pasarse de la raya, ya que podríamos cortarles los fondos si no nos sirvieran bien.

5. Hemos encontrado prudente constituir en sociedades separadas los servicios o instalaciones que suponen mucho dinero o administración; un grupo de AA es una entidad espiritual, no una empresa de negocios.

6. A toda costa, tenemos que evitar la profesionalización de AA; no debemos pagar nunca por el trabajo de Paso Doce en sí. Los alcohólicos que trabajan en la terapia del alcoholismo nunca deben aprovecharse de su conexión con AA; no existe y no puede existir un "terapeuta AA".

7. No obstante, podemos emplear a miembros de AA como trabajadores de

plena dedicación, con tal de que tengan responsabilidades legítimas aparte del acostumbrado trabajo de Paso Doce. Podemos, por ejemplo, contratar a secretarios, porteros y cocineros sin convertirles así en profesionales de AA.

Continuemos ahora la discusión del profesionalismo: A menudo, los AA consultan con las comunidades locales o con la Fundación Alcohólica, informando que les han propuesto trabajos en campos relacionados. Los hospitales buscan a miembros de AA que sean enfermeras y médicos, las clínicas a asistentes sociales que sean AA, las universidades buscan a AA para trabajar en el campo de educación sobre el alcoholismo en plan desinteresado, y la industria nos pide que les recomendemos miembros de AA para puestos en el departamento de personal. ¿Podemos, como particulares, aceptar estas propuestas? La mayoría de nosotros no vemos ningún inconveniente en hacerlo.

Se reduce a lo siguiente: ¿Tenemos los AA el derecho de privar a la sociedad de nuestros conocimientos especiales del problema del alcoholismo? ¿Vamos a decir a la sociedad que no podemos emprender estos cometidos por temor a profesionalizar a AA, a pesar de que podamos ser excelentes enfermeras, médicos, asistentes sociales o educadores en el campo del alcoholismo? Esto sería sin duda algo exagerado—incluso ridículo. Ningún individuo debe ser excluido de un puesto en esta esfera por el mero hecho de ser miembro de AA. Solamente tiene que evitar la "terapia AA" y toda palabra o acción que pueda perjudicar a AA en su totalidad. Aparte de esto, debe tener la misma posibilidad de conseguir el trabajo que tendría la persona no AA a quien se lo propusieran, y quien, tal vez, no lo haría ni la mitad de bien. De hecho, creo que tenemos todavía algunos miembros que son camareros de bar. Aunque, por obvias razones, el servir tragos en un bar no es uno de los trabajos más recomendables, nunca he oído decir a nadie que estos pocos miembros están profesionalizando a AA debido a sus muy especiales conocimientos de los bares.

Hace años creíamos que AA debía tener sus propios hospitales y sus casas y granjas de reposo. Hoy en día, estamos convencidos de que no debemos tener nada de esto. Incluso nuestros clubs, que están dentro de AA, los mantenemos aparte. Y según el parecer de casi todos, las instalaciones hospitalarias o de descanso deben estar bien fuera de AA—y bajo supervisión médica. Claramente, la hospitalización es de la incumbencia de los médicos, apoyados, por supuesto, por ayuda privada o comunitaria. No es función de AA el ser propietario ni administrador de estos servicios. En todas partes, cooperamos con los hospitales. Muchos nos conceden privilegios y disposiciones especiales para trabajar. Algunos consultan con nosotros. Otros emplean a enfermeras o ayudantes que son AA. Estas relaciones casi siempre funcionan bien. Pero ninguna de estas instituciones es conocida como un "hospital de AA."

Además hemos tenido alguna experiencia con granjas y centros de desintoxicación que, aunque están fuera de AA y bajo supervisión médica, han sido, no obstante, administrados y financiados por miembros de AA. Algunas de estas empresas han tenido bastante éxito, otras ninguno. Y, con un par de notables excepciones, el peor arreglo posible ha sido aquel en que los grupos de AA, contando con sus fondos, han montado y administrado empresas de desintoxicación. A pesar de las excepciones, estos "hospitales de AA" parecen ser los menos prometedores. El grupo que se encarga de una empresa de este tipo normalmente descubre que ha contraído una responsabilidad innecesaria y provocado una gran cantidad de disensiones desgarradoras. Por ser un proyecto de grupo, no se puede "tomar o dejar". O bien se tiene que abandonar o dejarlo como una llaga en carne viva en el cuerpo político. Estos experimentos han demostrado claramente que el grupo de AA siempre tendrá que ser una entidad espiritual, no una empresa comercial. Más vale hacer una cosa muy bien que dos muy mal.

Ahora bien, ¿qué acerca de los donativos o pagos a AA por fuentes ajenas? Hace algunos años, necesitábamos desesperadamente alguna ayuda ajena. La recibimos. Y no dejaremos nunca de estar agradecidos a aquellos amigos dedicados cuyas contribuciones hicieron posible la Fundación Alcohólica, el libro *Alcohólicos Anónimos* y nuestra Oficina Central. Dios seguramente les ha reservado a cada uno de ellos un lugar en el cielo. Respondieron a una necesidad apremiante, porque en aquella época éramos muy pocos miembros de AA y muy insolventes.

Pero los tiempos han cambiado. Alcohólicos Anónimos ahora tiene más de 24,000 miembros, cuyos ingresos combinados deben ascender este año a muchos millones. Por eso se está difundiendo por toda la Comunidad un fuerte sentimiento de que AA debe ser automantenida. Ya que la mayoría de los miembros creen que le deben la vida al movimiento, opinan que nosotros los AA debemos pagar sus muy módicos gastos. Y dicen: ¿No es hora ya de empezar a cambiar la idea de que el alcohólico es *siempre* una persona que necesita ser ayudada—normalmente con dinero? Dicen: Dejemos de ser de los que toman de la sociedad. Seamos de los que dan. Ya no somos incapaces. Tampoco estamos sin dinero. Si fuera posible publicar mañana que cada grupo de AA hubiera logrado ser completamente automantenido, es probable que esto creara hacia nosotros más buena voluntad que cualquier otra noticia pudiera crear. Dejemos que el generoso público contribuya con sus fondos a investigaciones científicas sobre el alcoholismo, a la hospitalización o la educación. Estas empresas tienen una necesidad innegable de dinero. Nosotros no. Ya no somos pobres. Podemos y debemos pagar por nosotros mismos.

Naturalmente, no se puede considerar una excepción al automantenimiento, el que un amigo no alcohólico, presente en una reunión, eche un dólar en el sombrero. También dudamos que debamos rehusar el pequeño donativo de cinco dólares enviado por un familiar como muestra de gratitud por la recuperación de un ser querido. Tal vez sería descortés rehusar su regalo.

Pero no son estas muestras de reconocimiento las que nos preocupan, sino las contribuciones más grandes, especialmente aquellas que puedan acarrear obligaciones futuras. Además, hay indicios de que algunas personas adineradas nos están reservando dinero en sus testamentos, teniendo la impresión de que, si tuviéramos grandes cantidades de dinero, nos vendría bien utilizarlo. ¿No debiéramos disuadirles de hacerlo? Y se han hecho algunos intentos alarmantes de solicitar fondos al público en nombre de Alcohólicos Anónimos. Son contados los AA que no puedan imaginarse adónde llegaríamos si siguiéramos este rumbo. A veces, nos ofrecen dinero tanto los que están en contra como los que están a favor de la prohibición. Claramente peligroso, esto. Porque tenemos que mantenernos alejados de esta desgraciada controversia. De vez en cuando, los padres de un alcohólico, por pura gratitud, quieren hacer un donativo considerable. ¿Es esto prudente? ¿Le haría algún bien al propio alcohólico? O quizás un miembro acomodado desee hacernos un regalo sustancial. Si así lo hiciera ¿sería bueno para él o para nosotros? ¿No podría ser que nos sintiéramos endeudados con él, o que él, especialmente si es un recién llegado, creyera que había pagado el billete a su destino feliz—la sobriedad?

No hemos tenido nunca ningún motivo para poner en duda la generosidad sincera de esta gente. No obstante, ¿es prudente aceptar sus donaciones? Aunque haya algunas raras excepciones, comparto con la mayoría de los AA veteranos la opinión de que el aceptar grandes contribuciones de cualquier fuente es muy arriesgado y casi siempre peligroso. Puede ser que un club se encuentre apretado de dinero y necesite un préstamo o un regalo amistoso. Aún así, a la larga sería probablemente mejor ir pagándolo todo por nosotros mismos. No debemos permitir nunca que ninguna ventaja inmediata, por muy atractiva que sea, nos deslumbre de manera que no veamos la posibilidad de estar sentando un precedente catastrófico para el futuro. Con demasiada frecuencia, las dissensiones internas a causa del dinero y de la propiedad han destrozado a gente mejor que nosotros, los alcohólicos temperamentales.

Con la gratitud y satisfacción más profundas, les puedo comunicar una resolución aprobada recientemente por nuestro comité de servicios generales, los custodios de la Fundación Alcohólica, quienes son los fideicomisarios de nuestros fondos de AA nacionales. Han hecho constar por escrito que, como cuestión de principio, se negarán a recibir todo donativo que acarree la más mínima obligación, expresa o implícita. Y además, que la Fundación Alcohólica no aceptará ningún dinero ofrecido por cualquier entidad comercial. Como ya sabrá la mayoría de los lectores, algunas empresas cinematográficas nos han abordado recientemente para discutir sobre la posibilidad de producir una película acerca de AA. Naturalmente, se ha mencionado dinero. Pero nuestros custodios, con razón, creo, tomarán la postura de que AA no tiene nada que vender; que deseamos evitar incluso la más ligera insinuación de comercio; y que, de todos modos, AA es ahora automantenida a nivel nacional.

A mi parecer, ésta es una decisión de alta importancia para nuestro futuro—un gran paso adelante. Cuando esta actitud hacia el dinero haya sido adoptada universalmente por AA, habremos evitado el escollo dorado y seductor, pero muy engañoso, conocido por el nombre de materialismo.

En los próximos año, Alcohólicos Anónimos se verá sometida a la prueba suprema—la de su prosperidad y su éxito. Creo que será la prueba más dura de todas. Si podemos superar la crisis, las olas del tiempo y de las circunstancias nos azotarán en vano. Nuestro destino estará asegurado.

La relación del individuo con AA como grupo

Julio de 1946

Puede ser que Alcohólicos Anónimos sea una nueva forma de sociedad humana. El primero de los Doce Puntos de nuestra Tradición de AA dice: "Cada miembro de Alcohólicos Anónimos no es sino una pequeña parte de una gran totalidad. Es necesario que AA siga viviendo o, de lo contrario, la mayoría de nosotros seguramente morirá. Por eso, nuestro bienestar común tiene prioridad. No obstante, el bienestar individual le sigue muy de cerca." Esto representa un reconocimiento, común en todo tipo de sociedad, de que a veces el individuo tiene que anteponer el bienestar de sus compañeros a sus propios deseos descontrolados. Si el individuo no cediera nada al bienestar común, no podría haber sociedad alguna—solo la obstinación desembocada; la anarquía en el peor sentido de la palabra.

No obstante, el tercer punto de nuestra Tradición de AA parece ser una invitación abierta a la anarquía. Aparentemente, contradice el primer punto. Dice: "Nuestra Comunidad debe incluir a todos los que sufren del alcoholismo. Por eso, *no podemos rechazar a nadie* que quiera recuperarse. Ni debe el ser miembro de AA *depender del dinero o de la conformidad*. Cuandoquiera que dos o tres alcohólicos se reúnan en interés de la sobriedad, podrán llamarse un grupo de AA." Esto implica claramente que un alcohólico es miembro si así lo dice él; que no podemos privarle de ser miembro; que no podemos exigirle ni un centavo; que no podemos imponerle nuestras creencias o costumbres; que él puede burlarse de todo lo que nosotros sostenemos y, no obstante, seguir siendo miembro. En realidad, nuestra Tradición lleva el principio de independencia individual a tal fantástico extremo que, mientras tenga el más mínimo interés en la sobriedad, el alcohólico más inmoral, más antisocial, más criticón puede reunirse con unas cuantas almas gemelas y anunciarnos que se ha formado un nuevo grupo de Alcohólicos Anónimos. En contra de Dios, en contra de la medicina, en contra de nuestro programa de recuperación, incluso unos en contra de otros—estos individuos desenfrenados todavía constituyen un grupo de AA, *si así lo creen.*

A veces nuestros amigos no alcohólicos nos preguntan: ¿Les hemos oído decir que AA tiene estructura social segura? Deben estar bromeando. Según lo vemos nosotros, su Tercera Tradición parece tener unos cimientos tan firmes como los de la Torre de Babel. En el primer punto, ustedes dicen sin rodeos que el bienestar del grupo tiene la preferencia. Luego, en el punto tres, pasan a decir a cada AA que nadie le puede impedir que piense y haga como mejor le convenga. Es cierto que en el segundo punto hablan vagamente de una *autoridad final,* 'Un Dios amoroso tal como se exprese en la conciencia de nuestro grupo." Con todo respeto a sus opiniones, visto desde afuera, este punto parece poco realista. Después de todo, el mundo actual no es sino la triste historia de cómo la mayoría de los hombres han perdido su conciencia y, por ello, no pueden encontrar su camino. Ahora llegan ustedes los alcohólicos (gente poco equilibrada además, ¿verdad?) para decirnos amablemente: 1) Que AA es un hermoso socialismo—muy democrático. 2) Que AA también es una dictadura, sus miembros sujetos al mandato benigno de Dios. Y finalmente, 3) Que AA es tan individualista que la organización no puede castigar a sus propios miembros por mal comportamiento o incredulidad.

"Por lo tanto," continúan nuestros amigos, "nos parece que dentro de la Sociedad de Alcohólicos Anónimos ustedes tienen una democracia, una dictadura y una anarquía, todo funcionando al mismo tiempo. ¿Se acuestan tranquilamente en la misma cama estos conceptos que hoy día están en tan violento conflicto que van desgarrando el mundo? No obstante, sabemos que AA da resultados. Así que ustedes, de alguna forma, deben de haber reconciliado estas grandes fuerzas. Díganos, si pueden, ¿qué es lo que mantiene unido a AA? ¿Por qué no acaba AA desgarrado también? Si todo AA tiene una libertad personal que puede incluso llegar al libertinaje, ¿por qué no estalla su Sociedad? Debería explotar, pero no lo hace."

Es probable que, al leer nuestro primer punto, nuestros amigos del mundo de afuera, tan perplejos por esta paradoja, pasen por alto una declaración muy significativa: "Es necesario que AA siga viviendo o, de lo contrario, la mayoría de nosotros seguramente morirá."

Esta dura aserción lleva implícito todo un mundo de significado para cada miembro de Alcohólicos Anónimos. Aunque es totalmente cierto que ningún grupo de AA puede forzar a ningún alcohólico a contribuir dinero, o a someterse a los Doce Pasos de nuestro programa de recuperación o a los Doce Puntos de la Tradición de AA, no obstante, cada miembro de AA se ve obligado, a la larga, a hacer estas mismas cosas. La verdad es que, en la vida de cada alcohólico, siempre hay un tirano al acecho. Se llama alcohol. Astuto, despiadado, sus armas son la aflicción, la locura y la muerte. No importa el tiempo que llevemos sobrios, él se queda siempre a nuestro lado, vigilando, listo para aprovechar cualquier oportunidad de reanudar su trabajo de destrucción. Como un agente de la Gestapo, amenaza a cada ciudadano AA con la tortura y la extinción—a menos que el ciudadano AA esté dispuesto a vivir sin egoísmo, a menudo anteponiendo a sus planes y ambiciones personales el bienestar de AA en su totalidad. Aparentemente, ningún ser humano puede forzar a los alcohólicos a vivir juntos feliz y útilmente. Pero el Sr. Alcohol puede hacerlo—¡y a menudo lo hace!

Esto se puede ilustrar con un historia: Hace algún tiempo, hicimos una lista larga de nuestros aparentes fracasos durante los primeros años de AA. A cada alcohólico que aparecía en la lista, se le había dado una buena orientación. La mayoría habían asistido durante varios meses a las reuniones de AA. Después de recaer y volver a recaer, todos desaparecieron. Algunos decían que no eran alcohólicos. Otros no pudieran aceptar nuestra creencia en Dios. Unos cuantos habían llegado a tener intensos resentimientos para con sus compañeros. Anarquistas convencidos, no podían ajustarse a nuestra Sociedad. Y como nuestra Sociedad no se ajustaba a ellos, se marcharon. Pero solo temporalmente. En el curso de los años, la mayoría de estos llamados fracasos han retornado, convirtiéndose a menudo en miembros excelentes. Nunca les perseguimos; volvieron por motivo propio. Cada vez que veo a uno que acaba de volver, le pregunto por qué se ha vuelto a unir a nuestro rebaño. Invariablemente, su respuesta es más o menos así: "Cuando me puse en contacto por primera vez con AA, me enteré de que el alcoholismo es una enfermedad: una obsesión mental que nos impulsa a beber, y una sensibilidad corporal que nos condena a la locura o a la muerte si seguimos bebiendo. Además me di cuenta de que AA daba resultados, al menos para algunos alcohólicos. Pero luego me disgustaron los métodos de AA y llegué a odiar a algunos de los alcohólicos que conocía allí, y todavía seguía con la idea de que podía dejar la bebida por mis propios medios. Después de varios años de beber de forma terrible, me di cuenta de que era impotente para controlarlo, y me rendí. Volvía a AA porque no tenía otro sitio al que recurrir; había probado todo lo demás. Llegado a este punto, supe que tenía que hacer algo rápidamente: que tenía que practicar los Doce Pasos del programa de recuperación de AA; que tenía que dejar de odiar a mis compañeros alcohólicos; que ahora tenía que ocupar mi sitio entre ellos, como una pequeña parte de esa gran totalidad, la Sociedad de Alcohólicos Anónimos. Todo se reducía a la simple alternativa de 'actuar o morir.' Tenía que ajustarme a los principios de AA—si no, podría despedirme de la vida. Se acabó la anarquía para mí. Y aquí estoy."

Esta historia muestra por qué los AA tenemos que vivir juntos—si no, nos vamos a morir solos. Somos los actores de un drama inexorable, en el que la muerte es la apuntadora de los que vacilan en sus papeles. ¿Hay alguien que pueda imaginarse el imponer en nosotros una disciplina más rigurosa que ésta?

No obstante, la historia del beber descontrolado nos muestra que el temor, por sí solo, ha disciplinado a muy pocos alcohólicos. Para mantenernos unidos a nosotros, los anarquistas, se necesita mucho más que el mero temor. Hace unos pocos años, dando una charla en Baltimore, me estaba dilatando sobre los grandes sufrimientos que nosotros los alcohólicos habíamos conocido y supongo que mis palabras tenían un fuerte olor a autoconmiseración y a exhibicionismo. Insistía en describir nuestra experiencia de bebedores como una gran calamidad, un terrible infortunio. Después de la reunión, me abordó un cura católico y, con tono muy amable, me dijo: "Le oí decir que creía que su forma de beber era un infortunio. Pero a mí me parece que, en el caso suyo, era una *tremenda buenaventura*. ¿No fue esa experiencia horrible lo que le humilló tanto que hizo que pudiera encontrar a Dios? ¿No fue el sufrimiento lo que le abrió los ojos y el corazón? Todas las oportunidades que usted tiene hoy, toda esta maravillosa experiencia que usted llama AA, tuvieron su origen en un profundo sufrimiento personal. En su caso no fue ningún infortunio. Fue una invaluable buenaventura. Ustedes los AA son gente privilegiada."

Este sencillo y profundo comentario me conmovió mucho. Marca un momento decisivo de mi vida. Me hizo pensar como nunca en la relación que tenía con mis compañeros de AA. Me hizo poner en duda mis propios motivos. ¿Por qué había venido yo a Baltimore? ¿Estaba allí sólo para bañarme en los aplausos y la aprobación de mis compañeros? ¿Estaba allí como maestro o como predicador? ¿Me creía a mí mismo un eminente cruzado moral? Al pensarlo, me confesé avergonzadamente a mí mismo que tenía todos esos motivos, que había sacado un placer indirecto y bastante egocéntrico de mi visita. Pero ¿era eso todo? ¿No tenía otro motivo mejor que mi avidez de prestigio y aplausos? ¿Había llegado a Baltimore para satisfacer únicamente esta necesidad y ninguna otra más profunda o noble? Entonces, me vino un destello de inspiración. Bajo mi vanagloria superficial o pueril, vi obrando a Alguien muy superior a mí. Alguien que quería transformarme; Alguien que, si yo lo permitiera, me libraría de mis deseos menos honestos y los reemplazaría con aspiraciones más encomiables. En éstas, si yo tuviera suficiente humildad, podría encontrar la paz.

En aquel momento vi con perfecta claridad la razón por la que realmente debía de haber venido a Baltimore. Debía haber viajado allí con la feliz convicción de que yo necesitaba a los Baltimorenses aun más de lo que ellos me necesitaban a mí; que tenía necesidad de compartir con ellos tanto sus penas como sus alegrías; que tenía necesidad de sentirme unido a ellos, fusionándome en su sociedad; que, incluso si ellos insistían en considerarme como su maestro, yo debería considerarme a mí mismo como su pupilo. Me di cuenta de que había estado viviendo muy aislado, muy alejado de mis compañeros, y muy sordo a esa voz interior. En vez de ir a Baltimore como un mero agente que llevaba el mensaje de experiencia, llegué como el fundador de Alcohólicos Anónimos. Y, como un vendedor en una convención, me había puesto mi etiqueta de identificación para que todos pudieran verla bien. Cuánto mejor habría sido si hubiera sentido *gratitud* en vez de satisfacción de mí mismo—*gratitud* por haber padecido una vez los sufrimientos del alcoholismo, *gratitud* por el milagro de recuperación que la Providencia había obrado en mí, *gratitud* por el privilegio de servir a mis compañeros alcohólicos, y *gratitud* por los lazos fraternales que me unían a ellos en una camaradería cada vez más íntima, como muy pocas sociedades humanas conocen. Era verdad lo que me dijo el cura: "Su infortunio se ha convertido en su buenaventura. Ustedes los AA son gente privilegiada."

La experiencia que tuve en Baltimore no fue nada insólita. Cada AA pasa en su vida por parecidos acontecimientos espirituales decisivos—momentos de iluminación que le unen cada vez más íntimamente a sus compañeros y a su Hacedor. El ciclo es siempre el mismo. Primero, recurrimos a AA porque, de no hacerlo, podríamos morir. Después, dependemos de su filosofía y del compañerismo que nos ofrece para dejar de beber. Luego, por un tiempo, tendemos a volver a depender de nosotros mismos, y buscamos la felicidad por medio del poder y de los aplausos. Finalmente, algún incidente, tal vez un grave contratiempo, nos abre aun más los ojos. Luego, según vamos aprendiendo la nueva lección y aceptamos de verdad lo que nos enseña, entramos en un nuevo y más fructífero nivel de acción y emoción. La vida cobra un sentido más noble. Vislumbramos nuevas realidades; percibimos la clase de amor que nos hace ver que más vale dar que recibir. Estas son algunas de la razones por las que creemos que Alcohólicos Anónimos puede ser una nueva forma de sociedad.

Cada grupo de AA es un refugio seguro. Pero siempre está rodeado por el tirano alcohol. Como los compañeros de Eddie Rickenbacker, flotando en una balsa en alta mar, nosotros los que vivimos en el refugio de AA, nos apegamos unos a otros con una determinación que el mundo de afuera rara vez puede comprender. La anarquía del individuo va desapareciendo. Se desvanece el egoísmo, y la democracia se convierte en realidad. Empezamos a conocer la verdadera libertad de espíritu. Llegamos a ser cada vez más conscientes de que todo va bien; de que cada uno de nosotros puede confiar incondicionalmente en quien nos guía con amor desde nuestro interior—y desde arriba.

¿Quién es miembro de Alcohólicos Anónimos?

Agosto de 1946

En la primera edición del libro *Alcohólicos Anónimos* aparece la siguiente breve declaración referente a la pertenencia a AA: "El único requisito para ser miembro de AA es un deseo sincero de dejar de beber. No estamos aliados con ninguna religión, secta o denominación en particular; ni nos oponemos a nadie. Simplemente deseamos ayudar a los afligidos." Así expresamos nuestros sentimientos en 1939, año en que se publicó nuestro libro.

Desde aquel tiempo, se han hecho todo tipo de experimentos con respecto a la pertenencia a AA. Es innumerable la cantidad de reglamentos que se han establecido (y en su mayor parte, quebrantado). Hace dos o tres años, la Oficina Central pidió a los grupos que hicieran una lista de sus reglamentos y que las enviaran a la sede. Después de haberlas recibido, las recopilamos, viéndonos obligados a cubrir muchas hojas de papel. Tras breve reflexión sobre tantísimos reglamentos, se desprendió una sorprendente conclusión. Si todos estos edictos hubieran estado vigentes en todas partes al mismo tiempo, le habría sido imposible a cualquier alcohólico unirse a AA. Unos nueve décimos de nuestros más antiguos y fieles miembros no habrían podido pasar por la criba.

En algunos casos, las exigencias nos habrían dejado muy desalentados. A la mayoría de los miembros pioneros se les habría expulsado por haber sufrido demasiadas recaídas; o por haber tenido costumbres muy relajadas; o porque, no solamente tenían problemas con el alcohol, sino que además sufrían trastornos mentales. O, por mucho que cueste creerlo, porque no eran miembros de las llamadas mejores clases de la sociedad. Nosotros los ancianos nos podríamos haber visto excluidos por no haber leído el libro *Alcohólicos Anónimos* o porque nuestros padrinos no quisieron responder por nosotros como candidatos. Y así, ad infinitum. Las formas en que nuestros alcohólicos "dignos" a veces han tratado de juzgar a los "menos respetables" son, en retrospectiva, algo absurdas. Imagínate, si puedes, un alcohólico juzgando a otro.

En alguna que otra ocasión, la mayoría de los grupos de AA se lanzan frenéticamente a inventar reglamentos. Además, como es de suponer, al comenzar a crecer rápidamente, un grupo se ve enfrentado con muchos problemas alarmantes. Los mendigos comienzan a mendigar. Algunos miembros se emborrachan y, a veces, hacen que otros se emborrachen con ellos. Los que tienen problemas mentales caen en depresiones o hacen denuncias paranoicas de sus compañeros. Los chismosos chismorrean, u "honradamente" denuncian a los "lobos y caperucitas rojas" del grupo. Los recién llegados protestan que no son alcohólicos y, sin embargo, siguen asistiendo a las reuniones. Los "recaídos" se aprovechan del buen nombre de AA para conseguir empleos. Otros miembros rehusan aceptar todos los Doce Pasos del programa de recuperación. Otros van más lejos, alegando que "todo esto de Dios" es una tontería y totalmente innecesario. Bajo estas circunstancias, nuestros miembros conservadores que se atienen al programa se alarman. Les parece imperativo controlar estas peligrosísimas condiciones; si no, AA sin duda se vendrá abajo. Miran con alarma por el bien del movimiento.

En este punto, el grupo llega a la fase caracterizada por la elaboración de reglas y reglamentos. Con entusiasmo, se aprueban estatutos, cartas constitutivas, y normas referentes a la pertenencia, y se cede a un comité la autoridad para eliminar a los indeseables y para castigar a los malvados. Luego, los ancianos del grupo, ya vestidos de autoridad, se ponen diligentemente a trabajar. A los recalcitrantes, los echan a las tinieblas; los entrometidos respetables tiran piedras a los pecadores. Y, en cuanto a los llamados pecadores, o insisten en quedarse, o forman un nuevo grupo. O tal vez se unen a otro grupo de la vecindad, más agradable y menos intolerante. Los ancianos pronto se dan cuenta de que los nuevos reglamentos no funcionan bien. La mayoría de los intentos de hacerlos cumplir suscitan dentro del grupo una oleada de disensión e intolerancia tan grande que enseguida se reconoce la situación como más perjudicial para la vida del grupo que lo fuera lo peor que los peores hubieran hecho nunca.

Pasado un tiempo, los temores y la intolerancia se apaciguan. El grupo sobrevive ileso. Todo el mundo ha aprendido mucho. Por eso, hoy en día, muy pocos nos preocupamos de cómo cualquier principiante pueda afectar la reputación o eficacia de AA. Los que recaen, los que mendigan, los que chismorrean, los que tienen trastornos mentales, los que se rebelan contra el programa, los que se aprovechan de la fama de AA—muy rara vez perjudican al grupo de AA por mucho tiempo. Y algunos de ellos han llegado a ser nuestros más respetados y más queridos miembros. Otros se han quedado para poner a prueba nuestra paciencia; pero se han mantenido sobrios. Otros más se han alejado. Hemos llegado a considerar a estas personas no como amenazas, sino como nuestros maestros. Nos obligan a cultivar la paciencia, la tolerancia y la humildad. Finalmente, nos percatamos de que son simplemente gente más enferma que el resto de nosotros, y que nosotros los que los condenamos, somos los Fariseos cuya falsa rectitud causa al grupo un más profundo perjuicio espiritual.

Cada AA veterano se estremece al recordar los nombres de aquellos a quienes, una vez, él condenó; la gente que con toda seguridad él predijo que nunca lograría la sobriedad; la gente que él estaba convencido que había que echar de AA por el bien del movimiento. Ahora que muchas de esas personas ya se han mantenido sobrias durante muchos años, y puede que se cuenten entre sus más íntimos amigos, el veterano se pregunta a sí mismo, ¿qué habría pasado si todos hubieran juzgado a estas personas como lo hacía yo? Si AA les hubiera cerrado la puerta, ¿dónde estarían ahora?

Esta es la razón por la que juzgamos cada vez menos al principiante. Si para él, el alcohol es un problema incontrolable, y si él quiere hacer algo al respecto, no le requerimos más. No nos importa en absoluto que su caso sea grave o leve, que sus costumbres sean rectas o relajadas, que tenga o no otras complicaciones. La puerta de AA está abierta de par en par, y si entra y se pone a hacer algo para remediar su problema, le consideramos un miembro de AA. No firma ningún contrato o convenio; no se compromete a hacer nada. No le exigimos nada. El se une a nosotros sólo con decirlo. Hoy día, en la mayoría de los grupos, ni siquiera tiene que decir que es alcohólico. Puede unirse a AA con solo tener una mera sospecha de que lo sea, de que ya muestre los síntomas mortales de nuestra enfermedad.

Por supuesto, éste no es el estado universal de las cosas en AA. Hay todavía reglamentos que se imponen a los miembros. Si un miembro persiste en llegar borracho a las reuniones, puede que se le lleve afuera; puede que pidamos a alguien que lo aleje. No obstante, en la mayoría de los grupos puede volver al día siguiente, si se presenta sobrio. Aunque le pueden echar de un club, a nadie se le ocurriría echarle de AA. Sigue siendo miembro de AA mientras que lo diga. Aunque este amplio concepto de la pertenencia a AA no es todavía de unánime aceptación, representa la corriente principal del pensamiento de AA. No queremos privar a nadie de la oportunidad de recuperarse del alcoholismo. Deseamos ser tan inclusivos como podamos, nunca exclusivos.

Tal vez esta tendencia significa algo mucho más profundo que un mero cambio de actitud hacia la cuestión de pertenencia. Tal vez significa que vamos liberándonos de todo temor a las tempestades que a veces azotan nuestro mundo alcohólico; tal vez atestigua nuestra confianza en que, a cada tormenta, le seguirá una calma; una calma que es más comprensiva, más compasiva, más tolerante que cualquiera que hayamos conocido nunca.

¿Tendrá AA algún día un gobierno personal?

Enero de 1947

C on casi toda seguridad, la respuesta a esta pregunta es que no. Este es el veredicto de nuestra experiencia.

Para empezar, cada miembro de AA ha sido un individuo que, a causa de su alcoholismo, raramente podía gobernarse a sí mismo. Ni tampoco podía otro ser humano gobernar la obsesión del alcohólico por la bebida, ni su avidez de salirse con la suya. Incontables veces, los parientes, los amigos, los jefes, los médicos, los clérigos, los jueces, cada uno a su manera, han tratado de disciplinar a los alcohólicos. Casi sin excepción, los intentos de influir por coacción en la conducta del alcohólico han fracasado completamente. No obstante, nosotros los alcohólicos podemos ser guiados, podemos ser inspirados; al unirnos a AA, podemos someternos a la voluntad de Dios, y lo hacemos gustosamente. Por lo tanto, no es de extrañar que la única autoridad real que se encuentra en AA sea la de un principio espiritual. Nunca es una autoridad personal.

Nuestro individualismo irrazonable (egocentrismo, si así lo prefiere) era, por supuesto, la razón principal por la que fracasamos en la vida y nos entregamos al alcohol. Al no poder coaccionar a otros a estar de acuerdo con nuestras ideas y deseos, bebíamos. Cuando otras personas trataban de coaccionarnos, también bebíamos. Aunque ahora nos encontramos sobrios, llevamos todavía vestigios de aquellas características que nos hacían resistir a la autoridad. En esto, probablemente, está la clave del porqué no existe ningún gobierno personal en AA. No hay honorarios ni cuotas, ni reglas ni reglamentos; ninguna exigencia de que los alcohólicos se sometan a los principios de AA; ningún individuo investido de autoridad personal sobre otro. Aunque no es una virtud resplandeciente, nuestra aversión a la obediencia contribuye mucho a asegurar que estemos libres de todo tipo de dominación personal.

No obstante, es cierto que la mayoría de nosotros, en nuestra vida personal, nos atenemos a los Doce Pasos Sugeridos de recuperación. Pero lo hacemos porque hemos elegido hacerlo. Preferimos la recuperación a la muerte. Entonces, poco a poco, llegamos a darnos cuenta de que la mejor base de la vida es una base espiritual. Nos sometemos a lo sugerido porque queremos hacerlo.

De la misma manera, la mayoría de los grupos de AA están dispuestos a atenerse a los "Doce Puntos de Tradición Para Asegurar Nuestro Futuro." Los grupos quieren evitar las controversias sobre cuestiones ajenas, tales como la política, la reforma o la religión; se aferran a su único objetivo de ayudar a los alcohólicos a recuperarse; dependen cada vez más del automantenimiento en vez de depender de la caridad de gente ajena. En sus relaciones públicas, insisten cada vez más en la modestia y el anonimato. Los grupos de AA se atienen a estos principios tradicionales por la misma razón por la que el miembro individual se atiene a los Doce Pasos para la recuperación. Los grupos se percatan de que, de no hacerlo, se desintegrarían, y pronto descubren que el atenerse a nuestra Tradición y experiencia es la base de una vida de grupo más feliz y eficaz.

Dentro de AA no existe ninguna autoridad humana establecida que pueda obligar a un grupo a hacer nada. Algunos grupos, por ejemplo, eligen a sus líderes. Pero aun teniendo un mandato así, cada líder descubre que, aunque puede guiar por su propio ejemplo o por persuasión, nunca puede dárselas de jefe. Si intenta hacerlo, en la siguiente elección los electores pueden abandonarlo.

La mayoría de los grupos de AA ni siquiera eligen a sus líderes. Prefieren tener comités rotativos para llevar sus simples asuntos. Estos comités siempre son considerados como servidores; sólo tienen autoridad para servir, nunca para mandar. Cada comité realiza lo que cree que son los deseos del grupo. Nada más. Aunque en el pasado los comités trataban de disciplinar a los miembros descarriados, y aunque a veces han elaborado un sistema detallado de reglas y, en ocasiones, se han constituido a sí mismos como jueces de la moralidad de sus compañeros, no ha habido ningún caso, que yo sepa, en el que estos esfuerzos aparentemente virtuosos hayan tenido ningún efecto duradero, si no fuera ¡la elección de un nuevo comité!

Sin duda, puedo hacer estas afirmaciones con la mayor seguridad. Porque yo también, he tratado de gobernar AA. Cada vez que me esforcé tenazmente por hacerlo, me hicieron desistir con un abucheo—tan sonoro que en varias ocasiones parecía que yo estaba destinado a una excomunión rápida y segura.

Sentado en mi despacho en nuestra Oficina Central, a menudo miro la avalancha de problemas personales, de grupo y de intergrupo, según nos van llegando. En fechas recientes, la marea ha estado subiendo tan rápidamente que nos vemos inundados cada mañana con una oleada de cartas y entre ellas invariablemente hay una por lo menos que nos informa de un problema transcendental en alguna que otra parte del mundo. La Oficina Central de AA se ha convertido en un foco de situaciones críticas, hasta tal grado que una "crisis" al día es una cuestión rutinaria.

En una época me sentía tentado a tomar una postura clara y firme con respecto a cada uno de estos problemas, a ejercer tanta presión y tanta autoridad como pudiera, a escribir cartas acaloradas a los individuos y grupos equivocados diciéndoles lo que debían hacer. En tales momentos, me sentía convencido de que AA necesitaba un gobierno personal firme— alguien, por ejemplo, como yo mismo.

Después de haber luchado durante unos cuantos años por dirigir el movimiento de AA, tuve que rendirme—sencillamente no funcionaba. Todo intento de imponer mi autoridad personal siempre suscitaba confusión y resistencia. Si tomaba partido en alguna polémica, algunos me citaban alegremente, mientras que otros murmuraban, "¿Y quién se cree que es este dictador?" Si hacía algunas críticas severas, me devolvían el doble. El poder personal siempre falló. Puedo ver sonreír a mis viejos amigos de AA. Están recordando aquella época en la que ellos, también, se sentían llamados poderosamente a "salvar el movimiento de AA" de esta o aquella amenaza. Pero, sus días de hacer el papel de "Fariseo", ya se han pasado. Así es que, tanto para ellos como para mí, aquellos cortos lemas de AA, "Tómalo con Calma" y "Vive y Deja Vivir," han cobrado una profunda importancia y significación. De esta manera, cada uno de nosotros llega a comprender que en AA podemos ser únicamente servidores.

Hace mucho tiempo que nosotros aquí en la Oficina Central nos damos cuenta de que únicamente podemos suministrar algunos servicios indispensables. Podemos facilitar información y literatura; podemos comunicar, generalmente, la opinión de la mayoría de los AA referente a nuestros problemas actuales; podemos ayudar a nuevos grupos a ponerse en marcha, dándoles consejos si nos lo piden; podemos vigilar las relaciones públicas de AA en general; a veces, podemos servir de intermediarios para resolver un problema. Del mismo modo, los editores de nuestra revista mensual, el Grapevine de AA, la consideran simplemente como un espejo de la vida y el pensamiento de AA hoy en día. Ya que sirven simplemente como tal, no pueden mandar ni hacer propaganda. Así ocurre también con los custodios de la Fundación Alcohólica (nuestro comité de servicios generales de AA) quienes saben que no son más que guardianes, guardianes que aseguran la eficacia de la Oficina Central de AA y del Grapevine de AA, y que son los depositarios de nuestros fondos generales y nuestras Tradiciones—guardianes y nada más.

Está clarísimo que, aun aquí en el mismo centro de AA, solamente puede existir un centro de servicio—custodios, redactores, secretarias, etc.—cada uno cumpliendo sin duda una función vital, pero ninguno que tenga autoridad para gobernar Alcohólicos Anónimos.

No tengo la menor duda de que tales centros de servicio—internacional, nacional, metropolitano o local—serán suficientes para el futuro. Mientras evitemos la acumulación peligrosa de riqueza y la creación de un gobierno personal en estos centros, no podremos desviarnos. Aunque la riqueza y la autoridad constituyan la base de muchas instituciones muy nobles, nosotros los AA nos damos cuenta ahora de que no son apropiadas para nosotros. ¿No hemos descubierto que lo que es bueno para uno es malo para otros?

¿No haremos lo adecuado si podemos aferrarnos aun parcialmente a los ideales fraternales de los primeros Franciscanos? Que todos nosotros los AA, ya seamos custodios, editores, secretarios, porteros o cocineros—o simplemente miembros—siempre recordemos lo insignificantes que son la riqueza y la autoridad comparadas con la inmensa importancia de nuestra fraternidad, amor y servicio.

Los peligros de vincular AA con otros proyectos

Marzo de 1947

N uestra experiencia de AA ha venido planteándonos las siguientes preguntas importantes, que no tienen todavía una respuesta definitiva. Primera, ¿debe AA en su totalidad entrar en las esferas ajenas de hospitalización, investigación científica, y educación no polémica sobre el alcoholismo? Segunda, un miembro de AA que actúa estrictamente como un particular, ¿tiene justificación para aportar a tales empresas su experiencia y conocimientos especiales? Y tercera, si un miembro de AA trabaja en estos aspectos del problema global del alcoholismo, ¿cuáles serían las condiciones apropiadas para su trabajo?

Respecto a estas preguntas, se oye en los grupos de AA una variedad casi infinita de opiniones. Por lo general, se pueden clasificar en tres categorías: la de "hacerlo todo"; la de "hacer algo"; y la de "no hacer nada."

Tenemos miembros que se preocupan tanto de que nos enmarañemos en estas actividades, o de que nos exploten de alguna forma, que quieren que seamos una corporación estrictamente cerrada. Ejercerían la presión más fuerte posible para impedir que los AA hagan cualquier esfuerzo respecto al problema global del alcoholismo, ya sea que lo hagan como individuos o como grupos—con excepción, por supuesto, de su acostumbrado trabajo de AA. Ven el espectro del Movimiento Washingtoniano que prosperó por algún tiempo entre los alcohólicos de hace un siglo, y terminó desintegrándose, debido, en parte, a que sus miembros militaban en favor de la abolición, la prohibición, y demás y demás. Estos AA están convencidos de que, cueste lo que cueste, tenemos que mantener nuestro aislamiento, y ocuparnos únicamente de lo nuestro, para evitar el mismo peligro.

Tenemos también al miembro que le gustaría que lo hiciéramos todo con respecto al problema global del alcoholismo—a cualquier hora, en cualquier sitio, de cualquier forma. Su entusiasmo le hace creer no solamente que su querida AA es una panacea para todos los borrachos, sino que también tenemos una solución para todo y todos los que tienen que ver con el alcohol. Cree firmemente que AA debe apoyar, tanto con su nombre como con sus recursos económicos, cualquier proyecto de investigación científica, educación, o tratamiento que sean de primera categoría. Viendo que, hoy en día, AA aparece en la primera plana de noticias, él mantiene que debemos permitir liberalmente a otros que aprovechen nuestra buena fama. Dice: "¿Por qué no debemos manifestar públicamente nuestro apoyo? Se podrían recoger fácilmente millones de dólares para hacer buenas obras en el campo del alcoholismo." A veces, el juicio de este entusiasta está oscurecido por su deseo de crearse una carrera. No obstante, estoy seguro de que para la mayoría de los que se entusiasman tan precipitadamente, es una cuestión de pura exuberancia, más, en muchos casos, un sentimiento profundo de responsabilidad social. Así que tenemos los entusiastas y los ultraprudentes: los de "hacerlo todo" y los de "no hacer nada." Pero el miembro de AA en general no se preocupa por estos fenómenos tanto como lo hacía en el pasado. Sabe que, del calor y del humo, saldrá la luz. Pronto surgirá una política bien informada que todos puedan aprobar. Sometida a la prueba del tiempo, esta política, si se muestra acertada, se convertirá en una tradición de AA.

A veces, he temido que AA no elaborara nunca una política factible. Y este temor no se aliviaba mientras mis propias opiniones iban cambiando, con completa inconsecuencia, de un extremo a otro. Debería haber tenido más fe. La luz de nuestra experiencia está empezando a brillar con la suficiente intensidad como para que podamos ver claramente; para que podamos decir con seguridad lo que podemos y lo que no podemos hacer con respecto a la educación, la investigación científica, etc.

Por ejemplo, podemos decir categóricamente que, ni AA en su totalidad, ni cualquier grupo de AA deben involucrarse en ninguna actividad que no sea el trabajo acostumbrado de AA. Como grupos, no podemos apoyar, ni financiar ni afiliarnos a ninguna otra causa, por muy noble que sea; no podemos asociar el nombre de AA con ninguna otra empresa en el campo del alcoholismo, y así causarle al público la impresión de que hayamos abandonado nuestro objetivo. Tenemos que disuadir a nuestros miembros y a nuestros amigos de utilizar el nombre de AA cuando hacen publicidad o solicitan contribuciones. El comportarnos de otra manera pondría en peligro nuestra unidad; y nuestra responsabilidad más importante, tanto hacia nuestros hermanos alcohólicos como hacia el público en general, es la de mantener nuestra unidad. La experiencia, según creemos, ya ha puesto de manifiesto estos principios.

Aunque ahora abordamos cuestiones más discutibles, tenemos que preguntarnos con toda sinceridad si cualquiera de entre nosotros, como particular, debe llevar y aplicar nuestras experiencias especiales a otros aspectos del problema del alcoholismo. ¿No le debemos al menos esto a la sociedad? y, ¿es posible hacerlo sin comprometer a Alcohólicos Anónimos en su totalidad?

A mi parecer, la política de "no hacer nada" es ahora impensable, debido en parte a mi convicción de que nuestros miembros pueden trabajar en otras actividades no polémicas del campo del alcoholismo sin poner en peligro a la

Comunidad, si toman algunas sencillas precauciones; y, en parte, porque he llegado a creer profundamente que el hacer menos sería privar a la sociedad entera de las aportaciones inmensamente valiosas que, con casi toda seguridad, podríamos hacer. Aunque somos miembros de AA y AA tiene que tener prioridad, somos también ciudadanos del mundo. Además, como nuestros amigos los médicos, estamos obligados por honor a compartir todo lo que sabemos con toda la humanidad.

Por lo tanto, me parece justo que algunos de nosotros respondamos a la llamada que nos llega de otros campos. Y aquellos que respondan, tienen que recordar únicamente que son, antes que nada, miembros de AA; que en sus actividades son solamente individuos particulares. Esto supone que respeten el principio de anonimato ante la prensa; que si se presentan ante el público en general, no se describan como miembros de AA; y que se abstengan de llamar especial atención sobre el hecho de que son miembros de AA cuando hacen publicidad o solicitudes de fondos.

Estas sencillas normas de conducta, si son observadas concienzudamente, podrían disipar todas las dudas, razonables o irrazonables, que muchos AA tienen ahora. De esta manera, AA en su totalidad podría mantener relaciones amistosas, sin compromisos, con cualquier causa no polémica que esté tratando de escribir una página más brillante en los oscuros anales del alcoholismo.

Una palabra para terminar. Hace algunos años, yo creía que nosotros podríamos, de forma limitada y cautelosa, prestar nuestro nombre a ciertas empresas ajenas. Una de ellas era un proyecto educativo muy prometedor. Varios miembros del cuerpo docente de la Universidad de Yale que estaban patrocinando el Comité Nacional de Educación sobre el Alcoholismo me preguntaron si podían contratar a un miembro de AA y, ¿podría este miembro romper su anonimato para este propósito particular? Mi respuesta fue que naturalmente se podía conseguir la participación de un AA; que tal participación no podría ser considerada, bajo ningún concepto, como una profesionalización de AA, ya que el trabajo que se iba a hacer se haría en un campo totalmente distinto; que si un AA pudiera ser un educador mejor, entonces ¿por qué no? Aunque nunca se ha puesto seriamente en duda lo atinado de esta política, no se puede decir lo mismo respecto a mi respuesta sobre el asunto de abandonar el anonimato, a lo cual, en este caso, di mi aprobación.

Desde entonces hemos visto lo equivocado de esta decisión. Un buen amigo mío, miembro de AA, aceptó ese puesto y luego abandonó su anonimato. El primer efecto que tuvo fue bueno. Atrajo una considerable cantidad de publicidad para AA, así como muchos miembros. En lo referente a la educación, se consiguió que el público fuera más consciente que nunca que el alcoholismo es una enfermedad, y que se podía hacer algo al respecto. Hasta allí, todo bien.

Pero recientemente, ha surgido alguna confusión. Debido a la gran cantidad de publicidad que vinculaba el nombre de AA con este proyecto educativo, el público tendía a pensar que AA en su totalidad se había metido en el campo de educación sobre el alcohol. Y cuando el nombre de AA llegó a estar asociado en la mente del público con una campaña de reunir fondos, hubo incluso más confusión. A algunos donantes que tenían la impresión de que estaban contribuyendo a AA, les sorprendió oír de sus amigos que AA no solicitaba dinero. Por lo tanto, se ha empezado a ver que las ventajas a corto plazo de abandonar el anonimato no compensaban la desventaja a largo plazo. A medida que la experiencia ha venido poniendo esto cada vez más en claro, no sólo para mí, sino también para mis amigos de la universidad y del comité educativo, ellos se han expresado totalmente de acuerdo y ahora están esforzándose por remediar la situación.

Naturalmente, tengo la más sincera esperanza de que nuestro error no cause la menor molestia o perjuicio a los miembros del comité ni a su trabajo. Los errores forman una parte integrante del proceso de pruebas y tanteos, por medio del cual todos vamos aprendiendo y creciendo.

Para resumir lo anterior en pocas palabras, me siento razonablemente convencido de que nuestra política en lo referente a proyectos "ajenos" llegará a ser la siguiente: AA no patrocina proyectos en campos ajenos. No obstante, si estos proyectos son constructivos y de carácter no polémico, los miembros de AA tienen perfecta libertad de participar en ellos, sin censura, si lo hacen como particulares, y si tienen cuidado de no comprometer el nombre de AA. Tal vez lo resolveremos así, sin más. ¿Lo probamos?

Los clubs en AA

Abril de 1947

El concepto del club ha llegado a formar parte de la vida de AA. Veintenas de estos abrigos acogedores ya tienen años de existencia, prestando sus muy útiles servicios, y nuevos clubs se establecen cada mes. Si efectuáramos una votación mañana en cuanto a la conveniencia de tenerlos, una buena mayoría de los AA daría un resonante voto afirmativo. Habría miles que atestiguarían que les podría haber sido más difícil mantener su sobriedad durante sus primeros meses en AA si los clubs no hubieran existido y, en cualquier caso, dirían que siempre desearían poder aprovechar los contactos asequibles y las calurosas amistades que los clubs les ofrecen.

Siendo este el punto de vista mayoritario, podríamos suponer que los clubs tuvieran una aprobación universal; podríamos imaginarnos que sin ellos no subsistiríamos. Podríamos creer que los clubs constituyen una institución central de AA—una especie de "paso trece" de nuestro programa de recuperación, sin el cual los demás Pasos no surtirían efecto. De vez en cuando los entusiastas de los clubs se comportan como si creyeran verdaderamente que podríamos superar nuestros problemas alcohólicos con el único recurso del club. Tienden a depender más de los clubs que del programa de AA.

Pero hay también entre nosotros los AA una minoría bastante robusta de gente que no quiere tener nada que ver con los clubs. Dicen que la vida social de los clubs no solamente distrae la atención de los miembros del programa, sino que además los clubs son un estorbo para el progreso de AA. Nos advierten del peligro de que los clubs degeneren en meras guaridas o incluso en "garitos." Recalcan las querellas que surgen en lo concerniente al dinero, a la administración y a la autoridad personal; tienen miedo a los "incidentes" que puedan darnos mala publicidad. En pocas palabras, "miran con alarma." Dan a los clubs una clara señal de desaprobación.

Hace ya algunos años que venimos a tientas hacia un terreno intermedio. A pesar de las alarmas, se ha establecido que los que quieran y necesiten los clubs deben tenerlos. Así que la verdadera preocupación no es si debemos tenerlos o no. Es cómo aumentar sus ventajas y cómo reducir sus desventajas. Cómo tener la seguridad de que, a la larga, éstas no excedan a aquéllas.

De los cuatro centros mayores de AA, dos favorecen los clubs y dos no lo hacen. Da la casualidad de que yo vivo en uno de los que están a favor. El primer club de AA se estableció en Nueva York. Aunque nuestra experiencia aquí en Nueva York puede que no ofrezca el modelo ideal, es la única que conozco. Por lo tanto, para delinear los principios y problemas que tenemos que considerar, voy a basar mis comentarios en esta experiencia, como un ejemplo de desarrollo típico de un club, y no como un modelo ejemplar.

Cuando AA tenía muy poco tiempo de existencia, solíamos reunirnos en casas particulares. La gente viajaba muchas millas, no sólo para asistir a las reuniones, sino también para sentarse cómodamente después, compartiendo café y pasteles y conversación viva e íntima. Los alcohólicos y sus familias se habían sentido solos hacía ya demasiados años.

Luego, con el tiempo, resultó que no había cabida suficiente en las casas particulares. Ya que no podíamos soportar la idea de separarnos, unos de otros, para formar otras reuniones más pequeñas, fuimos en busca de locales más grandes. Nos alojamos primero en el taller de un negocio de sastrería, y más tarde en un salón alquilado de Steinway Hall. De esta manera, podíamos estar unidos durante la hora de reunión. Después, íbamos juntos a una cafetería. No obstante, nos faltaba algo: el ambiente de un hogar. Un restaurante no lo tenía en suficiente grado. Alguien dijo: Formemos un club.

Así que formamos un club. Nos instalamos en un local interesante, el antiguo Club de Artistas e Ilustradores en la Calle 24 Oeste. ¡Qué emocionante! Un par de miembros veteranos firmaron el contrato de alquiler. Pintamos y limpiamos. Teníamos un hogar. Siempre tendremos hermosos recuerdos de los días y las noches que pasamos en aquel primer club.

No obstante, hay que confesar que no todos esos recuerdos son muy gratos. Con nuestro desarrollo vinieron los dolores; "dolores de crecimiento" los llamamos hoy en día. ¡Qué graves nos parecieron en aquel entonces! Los "dictadores" trataban de imponerse; los borrachos se caían al suelo o trastornaban las reuniones; los "comités directivos" intentaban proponer a sus amigos como candidatos para sucederles y, con gran consternación suya, descubrían que no se podía "dirigir" ni siquiera a los borrachos sobrios. De vez en cuando, difícilmente recogimos lo suficiente como para cubrir el alquiler; los jugadores de cartas se hacían los sordos a cualquier sugerencia de que hablaran con los recién llegados; las secretarias se fastidiaban las unas a las otras. Se estableció una corporación para asumir la responsabilidad del contrato de alquiler y teníamos así "oficiales". ¿Debían estos "directores" dirigir el club, o lo debía dirigir el comité rotativo de AA?

Tales eran nuestros problemas. El uso del dinero, la necesidad de un cierto grado de organización para el club y la atestada intimidad del lugar crearon situaciones que no habíamos previsto. La vida del club todavía nos ofrecía grandes placeres. Pero tenía también sus inconveniencias. ¿Valía la pena los riesgos y las molestias? La respuesta fue que sí, ya que el Club de la Calle 24 seguía en funcionamiento y ahora está ocupado por los AA marineros. Tenemos, además, otros tres clubs en esta área, y se está considerando establecer un cuarto.

Nuestro primer club fue conocido, por supuesto, como un "club de AA." La corporación arrendataria se llamó "Alcohólicos Anónimos de Nueva York, S.A." Más tarde, nos dimos cuenta de que habíamos constituido en sociedad el Estado de Nueva York en su totalidad—un error recién corregido. Nuestra asociación debía haberse referido únicamente a la Calle 24, por supuesto. En todas partes del país, la mayoría de los clubs han comenzado como el nuestro. Al principio, los consideramos como instituciones centrales de AA. La experiencia de años posteriores siempre acarrea un cambio de perspectiva—cambio muy deseable según nos parece ahora.

Por ejemplo, en sus primeros días el club de AA de Manhattan tenía miembros provenientes de todas partes del área metropolitana, incluyendo a New Jersey. Pasado un tiempo, decenas de grupos brotaron en nuestros distritos suburbanos. Se consiguieron lugares de reunión más accesibles. Nuestros amigos de New Jersey establecieron su propio club. Así que estos grupos alejados del "centro", engendrados originalmente por el club de Manhattan, comenzaron a atraer a centenares de miembros que no se sentían vinculados a Nueva York, ni por conveniencia o inclinación o sentimiento nostálgico. Tenían sus propios amigos de AA locales y sus propios lugares de reunión de fácil acceso. No les interesaba Manhattan.

Esta falta de interés nos fastidió a nosotros los neoyorquinos. Visto que les habíamos nutrido, ¿no era apropiado que estuvieran interesados? Nos desconcertó su rechazo de considerar el club de Manhattan como el centro de AA para el área metropolitana. Efectuábamos una reunión central, con oradores invitados de otros grupos. Teníamos una secretaria a sueldo que atendía el teléfono en el club, respondiendo a las solicitudes de ayuda y tomando disposiciones para hospitalización para todos los grupos del área. Naturalmente, creíamos que los grupos de los distritos suburbanos debían contribuir al mantenimiento del club de Manhattan; los hijos decentes deben cuidar a sus "padres." No obstante, nuestras súplicas paternales fueron en vano. Aunque muchos miembros de fuera de Nueva York contribuyeron individualmente, sus grupos respectivos no nos enviaron ni un centavo.

Luego, cambiamos de rumbo. Aunque los grupos suburbanos no querían sostener el club, quizá no les importaría pagar el sueldo de la secretaria. En realidad, ella hacía un trabajo "de área." Esta era claramente una petición razonable. Pero nunca suscitó la respuesta esperada. Ellos, en su mente, no podían separar "la secretaría de área" del "club de Manhattan." Por lo tanto, durante mucho tiempo, nuestras necesidades de área, nuestros problemas comunes de AA y la dirección de nuestro club estuvieron enmarañados financiera y sicológicamente.

Poco a poco, la maraña fue desenredándose, a medida que fuimos dándonos cuenta de que los clubs debían ser asunto únicamente de aquellos que los quieren especialmente y que están dispuestos a cubrir sus gastos. Empezamos a reconocer el hecho de que la dirección de un club entraña asuntos de negocios importantes, que debe ser constituida en sociedad separada y bajo otra denominación—por ejemplo, Alano; que los directores de la corporación del club deben ocuparse solamente de los asuntos del club; que un grupo de AA, como tal, nunca debe meterse en el manejo activo de una empresa de negocios. Nuestras febrilmente agitadas experiencias nos han enseñado que, si un comité rotativo de AA trata de imponerse a la corporación del club, o si ésta trata de dirigir los asuntos de AA de los grupos que se reúnen en el club, inmediatamente se plantean dificultades. La única forma de remediar esta situación que hemos encontrado es la de *separar lo material de lo espiritual*. Si un grupo de AA desea reunirse en un club, debe contribuir a pagar el alquiler o debe repartir con la dirección del club el dinero que se recoge en la colecta. Puede que esto parezca absurdo a un grupo pequeño que está abriendo su primer local, ya que, por el momento, los miembros del grupo serán también los miembros del club. No obstante, es recomendable constituir en sociedad el club al comienzo, porque así se evitará mucha confusión después, cuando se formen otros grupos en el área.

A menudo se hacen preguntas, tales como: "¿Quiénes son los que eligen a los directores de negocios del club?" Y, "la pertenencia a un club, ¿se difiere de la pertenencia a un grupo de AA?" Ya que las costumbres varían de un lugar a otro, no tenemos todavía las respuestas. Las siguientes sugerencias parecen ser las más razonables: Todo miembro de AA debe ser libre de aprovechar los privilegios ordinarios de cualquier club de AA, ya sea que haga una contribución voluntaria regularmente o no. Si contribuye regularmente, debe tener además derecho a votar en las reuniones de negocios en las cuales se eligen a los directores de negocios de la corporación del club. De esta manera, todos los clubs estarían abiertos a todos los AA. Pero la dirección de los negocios del club estaría limitada a los que tuvieran el suficiente interés como para contribuir regularmente al mantenimiento del club. A propósito de esto, debemos recordarnos a nosotros mismos que en AA no pagamos honorarios ni cuotas obligatorios. No obstante, se debe añadir que, ya que los clubs se están haciendo empresas privadas y separadas, sus miembros los pueden dirigir conforme a otras normas, si así lo desean.

La evolución de los clubs nos está enseñando además que, salvo en las comunidades pequeñas, es probable que los clubs no sigan siendo los centros principales de las actividades de AA. Comenzando como el centro principal para una ciudad, muchos clubs se van trasladando a locales cada vez más grandes, con la aspiración de seguir celebrando dentro de sus muros la reunión principal del área. No obstante, las circunstancias acaban defraudando sus esperanzas.

La primera circunstancia es que AA, al continuar creciendo, desbordará la capacidad de cualquier club. Tarde o temprano, será necesario trasladar la reunión central o principal a un auditorio más grande. En el club no caben tantas personas. Este hecho lo debemos contemplar sobriamente cuandoquiera que consideremos comprar o construir un local grande para el club. Hay otra circunstancia que con casi toda seguridad dejará a los clubs en una posición "descentrada," especialmente en las grandes ciudades. Tenemos una fuerte tendencia a encargar la gestión de asuntos comunes de AA en los centros metropolitanos a un comité central o de intergrupo. En cada área, tarde o temprano, nos damos cuenta de que tales asuntos como las reuniones de intergrupo, las disposiciones hospitalarias, las relaciones públicas locales, la oficina central para entrevistas e información, son de interés para todos los AA, ya sea que tengan ocasión o deseo de utilizar o no utilizar los clubs. Por ser estos asuntos estrictamente de AA, es necesario elegir y financiar un comité central de intergrupo para ocuparse de ellos. Los grupos de un área, por lo general, estarán dispuestos a mantener estas actividades verdaderamente centrales, contribuyendo con fondos del grupo. Aun cuando el club tenga suficiente cabida para las reuniones de intergrupo, y éstas se sigan celebrando allí, el centro de gravedad del área continuará trasladándose hacia el comité de intergrupo y sus actividades centrales. El club queda definitivamente aparte—donde, según opinan muchos, debe estar. Dirigidos y sostenidos activamente por quienes los quieren, los clubs pueden ser tomados o dejados.

Si estos principios se aplican a todos nuestros clubs, nos encontraremos en situación de disfrutar de su ambiente caluroso y, no obstante, deshacernos de los que se vuelvan demasiado problemáticos. Entonces, nos daremos cuenta de que un club no es sino un valioso recurso social. Y, aun más importante, siempre conservaremos al simple grupo de AA como la entidad espiritual primordial de la que se deriva nuestra mayor fortaleza.

Hospitalización apropiada: una necesidad apremiante

Mayo de 1947

A pesar de la eficacia global del programa de AA, a menudo necesitamos la ayuda de agencias amistosas ajenas a AA. No hay otro campo en que esto sea más obvio que en el de la hospitalización. La mayoría de nosotros creemos que el fácil acceso a los hospitales y a otros lugares de descanso y recuperación raya en la pura necesidad. Aunque muchos alcohólicos se las han arreglado de alguna manera para recuperarse de una borrachera sin ayuda médica, y aunque algunos de nosotros son de la opinión de que el duro método de "dejarlo sin más" es el mejor, la gran mayoría de los AA creen que el recién llegado cuyo caso es bastante grave tiene una mayor probabilidad de salir adelante si comienza por tener una buena hospitalización. De hecho, vemos muchos casos en los que, sin ayuda médica, la recuperación parecería prácticamente imposible—tan nubladas han llegado a estar sus mentes, incluso cuando se encuentran temporalmente sobrios.

El objetivo principal de la hospitalización no es el de ahorrarle a nuestro candidato la angustia de ponerse sobrio; su verdadero objetivo es hacerle lo más receptivo posible a nuestro programa de AA. El tratamiento médico le aclara la mente, le quita los temblores, y, si esto se hace en un hospital, él se encuentra allí en una situación controlada, y todos sabemos precisamente dónde y cuándo podemos visitarlo. Además, en la mayoría de los hospitales el ambiente es muy conveniente para una buena introducción a AA. El mero hecho de haber acabado en un hospital le convence al nuevo de la gravedad de su condición. Si ha ingresado allí voluntariamente [que debe ser el caso, si fuera posible], por lo general considera la hospitalización como el verdadero comienzo de su sobriedad. Pone, por así decirlo, el "punto final" a su vida de bebedor. Así reconoce que necesita ayuda; que su forma de beber está fuera de control; que no puede hacer esta tarea a solas. Muy a menudo, la hospitalización es lo que le abre el camino hacia la aceptación del muy importante Primer Paso: "Admitimos que éramos impotentes ante el alcohol—que nuestras vidas se habían vuelto ingobernables."

Cada año que pasa, nos damos cuenta cada vez más de la tremenda importancia de presentar el programa apropiadamente a cada posible nuevo miembro que siquiera tenga la menor inclinación a escuchar. A muchos de nosotros nos parece que ésta es nuestra mayor obligación para con él, y no cumplir con ella es nuestra mayor negligencia. La diferencia entre una buena y una mala introducción puede significar la vida o la muerte para aquellos que buscan nuestra ayuda. Hemos visto casos muy prometedores, que no recibieron nada más que nuestra breve y pasajera atención, seguir viajando a tropezones hasta el enterrador, mientras que otros casos, aparentemente imposibles, que recibieron una cuidadosa y compasiva atención, se recuperaron enseguida o volvieron más tarde y lograron su sobriedad.

Para poder dar esta cuidadosa y compasiva atención no hay mejor sitio que los confines de un hospital. Cada vez más grupos de AA van adoptando la idea de "apadrinamiento." A cada recién llegado se le asigna un miembro de AA razonablemente equilibrado, bajo cuya tutela se encuentra durante su breve período de introducción a nuestra manera de vivir. El padrino ayuda a tomar disposiciones para la hospitalización, lleva allí a su ahijado, le visita frecuentemente, y procura que le visiten otros miembros de AA cuyas experiencias pudieran serle de especial utilidad. De esta manera, un candidato, tratado así, ha recibido una poderosa dosis de AA y además tiene una idea bastante clara de cómo es nuestra Sociedad antes de ir a una reunión. En el hospital, tiene tiempo para reflexionar sobriamente sobre su situación, para leer nuestra literatura e intercambiar impresiones con otros alcohólicos que están pasando por la misma experiencia. Comparemos esto con la frecuente situación en la que, por falta de hospitalización, el padrino tiene que intentar hacer que su candidato deje de beber poco a poco en casa, o arrastrarlo, medio aturdido, a una reunión de AA donde el nuevo empieza a cargarse de multitud de impresiones confusas y prejuicios infundados. Aunque muchos de nosotros tuvimos nuestro primer contacto con AA bajo estas circunstancias desfavorables y, no obstante, nos hemos quedado, es probable que haya muchos que no se queden si se les ofrece una introducción tan inadecuada—gente que tal vez se hubiera quedado con nosotros si hubieran sido hospitalizados y apadrinados adecuadamente.

Por lo tanto, nuestras conclusiones, basadas en lo que ahora es una vasta experiencia, son las siguientes: la hospitalización es imperativa en muchos casos; y, debido a que el hospital ofrece una base tan firme para un buen apadrinamiento, es conveniente incluso en casos de menos gravedad, si los candidatos todavía están bebiendo o "nublados" cuando se hace contacto con ellos. Tienen, sin duda, una mayor posibilidad si son hospitalizados.

Hasta fechas recientes, pocos hospitales han querido admitir a los alcohólicos. Casi nunca nos poníamos bien de verdad; éramos difíciles de manejar y molestábamos a los demás pacientes; se nos consideraba más como pecadores que como gente enferma y, en general, desde el punto de vista económico, éramos irresponsables. La típica postura de la administración de un hospital ha sido siempre, y con razón: "¿Por qué molestarse con los borrachos? Apenas podemos tratar a los que están verdaderamente enfermos, gente por la que realmente podemos hacer algo. Desembriagar a los borrachos es una pérdida de tiempo y de dinero."

Afortunadamente, esta actitud va cambiando, porque ahora, tanto para los médicos como para el público en general, está cada vez más claro que un auténtico alcohólico, por falto de carácter que sea, es una persona verdaderamente enferma. La esperanza ahora ha reemplazado la desesperación que durante siglos se sentía en cuanto a las probabilidades de ayudar a los bebedores problema. AA y otras agencias están demostrando ahora que la recuperación es posible para cientos de miles y que la adecuada hospitalización puede y debe desempeñar una parte vital en este proceso.

Aunque la tendencia actual parece estar bien encaminada, todavía no ha producido ningún resultado a gran escala. Excepto unos pocos afortunados, los grupos de AA se encuentran en un aprieto. Deplorablemente, los alcohólicos tienen escasas oportunidades de encontrar hospitalización gratuita o a precio razonable. Cada grupo tiene que arreglárselas como mejor pueda.

Consideremos entonces lo que en general hay disponible hoy día y qué tipo de relaciones debemos cultivar con las agencias existentes para obtener los mejores resultados. Consideremos además el papel que debemos desempeñar para asegurar que las condiciones de hospitalización sean óptimas.

Muchos AA han sido recluidos en manicomios estatales. Aunque el tratamiento que se nos ofrecía en estas instituciones era bastante mejor de lo que muchos pudieran creer, es cierto que el típico superintendente de un manicomio todavía prefiere tratar con locos. El típico demente permanece allí durante un tiempo. Además, en cuanto a los dementes, puede parecer que un manicomio realmente está haciendo algún bien, ya sea por tenerlos bajo custodia o por contribuir a su recuperación. Pero el típico alcohólico, a menos que estuviera completamente loco, era un auténtico dolor de cabeza. Temporalmente chiflado al ingresar, pronto recuperaba su cordura, al menos desde el punto de vista legal, y empezaba a exigir a gritos que le dejaran salir, solo para volver en unas semanas o unos días. No es de extrañar que normalmente a las instituciones nos les gusten los alcohólicos.

Ahora que hay tantos de nosotros que salimos de los manicomios para no volver, por todas partes las autoridades se están volviendo más cooperativas. En muchas instituciones, se coloca a los alcohólicos que pueden y quieren recuperarse en un pabellón aparte. Ya no se les entremezcla con los locos. Se permite que los AA les visiten, y se celebran reuniones dentro de los muros. Aunque, por supuesto, ningún manicomio debe servir como un mero lugar para desintoxicarse, es cierto que los médicos que trabajan allí ahora están más dispuestos a aceptar casos sin exigir pruebas de sicosis tan contundentes como antes, siempre que a ellos y al grupo de AA cercano les parezca posible lograr la recuperación permanente. Los médicos están también más dispuestos a admitir pacientes prometedores por períodos de tiempo más breves, y a dejar salir antes a aquellos que parecen estar haciendo buenos progresos en el programa de AA. Así que todo grupo de AA cercano a un manicomio en el que se encuentran alcohólicos capaces de recuperarse, normalmente puede forjar estas relaciones deseables con las autoridades; pero nunca deben tratar de decir a los médicos cómo dirigir su institución. Nunca debemos culpar de escéptico a ningún doctor que aun no haya visto AA en acción. Recordemos que es muy probable que él tenga buenos motivos para ser así.

Nuestra experiencia con los hospitales públicos en las grandes ciudades ha sido variada. Por lo general, encontramos mucha desgana a dejar ingresar a nuestros buenos candidatos incluso por unos pocos días, a menos que estén en estado delirante, sicótico o tengan algunas heridas corporales. A estos hospitales les parece que no es justo utilizar sus escasas camas para desintoxicar a los borrachos comunes y corrientes. No obstante, a medida que los hospitales públicos se dan cada vez más cuenta de que estamos facilitando la recuperación de un gran número de sus clientes habituales, se vuelven cada vez más esperanzados y cooperativos. Se nos concede el privilegio de visitar a los pacientes, y se permite que los casos prometedores se queden unos cuantos días. El desarrollo de estas relaciones procede lentamente. El hospital tiene que estar completamente convencido de que estamos facilitando la recuperación de un número de pacientes suficiente como para justificar cualquier consideración especial. Debido a que los hospitales públicos ofrecen tratamiento gratuito o a precio módico, con demasiada frecuencia abusamos de nuestros privilegios. Caemos en la tentación de pedir un trato especial para los que recaen a menudo y no tienen ninguna intención de dejar de beber en un futuro cercano; solemos insistir en hacer visitas a cualquier hora y sin límite en el número de visitantes; tendemos a hacer alardes de AA, diciendo que es el único remedio para el alcoholismo, y así suscitamos el desagrado de los dedicados médicos y enfermeras quienes, de otra manera, estarían encantados de ayudarnos. Pero normalmente estos errores naturales se pueden corregir, y acabamos estableciendo una relación amistosa y bien definida, la cual se mantiene en los grandes centros de AA por medio de nuestras oficinas centrales de intergrupo o los comités de hospitales.

Disfrutamos de muy buenos privilegios en muchos sanatorios y centros de desintoxicación privados. A veces ha ocurrido lo contrario. De vez en cuando hemos visto cierta tendencia de explotar a los alcohólicos—demasiados sedantes, seguir demasiado tiempo con el proceso de disminuir progresivamente la ingestión de alcohol, estancias demasiado largas y costosas, una propensión a hacer mal uso del nombre de AA para fines comerciales, etc. Pero estas tendencias están desapareciendo. Incluso aquellos que pueden verse tentados a tomarse libertades con nosotros se dan cuenta de que, a la larga, la cooperación con AA es mucho más ventajosa que la no cooperación. Pero siempre debemos recordar que, en general, el trato que recibimos en estos lugares es bueno—los que trabajan en algunos de ellos son los amigos más cariñosos que tenemos. No se me debe olvidar que el primer doctor que se tomó un profundo y beneficioso interés en nosotros sigue siendo miembro del cuadro médico de un hospital privado para alcohólicos; que el primer siquiatra que vio las posibilidades de AA y que tuvo el coraje de respaldarnos ante sus colegas, forma parte del personal de un manicomio. Si estos excelentes lugares nos ofrecen su amistosa cooperación, con toda seguridad debemos devolver el cumplido.

Muchos sanatorios y hospitales privados son necesariamente demasiado costosos para el alcohólico común y corriente. Por ser muy pocos los hospitales públicos, y por estar a menudo poco disponibles los manicomios y las instituciones religiosas, en general los grupos han tenido dificultades para encontrar instalaciones en donde se pueden hospitalizar a los posibles miembros por unos cuantos día a un precio razonable.

Esta urgencia ha tentado a algunos AA a establecer sus propios centros de desintoxicación, empleando a gerentes y enfermeras AA, y contratando los servicios de un médico que hace visitas periódicas. En los casos en que se ha hecho esto, bajo los auspicios directos de un grupo de AA, casi siempre se ha fracasado. Ha resultado que los AA montan un negocio, un tipo de negocio con el cual muy contados AA tienen la requerida familiaridad. Demasiadas personalidades que se chocan, demasiados cocineros estropeando el caldo, crean una situación que normalmente lleva al abandono de estos esfuerzos. A pesar nuestro, nos ha obligado a ver que un grupo de AA es, primordialmente, una entidad espiritual; que, como grupo, cuanto menos se dedique a los negocios, mejor. A propósito de este tema, debemos mencionar el hecho de que casi todos los proyectos inventados por los grupos para financiar o asegurar las cuentas hospitalarias de sus miembros compañeros también han fracasado. No es únicamente que estos préstamos quedan sin pagar, sino que también surge la pregunta dentro del grupo en cuanto a quiénes los merecen.

En otros casos, los grupos de AA impulsados por una necesidad apremiante de ayuda médica, han emprendido campañas públicas para recoger dinero con el fin de establecer "hospitales de AA" en sus comunidades. Casi sin excepción, estos esfuerzos fallan. Dichos grupos no solamente tienen la intención de montar un negocio hospitalario, sino también la de financiar la empresa solicitando fondos al público en nombre de Alcohólicos Anónimos. Inmediatamente, se plantean todo tipo de dudas; los proyectos se atascan. Los AA conservadores se dan cuenta de que las empresas comerciales o las solicitudes al público que llevan el aval de AA son verdaderamente algo peligroso para todos nosotros. Si esta práctica se generalizara, la tapadera estaría abierta. Los promotores, de AA y otros, tendrían carta blanca.

La búsqueda de tratamiento médico apropiado y a precio razonable ha engendrado otra clase de instalaciones. Estas son las granjas de descanso y centros de desintoxicación, dirigidos por los AA individuales, bajo la adecuada supervisión médica. Estos han resultado mucho más satisfactorios que los proyectos dirigidos por los grupos. Como es de suponer, el éxito que tienen está en proporción exacta con la habilidad directiva y la buena fe del AA encargado. Si es una persona capaz y concienzuda, es posible tener muy buenos resultados; si no lo es, habrá un fracaso. Ya que no son proyectos de los grupos y no llevan el nombre de AA, estas empresas se pueden tomar o dejar. La operación de establecimientos de este tipo siempre está rodeada de dificultades peculiares. Siempre es difícil para el director AA cobrar a los pacientes lo suficiente como para que él pueda vivir con algo de comodidad. Y si lo logra hacer, es probable que la gente diga que está profesionalizando a AA, o que "saca dinero de AA." Aunque en la mayoría de los casos esto es un pura tontería, constituye no obstante una seria desventaja. Sin embargo, a pesar de los quebraderos de cabeza que se encuentren, un buen número de estas granjas y centros de desintoxicación están en funcionamiento y parece que pueden seguir funcionando mientras sean manejados cuerdamente, no lleven el nombre de AA, y no se presenten como empresas de AA al solicitar fondos al público. A veces, irreflexiva e inconsideradamente nos aprovechamos del hecho de que una institución esté encabezada por un AA. Le llevamos borrachos solo porque queremos deshacernos de ellos; prometemos pagar la cuenta y no lo hacemos. Se debe felicitar a cualquier AA que pueda dirigir con éxito uno de estos "emporios de borrachos." Es un trabajo duro y a menudo ingrato, aunque le puede traer una profunda satisfacción espiritual. Tal vez sea ésta la razón por la que tantos AA desean intentarlo.

A menudo se plantea la cuestión de qué hacer con un caso grave cuando no hay un hospital disponible. En primer lugar, si es posible, debemos llamar a un médico. Para beneficio del médico, debemos determinar cuánto tiempo ha estado bebiendo nuestro hombre y, especialmente, si se ha tomado muchos sedantes. Bajo ningún concepto debemos nosotros, los profanos en la materia, administrar ningún tipo de sedantes. Esto lo debemos dejar estrictamente en manos del médico.

En algunos lugares, los AA se turnan, las 24 horas del día, atendiendo a un borracho, suministrándole dosis de alcohol cada vez más pequeñas para ayudarle a superar una mala resaca. Aunque a veces este método tiene éxito, el paciente normalmente insiste en incrementar la dosis progresivamente en vez de disminuirla. De vez en cuando tenemos que valernos de la desesperada alternativa de poner a un hombre en la cárcel, especialmente si es violento. Pero cuando no hay otro remedio, paciencia, persuasión y la ayuda de un médico normalmente serán suficientes—si el paciente lo intenta de verdad. Si no lo hace, lo único que se puede hacer es dejarle seguir bebiendo hasta que se harte.

Entre los AA hay mucha discusión sobre las posibles ventajas de diversos tratamientos. En realidad, lo único que nos importa acerca del tratamiento médico es que estemos convencidos de que el médico encargado comprenda a los alcohólicos.

Hay a la vista otras dos posibilidades prometedoras para una hospitalización buena y a precio razonable. Los hospitales generales siguen abriéndonos sus puertas. Al comienzo de la historia de AA, los hospitales católicos de algunas ciudades del Medio Oeste se dieron cuenta de nuestra necesidad y nos aceptaron, fuese cual fuese nuestra religión. Otras instituciones religiosas han seguido su ejemplo, por lo que estamos muy agradecidos. Más recientemente, otros hospitales generales, privados y semiprivados, han empezado a mostrar gran interés. A veces llegan al extremo de reservar pabellones separados para el uso de AA, sólo admiten a los alcohólicos que nosotros recomendamos, nos conceden generosos privilegios de visita, y nos ofrecen precios muy razonables. Los arreglos de este tipo que ya están en funcionamiento han sido tan satisfactorios, tanto para los hospitales como para AA, que es probable que pronto veamos otros muchos similares. En estas situaciones, no participamos en la administración del hospital. Se nos conceden privilegios especiales a cambio de nuestra cooperación.

Se puede decir con toda seguridad que el futuro parece muy prometedor. Pronto tendremos a nuestra disposición mucha más hospitalización, debido a la certeza de que somos gente enferma y hay mucho que se puede hacer por nosotros. Debemos agradecer el trabajo de aquellas agencias ajenas a AA que se están esforzando tanto por favorecer esta tendencia redentora de vidas. Los gobiernos, a nivel de estado, condado y municipio, así como las principales universidades están preconizando nuestra causa. Están bien secundados por varios hospitales y otras asociaciones. Aunque AA tradicionalmente no ejerce ninguna presión política ni publicitaria, podemos, como individuos, dar a conocer nuestra gran necesidad de hospitalización adecuada a todos los posibles interesados, recalcando, por supuesto, que, aunque creemos que la hospitalización es una cuestión médica que les atañe a las comunidades y a los médicos, a nosotros los AA nos gustaría cooperar en todo lo posible.

La falta de dinero resultó ser una bendición para AA

Junio de 1947

M iles de AA recién llegados preguntan: "¿Qué es exactamente la Fundación Alcohólica, qué lugar ocupa en AA, quién la instituyo, y por qué le enviamos fondos?"

Como los grupos están frecuentemente en contacto con nuestra Sede en Nueva York, la mayoría de los miembros la consideran como una especie de servicio general para todo AA. Por leer el AA Grapevine todos los meses, saben que es nuestra principal revista mensual. Pero de la historia de la Fundación Alcohólica y de su relación con estas funciones vitales y con AA en su totalidad, tienen muy escasos conocimientos.

Repasemos ahora un poco de su historia. En sus primeros años, Alcohólicos Anónimos ni siquiera tenía ese nombre. Anónimos, ciertamente sin nombre, para fines de 1937, no éramos sino tres pequeños grupos de alcohólicos: el primer grupo, Akron, Ohio; el segundo, Nueva York, y unos pocos miembros de Cleveland que llegarían a ser nuestro tercer grupo. Supongo que en las tres ciudades había unos cincuenta miembros en total. Ya había pasado la primera época pionera—el Dr. Bob y yo nos conocimos por primera vez en Akron en la primavera de 1935. Ibamos estando cada vez más convencidos de que teníamos algo para todos aquellos miles de alcohólicos que todavía no sabían de ninguna solución ¿Cómo íbamos a comunicarles las buenas noticias, cómo íbamos a difundirlas? Esa era la pregunta candente.

Tras mucha discusión en una pequeña reunión convocada por el Dr. Bob y yo en Akron en el otoño de 1937, formulamos un plan. Este plan resultó ser acertado en una tercera parte y equivocado en todo lo demás—el conocido proceso de pruebas y tanteos. Ya que la evolución de los primeros grupos había sido un proceso tan lento y difícil, suponíamos que solo los pioneros experimentados podrían iniciar nuevos grupos. Aunque teníamos nuestras dudas, parecía inevitable que unos veinte de nuestros miembros más estables tendrían que dejar a un lado sus asuntos personales e ir a otras ciudades para crear nuevos centros. Por poco que nos gustara la idea, parecía que íbamos a tener que emplear, al menos temporalmente, una escuadra de misioneros de AA. Era obvio también que estos misioneros y sus familias tendrían que comer. Haría falta dinero—y mucho dinero, nos parecía.

Pero eso no era todo. Se creía que necesitábamos hospitales de AA en Akron y Nueva York, por ser consideradas estas ciudades nuestras "mecas" gemelas. Estábamos seguros de que allí se podría colmar de excelentes atenciones médicas y de dinámica espiritualidad a todos los borrachos que descenderían en tropel de todos los rincones del país tan pronto como llegara a sus oídos la palabra mágica "curación." Nosotros los veteranos abrigábamos estos sueños, muy parecidos a las fantasías de muchos recién llegados de hoy día. Providencialmente, ni el sueño del hospital AA ni el de la empresa misionera a gran escala se convirtieron en realidades. Si lo hubieran hecho, AA sin duda habría fracasado. En un instante, nos habríamos convertido en profesionales.

Había un tercer sueño, el de elaborar un libro de experiencia—el que hoy día conocemos como *Alcohólicos Anónimos*. Estábamos convencidos de que, a menos que pusiéramos por escrito nuestras experiencias de recuperación, nuestros principios y prácticas pronto se verían desvirtuados. Era posible que se nos ridiculizara en la prensa. Además, les debíamos al menos un libro a aquellos alcohólicos que no podían llegar a nuestros hospitales o a quienes, tal vez, nuestros misioneros no alcanzaban enseguida. Como todo el mundo sabe, el libro de AA se convirtió en realidad; los otros sueños no.

Pero en 1937 parecía indudable que teníamos que disponer de una cantidad considerable de dinero. Tal vez debido a que yo vivía en Nueva York, donde se supone que hay mucho dinero, se me encargó la misión de recoger fondos a fin de que nuestro movimiento sin nombre pudiera tener sus misioneros, sus hospitales y sus libros. ¡Qué simple parecía! ¿No habíamos visto ya (en nuestra orgullosa imaginación) los comienzos de uno de los mayores acontecimientos, sociales, médicos y espirituales de todos los tiempos? ¿No éramos los borrachos todos vendedores? ¿No había sido yo un agente de Bolsa en Wall Street? ¡Qué fácil sería recoger fondos para una causa como la nuestra!

¡Qué penoso fue el despertar de estos sueños de dinero! Pronto resultó evidente que la gente adinerada tenía poco interés en los borrachos. En cuanto a nuestro grandiosos planes de agrupar a los alcohólicos en escuadras, pelotones y regimientos—pues, era completamente inverosímil, ¿no es así? Según decía la gente, ya eran suficientemente difíciles de uno en uno. ¿Por qué imponer a cada comunidad norteamericana un regimiento organizado de borrachos? ¿No sería mejor que los donantes pusieran su dinero en algo más constructivo, como la tuberculosis o el cáncer? O, ¿por qué no debían invertir su dinero en la prevención del alcoholismo? Un intento más de rescatar a los borrachos desahuciados no podría tener éxito. Tales fueron las respuestas a nuestra solicitud de dinero.

Entonces, un día, en medio de nuestra desmoralización, ocurrió algo de importancia trascendental. Era otro de los puntos de viraje críticos, de los que hemos visto tantos que ya nadie puede llamarles coincidencias. Yo estaba en la consulta de mi cuñado médico, lamentándome, al estilo típico del alcohólico, de lo poco que éramos apreciados los borrachos, especialmente por la gente adinerada. Por enésima vez estaba explicándole la urgente necesidad que teníamos de dinero. Me estaba escuchando pacientemente y dijo de pronto, "Tengo una idea. Conocía a un hombre que se llamaba Dick Richardson. Estaba asociado de alguna manera con los Rockefeller. Pero eso era hace años. No sé si todavía estará allí. Déjame llamar para averiguarlo." ¡Qué insignificantes parecen a veces los acontecimientos que cambian nuestros destinos! ¿Cómo podríamos haber sabido que una simple llamada telefónica iba a abrir una nueva era para AA, que iba a dar comienzo a la Fundación Alcohólica, al libro *Alcohólicos Anónimos* y a la Oficina Central de AA.

Dos días después de la llamada de mi cuñado, nos encontrábamos en las oficinas de Rockefeller, hablando con Willard ("Dick") Richardson. Dick, un hombre de lo más encantador, fue el primero de una serie de gente no alcohólica que nos ayudó cuando nos encontramos en situaciones muy difíciles, y sin cuya sabiduría y devoción el movimiento de Alcohólicos Anónimos puede que nunca hubiera existido. Después de escuchar nuestra historia, nuestro nuevo amigo mostró una comprensión inmediata. Pronto convirtió la comprensión en acción. Sugirió que algunos miembros de nuestra hermandad alcohólica se reunieran con él y con algunos amigos suyos.

Poco tiempo después, una tarde de invierno de 1937, tuvo lugar esta reunión en Rockefeller Center. Estuvieron presentes Dick Richardson, A. LeRoy Chipman, conocido desde entonces como "Chip," Albert Scott, Frank Amos, y mi cuñado Leonard Strong. El Dr. Bob y Paul S. vinieron desde Akron. Los antiguos borrachos neoyorquinos sumaban media docena y les acompañaba el Dr. William Silkworth, quien, como el primer médico en favorecer nuestra causa, ya nos había dado un ánimo y una ayuda inapreciables. Naturalmente, los alcohólicos estábamos encantados. Creíamos que nuestros problemas de dinero se habían terminado. Si la solución estaba en el dinero, sin duda habíamos llegado al sitio preciso.

Después de presentarnos, unos a otros, cada alcohólico contó su propia historia, y estas narraciones fueron enérgicamente confirmadas por nuestro apasionado amigo el Dr. Silkworth. Al terminar sus comentarios (¡y con la debida discreción!) sacamos a relucir el asunto del dinero. Ya que nuestros oyentes parecían muy impresionados con nuestras historias de recuperación, nos atrevimos a dilatarnos sobre la urgente necesidad de hospitales, de misioneros y de un libro. También pusimos en claro que para esto haría falta dinero— mucho dinero.

Con esto llegamos a otro punto decisivo en el destino de AA. El presidente de la reunión, Albert Scott (ahora fallecido), un hombre acostumbrado a atender asuntos importantes, y que era de naturaleza profundamente espiritual, dijo en esencia, "Me siento muy conmovido por lo que acabo de oír. Puedo ver que hasta ahora el suyo ha sido un trabajo de inmensa buena voluntad—un alcohólico que ayuda personalmente a otro sólo por el amor de hacerlo. Esta es una hermosa réplica de la cristiandad del siglo primero. Pero, ¿no temen que la incorporación de hospitales y trabajadores asalariados pueda cambiar todo eso? ¿No deberíamos tener mucho cuidado de no hacer nada que nos pudiera llevar a la creación de una clase *profesional* o *acaudalada* dentro de sus filas?"

Estas fueron palabras de gran envergadura para Alcohólicos Anónimos. Nosotros los alcohólicos reconocimos su alta significación. Decepcionados al ver que nuestra esperanza de obtener una ayuda monetaria sustancial parecía irse esfumando, confesamos, no obstante, que a menudo habíamos tenido dudas parecidas. Pero insistimos, ¿qué vamos a hacer? Nos ha costado tres años formar tres grupos. Sabemos que tenemos una nueva vida para ofrecer a los miles que cada año mueren o se vuelven locos. ¿Es necesario que las buenas noticias esperen hasta que se pasen solo de palabra? Y así ¿no van a acabar totalmente desvirtuadas? Finalmente, nuestros amigos se expresaron de acuerdo en que había que hacer algo. Pero continuaron insistiendo en que nuestro movimiento nunca debería ser profesionalizado. Esto dio el tono de la relación que hemos tenido desde entonces con estos hombres de buena voluntad. Con razón, nunca han obtenido grandes sumas de dinero para nosotros. Pero cada uno ha dado de sí mismo a nuestra causa, generosa y constantemente; pocos AA se darán cuenta de cuánto nos han aportado.

Al ver claramente que ahora debíamos difundir más rápidamente el mensaje de recuperación, sugirieron que experimentáramos cautelosamente con una pequeña casa de descanso en Akron. Podría estar dirigida por el Dr. Bob, quien, al fin y al cabo, era médico. Con lo cual, en 1938, Frank Amos, haciendo uso de su propio tiempo y con los gastos pagados por sus asociados, fue a Akron para investigar el asunto. Volvió muy entusiasmado. Era de la opinión de que se debían invertir $30,000 en un centro para alcohólicos. Nuestro amigo Dick Richardson enseñó el informe de Frank al Sr. John D. Rockefeller, Jr., quien inmediatamente manifestó un vivo interés. Pero el Sr. Rockefeller también expresó su preocupación por nuestra posible profesionalización. No obstante, nos dio una cantidad de dinero que resultó ser aproximadamente la sexta parte de lo que Frank había sugerido. Su donativo nos llegó en la primavera de 1938 y sirvió para ayudarnos al Dr. Bob y a mí a pasar aquel año sumamente difícil. Sin ese dinero, no podríamos haber continuado con nuestros trabajos. No obstante, desde el punto de vista económico, nuestro incipiente movimiento de alcohólicos se encontró en la necesidad de arreglárselas por su cuenta—precisamente donde debía encontrarse, por muy difícil que pareciera en aquella época. Seguíamos sin tener trabajadores a sueldo, ni hospital, ni libro.

Estos fueron los acontecimientos que nos condujeron a la formación de la Fundación Alcohólica. La necesidad de un libro en el que se describieran nuestras experiencias de recuperación parecía cada vez más grande. Si se publicara este libro, podría suscitar una gran afluencia de solicitudes de información por parte de los alcohólicos y sus familias. Miles, tal vez. Estas solicitudes tendrían que ser procesadas por medio de algún tipo de oficina central. Eso era muy evidente.

Para estos fines más sensatos, nuestros amigos sugirieron la formación de una fundación a la cual los donantes pudieran hacer contribuciones libres de impuestos. Nosotros los alcohólicos tuvimos con ellos discusiones sin fin sobre este nuevo proyecto, acaparando muchas horas de sus jornadas de trabajo. Frank Amos y un amigo abogado, John E.F. Wood, dedicaron mucho esfuerzo a redactar el acuerdo fiduciario original de la Fundación. El abogado nunca había visto nada parecido. Nosotros insistimos en que la nueva fundación tuviera dos clases de custodios—alcohólicos y no-alcohólicos. Pero desde el punto de vista legal, ¿qué era un alcohólico? preguntó él; y si un alcohólico había dejado de beber, ¿seguía siendo un alcohólico? Entonces, ¿por qué dos clases de custodios? Nunca se ha oído hablar de una cosa semejante, dijo nuestro abogado. Le explicamos que queríamos tener con nosotros a nuestros amigos. Además, imagínese que todos los alcohólicos nos emborracháramos a la vez, ¿quién se quedaría con el dinero entonces? Después de superar muchos obstáculos parecidos, finalmente se inauguró la Fundación Alcohólica. Estaba compuesta de cuatro custodios no-alcohólicos y tres alcohólicos. Tenía derecho a nombrar a sus sucesores. Según su carta constitutiva, podía hacer todo lo que se pudiera imaginar. Así que lo tenía todo—¡menos dinero!

En los últimos siete años AA ha llegado a ser automantenida

Agosto de 1947

Nunca podré explicarme cómo nos las arreglamos para seguir trabajando en nuestra oficina y en nuestro libro en aquel verano de 1939. Si no hubiera sido por un verdadero acto de sacrificio por parte de Bert T., un AA neoyorquino de los primeros tiempos, estoy seguro de que no habríamos sobrevivido. Bert prestó $1,000 a la difunta Works Publishing Company, cantidad que obtuvo como préstamo poniendo como garantía su propio negocio. A este acto de fe le siguieron otros dos golpes de buena fortuna que apenas nos hicieron posible mantenernos a flote hasta el final del año. En el otoño de 1938 la revista *Liberty* publicó un artículo acerca de nosotros. Esto provocó una inundación de solicitudes de información y algunos pedidos del Libro de AA. Estos pocos ingresos de ventas sirvieron para mantener en marcha nuestra pequeña Oficina

Central. Luego hubo una explosión de artículos en el periódico *Plain Dealer* de Cleveland. Esto inició allí un crecimiento prodigioso de AA, y suscitó una demanda algo mayor del Libro de AA.

Tampoco nuestros amigos del Rockefeller Center estaban ociosos. Un día de febrero de 1940, Dick Richardson nos informó que el Sr. John D. Rockefeller, Jr. había estado observando nuestro progreso con intenso interés; que le gustaría dar una cena para dar inspiración a sus invitados y para el beneficio de Alcohólicos Anónimos. Esto nos pareció como caído del cielo.

La cena tuvo lugar en marzo de 1940. Los amigos del Sr. R. se presentaron en tropel. En cada mesa había un miembro de AA. El Dr. Harry Emerson Fosdick, que había publicado una reseña fantástica de nuestro libro, habló sobre AA desde el punto de vista espiritual. El Dr. Foster Kennedy, eminente neurólogo, dio a sus oyentes la perspectiva médica. A nosotros los alcohólicos también se nos pidió que habláramos. Al final de la cena, el Sr. Nelson Rockefeller, después de explicar que su padre no había podido asistir por encontrarse enfermo, siguió diciendo que pocas cosas más profundamente conmovedoras o prometedoras habían afectado tanto la vida de su padre como Alcohólicos Anónimos; que le gustaría que sus amigos compartieran con él esta experiencia.

Aunque en la cena de aquella noche se veía representada una inmensa riqueza, apenas si se hizo mención del dinero. Se expresó la esperanza de que AA pudiera convertirse pronto en automantenido. Pero se hizo la sugerencia de que, hasta que no lograra a serlo, puede que se necesitara alguna pequeña ayuda económica. Después de la cena, el Sr. Rockefeller escribió a cada uno de los invitados una carta personal, en la que expresaba sus sentimientos con respecto a AA, cerrándola con la observación que iba a hacernos un pequeño regalo. Adjuntas a las cartas les envió una copia de las charlas dadas en la reunión y un ejemplar del libro *Alcohólicos Anónimos*. Al recibir la carta del Sr. Rockefeller, muchos de los invitados respondieron con donativos a la Fundación Alcohólica.

Desde aquel entonces, la llamada "lista de invitados a la cena de Rockefeller" ha sido la única fuente de donativos de dinero "ajenos" a la Fun-dación Alcohólica. Estos donativos como promedio ascendieron a unos $3,000 cada año y se siguieron haciendo durante unos cinco años—desde 1940 hasta 1945. La Fundación repartió estos ingresos entre el Dr. Bob y yo, para hacernos posible dedicar a AA una parte sustancial de nuestro tiempo en esos años cruciales. Hace poco tiempo, los custodios de la Fundación se vieron en la posibilidad de dirigir cartas a los contribuidores originales participantes en la cena, expresando su agradecimiento y diciéndoles que ya no se necesitaba su ayuda; que la Fundación se estaba manteniendo adecuadamente por medio de las contribuciones de los grupos y por las ventas del libro *Alcohólicos Anónimos*; que las regalías del libro cubrían las necesidades personales del Dr. Bob y mías.

Por supuesto, lo significante de la cena del Sr. Rockefeller no fue solo el dinero que se reunió. Lo que entonces necesitábamos, tanto como el dinero, era el reconocimiento favorable del público; necesitábamos a alguien que expresara ante el público lo que sentía y pensaba acerca de Alcohólicos Anónimos. Teniendo en cuenta que éramos pocos en aquel entonces, que no nos sentíamos muy seguros de nosotros mismos, que poco tiempo antes la sociedad nos había conocido como borrachos comunes y corrientes, creo que la sabiduría y el valor del Sr. Rockefeller fueron realmente muy grandes.

El efecto de aquella cena fue instantáneo; todas las agencias de prensa publicaron la noticia. Centenares de alcohólicos y sus familias se apresuraron a comprar el libro. Nuestra pequeña oficina central se vio inundada de súplicas de ayuda. Pronto tuvimos que trasladarla de Nueva Jersey a la Calle Vesey de Nueva York. Ruth Hock cobró su sueldo atrasado y, de allí en adelante, se convirtió en nuestra primera secretaria nacional. Se vendieron suficientes libros para mantener en funcionamiento la oficina. Y así pasó 1940. Alcohólicos Anónimos había hecho su debut nacional.

Un año más tarde, la revista *Saturday Evening Post* encargó a Jack Alexander que redactara un artículo acerca de nosotros. Bajo el ímpetu de la cena del Sr. Rockefeller y los artículos del *Plain Dealer* de Cleveland, el número de miembros había ascendido a toda prisa a unos 2,000. Nuestros miembros de Cleveland habían acabado de demostrar que incluso un pequeño grupo, si las circunstancias lo exigían, podía absorber rápidamente y con éxito una gran cantidad de recién llegados. Habían refutado el mito de que AA siempre debía crecer lentamente. Desde el área de Akron-Cleveland, habíamos empezado a extendernos hacia otros lugares—Chicago y Detroit en el Medio Oeste. En el Este, Philadelphia ya estaba ardiendo. Se podía ver las primeras llamas en Washington y Baltimore. Más al Oeste, Houston, San Francisco y Los Angeles estaban prendiendo la chispa. Continuaba el crecimiento en Akron y Nueva York. Nos sentíamos particularmente orgullosos de la ciudad de Little Rock, Arkansas, que había brotado sin contacto personal con AA, sólo por medio de libros y cartas de la Oficina Central. Little Rock fue el primero de los grupos llamados "por correo" que hoy en día se encuentran en todas partes del mundo. Aun entonces, habíamos empezado a mantener correspondencia con muchos alcohólicos aislados que más tarde iban a formar grupos.

A pesar de este progreso, nos sentíamos preocupados por la próxima aparición del artículo del *Saturday Evening Post*. Aunque nuestra experiencia de Cleveland nos había dado la seguridad de que nuestros pocos grupos establecidos podrían sobrevivir el impacto de una gran publicidad, ¿qué íbamos a hacer con los miles de ardientes peticiones que ahora empantanarían nuestra pequeña oficina de Nueva York, que entonces sólo contaba con Ruth Hock, una mecanógrafa, y yo? ¿Cómo podrían tres personas responder a los miles de desesperadas solicitudes que esperábamos recibir? El artículo del Post tendría como resultado más ventas del libro, pero no suficientes para hacer frente a esta emergencia. Necesitábamos más oficinistas—y pronto—si no, tendríamos que resignarnos a echar en la papelera cantidad de peticiones desgarradoras.

Nos dimos cuenta de que, por primera vez, debíamos pedir la ayuda de los grupos de AA. La Fundación Alcohólica seguía sin tener dinero, aparte de los $3,000 al año del "fondo de la cena," que nos ayudaba a mantenernos a flote al Dr. Bob y a mí. Además, algunos de los acreedores e inversores del Works Publishing (compañía editorial de AA) estaban volviendo a ponerse nerviosos.

Dos de los miembros alcohólicos de nuestra Fundación viajaron para visitar los grupos de AA y explicarles la necesidad. Presentaron a sus oyentes las siguientes ideas: que el mantenimiento de nuestra Oficina Central era una clara responsabilidad de los grupos de AA; que responder a las solicitudes escritas era un complemento necesario de nuestro trabajo de Paso Doce; que nosotros los AA deberíamos pagar de nuestro bolsillo estos gastos de oficina y dejar de depender de la caridad ajena o de unas ventas insuficientes del libro. Los dos custodios también sugirieron que la Fundación Alcohólica se convirtiera en el depositario de los fondos de los grupos; que la Fundación destinaría todo el dinero proveniente de los grupos para cubrir los gastos de la Oficina Central exclusivamente; que cada mes la Oficina Central pasaría a la Fundación la cuenta de los gastos de operación de la oficina directamente relacionados con AA; que todas las contribuciones de los grupos deberían ser completamente voluntarias; que cada grupo de AA recibiría los mismos servicios de la oficina de Nueva York, ya fuera que contribuyera o no. Se calculó que si cada grupo enviara a la Fundación una cantidad igual a un dólar por miembro y por año, con el tiempo este dinero podría mantener nuestra oficina, sin ninguna otra ayuda. Según estas disposiciones, la oficina pediría contribuciones a los grupos dos veces al año y, al mismo tiempo, les sometería un estado de gastos del período anterior.

Nuestros dos custodios, Horace C. y Bert T., no volvieron con las manos vacías. Ahora que tenían una clara comprensión de la situación, la mayoría de los grupos empezaron a contribuir a la Fundación Alcohólica para los gastos de la Oficina Central, y han seguido haciéndolo desde entonces. Con esta práctica, la Tradición de automantenimiento de AA tuvo un sólido y seguro comienzo. De esta manera respondimos a lo ocasionado por el artículo del *Saturday Evening Post* por el que miles de AA hoy se sienten tan agradecidos.

La inmensa afluencia de nuevos miembros sentó rápidamente la base para la formación de centenares de nuevos grupos de AA, y muy pronto estos grupos empezaron a pedir consejos a la Oficina Central acerca de sus dolores de crecimiento, presentando así a nuestra Sede de servicio tanto problemas de grupo como solicitudes particulares de información. Entonces la oficina empezó a publicar una lista de todos los grupos de AA, y facilitó a los AA que viajaban por el país listas de posibles candidatos en las ciudades donde no había ningún grupo. Forasteros que nunca habíamos visto empezaron a visitarnos, y así se inició lo que hoy es una enorme red de contactos personales entre el personal de nuestra Oficina Central de Servicio de Nueva York y los grupos de AA de todas partes del mundo.

El 1941 fue un gran año para la creciente Comunidad de AA. Marcó el comienzo del importante cambio de actitud que habría de venir. Nuestra Oficina Central consiguió el sólido respaldo de los grupos; empezamos a abandonar la idea de ayuda caritativa de fuentes ajenas, sustituyéndola por el automanteni-miento. Por último y no por ello menos importante, nuestra Fundación Alcohó-lica realmente comenzó a funcionar. Ya vinculados a la Oficina Central de AA por ser responsables de los fondos de los grupos que se gastaban allí, y a Works Publishing (el libro *Alcohólicos Anónimos*) por encontrarse entre los propieta-rios de la empresa, los custodios de nuestra Fundación Alcohólica, sin darse cuenta, se habían convertido en los guardianes de Alcohólicos Anónimos— tanto del dinero como de la Tradición. Alcohólicos Anónimos había llegado a ser una institución nacional.

Desde entonces, tranquila y eficazmente, la evolución de nuestra Funda-ción ha continuado. Hace unos cuantos años, los custodios hicieron que se efectuara una revisión de las cuentas de la Fundación Alcohólica y de Works Publishing desde sus comienzos. Se estableció un buen sistema de contabilidad y se inició la costumbre de revisar las cuentas regularmente.

Alrededor del año 1942, se hizo evidente que la Fundación debía ser el único propietario de Works Publishing, acaparando las acciones de los restantes inversionistas de Works. Para hacer esto, se necesitaban varios miles de dólares y, por supuesto, el dinero proveniente de los grupos no podía utilizarse para este propósito.

Así que los custodios, encabezados en esta ocasión por nuestro viejo amigo Chip, acudieron de nuevo al Sr. Rockefeller y su "lista de invitados." Gustosa-mente, estos donantes originales hicieron a la Fundación el préstamo necesario para convertirse en propietarios exclusivos de nuestro Libro de AA (Works Publishing, Inc.). Mientras tanto, Works Publishing, al encontrarse liberado en parte de mantener la Oficina Central, se vio en la posibilidad de cancelar las cuentas con sus acreedores. Más tarde, cuando los custodios propusieron pagar las deudas de la Fundación con los ingresos del Libro de AA, algunos de los prestamistas solo aceptaron un pago parcial—y otros se negaron a aceptarlo. Por fin, estábamos libres de deudas. Este acontecimiento señaló el fin de nuestras dificultades financieras.

En años recientes, el desarrollo de AA ha sido fenomenal. Casi todo el mundo en Norteamérica sabe de AA. Parece que el resto del mundo pronto tendrá conocimiento de AA a medida que los miembros de AA viajen a otros países y la literatura se traduzca a otras lenguas. Hoy día, nuestra Sede de servicios generales cuenta con doce trabajadores. Debido a nuestro prodigioso crecimiento y la introducción de AA en cada vez más países extranjeros, pronto necesitaremos veinte. Nuestro secretario general de AA, conocido por miles de personas como "Bobbie," ahora sirve a AA mundial. Tres de los primeros custodios, cuya aportación a AA es incalculable, siguen siendo miembros de la junta de la Fundación Alcohólica. En las reuniones trimestrales, se ven nuevas caras, cada uno tan deseoso de servir como los del grupo original. El AA Grapevine, nuestra revista nacional mensual, que hace tres años hizo su primera aparición, está integrándose cómodamente entre los servicios de nuestra Sede general, y ya casi ha logrado cubrir sus propios gastos. Gracias a los ingresos de Works Publishing, la Fundación ha acumulado una reserva económica prudente para el futuro. Esta reserva ahora representa una cantidad algo superior al gasto anual de la Sede, el cual sigue siendo no mucho más que la muy módica cifra de $1 por miembro de AA por año. Hace dos años, los custodios asignaron a mi esposa y a mí una cantidad de dinero, sacada de los ingresos provenientes de la venta del Libro de AA, que nos hizo posible terminar de pagar la hipoteca de nuestra casa y hacer algunas mejoras necesarias. La Fundación concedió también al Dr. Bob y a mí sendas regalías del 10% del libro *Alcohólicos Anónimos*, nuestros únicos ingresos de fuentes de AA. Ambos nos encontramos económicamente desahogados y nos sentimos profundamente agradecidos.

Este relato de la administración de Alcohólicos Anónimos durante su infancia nos trae hasta el presente—el año 1947—con un futuro que nos promete la continuación del crecimiento y de los servicios de AA.

En un discurso en Memphis Bill recalca las Tradiciones

Octubre de 1947

En un discurso pronunciado ante la tercera Convención Anual Regional del Sudeste, celebrada en Memphis, Tennessee, el 19 de septiembre, Bill W., animando a todos los miembros de Alcohólicos Anónimos para que se esforzaran por anteponer la humildad al éxito y la unidad a la fama, dio un repaso a las Doce Tradiciones sugeridas para la organización.

Indicando que el éxito de AA podría ser "una bebida embriagadora y un grave problema," Bill recordó a los miembros que, como alcohólicos, "somos gente que no podría existir sin no fuera por la gracia de Dios."

A continuación aparecen los puntos más destacados del discurso, tal como fue sometido al Grapevine antes de la reunión en Memphis.

"Hace algunos años, el Dr. Bob y yo, entre otros, hicimos multitud de viajes para hablar ante los grupos de AA por todo lo largo y ancho del país. Alcohólicos Anónimos acababa de empezar su asombroso crecimiento. Había cierta duda de que pudiéramos desarrollarnos tan rápidamente con éxito. Había pequeños grupos de AA, muy esparcidos y aislados, que estaban dando sus primeros pasos tambaleantes, y a menudo se encontraban en lugares demasiado alejados de los pocos grupos originales como para obtener su ayuda directa. Muchos tenían que depender exclusivamente de la literatura y de las cartas.

"Para responder a esta aparente emergencia, los pocos de nosotros que pudimos hacerlo, fuimos a visitar a los nuevos grupos. Queríamos llevar directamente nuestra experiencia y nuestro aliento a los miles de recién llegados que se sentían todavía inseguros; queríamos que se sintieran parte de la creciente totalidad; queríamos que vieran que AA no tenía nada que ver con la geografía; que les daría resultados, fueran cuales fueran las condiciones. Deseábamos fomentar un sano crecimiento y el espíritu de unidad. Así que unos pocos de nosotros viajábamos mucho.

"Los tiempos han cambiado. Como todo el mundo sabe, desde entonces AA ha superado nuestras fantasías más extravagantes. Hablando en nombre del Dr. Bob y mío, creemos que nosotros los ancianos no tenemos que desempeñar los destacados papeles que anteriormente hicimos. La administración de AA se está convirtiendo, sana y felizmente, en un asunto rotativo. Y además, nuestra literatura, la generosidad de la prensa y miles de nuevos viajeros de AA están llevando AA a todo rincón del mundo.

"No obstante, todavía queda un problema—un *grave* problema para cuya solución los AA esperarán que nosotros los ancianos echemos una mano de vez en cuando. Es el problema del éxito en sí mismo. El éxito, siempre una bebida embriagadora, a veces puede causar que olvidemos que cada uno de nosotros estamos disfrutando de un indulto provisional; puede que olvidemos que somos gente que no podríamos ni siquiera existir si no fuera por la gracia de Dios. El vino del olvido puede hacernos soñar que Alcohólicos Anónimos era un éxito nuestro y no el fruto de la voluntad de Dios. La misma malignidad que una vez despedazó nuestras vidas podría comenzar otra vez a desgarrar nuestros grupos. El falso orgullo podría conducirnos a la controversia, a reclamar el poder y el prestigio, a pelearnos por asuntos de propiedad, dinero y autoridad personal. Si estos males no nos atacaran de vez en cuando, no seríamos humanos.

"Por lo tanto, hoy día muchos de nosotros creemos que el problema principal de Alcohólicos Anónimos es este: ¿Cómo podremos, como movimiento, mantener nuestra humildad—y con ella nuestra unidad—al vernos gozando de lo que el mundo considera un gran triunfo? Tal vez no tenemos que ir muy lejos para encontrar la respuesta. Sólo tenemos que adaptar y aplicar a nuestra vida de grupo aquellos principios en los que cada uno de nosotros ha basado su propia recuperación. Si la humildad puede expulsar la obsesión de beber alcohol, con toda seguridad puede ser nuestro antídoto contra ese vino sutil conocido como el éxito."

A continuación, Bill se puso a explicar en todo detalle los Doce Puntos de Tradición, publicados por primera vez en un artículo que aparecía en el número de abril de 1946 del AA Grapevine: "Hace dos años, algunas de mis viejas amistades me instaron para que intentara resumir nuestras experiencias de vivir y trabajar juntos; que intentara enunciar aquellos principios particulares de la conducta del grupo que habían surgido durante una década de arduas pruebas y tanteos. Conforme al espíritu de nuestros Doce Pasos originales, y estrictamente dentro de las amplias evidencias de nuestra experiencia, hice la siguiente tentativa provisional: Doce Puntos Para Asegurar Nuestro Futuro, una Tradición de Relaciones de Alcohólicos Anónimos (recién revisados a la luz de la experiencia posterior):

"Nuestra experiencia de AA nos ha enseñado que:

"1. Cada miembro de Alcohólicos Anónimos no es sino una pequeña parte de una gran totalidad. Es necesario que AA siga viviendo o, de lo contrario, la mayoría de nosotros seguramente morirá. Por eso, nuestro bienestar común tiene prioridad. No obstante, el bienestar individual le sigue muy de cerca.

"2. Para el propósito de nuestro grupo, sólo existe una autoridad fundamental—un Dios amoroso tal como se exprese en la conciencia de nuestro grupo.

"3. Nuestra Comunidad debe incluir a todos los que sufren del alcoholismo. Por eso, no podemos rechazar a nadie que quiera recuperarse. Ni debe el ser miembro de AA depender del dinero o de la conformidad. Cuandoquiera que dos o tres alcohólicos se reúnan en interés de la sobriedad, podrán llamarse un grupo de AA, con tal que, como grupo, no tengan otra afiliación.

"4. Con respecto a sus propios asuntos, todo grupo de AA debe ser responsable únicamente ante la autoridad de su propia conciencia. Sin embargo, cuando sus planes atañen al bienestar de los grupos vecinos, se debe consultar con los mismos. Ningún grupo, comité regional o individuo debe tomar ninguna acción que pueda afectar de manera significativa a la Comunidad en su totalidad, sin discutirlo con los custodios de la Fundación Alcohólica. En cuanto a estos asuntos, nuestro bienestar común es de máxima importancia.

"5. Cada grupo de Alcohólicos Anónimos debe ser una entidad espiritual con un solo objetivo primordial—el de llevar el mensaje al alcohólico que aún sufre.

"6. Los problemas de dinero, propiedad y autoridad nos pueden fácilmente desviar de nuestro principal objetivo espiritual. Por lo tanto, somos de la opinión de que cualquier propiedad considerable de bienes de uso legítimo para AA debe incorporarse y dirigirse por separado, para así diferenciar lo material de lo espiritual. Un grupo de AA, como tal, nunca debe montar un negocio. Las entidades de ayuda suplementaria, tales como los clubs y hospitales, que suponen mucha propiedad o administración, deben constituirse en sociedades separadas, de manera que, si es necesario, los grupos las puedan desechar con completa libertad. Por consiguiente, tales instalaciones no deben utilizar el nombre de AA. La responsabilidad de dirigir estas entidades debe recaer únicamente sobre quienes las sostienen económicamente. En cuanto a los clubes, normalmente se prefieren directores que sean miembros de AA. Pero los hospitales, así como los centros de recuperación, deben operar totalmente al margen de AA—y bajo supervisión médica. Aunque un grupo de AA puede cooperar con cualquiera, tal cooperación nunca debe llegar a convertirse en afiliación o respaldo, ya sea real o implícito. Un grupo de AA no puede vincularse con nadie.

"7. Los grupos de AA deben mantenerse completamente con las contribuciones voluntarias de sus miembros. Nos parece conveniente que cada grupo alcance este ideal lo antes posible; creemos que cualquier solicitud pública de fondos que emplee el nombre de AA es muy peligrosa ya sea hecha por los grupos, los clubs, los hospitales u otras agencias ajenas; que el aceptar grandes donaciones de cualquier fuente, o contribuciones que supongan cualquier obligación, no es prudente. Además, nos causa mucha preocupación aquellas tesorerías de AA que siguen acumulando dinero, además de una reserva prudente, sin tener para ello un determinado propósito AA. A menudo, la experiencia nos ha advertido que nada hay que tenga más poder para destruir nuestra herencia espiritual que las disputas vanas sobre la propiedad, el dinero, y la autoridad.

"8. Alcohólicos Anónimos debe siempre mantenerse no profesional. Definimos el profesionalismo como la ocupación de aconsejar a los alcohólicos a cambio de una remuneración económica. No obstante, podemos emplear a los alcohólicos para realizar aquellos trabajos para cuyo desempeño tendríamos, de otra manera, que contratar a gente no alcohólica. Estos servicios especiales pueden ser bien recompensados. Pero nunca se debe pagar por nuestro acostumbrado trabajo de Paso Doce.

"9. Cada grupo de AA debe tener el mínimo posible de organización. La dirección rotativa es normalmente lo mejor. El grupo pequeño puede elegir a su secretario; el grupo grande, a su comité rotativo; y los grupos de una extensa área metropolitana, a su comité central, que a menudo emplea un secretario asalariado de plena dedicación. Los custodios de la Fundación Alcohólica constituyen efectivamente nuestro comité de servicios generales. Son los guardianes de nuestra Tradición de AA y los depositarios de las contribuciones voluntarias de AA, por medio de las cuales mantienen nuestra Oficina de Servicios Generales de AA en Nueva York. Están autorizados por los grupos a hacerse cargo de nuestras relaciones públicas a nivel global y aseguran la integridad de nuestro principal periódico, el AA Grapevine. Todos estos representantes deben guiarse por el espíritu de servicio, porque los verdaderos líderes en AA son solamente los fieles y experimentados servidores de la Comunidad entera. Sus títulos no les confieren ninguna autoridad real. El respeto universal es la clave de su utilidad.

"10. Ningún miembro o grupo de AA debe nunca, de una manera que pueda comprometer a AA, manifestar ninguna opinión sobre cuestiones polémicas ajenas—especialmente aquellas que tienen que ver con la política, la reforma alcohólica, o la religión. Los grupos de Alcohólicos Anónimos no se oponen a nadie. Con respecto a estos asuntos, no pueden expresar opinión alguna.

"11. Nuestras relaciones con el público en general deben caracterizarse por el anonimato personal. Opinamos que AA debe evitar la propaganda sensacionalista. Nuestras relaciones públicas deben guiarse por el principio de atracción y no por la promoción. No tenemos necesidad de alabarnos a nosotros mismos. Nos parece mejor dejar que nuestros amigos nos recomienden.

"12. Finalmente, nosotros los Alcohólicos Anónimos creemos que el principio de anonimato tiene una inmensa significación espiritual. Nos recuerda que debemos anteponer los principios a las personalidades; que debemos practicar una auténtica humildad. Todo esto a fin de que las bendiciones que conocemos nunca nos estropeen; que vivamos siempre en contemplación agradecida de El que preside sobre todos nosotros.

"Para resumir: Para miles de alcohólicos que hay todavía por venir, AA tiene una solución. Pero hay una condición. Debemos conservar a toda costa nuestra unidad; tenemos que conseguir que sea inquebrantablemente segura. Sin la unidad permanente, puede haber poca recuperación duradera para nadie. Por consiguiente, nuestro futuro depende completamente de la creación y la observancia de una firme Tradición de grupo. Siempre habrá que poner primero lo primero: la humildad antes que el éxito, y la *unidad* antes que la fama."

La constitución de sociedades: uso y abuso

Noviembre de 1947

Hay numerosos grupos que dirigen a la oficina de Nueva York cartas arrepentidas, pidiendo consejos sobre cómo desenmarañarse del sinfín de dificultades que han surgido con relación a la constitución en sociedad y la financiación de los clubs, los centros de desintoxicación, los proyectos educativos, y similares. Con toda sinceridad, a estos grupos les habría gustado no haberse metido nunca a montar un negocio.

Tras un torpe comienzo, estas dificultades a veces son difíciles de remediar. No obstante, si nos valemos de una manera inteligente de las experiencias que ya hemos tenido, cabe suponer que los nuevos grupos podrán evitar fácilmente estos dolores de crecimiento. El propósito de este artículo es resumir nuestra experiencia y aplicarla a estos problemas específicos.

Para empezar, repasemos aquellas partes de los Doce Puntos de la Tradición de AA que están directamente relacionadas con la constitución de una sociedad y su financiación:

La Sexta Tradición dice: "Por lo tanto, somos de la opinión de que cualquier propiedad considerable de bienes de uso legítimo para AA debe incorporarse y dirigirse por separado, para así diferenciar lo material de lo espiritual... Un grupo de AA, como tal, nunca debe montar un negocio... Los clubs y hospitales, etc., deben constituirse en sociedades separadas, de manera que los grupos las puedan desechar con completa libertad... por consiguiente, tales instalaciones no deben utilizar el nombre de AA. La responsabilidad de dirigir estas entidades debe recaer únicamente sobre quienes las sostienen económicamente... Los hospitales, así como los centros de recuperación, deben operar totalmente al margen de AA y bajo supervisión médica. Un grupo de AA puede cooperar con cualquiera, pero tal cooperación nunca debe llegar a convertirse en afiliación o respaldo, ya sea real o implícito."

Después de abogar por el automantenimiento económico total tan pronto como sea posible, la Séptima Tradición dice: "que cualquier solicitud pública de fondos que emplee el nombre de AA es muy peligrosa ya sea hecha por los grupos, los clubs, los hospitales u otras agencias ajenas—que el aceptar grandes donaciones de cualquier fuente, o contribuciones que supongan cualquier obligación, no es prudente... nos causa mucha preocupación aquellas tesorerías de AA que siguen acumulando dinero, además de una reserva prudente, sin tener para ello un determinado propósito... que nada hay que tenga más poder para destruir nuestra herencia espiritual que las disputas vanas sobre la propiedad, el dinero, y la autoridad."

Al haber puesto en claro estos principios básicos, a continuación se sugiere que se vuelvan a leer cuidadosamente cuatro artículos de este libro—[ver págs. 24, 46, 51 y 43]: los que tratan del dinero, los clubs, los hospitales y las empresas ajenas, que exponen nuestras experiencias referentes a estos temas. Ponen claramente de manifiesto las bases de nuestra Tradición de "administración de dinero." Y de una manera general, indican con bastante claridad cuál debe ser la condición legal de cualquier empresa allegada o de utilidad.

Ahora consideremos qué tipo específico de constitución en sociedad es el mejor, qué nombre se le debe poner a la entidad así constituida, cuál debe ser el límite de su alcance, quiénes deben ser sus miembros componentes (o accionistas), y cómo se debe financiar. Muchos AA nos escriben pidiendo modelos de cartas constitutivas. Ya que los objetivos particulares del grupo, las circunstancias locales y las leyes del estado pueden variar mucho, probablemente no sería prudente que la Sede de AA satisficiera estas peticiones. Cualquier buen abogado, una vez que sepa lo que se necesita y lo que se debe evitar, puede hacerlo mucho mejor que nosotros.

No obstante, como respuesta a la multitud de solicitudes de información hechas por los grupos, desearíamos ser lo más precisos posible. Así que a continuación aparece una serie de preguntas que suelen hacer los grupos, a las cuales ofrecemos respuestas específicas. Naturalmente, las respuestas no se deben interpretar como si fueran definitivas o perfectas. Ni tampoco deben considerarse como reglas, reglamentos, o "deberes." Pero pueden servir de ayuda en situaciones desconcertantes.

1. *¿Debe un grupo de AA, como tal, constituirse en sociedad?*

No. Algunos se han constituido en sociedad; pero, por lo general, les habría gustado no haberlo hecho.

2. *¿Debe un grupo de AA como tal meterse en asuntos de la administración de un club, un hospital, o una empresa de investigación, rehabilitación o educación?*

Opinamos rotundamente que no. La experiencia nos ha venido diciendo que lo evitemos. El grupo de AA debe seguir siendo una entidad espiritual.

3. *Pero, ¿respecto a los clubs? Dado que están tan estrechamente vinculados con AA, ¿no deberían ser una excepción? ¿Por qué no deben llevar el nombre de AA y ser administrados por el mismo grupo?*

Solíamos pensar que deberían serlo. Cuando se trate de un grupo pequeño que simplemente alquila un local, parece muy natural llamar al lugar un "club de AA." Coloquialmente, a la mayoría de los clubs, todavía se les llama "clubs de AA." Pero cuando se trata de un área con muchos miembros de AA, y quizás varios grupos, no a todos los miembros les interesan los clubs. Por consiguiente, la administración de los negocios del club (o clubs) del área debe estar a cargo de aquellos que contribuyan individualmente a su mantenimiento, y en el nombre corporativo se debe omitir "AA." Los contribuidores deben elegir a los responsables de la administración. Entonces, los demás AA puede tomar el club o dejarlo. A menudo los clubs que se han constituido en sociedad le dan un nombre relacionado, como, por ejemplo, Alano o Alkanon. Pero empresas más claramente ajenas, tales como granjas y centros de desintoxicación dirigidos por miembros particulares de AA, no deben utilizar estos nombres relacionados.

4. *Nuestro grupo constituyó en sociedad separada a nuestro club. Dispusimos que cada uno de los miembros de nuestro grupo de AA fuera miembro votante de esta sociedad. Ahora los directores de la sociedad tienen un desacuerdo con nuestro comité rotativo de grupo. Los directores del club tratan de llevar los asuntos tanto del grupo como del club. El comité rotativo también trata de llevar los asuntos del club. ¿Qué debemos hacer al respecto?*

Este es un problema natural. Se puede remediar si los directores del club se dan cuenta de que su cometido es únicamente el de procurar que el club sea apropiado para sus fines—un simple asunto de negocios. Son meramente los arrendatarios de la propiedad, y cuidan de la seguridad y la limpieza del local. Recogen el dinero que los miembros individuales del club se han comprometido a aportar mensualmente; además, cobran alquiler a los grupos de AA que efectúen reuniones en el club. Normalmente, este alquiler representa una parte importante de los fondos recogidos al "pasar el sombrero." Cada grupo de AA debe tener su propia pequeña tesorería. De este dinero, el grupo paga por el uso que haga del club local. Así se evita la confusión entre el dinero del grupo y los fondos de la sociedad separada que es el club. Bajo estas condiciones, el club no tiene ninguna influencia importante en el grupo y viceversa. El comité del grupo se encarga de asuntos estrictamente relacionados con AA. Pero con respecto a las actividades sociales del club la autoridad puede variar; a veces recae en los directores del club, otras veces en el comité de grupo, y otras veces en un comité especial.

A menudo hay confusión entre ser miembro del club y ser miembro de AA. En cierto sentido, vienen a ser la misma cosa, ya que casi todos los clubs abren sus puertas a todo AA que se comporte razonablemente bien y que desee frecuentarlos.

Pero cuando se trata de la administración del club, estamos empezando a creer que se debe distinguir entre el derecho a frecuentar el club, el ser miembro del club con derecho a votar, y el ser miembro de AA. Cualquier AA que está interesado en un club debe estar dispuesto a contribuir regularmente a su mantenimiento. Aunque no pueda contribuir con mucho dinero, lo poco que contribuya será algo. Obviamente, por ser un contribuidor mensual, debe tener derecho a servir como director u oficial del club y a votar en las reuniones de negocios. Aunque AA en sí mismo no cuesta nada, y la mayoría de los clubs tienen sus puertas abiertas a todos, no parece haber ninguna buena razón por la que una persona que nunca contribuye reclame el derecho a votar en las reuniones de negocios del club. Si quiere participar en la administración del dinero del club, él mismo debe contribuir con algo. Así que, cuando lleguemos a hacer una clara distinción entre el derecho a frecuentar el club, el ser miembro del club con derecho a votar, y el ser miembro de AA, habremos superado muchas de las dificultades actuales.

5. *Tenemos un grupo pequeño. Todos los miembros de AA locales son entusiastas de los clubs. ¿Les parece conveniente que constituyamos en sociedad al club, a pesar de que todos los miembros de AA son miembros del club y, en nuestro pueblo, todos contribuyen al mantenimiento del club?*

Si su club tiene que firmar un contrato, comprar alguna propiedad o tener una cuenta bancaria sustancial, no vacilamos en recomendarles que lo constituyan en sociedad. Acostúmbrense a pensar y actuar de esta manera y evitarán futuras complicaciones. Sugerimos que tengan cuidado de no mezclar los asuntos de AA con las reuniones de negocios de su club—en éstas, ocúpense únicamente de asuntos de negocios.

Claro que el local de un club puede ser tan pequeño y tan poco costoso, o puede tener un futuro tan incierto que sería prematuro constituirse en sociedad. Hay que ejercer buen criterio para resolver esta cuestión.

6. *¿Se deben incluir en la carta constitutiva de un club otras actividades tales como la rehabilitación, la hospitalización, la educación, la investigación, etc.?*

Creemos rotundamente que no. Sugerimos que las cartas constitutivas se limiten a una sola actividad en un solo lugar. Constituir en sociedad a todo lo que tiene que ver con el alcohol y mezclarlo con AA casi invariablemente conduce a la confusión. Un solo objetivo, simple y bien definido, es lo mejor. En ocasiones hemos tratado de mezclar varias funciones, pero normalmente hemos tenido malos resultados.

7. *¿Pueden los miembros individuales de AA establecer fundaciones y recoger fondos para investigación, educación, rehabilitación, etc.?*

No puede haber objeción alguna si actúan únicamente como *individuos* y *nunca utilizan el nombre de AA*. Pero la experiencia indica que siempre hay una fuerte tentación a utilizar el nombre de AA. Si se hace así, el proyecto acabará perjudicado porque los grupos de AA de las cercanías protestarán enérgicamente—y con razón, creemos. La Fundación Alcohólica, a pesar de que, de forma no oficial, representa a AA como nuestra Junta de Servicios Generales, en años recientes no ha solicitado fondos de fuentes ajenas, y muy pronto dejará de usar el título de "Fundación."

8. *Queremos construir un local para un club. ¿Debemos hacerlo? Y, ¿cómo debemos financiarlo?*

Es muy probable que cualquier club que se construya, con el tiempo resulte ser demasiado pequeño. Si se puede, es mejor alquilar un local. Para un área con una elevada población de AA será mejor alquilar varios clubs pequeños que uno muy costoso. Si somos propietarios de un club grande y caro, puede que más tarde resulte muy difícil tomarlo o dejarlo.

Si es necesario construir un club, siempre es más conveniente que los miembros recojan entre ellos mismos los fondos para hacerlo, que podrían completar, si no tuvieran otra alternativa, con un préstamo con condiciones de reembolso razonables pero bien definidas. Nuestra reputación de ser completamente automantenidos es una baza muy valiosa. Eviten los préstamos o contribuciones que entrañen obligaciones implícitas, compromisos políticos o controversias. Y huelga decir que utilizar el nombre de AA para solicitar fondos al público es peligroso.

9. *Respecto a los centros de desintoxicación, ¿cómo debemos proceder?*

Opinamos que los grupos de AA no deben meterse en estas empresas. No obstante, los miembros de AA, a título personal, a veces tienen bastante éxito en estos asuntos si evitan utilizar el nombre de AA al solicitar fondos al público y al hacer publicidad. Los lugares de recuperación deben ser exclusivamente empresas privadas—y financiados con fondos privados.

10. *¿Cuál debe ser la actitud de un grupo de AA respecto a empresas "ajenas" tales como la educación, la investigación y similares?*

No deben tener ninguna actitud. Participar en ellas es un asunto personal. Pero no se debe tratar de disuadir a los miembros individuales de participar si tienen cuidado con el nombre de AA.

11. *Nos damos cuenta de que la organización actual de nuestro club (u hospital) en cierto sentido va en contra de la experiencia general. Pero aun no nos ha causado mucha dificultad ¿Debemos cambiarla ahora para que esté de acuerdo con la Tradición de AA?*

Esto es asunto suyo. Si la organización actual funciona bien, quizá no valga la pena cambiarla ahora. Pero si se han puesto graves reparos a nivel local, puede ser conveniente probar los principios que, según nuestra amplia experiencia general, son los mejores.

12. *¿Cuál es normalmente la estructura más apropiada para una sociedad?*

En la mayoría de los estados y países hay diversas formas de sociedades llamadas, por ejemplo, asociaciones, organizaciones de beneficencia, o caritativas. Confíen en su abogado para elegir la más conveniente. Será útil insistir en los siguientes puntos: Si es humanamente posible, se debe omitir "Alcohólicos Anónimos" en el nombre de su sociedad. (Este nombre debe ser propiedad exclusiva de AA como un todo.) La cláusula que expone el propósito de la sociedad se debe limitar a un solo objetivo. Las actividades de la sociedad se deben limitar a un solo lugar o dirección. No intenten constituir en sociedad a todo un estado o país; de hacerlo así, puede que los AA de las zonas vecinas protesten.

La intención de este artículo ha sido contribuir a disipar la multitud de complicaciones que han surgido en AA en cuanto a los clubs, los hospitales y las "empresas ajenas." Los principios anteriormente enunciados no son infalibles. No obstante, representan la esencia de nuestra experiencia concreta. Nuestra gran esperanza es que resulten ser de utilidad para nuestros centenares de nuevos grupos. Puede que contribuyan a evitar muchos de los errores naturales, pero no por ello menos dolorosos, que los veteranos tan a menudo hemos cometido.

Primera Tradición

Diciembre de 1946

Todo nuestro programa de AA está firmemente basado en el principio de humildad—es decir, de justa proporción. Esto supone, entre otras cosas, que logremos relacionarnos de la forma debida con Dios y con nuestros semejantes; que nos veamos a nosotros mismos como realmente somos — "una pequeña parte de una gran totalidad." Al ver así a nuestros semejantes, disfrutaremos de armonía en nuestros grupos. Por esa razón, la Tradición de AA puede decir con confianza, "Nuestro bienestar común tiene la preferencia."

Algunos preguntarán, "¿Quiere esto decir que en AA el individuo no tiene mucha importancia? ¿Ha de ser dominado por su grupo y absorbido por él?"

No, no parece que resulte ser así. Tal vez no hay en la tierra una sociedad que se preocupe más por el bienestar personal de sus miembros, que esté más dispuesta a conceder al individuo la mayor libertad posible de creer y actuar. En Alcohólicos Anónimos nunca se oyen las palabras "tienes que." Muy pocos grupos imponen castigos a nadie por incumplimiento. Sí sugerimos, pero nunca castigamos. El cumplir o no cumplir con cualquier principio de AA es asunto que corresponde a la conciencia del individuo; él es el juez de su propia conducta. Seguimos al pie de la letra las antiguas palabras "no juzgarás."

"Pero," algunos protestarán, "si AA no tiene autoridad para gobernar a sus miembros o a sus grupos, ¿cómo puede estar segura de que el bienestar común tiene la preferencia? ¿Cómo es posible ser gobernado sin un gobierno? Si cada uno hace lo que le place, ¿cómo es que no es una pura anarquía?"

La respuesta parece ser que en realidad los AA no podemos hacer lo que nos plazca, aunque no hay ninguna autoridad humana constituida que nos lo impida. Efectivamente, nuestro bienestar común está protegido por fuertes salvaguardias. En cuanto cualquier acción pone en grave peligro el bienestar común, la opinión de grupo se moviliza para recordárnoslo; nuestra conciencia se empieza a quejar. Si alguien persiste, puede que se trastorne lo suficiente como para emborracharse; el alcohol le da una paliza. La opinión del grupo le indica que se ha desviado; su propia conciencia le dice que está totalmente equivocado; y, si va demasiado lejos, el Alcohol acaba convenciéndole de su error.

Así llegamos a darnos cuenta de que, en asuntos que afectan profundamente al grupo en su totalidad, "nuestro bienestar común tiene la preferencia." Cesa la rebeldía y comienza la cooperación, porque tiene que ser así: nos hemos disciplinado a nosotros mismos.

Por supuesto, acabamos cooperando porque deseamos hacerlo; vemos que, sin una unidad sustancial, no puede existir AA, y que, sin AA, poca recuperación duradera puede ser posible para nadie. Gustosamente ponemos a un lado las ambiciones personales cuando éstas pueden perjudicar a AA. Humildemente confesamos que no somos sino "una pequeña parte de una gran totalidad."

Segunda Tradición

Enero de 1948

Tarde o temprano, cada AA llega a depender de un Poder superior a sí mismo. Se da cuenta de que Dios, tal como él Lo concibe, no solo es una fuente de fortaleza, sino también una fuente de orientación positiva. Al darse cuenta de que tiene a su disposición una pequeña fracción de ese recurso infinito, su vida toma un nuevo cariz. Experimenta una nueva seguridad interna, junto con un sentido de destino y propósito como nunca había conocido hasta entonces. Día tras día, nuestro AA hace un examen de sus errores y sus vicisitudes. Aprende de su experiencia cotidiana cuáles son sus restantes defectos de carácter y llega a estar cada vez más dispuesto a que les sean eliminados. De esta manera, mejora su contacto consciente con Dios.

Todo grupo de AA sigue en su desarrollo este mismo ciclo. Hemos llegado a darnos cuenta de que cada grupo, así como cada individuo, es una entidad espe-cial, muy diferente a cualquier otra. Aunque los grupos de AA son básicamente iguales, cada grupo tiene su propio ambiente característico, y ha llegado a su propia y peculiar fase de desarrollo. Creemos que cada grupo de AA tiene su propia conciencia. Es la conciencia colectiva de sus miembros. La experiencia diaria informa e instruye a esta conciencia. El grupo empieza a reconocer sus propios defectos de carácter y, uno a uno, son eliminados o reducidos. A medida que continúa este proceso, el grupo se encuentra en mejor condición de recibir la orientación apropiada para llevar sus propios asuntos. Las pruebas y tanteos producen la experiencia del grupo, y de su experiencia corregida proviene la costumbre. Cuando una forma acostumbrada de hacer las cosas resulta ser claramente la mejor, esta costumbre llega a formar parte de la Tradición de AA. El Poder Superior está obrando por medio de una bien clara conciencia de grupo.

Humildemente esperamos y creemos que nuestra creciente Tradición de AA resulte ser la voluntad de Dios para con nosotros.

Mucha gente ha llegado a creer que Alcohólicos Anónimos es, hasta cierto grado, una nueva forma de sociedad humana. Al considerar la Primera Tradi-ción, recalcamos el hecho de que, en AA, no tenemos ninguna autoridad humana coercitiva. Ya que todo miembro de AA tiene, por necesidad, una conciencia sensible, y ya que el alcohol le castigará gravemente si recae, cada vez nos vamos dando más cuenta de que tenemos poca necesidad de reglas o reglamentos de invención humana. Aunque es cierto que de vez en cuando nos salimos por la tangente, nos vemos cada vez más en la posibilidad de contar completamente con la estabilidad duradera del grupo de AA. Con el tiempo, con casi toda seguridad, en lo concerniente a los asuntos del grupo, la conciencia colectiva de grupo resultará ser un árbitro en el que podremos confiar completamente. La conciencia de grupo acabará por ser una guía para los asuntos del grupo mucho más infalible que el criterio de cualquier miembro individual, por bueno o sabio que sea. Este es un hecho impresionante y casi increíble. Por consiguiente, podemos prescindir sin temor de aquellas exhortaciones y castigos tan necesarios aparentemente para otras sociedades. Y no tenemos que depender excesivamente de líderes carismáticos. Ya que la gente que dirige nuestros servicios lo hace de forma verdaderamente rotativa, disfrutamos de un tipo de democracia rara vez posible en otras partes. En este sentido, puede que en gran medida seamos únicos.

Por lo tanto, nosotros los Alcohólicos Anónimos estamos convencidos de que hay una sola autoridad final, "un Dios amoroso tal como se exprese en la conciencia de nuestro grupo."

Tercera Tradición

Febrero de 1948

La Tercera Tradición es una declaración muy general: abarca mucho terreno. Mucha gente puede considerarla demasiado idealista para ser práctica. Le dice a todo alcohólico del mundo que puede hacerse miembro de AA y seguir siéndolo *mientras él lo diga*. En pocas palabras, Alcohólicos Anónimos no tiene reglamentos para hacerse miembro.

¿Por qué es así? Nuestra respuesta es simple y práctica. Ni siquiera con el fin de protegernos, no queremos levantar la más mínima barrera entre nosotros y nuestros compañeros alcohólicos que aún sufren. Sabemos que la sociedad ha venido exigiendo que él se ajuste a sus leyes y sus costumbres. Pero la esencia de su enfermedad alcohólica es el hecho de que no ha podido o no ha querido ajustarse ni a las leyes humanas ni a las leyes divinas. De hecho, el alcohólico enfermo es un inconformista rebelde. Qué bien lo sabemos: cada miembro de Alcohólicos Anónimos ha sido en un tiempo un rebelde. Por lo tanto, no podemos tratar de transigir con él. Tenemos que entrar en la caverna oscura donde él se encuentra y demostrarle que comprendemos. Nos damos cuenta de que él está demasiado débil y confuso para saltar obstáculos. Si los ponemos en su camino, es posible que no se acerque a nosotros y perezca. Puede verse privado de su oportunidad.

Así que, cuando nos pregunta, "¿Hay condiciones?", le respondemos alegremente, "No, ninguna." Cuando nos replica con escepticismo, "Pero tiene que haber cosas que tengo que hacer y creer," en seguida le contestamos, "En

Alcohólicos Anónimos no se oye decir 'tienes que.'" Quizás, con tono cínico, nos pregunta, "¿Cuánto me va a costar todo esto?" Podemos reírnos y decir, "Nada; no hay honorarios ni cuotas." De esta forma, en una hora escasa, nuestro amigo se ve despojado de su recelo y de su rebeldía. Se le empiezan a abrir los ojos a un nuevo mundo de amistad y comprensión. Aunque ha sido un idealista en bancarrota, su ideal ya no es una quimera. Después de años de búsqueda solitaria, se le aparece como la luz del día. De pronto le salta a la vista la realidad de Alcohólicos Anónimos. Porque Alcohólicos Anónimos le está diciendo, "Tenemos algo que ofrecerte de inestimable valor, si sólo estás dispuesto a recibirlo." Nada más. Pero para nuestro nuevo amigo lo es todo. Sin más rodeos, se convierte en uno de nosotros.

No obstante, en la Tradición referente a la pertenencia a nuestra Comunidad, aparece una restricción de suma importancia. Esta restricción tiene que ver con el uso de nuestro nombre, Alcohólicos Anónimos. Creemos que cuando dos o tres alcohólicos se reúnan en interés de la sobriedad, pueden llamarse un grupo de AA con tal de que, como grupo, no tengan otra afiliación. Nuestra intención es clara e inequívoca. Por obvios motivos, queremos que sólo se use el nombre de Alcohólicos Anónimos en conexión con actividades directa y exclusivamente relacionadas con AA. No nos podemos imaginar a ningún miembro de AA a quien le gustaría ver establecerse, por ejemplo, grupos de AA "prohibicionistas," grupos de AA "antiprohibicionistas," o "republicanos," o "comunistas." A muy pocos les gustaría que se designaran nuestros grupos según denominaciones religiosas. No podemos prestar, ni siquiera indirectamente, el nombre de AA a otras actividades, por muy nobles que sean. Si lo hacemos, nos veremos desesperadamente comprometidos y divididos. Creemos que AA debe ofrecer su experiencia al mundo entero para que la utilicen como puedan o como quieran. Pero no su nombre. De esto no tenemos la menor duda.

Por lo tanto, tomemos la resolución de ser siempre inclusivos, nunca exclusivos, y ofrezcamos al mundo entero todo lo que tenemos, excepto nuestro nombre. Que desaparezcan así todas las barreras, y que así conservemos nuestra unidad. Que Dios nos conceda una vida larga—y útil.

Cuarta Tradición

Marzo de 1948

La Cuarta Tradición es una aplicación específica de los principios generales ya enunciados en la Primera y la Segunda Tradición. La Primera Tradición dice: "Cada miembro de Alcohólicos Anónimos no es sino una pequeña parte de una gran totalidad. Es necesario que AA siga viviendo o, de lo contrario, la mayoría de nosotros seguramente morirá. Por eso, nuestro bienestar común tiene prioridad. No obstante, el bienestar individual le sigue muy de cerca." La Segunda Tradición dice: "Para el propósito de nuestro grupo, solo existe una autoridad fundamental—un Dios amoroso tal como se exprese en la conciencia de nuestro grupo."

Teniendo en mente estos conceptos, echemos una más detenida mirada a la Cuarta Tradición. La primera frase garantiza la autonomía local de cada grupo de AA. En cuanto a sus propios asuntos, el grupo puede tomar las decisiones y adoptar las posturas que más le convengan. Ninguna autoridad global o intergrupal debe poner en tela de juicio este privilegio primordial. Creemos que debe ser así, a pesar de que el grupo pueda actuar a veces de una forma totalmente indiferente a nuestras Tradiciones. Por ejemplo, un grupo de AA podría, si quisiera, contratar a sueldo a un predicador y pagarle con las entradas de la sala de fiestas del grupo. Aunque una forma de proceder tan absurda difícilmente estaría de acuerdo a nuestra Tradición, no se violaría el "derecho a equivocarse" del grupo. Estamos convencidos de que, a todo grupo, se le pueden conceder estos privilegios extremos, y concedérselos con toda confianza. Sabemos que nuestro acostumbrado proceso de pruebas y tanteos no tardará en eliminar tanto al predicador como a la sala de fiestas. Podemos confiar en que aquellos graves dolores de crecimiento que son la invariable secuela de una desviación radical de la Tradición de AA volverán a poner en el buen camino al grupo equivocado. No hay necesidad de que un grupo de AA sea coaccionado por ningún gobierno humano aparte de sus propios miembros. Su propia experiencia, más la opinión de los demás grupos de AA de los alrededores, más la orientación divina manifestada en la conciencia de grupo, sería suficiente. Ya hemos aprendido esta realidad a fuerza de muchos sufrimientos. Por lo tanto, con toda seguridad podemos decir a todo grupo, "La única autoridad ante la que debe ser responsable es su propia conciencia."

Permítanme, no obstante, que les señale una importante restricción. Veremos que esta amplia libertad de pensamiento y acción solo se aplica *a los propios asuntos del grupo*. Con razón, esta Tradición dice a continuación: Sin embargo, cuando sus planes atañen al bienestar de los grupos vecinos, se debe consultar con los mismos." Es obvio que si cualquier individuo, grupo o comité regional pudiera ejecutar una acción que afectara gravemente el bienestar de Alcohólicos Anónimos en su totalidad, o trastornara gravemente a los grupos vecinos, esto no sería libertad en absoluto. Sería puro libertinaje; no sería democracia, sino anarquía.

Por lo tanto, los AA hemos adoptado universalmente el principio de consulta, lo cual significa que un grupo de AA, antes de efectuar cualquier acción que pueda afectar a los grupos vecinos, consulta con dichos grupos al respecto. O, consulta con el comité de intergrupo del área, si lo hubiera. De forma parecida, si un grupo o un comité regional desea efectuar cualquier acción que pueda afectar a AA en su totalidad, consulta al respecto con los custodios de la Fundación Alcohólica, quienes constituyen, efectivamente, nuestro comité de servicios generales global. Por ejemplo, ningún grupo o intergrupo podrían considerarse en libertad para hacer ninguna publicidad que pueda afectar a AA en su totalidad sin haberlo consultado primero con los custodios. Ni tampoco podría pretender representar a la totalidad de Alcohólicos Anónimos, publicando y distribuyendo literatura que se describiera como "literatura de AA." Claro está que este mismo principio se aplicaría a toda situación parecida. Aunque no hay ninguna obligación de hacerlo, toda empresa de esta índole, de costumbre, se somete a la Sede general de AA para su comprobación.

Esta idea queda claramente resumida en la última frase de la Cuarta Tradición, que dice: "En cuanto a estos asuntos, nuestro bienestar común es de máxima importancia."

Quinta Tradición

Abril de 1948

D ice el viejo refrán: "Zapatero, a tus zapatos." ¿Un poco trillado? Sí. Pero para nosotros los AA es una verdad innegable. ¡Lo porfiadamente que tenemos que atender al consejo de que vale más hacer una cosa supremamente bien que muchas mal hechas!

Ya que ahora se ha puesto bien en claro que solo un alcohólico recuperado puede verdaderamente ayudar a un alcohólico enfermo, ha recaído sobre todos nosotros una tremenda responsabilidad, una obligación tan grande que equivale a ser una encomienda sagrada. Porque para nosotros los que padecemos del alcoholismo, la recuperación es una cuestión de vida o muerte. Así que la Sociedad de Alcohólicos Anónimos no puede nunca arriesgarse a ser desviada de su objetivo primordial.

Habrá numerosas tentaciones de actuar de otra forma. Al ver las buenas obras que se realizan en el campo del alcoholismo, nos sentiremos seriamente tentados a prestarles el nombre y el aval de Alcohólicos Anónimos; como movimiento, nos veremos asediados por solicitudes para financiar y apoyar otras causas. Si seguimos teniendo el éxito que ahora conocemos, oiremos a la gente decir que AA es una nueva forma de vivir, tal vez una nueva religión, que puede ser la salvación del mundo. Nos dirán que estamos en la obligación de enseñarle al mundo moderno la forma correcta de vivir.

¡Qué atractivas pueden parecer estas empresas e ideas! ¡Qué halagador es imaginarnos que somos los elegidos para hacer realidad aquella antigua prome- sa mística, "Los primeros serán los últimos y los últimos, los primeros"! Increíble, me dices. Pero algunos de nuestros amigos ya han empezado a decir tales cosas.

Afortunadamente, la mayoría de nosotros estamos convencidos de que éstas son especulaciones peligrosas, los ingredientes seductores de la nueva bebida embriagadora que hoy se nos ofrece, de la cual cada botella lleva inscrita en su etiqueta la palabra "Exito."

Ojalá que jamás bebamos en exceso de este vino sutil. Que jamás olvide- mos que no podríamos existir si no fuera por la gracia de Dios, que todos estamos disfrutando de un indulto provisional; que el anonimato es mejor que la fama; que para nosotros, como movimiento, la pobreza es mejor que la riqueza.

Reflexionemos, cada vez con mayor convicción, sobre la realidad de que solo podemos obrar con la máxima potencia y el mayor efecto si nos aferramos al objetivo espiritual primordial de AA: el de llevar su mensaje al alcohólico que aún sufre del alcoholismo.

Sexta Tradición

Mayo de 1948

El sexto de nuestros Doce Puntos de la Tradición de AA se considera de tan alta importancia que enuncia con todo detalle la relación del movimiento de AA con el dinero y la propiedad.

En esencia, esta Tradición dice que la acumulación de dinero, propiedad y la indeseable autoridad personal a menudo generada por la riqueza material constituyen un conjunto de riesgos contra los cuales AA debe siempre pro- tegerse.

Además, la Sexta Tradición recomienda enérgicamente a los grupos que nunca se mezclen en empresas comerciales, ni presten el nombre de AA ni concedan crédito económico a ninguna empresa "ajena," por muy digna que sea. En esta Tradición queda expresada la firme opinión de que ni siquiera los clubs deberían llevar el nombre de AA, y que deben constituirse en sociedades separadas y ser dirigidos por aquellos miembros de AA que desean o necesitan los clubs lo suficiente como para mantenerlos económicamente.

Así que quisiéramos separar lo espiritual de lo material, limitar nuestro movimiento a su único objetivo, y asegurar que (a pesar de lo acomodados que lleguemos a ser como individuos) AA siempre permanezca pobre. Queremos evitar las distracciones que puede entrañar la riqueza corporativa. Años de experiencia han demostrado el indudable valor de estos principios. Se han convertido en certezas, verdades absolutas para nosotros.

Gracias a Dios, nosotros los AA nunca nos hemos visto enredados en las disputas religiosas o políticas que siembran tantas enemistades en el mundo de hoy. Pero debemos reconocer el hecho de que nos hemos peleado violentamente, entre nosotros mismos, por asuntos de dinero, propiedad y su administración. El dinero, en cantidades considerables, siempre ha tenido una influencia funesta en la vida del grupo. Si un donante bien intencionado le regala una suma sustancial a un grupo de AA, tardamos poco tiempo en desbocarnos totalmente. Ni tampoco va a calmarse la tempestad hasta que el grupo no se deshaga del dinero de una u otra manera. Esta experiencia es casi universal. "Pero," nos dicen nuestros amigos," ¿no es ésta una confesión de debilidad? Otras organizaciones pueden hacer buen uso de dinero." ¿Por qué no podemos nosotros?

Naturalmente, nosotros los AA no vacilaríamos en reconocer que multitud de buenas empresas, valiéndose de mucho dinero, realizan cantidad de buenas obras. Para estas empresas, el dinero normalmente tiene una importancia primordial; es su misma sangre. Pero el dinero no es la sangre vital de AA. Para nosotros, tiene una importancia muy indirecta. Incluso en pequeñas cantidades, apenas si es más que una molestia necesaria, algo de lo que nos gustaría poder prescindir completamente. ¿Por qué es así?

Nos resulta bastante fácil explicarlo: no necesitamos el dinero. Lo esencial de nuestro método AA es el intercambio personal de un alcohólico con otro, ya sea que se encuentren sentados en la calle, en un hogar o en una reunión. Lo que cuenta es el mensaje, no el lugar; las palabras, no las limosnas. Así hacemos nuestro trabajo. AA no necesita más que un lugar donde podemos reunirnos y hablar. Aparte de esto, algunas pequeñas oficinas, unos cuantos secretarios, un módico sueldo anual—gastos que se cubren fácilmente con las contribuciones voluntarias. Nuestros gastos son poco elevados.

Hoy día, los grupos de AA responden a sus bien intencionados amigos diciendo, "Nuestros gastos son muy pequeños. Podemos ganar lo suficiente para sufragarlos. Visto que no necesitamos dinero, ni lo queremos, ¿por qué correr los riesgos de tenerlo? Preferimos permanecer pobres. Gracias, no obstante."

Séptima Tradición

Junio de 1948

Si seguimos creciendo al ritmo actual, los ingresos totales de los miembros de Alcohólicos Anónimos pronto alcanzarán la asombrosa suma de un cuarto de billón de dólares al año. Esta es una consecuencia directa de nuestra pertenencia a AA. Sobrios ahora, lo tenemos; borrachos, no lo tendríamos.

Por contraste, nuestros gastos totales de AA son pequeñísimos.

Por ejemplo, la Oficina de Servicios Generales de AA ahora nos cuesta $1.50 por miembro al año. En realidad, la oficina de Nueva York pide a los grupos que contribuyan esta cantidad dos veces al año, porque no todos los grupos contribuyen. Aún así, la cantidad por miembro sigue siendo muy pequeña. Si un miembro de AA vive en un gran centro metropolitano en el que es imprescindible tener una oficina de intergrupo para responder a la multitud de solicitudes de información y hacer las numerosas disposiciones para hospitalización, este miembro contribuye (o probablemente debe contribuir) con unos $5.00 anualmente. Para pagar el alquiler del local de reunión de su grupo, y quizás los gastos para café y rosquillas, puede que eche en el sombrero unos $25.00 al año. O, si es miembro de un club, tal vez ascienda a $50.00. Si está abonado al AA Grapevine, la subscripción supondrá otro gasto prodigioso de $2.50.

Así que el miembro de AA que con seriedad contribuye a cumplir con las responsabilidades de su grupo, se ve expuesto a gastar unos $5.00 al mes, como promedio. No obstante, es probable que sus ingresos personales oscilen entre $200 y $2,000 al mes, como una consecuencia directa de *no* beber.

Puede que algunos nos respondan, "Pero, nuestros amigos quieren regalarnos algún dinero para amueblar nuestro club. Somos un grupo nuevo y pequeño. La mayoría seguimos andando escasos de dinero. ¿Qué debemos hacer?"

Me siento seguro de que una multitud de voces de AA le contestarán ahora al nuevo grupo, "Sí, sabemos exactamente cómo se sienten ustedes. Hubo ocasiones en las que nosotros solicitamos dinero. Incluso hicimos solicitudes públicas. Creíamos que podíamos hacer muy buen uso del dinero de gente ajena. Pero acabamos dándonos cuenta de que el dinero recogido de esa manera llevaba consigo grandes peligros. Provocó controversias inimaginables. Simplemente no valió la pena. Además, sentó un precedente que ha tentado a mucha gente a emplear el precioso nombre de Alcohólicos Anónimos para fines ajenos. Aunque un pequeño préstamo hecho por un amigo, un préstamo que el grupo tiene una sincera intención de reembolsar, puede entrañar poco riesgo, les suplicamos que se lo piensen dos veces antes de pedirle una donación sustancial, incluso a un amigo bien intencionado y dispuesto. Ustedes pueden pagarlo todo por su propia cuenta, y pronto lo harán. Para cada uno de ustedes, estos gastos generales nunca excederán el precio de una botella de buen whisky al mes. Estarán eternamente agradecidos si cumplen con esta pequeña responsabilidad de su propio bolsillo."

Al reflexionar sobre estas cosas, sería tal vez conveniente que cada uno de nosotros nos dijéramos, "Sí, una vez los AA éramos una carga para todos los demás. Eramos los que 'tomaban.' Ahora que nos encontramos sobrios y, por la gracia de Dios, hemos llegado a ser ciudadanos responsables del mundo, ¿por qué no debemos dar un giro de 180 grados para convertirnos en 'los que dan con gratitud'? Ya es hora de que lo hagamos."

Octava Tradición

Julio de 1948

En todas partes del mundo, los AA están haciendo su trabajo de Paso Doce con miles de nuevos candidatos cada mes. Entre mil y dos mil de estas personas se quedan con nosotros después de su primera introducción al programa; nuestra experiencia pasada indica que la mayoría de los demás volverán a nosotros más tarde. Esta corriente espiritual, tan poco organizada y totalmente no profesional, va fluyendo ahora desde los alcohólicos recuperados a los que están todavía enfermos. Un alcohólico habla con otro; eso es todo.

¿Sería posible algún día profesionalizar, o siquiera organizar, este esfuerzo vasto y vital que se hace cara a cara? Tenemos que responder con un rotundo no. Las pocas tentativas que se han hecho de profesionalizar nuestro puro trabajo de Paso Doce nunca han tardado en fracasar. Hoy en día, ningún miembro de AA tolerará la idea de "terapeutas" u "organizadores" de AA asalariados. Ni a ningún AA le gusta que nadie le diga cómo tiene que proceder con cualquiera de sus posibles ahijados. No, esta gran corriente vivificadora nunca se verá represada por profesionales o bienhechores a sueldo. Alcohólicos Anónimos no va a cortar nunca sus cuerdas de salvamento. En esto, estamos de acuerdo unánimemente.

Pero en cuanto a aquellos que nos sirven haciendo otros trabajos a jornada completa, ¿son los cocineros, los porteros y las secretarias asalariadas de nuestros intergrupos "profesionales de AA"?

Debido a que las ideas que nos hemos formado con respecto a esta gente no están todavía muy claras, a veces nos parece que lo están y nos comportamos como si lo estuvieran. Nos vemos sutilmente tentados a acusarles de profesionalismo y, por consiguiente, a menudo oímos decir que "están haciendo dinero a expensas de AA," o que están "profesionalizando" a AA. Aparentemente, si ellos toman nuestros dólares de AA, ya no pueden contarse entre nosotros. A veces, vamos aun más allá; les pagamos mal, y lo justificamos diciendo que deben estar encantados de prepararnos la comida a bajo sueldo.

¿No es esto dejar que nuestro temor al profesionalismo nos lleve al extremo? Si algún día estos temores llegaran a ser muy exagerados, nadie que no fuese un santo o un tonto podría trabajar para Alcohólicos Anónimos. Puesto que son pocos los santos con quienes podemos contar, acabaríamos sin duda empleando a trabajadores menos competentes de lo que necesitamos.

Hemos empezado a darnos cuenta de que nuestros pocos trabajadores a sueldo están haciendo únicamente esas tareas de servicio que nuestros voluntarios no pueden llevar a cabo rutinariamente. Estas personas no están haciendo el trabajo de Paso Doce. Simplemente están facilitando más y mejor trabajo de Paso Doce. Las secretarias sentadas en sus despachos son importantes puntos de contacto, sirven como valiosas fuentes de información e intermediarios de nuestras relaciones públicas. Les pagamos por este trabajo, y por nada más. Nos ayudan a llevar las buenas nuevas de AA al mundo exterior y contribuyen a hacer que nuestros candidatos se pongan en contacto directo con nosotros. Esto no es "terapia de AA"; simplemente es una gran cantidad de trabajo muy necesario y a menudo ingrato.

Así que, cuando sea necesario, debemos cambiar nuestra actitud para con aquellos que trabajan en nuestros servicios especiales. No debemos tratarles como criados, sino como asociados de AA. Debemos recompensarles justamente y, sobre todo, no debemos acusarles de profesionalismo.

Además, debemos hacer una clara distinción entre "organizar el movimiento de AA" y establecer, de una manera razonablemente ordenada y eficaz, sus pocos servicios esenciales de contacto y propagación. Una vez que lo hayamos hecho, todo estará bien. El millón y pico de nuestros compañeros alcohólicos que se encuentren todavía enfermos podrán contar con tener la misma oportunidad de recuperarse que ya tuvimos nosotros los 60,000 AA de hoy.

Demos a nuestros "despachos de servicio" el apoyo y los aplausos que bien se merecen.

Novena Tradición

Agosto de 1948

El mínimo posible de organización, éste es nuestro ideal universal. Sin honorarios ni cuotas, sin reglas impuestas a nadie, un alcohólico que lleva la recuperación al otro: ésta es la esencia de lo que más deseamos, ¿verdad?

Pero, ¿cómo podemos convertir, y con la mayor eficacia, este ideal en realidad? Esta es una pregunta que se oye con frecuencia.

Por ejemplo, entre los AA existen los partidarios de la simplicidad. Horrorizados ante cualquier cosa organizada, nos dicen que AA se está complicando demasiado. Creen que el dinero sólo sirve para crearnos dificultades, los comités sólo sirven para provocar disensiones, las elecciones para incitar polémicas, que los trabajadores a sueldo sólo pueden ser profesionales, y que la única función de los clubs es la de mimar a aquellos que recaen. Volvamos, nos dicen, a tomarnos nuestro café y pan dulce al amor de la lumbre. Si por casualidad algunos alcohólicos se tropiezan con nosotros, podemos cuidarlos y con esto basta. La solución está en la simplicidad.

Oponiéndose completamente a tal simplicidad alciónica están los promotores de AA. Si nadie les impidiera hacerlo, se pondrían a "tirar salvas y tocar la trompeta" en todas las encrucijadas del mundo. Millones de dólares para gastar en los borrachos, maravillosos hospitales de AA, regimientos de organizadores asalariados, y peritos en la propaganda equipados con el más moderno aparato publicitario: éste sería el sueño de nuestros promotores. "¡Sí, señor," pregonarían, "nuestro plan bienal prevé un millón de miembros para 1950!"

Yo personalmente, me siento encantado de poder contar entre nuestros miembros tanto a los conservadores como a los entusiastas. Ambos nos enseñan mucho. El conservador sin duda asegurará que el movimiento de AA nunca llegue a estar demasiado organizado. Pero el promotor seguirá recordándonos la tremenda obligación que tenemos hacia el principiante y para con aquellos centenares de miles de alcohólicos en todas partes del mundo que todavía no han oído el mensaje de AA.

Por supuesto, vamos a seguir el seguro y moderado camino centrista. AA siempre se ha opuesto violentamente a toda idea de una organización general. No obstante, paradójicamente, siempre hemos insistido firmemente en organizar algunos servicios especiales; principalmente aquellos que son absolutamente necesarios para llevar a cabo cada vez más y mejor trabajo de Paso Doce.

Por ejemplo, si un grupo de AA elige una secretaria o un comité rotativo, si un área crea un comité de intergrupo, si establecemos una fundación, una oficina general o un Grapevine, entonces estamos organizados para el servicio. El libro y los folletos de AA, nuestras salas de reunión y nuestros clubs, nuestras cenas y asambleas regionales—éstos también son servicios. Tampoco podemos establecer buenas conexiones con los hospitales, apadrinar apropiadamente a nuevos candidatos, o esperar gozar de buenas relaciones públicas, trabajando a la buena de Dios. Hay que nombrar a gente que se ocupe de estos asuntos y, a veces, hay que pagarles un sueldo. Es necesario que alguien se ocupe de prestar nuestros servicios especiales.

No obstante, ninguno de estos servicios especiales ha entrañado nunca la organización o la profesionalización de nuestra actividad espiritual o social, la que constituye la inmensa corriente de AA. Sin embargo, han contribuido enormemente a nuestro programa de recuperación. Aunque son importantes, en comparación con nuestro esfuerzo principal, estas actividades de servicio son muy pequeñas.

A medida que vamos reconociendo estos hechos y haciendo estas distinciones cada vez con más claridad, nos será más fácil deshacernos de nuestros temores de perniciosa organización y riqueza peligrosa. Como movimiento, permaneceremos cómodamente pobres, porque nuestros gastos de servicio son insignificantes.

Con tal seguridad, no cabe duda de que seguiremos mejorando y extendiendo estos conductos vitales que son nuestros servicios especiales; para llevar nuestro mensaje de AA a otros con mayor eficacia; para crearnos una Sociedad cada vez más noble y fructífera, y, Dios mediante, para asegurar que Alcohólicos Anónimos tenga una vida larga y una perfecta unidad.

Décima Tradición

Septiembre de 1948

Para la mayoría de nosotros, Alcohólicos Anónimos ha llegado a ser tan sólido como el Peñón de Gibraltar. Nos gusta creer que pronto será tan bien conocido y tan duradero como esa roca renombrada. Podemos seguir creyéndolo porque hasta la fecha no ha ocurrido nada que haya hecho vacilar esta placentera convicción; razonamos que tenemos que seguir unidos o, de lo contrario, moriremos. Por lo tanto, damos por sentada la continua unidad de nuestro movimiento.

Pero, ¿debemos seguir con esta convicción? Aunque Dios nos ha concedido grandes bendiciones, y aunque nos vemos más fuertemente ligados por vínculos de amor y necesidad que la mayoría de otras sociedades, ¿es prudente suponer que los grandes dones y atributos serán automáticamente nuestros para siempre? Si somos dignos de ellos, es probable que sigamos disfrutándolos. Así que la verdadera pregunta es, ¿cómo podremos ser siempre dignos de nuestras bendiciones actuales?

Desde este punto de vista, las Tradiciones de AA son aquellas actitudes y prácticas, mediante las cuales, podemos esperar merecer una larga y fructífera vida como movimiento. Para este fin, ninguna podría ser de más vital importancia que nuestra Décima Tradición, porque tiene que ver con el tema de las controversias—de las graves controversias.

Al otro lado del mundo, millones de personas han muerto, incluso recientemente, a causa de disensiones religiosas. Otros millones han muerto a causa de controversias políticas. Aún no se ve el fin. Casi todas las personas del mundo se han convertido en reformadoras. Cada grupo, cada sociedad y cada nación dice a los demás: "Tiene que hacer lo que decimos, o si no...." Las controversias políticas y la reforma por coacción han llegado a alcanzar cimas inigualadas. Y parecen eternas las llamas de la disensión religiosa.

Ya que somos como cualquier otro hombre o mujer, ¿cómo podemos esperar permanecer para siempre inmunes a estos peligros? Es probable que no sea así. Con el tiempo, nos enfrentaremos con todos ellos. No podemos huir de ellos, ni debemos intentarlo. Si se nos presentan estos desafíos, estoy seguro de que les haremos frente gustosamente y sin temor. Esta será la prueba decisiva de nuestro valor.

¿Nuestra mejor defensa? Sin duda está en la formación de una Tradición referente a las controversias graves tan poderosa que ni las flaquezas de los individuos ni las tensiones y disensiones de nuestra época turbulenta puedan perjudicar a Alcohólicos Anónimos. Sabemos que AA tiene que seguir viviendo, si no, muchos de nosotros y muchos de nuestros compañeros alcohólicos de todo el mundo, con toda certeza, reanudarán su desesperado viaje hacia el olvido. Eso no debe suceder nunca.

Como si estuviéramos guiados por algún instinto profundo e irresistible, hasta ahora hemos conseguido evitar graves controversias. Salvo algunos pequeños y saludables dolores de crecimiento, estamos en paz entre nosotros mismos. Y por habernos aferrado hasta la fecha a nuestro único objetivo, todo el mundo nos tiene en buena estima.

Que Dios nos conceda la sabiduría y la fortaleza para mantener siempre una unidad indestructible.

Undécima Tradición

Octubre de 1948

La Providencia ha venido cuidando de las relaciones públicas de Alcohólicos Anónimos. Tiene que haber sido así. Aunque tenemos más de doce años de existencia, apenas si se ha dirigido una sílaba de crítica o burla hacia AA. De alguna manera, nos hemos librado de todos los sufrimientos de la controversia médica o religiosa y tenemos buenos amigos por la derecha y por la izquierda, tanto entre los prohibicionistas como entre los antiprohibicionistas. Como la mayoría de las sociedades, a veces somos escandalosos—pero nunca en público. Lo único que nos llega de todas partes del mundo es una profunda simpatía y una pura admiración. Nuestros amigos de la prensa y de la radio se han superado a sí mismos. Cualquiera puede ver que no distamos mucho de estar mimados. Nuestra reputación es ya mucho mejor que nuestro carácter real.

Sin duda estas bendiciones prodigiosas deben tener un importante objetivo. Nadie puede dudar de que este objetivo es el de hacer saber a todo alcohólico del mundo que AA es realmente para él, si tiene un deseo suficientemente fuerte de lograr su liberación. Por lo tanto, nuestros mensajes transmitidos por los medios públicos nunca han sido gravemente desvirtuados, ni hemos sentido por ninguna parte el abrasante vendaval de los prejuicios.

Las buenas relaciones públicas son como cuerdas de salvamento de AA que pueden alcanzar al alcohólico que aún no nos conoce. En años venideros es seguro que nuestro desarrollo va a depender de la fortaleza y de la cantidad de estas cuerdas de salvamento. Una sola grave calamidad en nuestras relaciones públicas podría causar que miles de alcohólicos se alejaran de nosotros para perecer—¡ciertamente una cuestión de vida o muerte!

El futuro no puede presentar a AA ningún problema o desafío mayor que el de determinar la mejor manera de mantener una relación amistosa y vital con todo el mundo a nuestro alrededor. El éxito dependerá grandemente de unos principios adecuados, una sabia vigilancia y la más profunda responsabilidad personal por parte de cada uno de nosotros. Nada que sea menor que esto nos servirá. Si no, puede que nuestro hermano se vuelva de cara a la pared, porque no nos preocupamos de él lo suficiente.

Así que la Undécima Tradición está apostada como un centinela, guardando estas cuerdas de salvamento, anunciando que no hay necesidad de alabarnos a nosotros mismos, que es mejor que nuestros amigos nos recomienden, y que toda nuestra política de relaciones públicas, contrariamente a lo que se acostumbra, debe estar basada en el principio de atracción y no en el de la promoción.

Las típicas tácticas publicitarias—agentes de publicidad, trucos promocionales, nombres famosos—no son para nosotros. Los riesgos son demasiados grandes. Los resultados inmediatos serán siempre ilusorios porque los cómodos atajos hacia la celebridad pueden traer consigo desventajas permanentes y agobiantes.

Por lo tanto, recalcamos cada vez más el principio del anonimato personal en lo concerniente a nuestras relaciones públicas. Nos pedimos, unos a otros, el mayor grado de responsabilidad personal en este asunto. En el pasado, nos hemos vistos tentados, como movimiento, a explotar los nombres de nuestros miembros bien conocidos por el público. Nos hemos servido del pretexto de que otras sociedades, incluso las mejores, hacen lo mismo. Como individuos, a veces hemos creído que el utilizar nuestros nombres públicamente podría demostrar nuestro valor ante el estigma, dando así más fuerza y convicción a los artículos publicados por los periódicos y las revistas.

Pero ahora esto no parecen tan atractivo como antes. Estamos llegando a ser vívidamente conscientes de que ningún miembro debe describirse ante el público en general como miembro de AA, por muy noble que sea su intención, para evitar sentar un peligroso precedente que podría tentar a otros a hacer lo mismo con intenciones no tan nobles.

Nos damos cuenta de que cualquiera de nosotros, al romper su anonimato en la prensa, en la radio o en el cine, podría fácilmente transferir el valioso nombre de Alcohólicos Anónimos a cualquier empresa o meterlo en cualquier controversia.

Así que vamos adoptando el precepto de que hay ciertas cosas que un AA no hace nunca, por temor a desviar AA de su único propósito y dañar nuestras relaciones públicas y así disminuir las posibilidades de los enfermos que están por venir.

A los millones de alcohólicos que todavía no han oído la historia de AA, siempre les debemos decir, "Saludos y bienvenidos. Tengan la seguridad de que las cuerdas de salvamento que les tendemos siempre serán sólidas. Dios mediante, siempre mantendremos fe en nuestras relaciones públicas."

Duodécima Tradición

Noviembre de 1948

Se puede decir que el anonimato es la base espiritual, la clave segura, de todas nuestras Tradiciones. Ha llegado a representar la prudencia y, aun más importante, la modestia. Un auténtico respeto para con el recién llegado que desee ser anónimo; una crucial protección contra el abuso del nombre de Alcohólicos Anónimos al nivel público; y, para cada uno de nosotros, una advertencia constante de anteponer los principios a los intereses personales—

tan amplio es el alcance de este principio. Vemos en ello la piedra angular de nuestra seguridad como movimiento; a un nivel espiritual más profundo, nos encamina hacia una abnegación aún más completa.

Cualquiera que eche una mirada a las Doce Tradiciones tendrá inmediatamente la seguridad de que la idea esencial de cada una de ellas es "la renuncia." En cada Tradición se pide al individuo o al grupo que renuncien a algo por el bienestar general. La Primera Tradición nos pide que antepongamos el bienestar común a los deseos personales. La Segunda Tradición nos pide que escuchemos la voz de Dios tal como se exprese en la conciencia de grupo. La Tercera Tradición nos requiere que no excluyamos a ningún alcohólico de AA. La Cuarta Tradición lleva implícito que abandonemos cualquier idea de autoridad humana o gobierno centralizados. No obstante, a cualquier grupo se le impone que consulte ampliamente con los demás en asuntos que nos afectan a todos. La Quinta Tradición limita al grupo de AA a tener un único objetivo, el de llevar nuestro mensaje a otros alcohólicos.

La Sexta Tradición nos indica la influencia corruptora del dinero, de la propiedad y de la autoridad personal; nos pide que minimicemos estas influencias, constituyendo en sociedades y administrando separadamente nuestros servicios especiales. Además, nos advierte de la tentación natural de forjar alianzas o de dar nuestro respaldo a causas ajenas. La Séptima Tradición dice que nos conviene pagar nuestras propias cuentas; que las grandes contribuciones o aquellas que suponen obligaciones no deben ser aceptadas; que solicitar fondos al público, utilizando el nombre de Alcohólicos Anónimos, es extremadamente peligroso. La Octava Tradición nos pide renunciar para siempre a la profesionalización de nuestro trabajo de Paso Doce, y garantiza que nuestros pocos trabajadores de servicio asalariados nunca sean considerados como profesionales de AA. La Novena Tradición nos pide que renunciemos a toda idea de tener una organización costosa; se necesita tener lo suficiente para permitir el funcionamiento eficaz de nuestros servicios especiales, y nada más. Esta Tradición respira democracia; nuestros líderes están allí para servir y ceden sus puestos por rotación; nuestros pocos títulos nunca invisten a sus portadores de una autoridad personal arbitraria; están autorizados a servir, nunca a gobernar. La Décima Tradición nos refrena enérgicamente de entrar en toda seria controversia; nos implora a cada uno de nosotros que nos guardemos de comprometer a AA a los fuegos de la reformas o de la disensiones políticas o religiosas. La Undécima Tradición nos pide que, en nuestras relaciones públicas, tengamos cuidado del sensacionalismo, y declara que nunca hay necesidad de alabarnos a nosotros mismos. Se nos requiere con insistencia que mantengamos el anonimato personal ante la prensa, la radio y el cine, para evitar así el escollo de la vanidad, y la tentación de vincular AA con entidades ajenas—a causa de las rupturas de anonimato que pueden ocurrir.

La Duodécima Tradición, con su aire de humilde anonimato, claramente comprende las once que la preceden. Los Doce Puntos de Tradición no son sino una aplicación específica del espíritu de los Doce Pasos de recuperación a nuestra vida de grupo y a nuestras relaciones con la sociedad en general. El objetivo de los pasos de recuperación es el de convertir a cada miembro de AA en un ser sano e íntegro, unido con Dios; el objetivo de los Doce Puntos de Tradición es el de mantenernos unidos, unos con otros, e integrarnos de forma apropiada en el mundo alrededor nuestro. Nuestra meta es la unidad.

Creemos que nuestras Tradiciones de AA están firmemente arraigadas en esos sabios preceptos: la caridad, la gratitud y la humildad, sin olvidar la prudencia. Que tengamos estas virtudes claramente ante nuestros ojos, en todas nuestras meditaciones; y que los Alcohólicos Anónimos sirvamos a Dios en feliz unísono mientras El nos necesite.

Una petición y una disculpa

Diciembre de 1948

Como resultado de unas charlas que di recientemente, se han publicado en la prensa algunos reportajes en los que aparece mi nombre completo.

Ya que dos de los Doce Puntos de la Tradición de AA recalcan la suma importancia de mantener el anonimato personal ante la prensa y la radio, huelga decir que me siento enormemente avergonzado y preocupado por haber sido la causa inadvertida de estas rupturas de anonimato. No me he enterado todavía de cómo y por qué ocurrieron exactamente estos lapsos; creía haber tomado precauciones adecuadas para evitarlos. Puede que se debieran en parte al hecho de que yo no les advirtiese de nuestra Tradición a los reporteros presentes en estas reuniones.

En cualquier caso, me siento obligado a ofrecerles a todos los AA esta explicación y mis disculpas más sinceras.

En todas partes y sin excepción, la prensa ha sido muy cooperativa en lo concerniente al anonimato, siempre que les hubiéramos explicado que sirve como protección vital del movimiento de Alcohólicos Anónimos. Permítanme, por lo tanto, que pida insistentemente a los grupos de AA que hagan lo posible para proteger mi anonimato cuando, en el futuro, yo tenga ocasión de hablar en encuentros parecidos. Naturalmente, por mi parte, intentaré proceder con mucha más cautela.

No abandonemos nunca este principio vital.

Una sugerencia para el Día de Acción de Gracias

Noviembre de 1949

$\mathbb{S}$ e ha propuesto la posibilidad de que AA dedique la semana de Acción de Gracias a reuniones y meditaciones sobre la Tradición de Alcohólicos Anónimos. El amigo que ingenió esta idea te dice por qué le parece buena. Me siento plenamente de acuerdo con lo que dice él, y espero que tú lo sientas también.

Antes de unirnos a AA, los alcohólicos de vez en cuando podíamos lograr ese dudoso estado que se llama "la sobriedad, punto." Solo Dios o un borracho seco pueden atestiguar lo lúgubre y vacía que es esta supuesta virtud. ¿Por qué? Todo AA sabe por qué: nada ha reemplazado a la bebida de la víctima; sigue siendo un hombre afligido por el conflicto y la desunión. Entonces, le llegan los Doce Pasos de recuperación y le producen un cambio de personalidad. El desgarrado candidato se siente reintegrado, hecho de una sola pieza. Entendemos perfectamente lo que él quiere decir, porque está describiendo el estado de unidad; está hablando de la unidad personal. Sabemos que tiene que esforzarse por mantenerla y que, sin ella, no puede sobrevivir.

¿No se aplicará el mismo principio a AA en su totalidad? ¿No es cierto también que no hay un peligro mayor para el alcohólico que el de dar por supuesta su sobriedad? Si la cuidadosa aplicación de este sano principio es para él una cuestión de vida o muerte, ¿por qué no lo es igualmente para el grupo de AA, y para toda nuestra extensa Sociedad?

No obstante, muchos de nosotros seguimos considerando como algo seguro la unidad de Alcohólicos Anónimos. Parece que nos olvidamos de que toda la sociedad moderna se encuentra en una peligrosa y contagiosa "borrachera seca." Evidentemente, pretendemos que somos tan diferentes de otros hombres y mujeres que la desintegración no nos puede tocar. Nuestra unidad nos parece un regalo del cielo del que nosotros los AA podemos disfrutar perpetuamente sin hacer el menor esfuerzo.

No es mi intención el criticar, porque nuestra actitud actual es bastante natural. Se deriva del hecho de que ninguna sociedad ha disfrutado en su infancia de más protección providencial contra la tentación y contra las desgracias que la nuestra. Hemos tenido pequeños problemas, pero ninguno tan grave como para poner a prueba nuestra fuerza adulta. No es de extrañar que nos sintamos un poco suficientes y satisfechos de nosotros mismos. Con toda seguridad no sería ceder al temor ni tener falta de fe, predecir que nos espera una época de pruebas más duras. Cuando reflexionamos sobre nuestra situación, esto es lo que la simple prudencia y previsión nos dicen.

Las Doce Tradiciones de Alcohólicos Anónimos son la destilación de nuestra experiencia de nuestro vivir y trabajar juntos. Sirven para aplicar el espíritu de los Doce Pasos para la recuperación a la vida y la seguridad del grupo. Tienen que ver con nuestras relaciones entre nosotros mismos y con el mundo exterior; expresan nuestras actitudes hacia el poder y el prestigio, hacia el poder y el dinero. Su intención es evitarnos las afiliaciones seductoras y las grandes controversias; y poner los principios muy por encima de las ambiciones personales. Como muestra de esto último, nos piden que mantengamos el anonimato personal ante el público como protección para AA y como prueba del hecho de que nuestra Sociedad tiene la intención de practicar la verdadera humildad.

Para la información del público en general y para la instrucción de los nuevos miembros de AA, se acaban de publicar las Doce Tradiciones en una "forma corta" muy condensada, la cual esperamos que tenga una lectura tan amplia y que sean tan bien comprendidas como los Doce Pasos de recuperación. Si esto sucede, se disminuirán nuestros dolores de crecimiento y empezaremos a acumular una gran cantidad de seguridad para los años venideros.

¿Qué podría ser, entonces, más apropiado que reservar la semana de Acción de Gracias para dedicarla a discusiones de los valores prácticos y espirituales que podremos encontrar en nuestras Tradiciones? Podríamos así reforzar nuestra fe en el futuro por estos prudentes medios; podríamos mostrarnos dignos de seguir recibiendo ese don inapreciable de unidad que Dios con su sabiduría nos ha concedido tan generosamente a nosotros los Alcohólicos Anónimos en estos años tan importantes de nuestra infancia.

Sección

2

Otros escritos de este período

Comentarios sobre las ideas de Wylie

En un artículo titulado "Philip Wylie pincha la autosuficiencia con una agujita," el renombrado autor dice que es un alcohólico que "dejó de beber sin ayuda." A continuación cita la siquiatría y otros recursos científicos como factores que contribuyeron a mantenerle sobrio. Lo que sigue es la respuesta de Bill.

Septiembre de 1944

El artículo de Philip Wylie publicado en este número del Grapevine le granjeará las simpatías de cada uno de los AA. ¿Por qué? Porque él es tan típicamente alcohólico. Tampoco se le puede pasar por alto a nadie el espíritu de generosidad y de autosacrificio del autor. Olvidando su propia importancia mundana, expresa lo poco que le importa la opinión del público; arriesga su *reputación* para compartir con nosotros su *carácter*. Como viajero solitario que ha logrado salir a tientas de la oscuridad, nos cuenta cómo ha descubierto su refugio. No podríamos esperar a alguien de ánimo más robusto. El Sr. Wylie puede hacerse miembro de AA el día en que lo diga.

Entre nosotros es tradicional que el individuo tenga un derecho incondicional a su propia opinión sobre cualquier asunto que se puede imaginar. No se ve obligado a estar de acuerdo con nadie; puede estar en desacuerdo con todos, si así lo desea. Y de hecho, al encontrarse en una "borrachera seca," muchos AA lo están. Por lo tanto, ningún AA tiene porqué sentirse desconcertado si no puede estar completamente de acuerdo con todo el verdaderamente estimulante discurso del Sr. Wylie. Vale más que reflexionemos sobre la multitud de caminos que hay hacia la recuperación; que cualquier historia o teoría de recuperación elaborada por alguien que ya ha andado el camino probablemente tendrá mucho de verdad. El artículo del Sr. Wylie es como una abundancia de fruta fresca. Tal vez debemos seguir el consejo del ama de casa que dice: "Comamos lo que podamos tragar y pongamos el resto en conserva para quien le apetezca."

Lo que más me llamó la atención fue su referencia a la experiencia espiritual "al estilo de Jung," aparentemente producida "por una técnica científica sicológica." ¡Qué bendición sería esto para nosotros que cada día tenemos que luchar con el principiante agnóstico! Si sólo pudiéramos darle una buena dosis de ese "símbolo transcendental," y así poner fin al asunto. No tendríamos que preocuparnos de ese fastidioso asunto de esperar a que nuestro candidato llegue a tropezones a tener la suficiente amplitud de mente para aceptar la posibilidad de un Poder superior a él mismo.

No obstante, como el Sr. Wylie comenta generosamente, no es muy importante cómo se produce la experiencia espiritual transformadora, siempre que uno experimente una que le dé resultados. Es necesario que el alcohólico de alguna forma logre suficiente objetividad respecto a sí mismo como para apaciguar sus temores y derrumbar su falso orgullo. Si él puede hacer todo esto mediante su intelecto y a partir de allí apoyar la estructura de su vida en un "símbolo transcendental", ¡mejor para él! Pero a la mayoría de los AA este plan de vida les parecería poco adecuado. Considerarían la simple humildad y fe en el poder de Dios una medicina mucho más fuerte. AA recurre sin vacilar a la emoción y la fe, mientras que el intelectual científico evita estos recursos tanto como pueda. No obstante, las técnicas más intelectuales de vez en cuando dan resultados, puesto que están al alcance de aquellos que no puedan tomarse la dosis más fuerte. Además, cuando nos sentimos demasiado orgullosos de nuestros propios logros, nos recuerdan que AA no tiene el monopolio de rescatar a los alcohólicos.

De hecho, resulta ya evidente que el mundo científico va teniendo cada vez más aprecio por nuestros métodos; más que el que nosotros tenemos por los suyos. En este sentido, están empezando a darnos lecciones de humildad a nosotros. Volvamos a escuchar las palabras con las que nuestro amigo el Dr. Harry Tiebout, siquiatra, cierra su ponencia "Las Técnicas Básicas de Alcohólicos Anónimos," presentada ante la Asociación Americana de Siquiatría: "Me parece que la lección para los siquiatras está clara. Aunque es cierto que tratamos problemas emocionales, nosotros, como gente con tendencias intelectuales, desconfiamos demasiado de las emociones. Nos sentimos un poco cohibidos y algo avergonzados cuando nos vemos forzados a valernos de ellas, y siempre pedimos disculpas a nuestros colegas si sospechamos que tienen motivos para creer que nuestros métodos son demasiado emocionales. Mientras tanto, otros, menos sujetos a la tradición, no vacilan en utilizarlas y obtienen así resultados que nosotros no podemos lograr. Es sumamente imperativo que nosotros, científicos con una supuesta amplitud de ideas, consideremos prudente y detenidamente el trabajo de otras personas en nuestro campo. Es posible que llevemos unas anteojeras más grandes de lo que pensamos." Y a continuación dice, "Una experiencia espiritual, o religiosa, es *el acto por el que dejamos de confiar en nuestra propia omnipotencia.*"

Puesto que los AA somos personas que *supuestamente* hemos renunciado a *toda* nuestra propia "omnipotencia," estoy seguro de que lo escrito por el Sr. Wylie será leído con toda la atención que él se merece.

Una cita con el destino

Octubre de 1944

Alguien dijo una vez, "Por mucho que crezcan, por muchas recuperaciones que logren, creo que los efectos derivados de AA acabarán superando al movimiento mismo."

Ahora se oyen por todas partes comentarios parecidos. Proceden de todo tipo de personas. Los médicos consideran la posibilidad de aplicar nuestros métodos a otros neuróticos; los clérigos se preguntan si nuestro humilde ejemplo no daría nueva vitalidad a sus feligreses; a la gente de negocios les parece que somos buenos gerentes de personal—vislumbran una nueva democracia industrial; los educadores aprecian la fuerza de nuestra manera no polémica de presentar la verdad; y nuestros amigos dicen ansiosamente, "Nos gustaría ser alcohólicos—también necesitamos AA ."

¿Por qué todo este revuelo? Estoy seguro de que todo esto debe significar que de pronto nos hemos convertido en mucho más que alcohólicos recuperados, miembros de AA únicamente. La sociedad ha empezado a tener esperanzas de que vamos a utilizar, en todos los aspectos de la vida, esa maravillosa experiencia de nuestro retorno, casi de la noche a la mañana, de la temida tierra de la Nada.

Sí, nuevamente somos ciudadanos del mundo. Es un mundo perplejo, muy cansado, muy incierto. Ha idolatrado a su propia autosuficiencia—y eso le ha fallado. Los AA somos gente que una vez hicimos exactamente lo mismo. Esa filosofía también nos falló. Así que, tal vez, por aquí y por allá, nuestra experiencia de recuperación puede ser útil. Como individuos, tenemos una responsabilidad, quizás una *doble responsabilidad*. Puede ser que tengamos una cita con el destino.

Por ejemplo, no hace mucho tiempo, el Dr. E.M. Jellinek, de la Universidad Yale, vino a visitarnos. Dijo: "Yale, como ustedes saben, está patrocinando un programa de educación pública sobre el alcoholismo, de carácter no polémico. Necesitamos la cooperación de muchos miembros de AA. Sería impensable emprender cualquier proyecto pedagógico referente al alcoholismo sin la buena voluntad, la experiencia y la ayuda de los miembros de AA."

Así que cuando se formó el Comité Nacional de Educación sobre el Alcoholismo [ahora el Consejo Nacional sobre el Alcoholismo], se nombró director ejecutivo a un miembro de AA: Marty M., uno de nuestros más antiguos y dedicados miembros. Como miembro de AA, tiene tanto interés en nosotros como antes—AA todavía es su devoción. Pero como oficial del Comité Nacional, patrocinado por Yale, también está interesada en educar al público en general sobre el alcoholismo. Su experiencia en AA le ha hecho especialmente apta para este puesto en un campo distinto. La educación pública sobre el alcoholismo va a ser su vocación.

¿Podría un AA hacer un trabajo como éste? Al principio, Marty también se lo preguntaba a sí misma. Preguntó a sus amigos de AA "¿Se me considerará como un profesional?" Sus amigos respondieron: "Marty, si nos hubieras venido con la propuesta de ser terapeuta, de vender AA a los alcohólicos a tanto por cliente, esto, sin duda, lo habríamos tildado de profesionalismo. Y así lo haría todo el mundo.

"Pero el Comité Nacional de Educación sobre el Alcoholismo es un asunto totalmente distinto. Vas a valerte de tus aptitudes naturales y de tu experiencia de AA trabajando en un campo muy diferente. No vemos cómo esto puede afectar tu condición no profesional con nosotros. Supongamos que fueras a hacerte asistente social, gerente de personal, directora de un centro estatal para alcohólicos, o incluso pastora del evangelio. ¿Quién podría decir que estas actividades te convertirían en un profesional de AA? Nadie, por supuesto."

Continuaban: "No obstante, esperamos que AA, como un todo, no se desvíe nunca de su único objetivo de ayudar a otros alcohólicos. *Como organización*, no debemos expresar otras opiniones que las concernientes a la recuperación de los bebedores problema. Esta muy sana política nacional ya nos ha evitado muchas dificultades innecesarias, e indudablemente nos librará de incontables complicaciones en el futuro.

"Aunque AA como un todo," añadieron, " no debe tener más que un solo propósito, creemos con la misma firmeza que *para el individuo no debe haber ninguna limitación excepto la de su propia conciencia*. Debe tener el pleno derecho de elegir sus propias opiniones y actividades ajenas. Si son buenas, los AA de todas partes las aprobarán. Así mismo creemos que será en tu caso, Marty. Aunque Yale es tu patrocinador en este asunto, estamos seguros de que vas a tener el caluroso apoyo personal de miles de AA dondequiera que vayas. Todos pensaremos en las muchas ventajas que tendrá esta nueva generación de posibles alcohólicos jóvenes gracias a tu trabajo, y cuánto podría haber significado para nosotros, si nuestros padres y madres hubieran comprendido de verdad lo que es el alcoholismo."

Personalmente, creo que los amigos de Marty le han dado un sabio consejo; que han distinguido claramente entre la esfera limitada de AA como un todo y el amplio horizonte del miembro de AA individual que actúa por su propia cuenta; que probablemente han trazado en el lugar correcto una línea entre lo que consideraríamos lo profesional y lo no profesional.

Carta a la madre de un alcohólico

Diciembre de 1944

Querida madre de "J.":
        Me sería imposible decirte lo mucho que me conmovió la carta que dirigiste al Grapevine acerca de tu hijo alcohólico.

Hace precisamente diez años, mi propia madre, después de años de desconcierto frenético, perdió la esperanza. Yo había sido durante años un empedernido bebedor problema y finalmente me encontraba al borde del abismo. Un médico muy bueno había pronunciado la lúgubre sentencia: "Bebedor obsesivo, en rápida deterioración—desahuciado." El médico solía hablar de mi caso con palabras como éstas: "Sí, Bill tiene defectos de carácter subyacentes... gran sensibilidad emocional, puerilidad e inferioridad.

"Este auténtico sentimiento de inferioridad se ve exagerado por su sensibilidad pueril y esta situación es la que genera en él esta ansia insaciable y anormal de aprobación personal y de éxito ante los ojos del mundo. Niño todavía, llora por la luna. Y parece que la luna no quiere escucharle.

"Al descubrir el alcohol, encontró en ello mucho más de lo que encuentra la gente normal. Para él el alcohol no es un mero tranquilizante; significa la liberación—liberación de los conflictos internos. Parece liberar su atormentado espíritu."

A continuación el doctor decía: "Si lo consideramos así, nosotros, la gente normal, podemos imaginarnos cómo un hábito obsesivo puede convertirse en una verdadera obsesión, como ha ocurrido en el caso de Bill. Una vez que él llega al punto de obsesión, el alcohol eclipsa todo lo demás. De allí parece ser sumamente egoísta. E inmoral. Mentirá, engañará, robará o hará lo que sea, para lograr su objetivo de beber. Naturalmente, todos los que están a su alrededor se sienten asombrados y desconcertados porque creen que sus acciones son voluntariosas. Pero esto dista mucho de ser así. La verdadera imagen de Bill es la de un idealista en bancarrota: de alguien que se encuentra en quiebra por haber perseguido sus sueños vanos y pueriles de perfección y poder. Ahora víctima de su obsesión, es como un niño solito llorando en un cuarto oscuro y extraño; esperando angustiado a que venga su madre—o Dios—y encienda una vela."

Tengo que confesarte, Madre de "J", que es posible que yo haya inventado una parte de lo dicho por el médico. Pero ésta es la vida de un alcohólico, tal y como yo la he vivido.

¿Tenía yo, como alcohólico, un carácter defectuoso? Por supuesto que sí. ¿Era yo también, como alcohólico, un hombre enfermo? Sí, muy enfermo.

No sé hasta qué punto yo era responsable por mi forma de beber. No obstante, no soy uno de aquellos que se amparan en la idea de que solo era un hombre enfermo. Sin duda, en los primeros años, yo tenía cierto grado de libre albedrío. Abusé de ese libre albedrío, para el gran sufrimiento de mi madre y de muchos otros. Estoy profundamente avergonzado.

Tú, como persona que me conoce un poco, puede que sepas que, hace diez años, un amigo mío, que era un alcohólico liberado, vino a traerme *la luz* que finalmente me sacó de mis tormentas.

A ti y a los tuyos también les llegará un día como ése—¡estoy totalmente seguro!

Con mis mejores deseos,
Bill

Los barbitúricos

Noviembre de 1945

Morfina, codeína, hidrato de cloral, Luminal, Seconal, Nembutal, amytal, estas drogas y otras similares han matado a muchos alcohólicos. Una vez casi me maté con hidrato de cloral. Y no son inusitadas mis observaciones y experiencias, porque muchos veteranos de AA pueden hablar con gran fuerza y fervor sobre el asunto de los barbitúricos.

Con excepción de los casos poco frecuentes de suicidio, nadie toma estas drogas con la expectativa de que vayan a causarle la muerte. Para muchos alcohólicos que todavía beben, estas drogas representan un bendito alivio de la angustias de una resaca.

Algunos de nosotros que llevamos meses o años sobrios nos acostumbramos a tomar sedantes para remediar el insomnio o alguna ligera irritabilidad nerviosa. Tengo la impresión de que algunos de nosotros las tomamos, año tras año, sin ser gravemente castigados, como nos sucede cuando empezamos a beber alcohol. No obstante, con demasiada frecuencia, la experiencia nos enseña que incluso aquellos que toman píldoras "de forma controlada" pueden acabar fuera de control. Las mismas justificaciones locas que caracterizaban su vida de bebedor empiezan a desmoronar su vida. Cree que las píldoras, si pueden curar su insomnio, también pueden quitarle sus preocupaciones.

Unas pocas palabras ahora sobre el uso de la morfina en el tratamiento médico. De vez en cuando, un médico de cabecera, sin saber que su paciente ya tiene su sistema cargado de barbitúricos, le pone una inyección de morfina. Un amigo mío se murió así. Cuando llevaba sobrio unos tres meses, se vio metido en un aprieto emocional. Las píldoras le condujeron al alcohol, y esta mezcla a más píldoras. Su médico le encontró con el corazón agitado. Sacó la aguja y, unas pocas horas más tarde, mi amigo pasó a mejor vida. Otro íntimo amigo mío, con tres años de sobriedad, también se vio sobrecogido por algunas circunstancias nefastas y se entregó a las píldoras y al alcohol. Después de tres semanas de seguir este régimen, se le ingresó en un sanatorio. Nadie dijo al médico que le atendía nada acerca de la cantidad de píldoras que ya había ingerido. El paciente fue "aliviado" con una inyección de codeína. Antes de salir el sol, mi amigo estaba muerto.

Hacia fines de mi propia carrera de bebedor, tuve una experiencia alarmante. Se me recetó el hidrato de cloral para amainar los efectos de una de mis tremendas resacas. El médico me advirtió la necesidad de limitarme a la dosis recetada, pero yo conseguí que la botella se quedara conmigo. Con mi esposa dormida a mi lado, saqué el frasco que tenía escondido debajo del colchón y me lo tragué todo. Me salvé por los pelos. Moraleja: Si al médico le parece apropiado recetarle un sedante, no se debe dejar que el frasco se quede con el alcohólico.

De hecho, nuestros amigos los doctores rara vez tienen la culpa de las consecuencias funestas que a menudo nos llegan. Para los alcohólicos es muy fácil comprar estas drogas peligrosas, y es probable que el bebedor, una vez que las tiene, las tome sin ejercer criterio alguno. De vez en cuando, sus amigos bien intencionados, no queriendo verle sufrir, le dan las pastillas al alcohólico. Es un asunto muy arriesgado.

Incluso es peligroso darle un trago al alcohólico que sufre, si ya tiene el cuerpo cargado de píldoras. Hace años, tuve una experiencia de este tipo. Estábamos cuidando a un borracho a quien le voy a poner el nombre de "Flaco." Por fin le habíamos convencido de que ingresara en el hospital. Camino del hospital, se tomó un par de tragos—una cantidad pequeña comparada con la acostumbrada. Justo antes de llegar al hospital, Flaco empezó a hablar con voz poco clara y, de repente, perdió el conocimiento. Tuve que pedir al portero que me ayudara a llevarle al taxi. Dado que él solía beberse un par de botellas cada día, no me podía explicar esa reacción. Cuando llegamos al hospital, Flaco estaba todavía desplomado en su asiento y yo no lo pude mover. Nuestro amigo, el Dr. Silkworth, salió del hospital y se asomó por la puerta del taxi. Sólo le bastó una mirada. Me preguntó: "¿Cómo está el corazón de este hombre?" Con seguridad, le contesté, "Tiene un corazón como un elefante. El mismo me lo dijo. Pero no entiendo por qué se emborrachó tan de prisa. Le di muy poquito licor." El doctor sacó su estetoscopio. Se volvió hacia mí y me dijo, "Poco vale ingresarle aquí. No va a durar mucho. ¿Qué ha estado tomando además del alcohol?" Pasmado, le dije, "Nada que yo sepa."

Sin pérdida de tiempo, un enfermero llevó a Flaco adentro. El doctor volvió a sacar el estetoscopio y, sacudiendo la cabeza, dijo, "Este pobre hombre lleva días cargado de barbitúricos. Cuando le diste alcohol, aunque fuera un poquito, activó la carga acumulada de sedantes que tenía en su sistema. ¿Ves lo azul que se ha puesto? Su corazón casi no está funcionando. Tiene un latido muy débil. Casi no puedo contar las pulsaciones."

El médico se apresuró a llamar a la esposa de Flaco. Para mi horror, ella confirmó el hecho de que él había estado tomando durante diez días fuertes dosis de amytal. El doctor le dijo con delicadeza que se diera prisa en venir; si no, sería demasiado tarde. Luego llamó a un famoso especialista del corazón para consultarle y también le pidió que se apresurara. Pusieron a Flaco en una cama. Llegó el famoso especialista y sacó su estetoscopio. Inmediatamente se puso muy serio e, indicándonos que le siguiéramos al pasillo, dijo que iba a recetar una medicina, pero dudaba de que mi amigo fuera a sobrevivir. El Dr. Silkworth estaba de acuerdo.

Durante todo esto yo había estado rezando como nunca lo había hecho. Después de que los dos médicos hubieran dado su veredicto, les dije que había estado rezando y expliqué, tan alegremente como pude, que había leído el libro del Dr. Alexis Carrel, *El hombre, ese desconocido*, en el que se describían las curaciones milagrosas efectuadas por la oración. El renombrado especialista se despidió de nosotros. El Dr. Silkworth y yo fuimos abajo para esperar la llegada de la medicina. Finalmente, un muchacho trajo dos cápsulas de la farmacia. El doctor se quedó mirándolas, diciendo que detestaba la idea de administrárselas, porque eran tan potentes. Fuimos arriba y según salíamos del ascensor, vimos a alguien caminando con desenvoltura por el pasillo, fumándose un cigarrillo. "Hola, muchachos," Flaco nos saludó a gritos. "¿Pueden decirme por qué me encuentro aquí?"

Nunca olvidaré en toda mi vida el alivio y el asombro que vi reflejados en la cara del doctor mientras examinaba rápidamente el corazón de Flaco. Me miró y me dijo, "El corazón de este hombre está funcionando normalmente. Hace quince minutos no podía contar las pulsaciones. Creía que conocía bien los corazones de estos alcohólicos. Pero nunca he visto una cosa parecida—nunca. No me lo puedo explicar." Nadie puede decir qué milagro salvó a Flaco. Al cabo de unos días salió del hospital, sin tener ningún mal efecto de la experiencia.

En cuanto a mí—bueno, supongo que aprendí la lección allí mismo. No más barbitúricos, a no ser que el doctor los recete—no para mí. No, gracias.

La publicación del libro resultó ser una empresa desalentadora

Julio de 1947

Durante el verano de 1938 solicitamos contribuciones a la gente adinerada para llenar ese nuevo gran receptáculo, nuestra Fundación Alcohólica. Nuevamente nos encontramos con una extraña indiferencia hacia los borrachos. Nadie estaba interesado. Que yo recuerde, no recibimos ni un centavo. Estábamos muy desanimados; parecía que la Providencia nos había abandonado. La módica aportación del Sr. Rockefeller ya casi se había agotado y se nos avecinaba un invierno duro. No podíamos publicar un libro ni mantener una oficina. ¿Para qué sirve una Fundación Alcohólica sin dinero?

Por aquel entonces ya teníamos un bosquejo de lo que ahora son los dos primeros capítulos del libro conocido hoy día como *Alcohólicos Anónimos*. Nuestro amigo Frank nos recomendó un bien conocido editor, quien sugirió la posibilidad de darme un adelanto en concepto de regalías para que pudiéramos terminar el libro. Esto hizo que nos sintiéramos muy bien hasta que caímos en la cuenta de que, si yo gastaba una parte sustancial de las regalías mientras estábamos escribiendo el libro, más tarde tendríamos que esperar bastante tiempo para recibir más pagos. También vimos que el 10 por ciento que me correspondía como regalías nunca sufragaría los gastos de la oficina entrañados por responder a las numerosas súplicas de ayuda que sin duda nos llegarían después de su publicación; y que una casa editora comercial, deseosa de aumentar las ventas, posiblemente no haría una publicidad a nuestro gusto.

Estas consideraciones nos condujeron directamente a una típica fantasía alcohólica. ¿Por qué no publicar el libro nosotros mismos? Aunque casi todos los que sabían algo de publicaciones nos habían dicho que muy rara vez los aficionados publicaban algo que tuviera éxito, no nos sentíamos descorazonados. Esta vez, dijimos, será diferente. Habíamos descubierto que el costo de impresión de un libro no era sino una pequeña fracción del precio al detalle, y una revista nacional de gran circulación se había ofrecido a publicar un artículo acerca de nosotros cuando el libro estuviera terminado. Este fue el factor decisivo. ¿Cómo íbamos a fracasar? Ya podíamos ver los libros vendiéndose a cientos de millares—el dinero entrando a caudales.

¡Qué promoción se hizo! Un amigo de AA y yo rápidamente organizamos la Works Publishing Company. Luego mi amigo Hank P. compró un talonario de acciones en una papelería. El y yo empezamos a venderlas a los compañeros alcohólicos y a cualquiera que las comprara al precio irrisorio de $25 cada una. Nuestra confianza debía de haber sido ilimitada. No solo estábamos vendiendo acciones de un libro para curar a los borrachos—el libro ni siquiera se había escrito. Asombrosamente, conseguimos vender todas las acciones, por un total de $4,500, a los alcohólicos de Nueva York y de Nueva Jersey y a sus amigos. De los 49 originales accionistas, ninguno invirtió más de 300 dólares. Casi todos lo pagaron en mensualidades, por estar tan escasos de dinero como para hacerlo de otra forma; excepto, por supuesto, nuestros buenos amigos de Rockefeller Center.

Nuestro convenio con los accionistas de Works Publishing fue que, con los primeros ingresos del libro, se les devolvería su dinero; además, la Fundación Alcohólica recibiría las regalías del 10 por ciento que yo habría recibido de una editorial. En cuanto a las acciones de Works Publishing, los 49 inversionistas tendrían un tercio, mi· amigo Hank, otro tercio, y yo, otro tercio. Además conseguimos un préstamo de S2,500 de Charles B. Towns, propietario de un hospital para alcohólicos nacionalmente conocido. Verdadero amigo que era, tuvo que esperar años para que se le devolviera su dinero.

Pero, como cualquiera podía ver entonces, todo estaba listo—todo menos escribir y vender el libro. Reinaba un gran entusiasmo. Valiéndonos de los nuevos fondos, nos era posible mantener una pequeña oficina en Newark, Nueva Jersey. Allí empecé a dictar el texto de *Alcohólicos Anónimos* a Ruth Hock (nuestra primera secretaria nacional). Con gran optimismo ya veíamos llegar un montón de dinero, una vez que el libro saliera de la imprenta. Aun más, esperábamos que el nuevo libro en seguida contribuiría a financiar nuestra empobrecida Fundación—lo cual, por extraño que parezca, llegó a hacer algunos años más tarde.

Finalmente llegó el mes de abril de 1939. Teníamos el libro terminado. El Dr. Bob y sus compañeros de Akron sometieron algunas de las historias de recuperación para la sección de experiencias. Otras las sometieron compañeros de Nueva York y Nueva Jersey. Nos llegó una de Cleveland y otra de Maryland. En las reuniones se leyeron y se discutieron los capítulos. Me creía ser el autor del texto hasta que descubrí que solo era el árbitro de las diferencias de opinión. Después de interminables votaciones, decidimos titular el libro *La Salida*. Pero las indagaciones hechas en la Biblioteca del Congreso por Fitz M., nuestro alcohólico de Maryland, nos revelaron que ya se habían publicado doce libros con este título. No queríamos, por supuesto, que el nuestro fuera el número trece. Así que le pusimos el título de *Alcohólicos Anónimos*. Aunque no lo sabíamos, en ese mismo momento, habíamos puesto el nombre a nuestro movimiento—un nombre que, debido a la humildad y la modestia que implica, nos ha dado nuestro querido principio espiritual de anonimato.

Excepto unos cuantos ejemplares que distribuimos alegremente, la tirada de 5,000 se encontraba en el almacén del impresor. Cada accionista y cada contribuidor de historias recibió un ejemplar gratis. El *New York Times* publicó una buena crítica. Nos apresuramos a anunciar a la revista nacional que estábamos listos para su artículo prometido. Ya podíamos ver salir furgones cargados del libro de AA.

¡Qué desastre! En la oficina de la renombrada revista mensual, nos dijeron amablemente que se les había olvidado completamente avisarnos de que, hacía nueve meses, habían decidido no publicar nada acerca de nosotros. La redacción había llegado a la conclusión de que los borrachos eran un tema demasiado controversial. Esta asombrosa noticia nos dejó pasmados. En su totalidad el movimiento de Alcohólicos Anónimos solo podía comprar menos de cien ejemplares, ya que contaba únicamente con cien miembros. Además, ya habíamos regalado setenta y nueve. ¿Qué íbamos a hacer con los otros miles de libros? ¿Qué podíamos decir al impresor, a quien no habíamos pagado ni la mitad? ¿Y este pequeño préstamo de $2,500 y los 49 accionistas que habían invertido $4,500 en Works Publishing? ¿Cómo íbamos a comunicarles las terribles noticias? ¿Cómo íbamos a decirles que, ya que no hacíamos publicidad, no podíamos vender los libros? Sí, me temo que esa empresa del libro de AA fue muy alcohólica.

Así nació en bancarrota el buen libro *Alcohólicos Anónimos*. Algunos de los acreedores se volvieron impacientes; el sherif se presentó en nuestra oficina de Newark. Los promotores se encontraban muy deprimidos—no sólo económicamente. El banco tomó posesión de la casa en la que vivíamos mi mujer y yo. Nos instalamos en un campamento de verano, propiedad de un amigo nuestro, miembro de AA, Horace C. y su familia. A mi amigo Hank tampoco le fueron muy bien las cosas. Se presentaba un panorama desolador. Sólo había tres grupos activos de AA; y además teníamos un libro de AA en bancarrota, una leal secretaria que todavía no había cobrado, una diminuta Oficina Central que posiblemente habría que cerrar en cualquier momento, y una Fundación Alcohólica sin dinero. Esta era la situación después de cuatro años de Alcohólicos Anónimos.

¿Por qué no podemos unirnos a AA nosotros también?

Octubre de 1947

Queridos AAs:

El Dr. Bob y yo tenemos un problema. Nos gustaría compartirlo francamente con ustedes.

En realidad, AA tiene veintenas de 'fundadores," hombres y mujeres sin cuyas aportaciones especiales, puede que AA nunca hubiera existido. No obstante, por alguna razón, parece que el calificativo "fundador" ha llegado a aplicarse exclusivamente al Dr. Bob y a mí—fenómeno que tal vez se deba a una falta de información sobre nuestros primeros días. Este sentimiento, aunque les mueve a los AA a distinguirnos de los demás miembros de la totalidad, nos es muy conmovedor. Sin duda tenemos más motivos para estar agradecidos que nadie en el mundo. No obstante, hemos empezado a preguntarnos si, a la larga, tal énfasis exagerado obrará para el bien de AA ¿No es quizás algo imprudente mostrar tanto afecto para con "los fundadores"?

Tal vez los AA podamos llegar a ser un nuevo tipo de sociedad humana. Hasta un grado nunca alcanzado anteriormente, AA, tal vez, podrá funcionar apoyándose en la fuerza de sus principios fundamentales, y no en el prestigio o la inspiración de un liderazgo muy personalizado. Así el total puede tener una transcendencia, una importancia mayor a la de cualquier parte; y entonces, para su continuación, nuestra unidad y nuestro éxito pueden principalmente depender de Dios como nosotros lo concebimos, del Dios que obra en miles de corazones y no solamente en unos pocos.

En mi fuero interno, creo que los AA hemos empezado a vislumbrar esta magnífica posibilidad. La convicción cada vez más generalizada de que el liderazgo activo debe ser transitorio y rotatorio; que, en cuanto a sus propios asuntos, cada grupo de AA sólo es responsable ante su propia conciencia; que nuestros comités y junta son, en realidad, servidores, no autoridades; que nosotros, como movimiento, tenemos que permanecer pobres, para evitar así los riesgos de distracción de la riqueza; que, como miembros particulares de AA debemos ser anónimos ante el público en general—estos son los indicios y los presagios de un destino singular. En tales conceptos no hay lugar para un liderazgo vestido de prestigio.

"Pero," dirán algunos, "¿cómo vamos a convertir este sueño en realidad cuando la mayoría de las sociedades tienen que depender tanto de la administración, del dinero y del poder de persuasión personal de un liderazgo de mucho renombre?" No obstante, de una manera increíble, estamos empezando a ver nuestro sueño convertirse en realidad. Aunque seguimos mirando con recelo la acumulación de grandes sumas de dinero o de prestigio personal en nombre de Alcohólicos Anónimos, continuamos creciendo a pesar de la ausencia de aquellos factores, a veces inestables, de los que a menudo tienen que depender otras empresas humanas.

¿Por qué es esto posible? ¿Porque somos personas superiores? Difícilmente. Lejos de ser superiores a la mayoría, somos, con toda seguridad, mucho más falibles. Por extraño que sea, nuestra fortaleza colectiva parece derivarse de nuestra siempre latente debilidad individual. Somos alcohólicos. Aunque ahora estamos recuperados, nunca estamos muy lejos de la posibilidad de un nuevo desastre personal. Cada uno sabe que tiene que comportarse con un alto grado de honradez, humildad y tolerancia; si no, volverá a beber. Para nosotros los AA, beber es morir; amar a Dios y a nuestros semejantes es vivir.

Bajo tales condiciones, lo imposible se ha convertido en posible. Ya que la vida de cada AA depende literalmente de su desinteresado servicio a los demás, ya que el falso orgullo, la autoconmiseración y el egoísmo exagerado con casi toda certeza serán castigados despiadadamente por el Rey Alcohol, no necesitamos más que un mínimo de reglas de fabricación humana o de líderes inspirados para mantenernos en el buen camino. Ni tampoco es probable que ningún miembro de AA persista largo tiempo en hacer nada que sea perjudicial para la unidad de AA. Sabe muy bien que los AA tenemos que vivir unidos— o morir solos. Al principio vive la vida espiritual porque no tiene más remedio; ahora lo hace porque quiere. Estas son las circunstancias verdaderamente providenciales en las que nosotros nos encontramos; por eso, estamos empezando a ver nuevos valores en AA. Percibimos entre nosotros un *reino espiritual*, que poco pueden trastornar las distracciones de la riqueza y de los intereses personales egoístas.

A la luz de estas consideraciones, volvamos a analizar la situación del Dr.

Bob y la mía. Parece que, cuanto más crece AA, más se tiende a destacar nuestro papel especial en su creación y futuro desarrollo. Aun se nos sitúa en una categoría excepcional. Hace mucho tiempo que casi todos los demás pioneros de AA están entre bastidores donde, si todavía disfrutan de la confianza de sus compañeros, se les consulta con frecuencia. Por consentimiento común, se han convertido en nuestros consejeros no oficiales, fuentes de larga experiencia, a quienes recurrimos en momentos de apuro. En el reparto hay ahora nuevos actores que algún día saldrán a escena para después retirarse. Creemos que así es como debe ser.

El Dr. Bob y yo creemos que esta sana doctrina también debe aplicarse a nosotros. No puede haber ninguna buena razón para hacer una excepción con "los fundadores." Cuanto más tiempo permanezcamos los pioneros de AA en el centro del escenario, más probable será que sentemos peligrosos precedentes para establecer un liderazgo personalizado y permanente. Para asegurar bien el futuro de AA, ¿no es esto precisamente lo que debemos evitar? Huelga decir que el Dr. Bob y yo no queremos ignorar ninguna responsabilidad que todavía recaiga sobre nosotros. Por el contrario; es probable que hoy día nuestra misión principal es la de ayudar a AA a formar una Tradición segura. Pero, ¿cómo podemos abogar por el principio tradicional de una dirección rotativa, si permitimos que crezca la opinión de que nosotros mismos debemos ser excepciones permanentes? Por supuesto que no podemos.

Consideremos, por ejemplo, mi propio caso. Se sabe que mi salud ha mejorado recientemente; que voy a asistir a una muy concurrida conferencia regional. Enseguida me llegan peticiones, calurosas y urgentes, para que hable en reuniones por toda Norteamérica. Ya que la mayoría de los AA son buenos vendedores, me encuentro sujeto a una gran presión.

Aunque el estar tan solicitado me hace sentir muy bien, estas peticiones me dejan en medio de un grave dilema—algo realmente angustioso. ¿Cómo puedo actuar con equidad y hablar en diez cenas de aniversario mientras me niego a hacerlo en noventa?; ¿cómo puedo hacer grabaciones especiales o dar charlas telefónicas para todas esta ocasiones? O, ¿cómo puedo contestar a toda la correspondencia que recibo? ¿cómo puedo aconsejar a cientos de individuos y grupos acerca de sus problemas particulares? Es físicamente imposible. Incluso si pudiera encontrar la manera de hacer todas estas cosas y así permanecer indefinidamente en el centro de los asuntos de AA, ¿sería esto lo mejor para AA a la larga? Sin duda, todos estarían de acuerdo en que no lo sería.

Así que el problema del Dr., Bob y mío se reduce a esto: Vamos a tener que decidir precisamente cuáles son las pocas cosas que nosotros somos especialmente aptos para hacer por AA y, según nos permita nuestra salud, ponernos a hacerlas.

En lo que a mí respecta, creo que voy dedicar más tiempo a escribir: más artículos para el Grapevine, más folletos, y tal vez un nuevo libro que trate del asunto vital de la unidad de AA. Este material debe facilitar un amplia y detallada información sobre nuestras Tradiciones, según se van desarrollando, y sobre las poco conocidas funciones de nuestro centro de servicios generales. De vez en cuando, me gustaría hacer acto de presencia en las reuniones regionales mayores con el propósito de discutir sobre estos asuntos con tantos AA como sea posible.

En los próximos dos o tres años, será conveniente ampliar la base de nuestro centro de servicios generales de Nueva York de manera que incluya una reunión anual de los AA de fuera de la ciudad con los custodios de la Fundación Alcohólica, el personal de la oficina general de AA y la redacción del AA Grapevine; se llamaría la Conferencia de Servicios Generales de Alcohólicos Anónimos. Facilitar la creación de tal Conferencia será una tarea formidable que puede requerir que visitemos algunos de nuestros principales centros de AA esparcidos por todo el país.

Estas parecen ser las cosas que más se necesitan hacer para el bienestar de AA en su totalidad. Si estos proyectos han de ser terminados, estoy seguro de que no podemos dedicarnos a muchas más cosas. Para tener éxito, necesitaremos una verdadera libertad de decisión y pocas distracciones. Por lo tanto, les pedimos su completa cooperación.

Aunque estas tareas todavía están por hacer, el Dr. Bob y yo vamos a confesar una profunda aspiración. Como ciudadanos particulares de AA, a menudo nos gustará ir y venir entre ustedes como cualquier otra persona, sin ninguna atención especial. Y aunque siempre nos gustaría seguir sintiendo la satisfacción de contarnos entre los originadores, esperamos que ustedes empiecen a considerarnos solo como pioneros de AA, y no como "fundadores."

Así que, ¿podemos unirnos nosotros a AA también?

Con mis mejores deseos,
Bill

SEGUNDA

PARTE

1950-1958

En 1950 ocurrieron dos acontecimientos de importancia histórica para Alcohólicos Anónimos: en julio, se adoptaron las Doce Tradiciones en la Primera Convención Internacional, efectuada en Cleveland. Y, cuatro meses más tarde, el 16 de noviembre, el Dr. Bob murió.

Durante los cinco años siguientes, Bill, el único cofundador sobreviviente, concentró sus energías principalmente en el futuro de AA, consolidando su estructura de servicio. En 1950, Lois y él pasaron seis semanas en Europa, visitando a los AA de diversos países. Aunque AA estaba floreciendo en Europa, las discrepancias que Bill observaba entre las costumbres de los AA de diferentes países, reforzaron su convicción de que era necesaria una estructura que hiciera posible que la Comunidad siguiera existiendo. Volvió a Norteamérica convencido de la necesidad de poner nuestra literatura a disposición de cada vez más gente, fomentar el liderazgo a nivel local, y ampliar los servicios de AA.

Con este fin, según Bill comentó en *AA Llega a su Mayoría de Edad*, "reforzado con la aprobación de los Custodios y del Dr. Bob, recorrí todo el país, abogando por el plan del Tercer Legado...." La primera Conferencia de Servicios Generales, que tuvo lugar en abril de 1951, inició un período experimental de cinco años que finalizó en julio de 1955, cuando la responsabilidad de los servicios mundiales de AA, que hasta entonces había recaído en los cofundadores, pasó a manos de la Comunidad entera en la Convención del XX Aniversario, celebrada en St. Louis en esa fecha.

Sección

1

AA llega a su madurez

Nos acercamos a la madurez

Octubre de 1949

Alcohólicos Anónimos tiene catorce años. Pero nadie cree que acabamos de entrar en la adolescencia. Por el contrario, nos estamos acercando a la madurez. Por lo tanto, nuestros problemas y responsabilidades como Sociedad van aumentando. Está cada vez más claro que no seremos inmunes para siempre a las aterrorizadoras presiones que están desgarrando la sociedad moderna. No hay duda de que, al igual que otras sociedades de hombres y mujeres, nos veremos tentados a meternos en graves controversias. Tal vez algunos de nosotros intentaremos conseguir fama y riqueza a costa de Alcohólicos Anónimos. Nos veremos tentados a atacar a los que nos atacan; ansiaremos forjar alianzas con amigos poderosos; desearemos redactar leyes y, de esta manera, meternos en política. Será difícil permanecer neutral en el conflicto entre la ciencia y la religión; puede que a algunos les guste ver Alcohólicos Anónimos dividirse en sectas. Y, según nos vamos haciendo más conocidos, sin duda se nos ofrecerán grandes y destructivas subvenciones monetarias; puede que nos olvidemos de nuestra resolución de permanecer pobres. Es posible que estos sean los problemas cruciales de nuestra madurez; ya se pueden ver perfilados.

No obstante, me siento profundamente, e incluso fervientemente convencido de que Alcohólicos Anónimos capeará todas las adversidades y toda prueba a la que el tiempo nos someta mientras Dios nos necesite. La fe que tengo en nuestro futuro se basa en ciertos hechos de nuestra experiencia:

Primero, contemplamos humildemente los 80,000 milagros de recuperación personal; vemos que la gracia de Dios nos ha hecho posible a cada uno de nosotros conseguir lo imposible. En la vida de cada uno de nosotros, la armonía ha reemplazado y grandemente superado al antiguo caos. Por ser esto lo que Dios nos ha concedido personalmente, tenemos motivos para esperar que, si somos dignos, AA en su totalidad disfrutará de una armonía igual.

Segundo, estamos seguros de que debe haber un millón de alcohólicos que mañana mismo se unirían a Alcohólicos Anónimos si solo supieran lo que sabemos. Nos damos clara cuenta de que cualquier desunión fundamental entre nosotros podría desilusionar instantáneamente a decenas de miles que de nuevo volverían la cara a la pared. Por eso, nos es imperativo evitar todos estos trastornos que normalmente acompañan a la gran riqueza, poder o controversia. Si no, muchos de ese "millón que aun no sabe" sin duda morirían.

Por consiguiente, nuestra Quinta Tradición dice: "Cada grupo de AA debe ser una entidad espiritual con *un solo objetivo primordial*—el de llevar el mensaje al alcohólico que aún sufre."

Mientras sigamos agradecidos por lo que nos ha tocado, y mientras esta Tradición de noble y único objetivo quede grabada indeleblemente en nuestros corazones, tendremos nuestro destino asegurado. Seremos dignos de la Providencia de Dios.

Llegamos a nuestra mayoría de edad

Septiembre de 1950

Cuando celebramos el 15 aniversario de AA todo el mundo sabía que habíamos llegado a nuestra mayoría de edad. No podía haber la menor duda. Los miembros, sus familias, y amigos—un total de siete mil personas—pasaron tres días emocionantes e impresionantes con nuestros buenos anfitriones de Cleveland.

El himno de nuestra Conferencia era la gratitud; su tónica, el conocimiento seguro de que hemos forjado una unión por todas partes del mundo. Nos hemos dedicado como nunca al único propósito de llevar las buenas nuevas de AA a los millones personas que todavía no las han oído. Y, al afirmar las Tradiciones de Alcohólicos Anónimos, pedimos que permanezcamos en perfecta unidad bajo la gracia de Dios mientras El nos necesite.

¿Qué hicimos precisamente? Pues, tuvimos reuniones, muchas reuniones. Por ejemplo, la reunión sobre la medicina. Nuestro primer y gran amigo el Dr. Silkworth no pudo asistir. Pero su colega del Hospital Knickerbocker de Nueva York, el Dr. Meyer Texon, resultó ser un sustituto muy competente, y nos contaba la mejor forma en que el hospital general puede relacionarse con nosotros. Remachó sus argumentos con una detallada descripción de cómo, durante los últimos cuatro años en el Hospital Knickerbocker, se había apadrinado, tratado y encomendado a AA a 5,000 borrachos; y esto para la gran satisfacción de todos los interesados, incluyendo el hospital, cuya junta estaba encantada con los resultados y especialmente con el hecho de que invariablemente se pagaban sus módicos honorarios a tocateja. ¿Quién ha oído de 5,000 borrachos que realmente pagan sus facturas? Luego el Dr. Texon nos puso al día sobre la enfermedad del alcoholismo según la consideran en Knickerbocker; dijo que sin duda era un trastorno de la personalidad unido a un deseo físico insaciable. Para la mayoría de nosotros, esto tenía sentido. El Dr. Texon metió el miedo en el cuerpo a los posibles "reincidentes," simplemente refiriéndose a ese pequeño asunto del hígado. Este órgano paciente, dijo, sin duda acabaría salpicado de abscesos y con un caso de cirrosis galopante, si se siguiera bebiendo. Además tuvo algo nuevo que añadir, que se trataba del agua salada; dijo que todo alcohólico activo tenía una gran deficiencia de sal. De ahí el deseo insaciable de más y más tragos. Si llenaras a la víctima de agua salada, dijo, en seguida se tranquilizaría. Naturalmente, pensamos, "¿Por qué no ponemos a todos los borrachos en un régimen de agua salada en vez de ginebra? Así el problema mundial del alcohol se solucionaría de la noche a la mañana." Pero esa era nuestra idea, no la del Dr. Texon. A él, le damos las gracias.

En cuanto a la reunión sobre la industria: La moderaron Jake H., de U.S. Steel, y Dave M., de DuPont, ambos miembros de AA. El Sr. Louis Seltzer, editor del *Cleveland Press*, quien finalizó la sesión, casi hizo que la sala se viniera abajo con su charla. Jake, como ejecutivo de U.S. Steel, nos dijo lo que la compañía pensaba de AA—y todo era bueno. Jake mencionó el inmenso potencial de ingresos colectivos, entre un cuarto y medio billón de dólares cada año. En vez de constituir una exasperante sangría del bolsillo colectivo de la sociedad, ahora éramos, en su mayor parte, gente que podía aspirar a los mejores empleos y que podría contribuir al bienestar de nuestro país con una media anual de $4,000 por persona. David M., jefe de personal de DuPont, que tiene un interés especial en el problema que el alcohol representa para su compañía, nos relató lo que la "nueva perspectiva" sobre el abuso de la bebida había significado para DuPont y para todos sus empleados. Según Dave, su compañía tiene una gran confianza en AA. Con toda certeza, Louis Seltzer ofreció el testimonio más conmovedor en este seminario industrial. El Sr. Seltzer nos habló desde el punto de vista de un empresario, un ciudadano y un periodista veterano. Fue la más emocionante expresión de plena confianza en Alcohólicos Anónimos que jamás hemos oído. Casi era demasiado bueno; sus implicaciones nos produjeron un pequeño desconcierto. ¿Cómo podríamos nosotros, miembros de AA falibles, llegar a estar a la altura de las esperanzas para nuestro futuro del Sr. Seltzer? Empezamos a preguntarnos si acaso la reputación de AA no fuera mejor que su realidad.

Luego hubo esa maravillosa sesión sobre las prisiones. Nuestro gran amigo, el Alcaide [Clinton] Duffy, contó la asombrosa historia de nuestro primer grupo de San Quintín. Su relato de los cinco años de AA en ese lugar tuvo un preludio muy conmovedor. Escuchamos una grabación, que pronto se emitirá por la radio, de una estremecedora dramatización de un incidente real en la vida de AA dentro de los muros. Un recluso alcohólico reacciona amargamente a su encarcelamiento y se muestra increíblemente ingenioso para encontrar y beber alcohol. Pronto se vuelve demasiado ingenioso. En el taller de pinturas de la prisión, descubre un líquido muy prometedor, que comparte con sus compañeros alcohólicos. Era un veneno mortal. Los bebedores pasan unas horas angustiosas, durante las cuales algunos mueren. Había una tremenda tensión en la prisión a medida que aumentaba el número de muertos. Los que aún quedaban con vida solo podían salvarse con una rápida transfusión de sangre. El grupo de AA San Quintín no vaciló en ofrecerse como voluntarios y pasaban el resto de esa larga noche dando de sí mismos como nunca lo habían hecho. AA nunca había sido nada popular, pero ahora la moral de la prisión subió a su punto más alto, y allí se quedó. Muchos sobrevivientes se unieron. El primer grupo de prisiones había dejado una profunda impresión; AA había llegado a San Quintín para quedarse.

Entonces habló el Alcaide Duffy. Parece que nosotros los del mundo exterior no sabemos nada de lo difícil que es convencer a los reclusos. El escepticismo tanto de los prisioneros como de los guardias de San Quintín había sido tremendo. Creían que AA era una especie de timo. O tal vez una religión de chiflados. Además, objetó la junta de la prisión, ¿por qué tentar a la Providencia, mezclando libremente los reclusos con gente de afuera, especialmente con las mujeres alcohólicas? Sería dar rienda suelta a la confusión. Pero nuestro amigo el alcaide, firmemente convencido por algún que otro motivo, insistía en que AA continuara en la prisión. Hasta este día, dijo, no se ha quebrantado ningún reglamento de la prisión en ninguna reunión de AA, a pesar de que centenares de prisioneros han asistido a centenares de reuniones con muy poca vigilancia. Apenas si se necesita la presencia del amable guardia solitario que se sienta en la última fila.

El alcaide añadió que hoy día la mayoría de las autoridades de las prisiones de todo los Estados Unidos y Canadá comparten su opinión sobre Alcohólicos Anónimos. Anteriormente, había que recoger y volver a meter en la cárcel a un 80 por ciento de los prisioneros alcohólicos puestos en libertad condicional. Muchas instituciones informan que ahora este porcentaje ha bajado a la mitad e incluso a la tercera parte de lo que solía ser. El Alcaide Duffy viajó 2,000 millas para estar con nosotros en Cleveland. Muy pronto vimos el porqué. Vino porque es una gran persona. Nuevamente los AA nos preguntábamos si nuestra reputación no sería algo exagerada.

Naturalmente, los hombres no podíamos asistir a las reuniones de las mujeres alcohólicas. Pero no tenemos la menor duda de que idearon formas de combatir el estigma aplastante que recae sobre estas pobres mujeres que se dan a la botella. Además es posible que nuestras damas discutieran sobre cómo mantener a una distancia respetable al donjuán que a veces se presenta. Pero no, la compañera que transcribió este artículo me asegura con tono mordaz que no se discutió nada por el estilo. Dice que fue una reunión maravillosamente constructiva. Y que asistieron unas quinientas mujeres. Imagínense, habían pasado cuatro años antes de que tan siquiera una mujer lograra su sobriedad en AA. Para la mujer alcohólica la vida no es una sinecura.

Ni tampoco pasaron por alto a otros que sufren de forma especial, tales como las secretarias de intergrupo asalariadas, las secretarias comunes y corrientes, los editores de nuestros boletines, y los cónyuges de los alcohólicos, conocidos a veces como "los olvidados." Estoy seguro de que las secretarias llegaron a la conclusión de que, aunque a veces no reciben el aprecio que merecen, todavía les encanta cada minuto de su trabajo. No me he enterado de lo que decidieron los editores. A juzgar por sus esfuerzos a lo largo de los años, es muy probable que se les hayan ocurrido muchas ideas ingeniosas.

Todo el mundo estuvo de acuerdo en que la reunión de las esposas (y los maridos) fue una verdadera revelación. Algunos recordaron cómo Anne S., en los primeros días de Akron, había sido una grata compañera y consejera de las angustiadas esposas. Ella se daba clara cuenta de que el alcoholismo era un problema familiar. Mientras tanto los AA nos entregábamos con ahínco al trabajo de desembriagar a los miles de borrachos que llegaban. Parecía que nuestras buenas esposas se habían perdido completamente es este prodigioso tumulto. Muchos de los grupos recién establecidos sólo efectuaban reuniones cerradas; daba la impresión de que AA se estaba convirtiendo en algo exclusivo. Pero recientemente hemos visto cambiar radicalmente esta tendencia. Un número cada vez mayor de nuestras parejas han incorporado los Doce Pasos en sus propias vidas. Como prueba, consideremos el trabajo de Paso Doce que ahora están haciendo con las esposas y los maridos de nuestros principiantes, y el hecho de que estas reuniones de esposas brotan por todas partes. En su reunión en Cleveland, nos invitaron a nosotros los alcohólicos a escuchar. Muchos miembros escépticos salieron de esa sesión convencidos de que nuestras "olvidadas" tenían algo de gran valor. Según las palabras de un borracho, "La comprensión y espiritualidad profundas que yo sentía en esa reunión de esposas eran realmente extraordinarias."

La Conferencia de Cleveland no fue todo reuniones, ni mucho menos. Hubo, por ejemplo, un gran banquete. ¿O debería decir banquetes? En el plan original se preveía una cantidad de comensales suficiente como para llenar el Rainbow Room del Hotel Carter. Pero se presentaron muchos más de lo previsto. Los convidados rápidamente llenaron la sala a rebosar. Resultó necesario habilitar la Cafetería Carter y el Petit Café para acomodar la avalancha de celebrantes. Se reclutaron dos orquestas y nuestros buenos artistas se encontraron con que tuvieron que repetir sus actuaciones dos veces, una arriba y otra abajo. Nadie se emborrachó, pero cómo cantaban esos AA. Estaban totalmente despreocupados, y ¿por qué no? No obstante, se insinuó un tono de gravedad al brindar por los ausentes. Nos hizo pensar en los ausentes un AA de las Islas Marshall quien, aunque estaba completamente solo allí, seguía insistiendo que su grupo tenía tres miembros, o sea: "Dios, el libro *Alcohólicos Anónimos* y yo." La primera etapa de su viaje de 7,000 millas hasta llegar a Cleveland había terminado en Hawai, de donde, con sumo cuidado y refrigeración, nos había traído unos collares de flores, los celebrados *leis* de aquellas islas. Uno de ellos había sido enviado por los AA leprosos de Molokai—esos AA aislados que siempre formarán parte de nosotros, pero nunca estarán con nosotros.

También se nos hizo un nudo en la garganta al pensar en el Dr. Bob, solo en su casa, y gravemente enfermo. Dedicamos otro de los brindis de la tarde a un AA que había querido, más que nada en el mundo, estar en Cleveland cuando alcanzamos nuestra mayoría de edad. Desgraciadamente nunca llegó a la reunión de las Tradiciones. Murió de un ataque al corazón la noche antes de que tuviera lugar la reunión de Tradiciones y el banquete de aniversario. No obstante, la alegría acabó apoderándose de todos nosotros; bailamos hasta la medianoche. Sabíamos que los ausentes lo habrían querido así.

Varios miles de nosotros nos apiñamos en el Palacio de Conciertos de Cleveland para celebrar la reunión de Tradiciones, la cual, según la mayoría de los AA, fue el punto culminante de nuestra Conferencia. Seis fieles veteranos, que llegaron de lugares tan lejanos como Boston y San Diego, hicieron un bello repaso de los años de experiencia de AA que nos condujeron a formular nuestras Tradiciones. Luego, se me pidió que las resumiera y lo hice, diciendo:

"En lo concerniente a todos los asuntos que afectan la unidad de AA, nuestro bienestar común debe tener la preferencia; en AA no hay autoridad humana—solo un Dios tal como se exprese en la conciencia de nuestro grupo; nuestros líderes no son sino servidores de confianza, no gobiernan; cualquier alcohólico puede hacerse miembro de AA si así lo dice—no excluimos a nadie; cada grupo de AA puede llevar sus propios asuntos como mejor le parezca, siempre que los grupos vecinos no se vean perjudicados por sus decisiones; los AA tenemos un único objetivo, llevar nuestro mensaje al alcohólico que aún sufre; por lo tanto, no debemos financiar, apoyar o prestar el nombre 'Alcohólicos Anónimos' a ninguna empresa ajena, por noble que sea; AA, como tal, debe permanecer pobre, para evitar que los problemas de propiedad, administración, y dinero nos desvíen de nuestro único objetivo; debemos mantenernos a nosotros mismos, y cubrir gustosamente nuestros pequeños gastos; AA siempre debe ser no-profesional, nunca se debe pagar por nuestro acostumbrado trabajo de Paso Doce; como Comunidad, nunca debemos estar organizados, pero podemos, no obstante, crear nuestras juntas o comités de servicio responsables para asegurar que tengamos mejor propagación y apadrinamiento, y estas entidades pueden contratar trabajadores de plena dedicación para realizar tareas especiales; nuestras relaciones públicas deben basarse en el principio de atracción y no en el de promoción, ya que es mejor dejar que nuestros amigos nos recomienden; ante la prensa, la radio y el cine, debemos guardar nuestro anonimato sin excepción alguna, ya que sirve como nuestra mejor protección contra las tentaciones del poder o de la ambición personal; y, finalmente, el anonimato ante el público en general es la clave espiritual de todas nuestras Tradiciones, recordándonos siempre anteponer los principios a las personalidades, debemos practicar una auténtica humildad. Esto con el fin de que nuestras grandes bendiciones nunca nos estropeen y que vivamos en agradecida contemplación de él que preside sobre todos nosotros."

Al haber presentado mi resumen, pregunté a todos los asistentes si había alguien que tuviera algún inconveniente con las Doce Tradiciones de Alcohólicos Anónimos tal como quedaban expresadas. Al no oír a nadie poner ningún reparo, propuse que se adoptaran las Tradiciones de AA. Con impresionante unanimidad, todos se pusieron de pie. Así terminó esa hora magnífica en la que nosotros los Alcohólicos Anónimos cogimos de la mano a nuestro destino.

El domingo por la mañana, escuchamos a un panel de cuatro miembros de AA, quienes describieron el aspecto espiritual de Alcohólicos Anónimos— según lo veían ellos. Teniendo en cuenta los que iban a la iglesia y los que se levantaban tarde por haberse divertido tanto la noche anterior, el comité de la Conferencia no había sospechado que ésta sería una sesión tan concurrida. Pero los que fueron a la iglesia ya habían vuelto de practicar sus devociones y casi nadie se quedó en la cama. El salón de baile del Hotel Cleveland estaba a tope una hora antes de empezar. Centenares de personas, que ni se podían acercar a la puerta del salón, se apiñaban en los pasillos y el vestíbulo. La gente que teme que AA está perdiendo interés en cosas espirituales debía haber estado allí.

Se pidió un momento de silencio y la muchedumbre se calló de golpe. Luego aparecieron los oradores, todos ellos serios y sinceros y bien preparados. No puedo recordar una reunión de AA en que la gente escuchara más atentamente o que tuviera una dedicación más profunda. Pero a algunos les pareció que aquellos excelentes oradores, con su entusiasmo, habían creado sin quererlo un pequeño problema. Tenían la impresión de que la reunión había ido demasiado lejos en cuanto a las comparaciones religiosas, la filosofía y la interpretación, puesto que los AA, por una antigua y afianzada tradición, siempre habíamos dejado estas cuestiones al criterio de cada individuo, según sus creencias religiosas. Un miembro se levantó para hacer una advertencia. Al escucharle hablar, pensé, "¡Qué bueno que haya sucedido esto! ¡Qué bien vamos a recordar siempre que AA nunca debe considerarse como una religión! Con cuánta firmeza insistiremos en que el ser miembro de AA no puede depender de ninguna creencia en particular; que en nuestros Doce Pasos no se incluye ningún artículo de fe religiosa, excepto la fe en Dios—*como cada uno de nosotros lo conciba*. Con cuánto cuidado evitaremos de ahora en adelante cualquier situación que nos lleve a debatir sobre asuntos de creencias religiosas personales." Nos pareció que fue una magnífica mañana de domingo.

Esa tarde nos reunimos en el Auditorio de Cleveland. El gran acontecimiento fue el acto de presencia del Dr. Bob. Habíamos dudado de que pudiera asistir, por lo grave que era su enfermedad. Verlo otra vez fue una experiencia que todos los 7,000 presentes guardaremos siempre en nuestra memoria. Habló diez minutos con voz fuerte y segura, y nos dejó un magnífico legado que sin duda contribuirá a nuestro desarrollo. Era el legado de alguien que había estado sobrio desde el 10 de junio de 1935, que contribuyó tanto al éxito de nuestro primer grupo, y alguien que, durante los siguientes 15 años, había proporcionado asistencia médica, y había comunicado el mensaje vital de AA, a 4,000 de nuestros afligidos en el buen Hospital de Santo Tomás de Akron, la ciudad natal de Alcohólicos Anónimos. Simplicidad, dedicación, tenacidad, y lealtad: estos eran los rasgos de carácter que el Dr. Bob había inculcado en tantos de nosotros. Además, yo podía recordar con gratitud que, durante todos los años que habíamos trabajado juntos, nunca habíamos cruzado ni una sola palabra airada. Tales eran nuestros pensamientos mientras mirábamos al Dr. Bob.

Durante la siguiente hora traté de recapitular. Pero, ¿cómo se podía añadir algo a lo que habíamos visto, oído y sentido en aquellos tres días maravillosos? Habíamos visto, con alivio y certeza, que AA nunca podría llegar a ser exhibicionista ni convertirse en un gran negocio; que la humildad y la simplicidad de sus primeros días sigue estando con nosotros; que todavía somos conscientes de que el éxito de nuestra querida Comunidad se debe a Dios, no a nosotros.

Como prueba de esto, conté un sueño de AA que Lois y yo vimos convertirse en realidad en una lejana cabeza de playa de Noruega. Este sueño empezaba con un AA que escuchaba la voz de su conciencia, y luego vendió todo lo que tenía.

George, un americano de origen noruego, se unió a nosotros en Greenwich, Connecticut, hace cinco años. Hacía veinte años que sus padres en Noruega no sabían nada de él. Empezó a enviarles cartas, hablándoles de su recién encontrada libertad. Le contestaron con noticias muy inquietantes. La familia le informó que su único hermano se encontraba en un estado desesperado, casi a punto de perderlo todo a causa del alcohol. ¿Qué se podría hacer? El AA de Greenwich tuvo una larga conversación con su esposa. Tomaron la decisión de vender su pequeño restaurante, que era todo lo que tenían. Se irían a Noruega para ayudar al hermano. Unas pocas semanas más tarde, llegaron en avión a Oslo. Con toda rapidez viajaron del aeropuerto al pueblo y, de allí, otras 25 millas hasta llegar al fiordo donde vivía el hermano enfermo. Se encontraba verdaderamente en muy mal estado. Desgraciadamente, todos se daban cuenta menos él. No quería saber nada de AA, de esas tonterías americanas. ¿El, un alcohólico? ¡Por supuesto que no! Naturalmente, el hombre de Greenwich ya había escuchado esas réplicas. Pero ahora ese argumento tan familiar le era difícil de tragar. Tal vez había vendido todo lo que tenía para el beneficio de nadie. George insistió todo lo que podía, pero acabó dudando de la utilidad de sus esfuerzos. Resuelto no obstante a establecer un grupo de AA en Noruega, empezó a visitar a los clérigos y médicos de Oslo. No sucedió nada; ninguno de ellos le propuso un solo candidato. Totalmente descorazonados, él y su esposa creyeron que ya era hora de volver a Connecticut.

Pero la Providencia les tendió una mano. El rebelde noruego les hizo el favor de lanzarse en una de sus tremendas borracheras periódicas. Al final, afligido de una terrible resaca, le gritó al hombre de Greenwich, "Cuéntame otra vez eso de 'Anónimos Alcohólicos.' ¿Qué debo hacer, hermano mío?" Con perfecta sencillez, George le volvió a contar la historia de AA. Cuando terminó de hacerlo, escribió a mano en noruego, idioma que casi había olvidado, la traducción de un pequeño folleto publicado por el grupo de White Plains, Nueva York. Naturalmente, nuestros Doce Pasos de recuperación estaban incluidos. Luego, la familia de Connecticut emprendió el vuelo de vuelta a casa. El hermano noruego, que era tipógrafo, empezó a poner pequeños anuncios en los periódicos de Oslo. En ellos, explicaba que era un alcohólico recuperado que deseaba ayudar a otros. Finalmente apareció un candidato. El principiante, al oír la historia de AA y leer el folleto, también logró instantáneamente su sobriedad. Luego, los futuros fundadores pusieron más anuncios.

Tres años más tarde, Lois y yo desembarcamos en el mismo aeropuerto. Nos enteramos de que en Noruega había centenares de AA. Y muy buenos. Los hombres de Oslo ya habían llevado las noticias vivificadoras a otras ciudades noruegas y estos faros brillaban con una luz resplandeciente. Todo había sido así de simple, y así de misterioso.

En los últimos momentos de nuestra conferencia histórica, pareció apropiado leer una parte del capítulo once de *Alcohólicos Anónimos*. Estas eran las palabras que nos acompañaban en nuestro regreso a casa: "Entrégate a Dios, tal como tú Lo concibes. Admite tus faltas ante El y ante tus semejantes. Limpia de escombros tu pasado. Da con largueza de lo que has encontrado, y únete a nosotros. Estaremos contigo en la Fraternidad del Espíritu, y seguramente te encontrarás con algunos de nosotros cuando vayas por el Camino del Destino Feliz. Que Dios te bendiga y conserve hasta entonces."

AA no es un gran negocio

Noviembre de 1950

Se acerca el Día de Acción de Gracias. Y con él, la Semana de las Tradiciones. Nunca me había sentido tan feliz.

Nuestras Tradiciones han sido puestas por escrito. Pero primero estaban inscritas en nuestros corazones. Porque cada uno de nosotros sabe—instintivamente, creo—que no podemos hacer con AA lo que nos plazca. No somos sino guardianes que protegen la cualidad espiritual de nuestra Comunidad; que la mantienen íntegra para aquellos que vendrán después y que tendrán necesidad de lo que tan generosamente se nos ha dado.

Aprendimos temprano la lección acerca del dinero. Temíamos que el estar organizados nos estancara y nos destruyera como *movimiento*. Al mismo tiempo nos enfrentábamos a la obligación moral y humana de poner nuestro programa a la disposición inmediata de todo aquel que lo quisiera. Y seguían llegando en cantidades cada vez mayores.

Sí, hemos tenido necesidad de dinero y hemos tenido que prestar servicios. Pero nos hemos resuelto a no permitir nunca que ni el dinero ni la administración de asuntos necesarios oscurezcan nuestros objetivos espirituales. Un Dios de amor, con su divina sabiduría, nos ha enseñado que un borracho desesperado y tembloroso, rebuscando en sus bolsillos una moneda para llamar y pedir ayuda, es de una importancia mayor que cualquier "organización" que jamás podamos tener o necesitar.

El pasado mes de julio en Cleveland, 7,000 miembros de AA dieron su aprobación a las Doce Tradiciones de Alcohólicos Anónimos. Cogimos de la mano a nuestro destino. Alcohólicos Anónimos había llegado a su mayoría de edad.

Tres de estas Tradiciones definen los servicios de Alcohólicos Anónimos y resumen nuestra responsabilidad colectiva con respecto a ellos—responsabilidad administrativa y responsabilidad financiera. Las Tradiciones dicen también que nuestros servidores de confianza nunca gobernarán; que siempre serán responsables ante aquellos a quienes sirven.

El mes pasado les comuniqué a ustedes—los miembros de Alcohólicos Anónimos—una urgente petición. Fue una súplica de que asumieran la total responsabilidad financiera de su Sede de AA—la Fundación Alcohólica y su Oficina de Servicios Generales en Nueva York. Nosotros, los que trabajamos en su Sede, estamos encantados con el resultado. Algunos grupos que anteriormente no habían contribuido, ahora lo hacen. Los nuevos grupos, los grupos pequeños, los grupos institucionales que no se ven en ninguna obligación de hacerlo, han hecho sacrificios. Si esto sigue así, el déficit de nuestra Sede será cosa pasada. Nunca he sentido tanto optimismo por el futuro de nuestros servicios. Esta respuesta generosa y responsable es el marco ideal de las noticias que voy a comunicarles ahora.

Hace doce años que el Dr. Bob y yo, bondadosamente ayudados por algunos grandes amigos, servimos como centinelas de la Sede de nuestra Comunidad. Hemos sido los depositarios de estos valiosos bienes—su Oficina de Servicios Generales, su libro *Alcohólicos Anónimos*, su revista principal, el Grapevine de AA, sus relaciones públicas, su fondo común. Nunca les hemos pedido que asuman la responsabilidad directa de ellos. Pero los tiempos han cambiado. Alcohólicos Anónimos ya se ha hecho mayor. Sus fundadores son mortales. No podemos ser sus guardianes para siempre.

Así que ha llegado la hora en que ustedes tienen que tomar estas cosas en sus propias manos. Pedimos que las cuiden bien, porque el futuro de Alcohólicos Anónimos puede depender de cómo ustedes mantengan y sostengan estos brazos vivificadores de servicio.

Contando por anticipado con que ustedes asumirán gustosamente esta nueva responsabilidad, los custodios, el Dr. Bob, y yo proponemos el establecimiento de la Conferencia de Servicios Generales de Alcohólicos Anónimos, un organismo compuesto de representantes estatales y provinciales que se reunirán anualmente, teniendo como sus guías tradicionales a los custodios de nuestra Fundación. Hace largo tiempo que consideramos un plan detallado encaminado a efectuar este cambio importante, y muy pronto se lo presentaremos a ustedes.

Alcohólicos Anónimos ha llegado a su mayoría de edad. ¡Qué magnífico día de Acción de Gracias!

Su Tercer Legado

Una nota introductoria al artículo original dice los siguiente: "Esta es una
propuesta para formar 'la Conferencia de Servicios Generales de Alcohólicos
Anónimos,' un pequeño organismo compuesto de delegados de AA estatales y
provinciales que se reunirá anualmente, y que podría asumir la responsabili-
dad directa de la dirección de la Sede de servicios generales de AA en la ciudad
de Nueva York."

Diciembre de 1950

Nosotros, los miembros veteranos de AA, les legamos a ustedes, los jóvenes, estos tres Legados—los Doce Pasos de recuperación, las Doce Tradiciones, y ahora los servicios generales de Alcohólicos Anónimos. Hace tiempo que dos de estos Legados están en sus manos. Por medio de los Doce Pasos, nos hemos recuperado del alcoholismo; por las Doce Tradiciones estamos consiguiendo un firme unidad.

Ya que hemos de morir algún día, el Dr. Bob y yo deseamos ahora entregar a los miembros de AA su Tercer Legado. Desde 1938, nosotros y nuestros amigos lo hemos guardado en depósito. Este legado es el servicio general de la Sede de Alcohólicos Anónimos—la Fundación Alcohólica, el libro de AA, el Grapevine de AA, y la Oficina General de AA. Estos son los servicios principales que han hecho posible que nuestra Sociedad funcione y se desarrolle.

En nombre de todos, el Dr. Bob y yo les pedimos que ustedes—los miembros de AA—ahora asuman la dirección de estos servicios y que los cuiden bien. El desarrollo futuro y, de hecho, la misma supervivencia de Alcohólicos Anónimos pueden algún día depender de la prudente administración de estos brazos de servicio en los años venideros.

Permítanos que compartamos con ustedes un fragmento de la historia de AA. Hace doce años, bondadosamente ayudados por algunos grandes amigos, el Dr. Bob y yo establecimos una Sede para nuestra entonces poco conocida Comunidad. Poco tiempo después, transferimos esta función a la Fundación Alcohólica, que fue organizada como una pequeña junta de custodios que estaba dedicada al servicio de nuestra causa. Esta junta estaba constituida por alcohólicos y amigos no-alcohólicos; hoy día se compone de 15 miembros. Cuando nació nuestra Fundación en la primavera de 1938, AA tenía solamente tres años de existencia. Sólo teníamos cincuenta miembros. El libro *Alcohólicos Anónimos* sólo era una idea. Nadie podía imaginarse entonces la magnificencia del regalo que la Providencia nos había comenzado a conceder.

Durante los doce años siguientes, esos cincuenta miembros pioneros se han multiplicado para llegar a alcanzar más de 120,000. AA se extiende por todo el mundo. Con su aprobación, la religión y la medicina nos han sacado de esa tierra de nadie que hay entre ellas y en la que anteriormente habíamos andado a la deriva. No tenemos enemigos; nuestros amigos son incontables. Nuestros miles de grupos, como islas relucientes de coral, van surgiendo del mar de alcohol. ¡Qué regalo divino, esta milagrosa circunstancia!

Durante nuestra infancia febril, la junta de la Fundación Alcohólica, sin que muchos se dieran cuenta, desempeñaba discretamente un gran papel en la formación y la difusión de nuestra muy querida Sociedad. Por medio de la Oficina General, el libro *Alcohólicos Anónimos* y, más recientemente, el Grapevine, la Fundación llegó a ser directamente responsable de la mitad de nuestro desarrollo y eficacia—tanto en calidad como en cantidad. No puede haber ninguna duda al respecto.

Supongamos que, durante todos estos años, hubiéramos estado sin esos servicios. ¿Dónde nos encontraríamos hoy si no tuviéramos el libro de AA ni nuestra literatura, la cual ahora sale de la Sede a razón de tres toneladas al mes? Supongamos que hubiéramos dejado nuestras relaciones públicas al azar. Supongamos que no se hubiera encargado a nadie de fomentar la buena publicidad y evitar la mala. Supongamos que no hubiera disponible información precisa sobre AA. Imaginemos que nuestras vitales y delicadas relaciones con la medicina y la religión también se hubieran dejado al azar. Y, ¿dónde estarían hoy millares de AA, si la Oficina General no hubiera contestado a sus desesperadas cartas y no les hubiera dicho dónde encontrar ayuda? (El año pasado, nuestra oficina de Nueva York recibió y contestó 28,000 cartas de todo tipo.) O, ¿en qué estado se encontrarían ahora centenares de grupos de AA lejanos, si la oficina no les hubiera ayudado por correo a ponerse en marcha o no hubiera indicado a los viajeros cómo ponerse en contacto con ellos? ¿Cómo nos las hubiéramos arreglado sin un directorio de grupos mundial? ¿Qué sería de todos esos grupos en 28 países extranjeros que claman por traducciones, experiencia comprobada y aliento? ¿Habríamos publicado el Libro de AA en Oslo, Noruega y Londres, Inglaterra? ¿Qué sería de aquellos Miembros Solitarios en alta mar o en rincones remotos del mundo, de los prisioneros, de los internados en los manicomios, de los soldados veteranos en servicio activo o en los hospitales? ¿Dónde acabaríamos un día si nunca tuviéramos el Grapevine de AA, el reflejo de nuestra vida de AA y el medio principal de poner nuestra experiencia por escrito? ¡Qué agradecidos nos sentimos por todas esas secretarias y todos esos redactores voluntarios y los bondadosos custodios que han estado todos estos años velando por nuestros asuntos principales! Sin todas estas cosas, ¿dónde estaríamos? Seguro que lo han adivinado. No estaríamos en ningún sitio; esto es indudable.

Así es que nos hemos recuperado por medio de los Pasos, nos hemos unificado por medio de las Tradiciones, y por medio de los servicios de nuestra Sede, hemos podido funcionar como Sociedad.

No obstante, puede haber algunos que todavía digan: "Claro está que la Fundación debe seguir en existencia. No vamos a dudar en cubrir este pequeño gasto. Pero, ¿por qué no podemos dejar la dirección de la Fundación en manos del Dr. Bob y Bill y sus amigos, los custodios? Siempre lo hemos hecho así. ¿Por qué tienen que molestarnos ahora con estos asuntos? Mantengámoslo sencillo." Estas son buenas preguntas. Pero hoy día las respuestas son muy diferentes de lo que eran en el pasado.

Enfrentémonos con las siguientes realidades:

Primera: El Dr. Bob y Bill son mortales. No pueden durar para siempre.

Segunda: Sus amigos los custodios son casi desconocidos para el movimiento de AA.

Tercera: A nuestros custodios no les sería posible funcionar sin la orientación directa de AA. Debe haber alguien que les aconseje. Alguien, o algo, tiene que ocupar el lugar del Dr. Bob y de Bill.

Cuarta: Alcohólicos Anónimos ha salido de su infancia. Ahora la Comunidad, ya madura, entrada en su mayoría de edad, tiene el pleno derecho y el claro deber de asumir la responsabilidad directa de su propia Sede.

Quinta: Claro está entonces que algún día habrá un inevitable colapso de la Sede, si la Fundación no está firmemente anclada, por medio de representantes estatales y provinciales, al movimiento al que sirve. Cuando desaparezcan sus miembros veteranos, una Fundación aislada no podrá superar un grave error o una seria controversia. Cualquier tormenta podría derrumbarla. No sería fácil hacerla revivir. Quizá nunca se le podría resucitar. Si se quedara aislada, no habría manera de hacerlo. Como un buen coche sin gasolina, sería completamente inútil.

Sexta: Otro grave defecto: El movimiento de AA, como totalidad, nunca se ha enfrentado a una grave crisis. Pero algún día tendrá que hacerlo. Por la misma naturaleza de los asuntos humanos, no podemos esperar que nunca nos llegará la hora de vernos metidos en una grave dificultad. Sin tener a su disposición un apoyo directo, sin poder contar con una muestra representativa de la opinión de AA, ¿cómo podrían nuestros aislados custodios responder adecuadamente a una situación urgente y peligrosa? Esta gran "laguna" en nuestra organización actual es casi una garantía de algún desastre futuro. Se perdería toda confianza en la Fundación. Los AA de todas partes dirían, "¿Quién les ha dado autoridad a los custodios para hablar en nombre nuestro? Y, ¿cómo saben que tienen razón?" Con las cuerdas de salvamento de servicio de AA enredadas y cortadas, ¿que les pasaría a los millones que aún no han oído el mensaje? Miles de ellos seguirían sufriendo o morirían porque habíamos olvidado la virtud de la prudencia. Esto no debe suceder nunca.

Por esta razón, los custodios, el Dr. Bob y yo, proponemos ahora el establecimiento de la Conferencia de Servicios Generales de Alcohólicos Anónimos. Por esta razón, necesitamos urgentemente la ayuda directa de todos ustedes. Es imperativo que nuestros servicios principales sigan existiendo. Creemos que la Conferencia de Servicios Generales de Alcohólicos Anónimos puede ser el instrumento para asegurar que esto se cumpla.

Servir es vivir

Junio de 1951

Nuestra primera Conferencia de Servicios Generales de Alcohólicos Anónimos tuvo lugar en la ciudad de Nueva York en abril de 1951. Estaba compuesta por 37 delegados de los EE.UU. y Canadá, más los miembros del personal de la Sede de servicio general de AA y los custodios. El único propósito de nuestra Conferencia era servir a AA por todo el mundo.

Esta poco emocionante declaración tiene una profunda significación para todos los que estaban allí. Llegamos a creer que el futuro de AA se había asegurado. Llegamos a estar convencidos de que AA seguiría existiendo mientras Dios nos necesitara.

¿Por qué se sintieron tan conmovidos todos los que fueron testigos de esta Conferencia? Creo que por dos razones: Se oyó hablar por primera vez a la conciencia de grupo de Alcohólicos Anónimos en su totalidad. Y nos dimos cuenta, más claramente que nunca, de lo peligroso que podría llegar a ser "la fe sin obras." De esta manera, la conciencia colectiva de AA sintió por primera vez la llamada al servicio.

Para hacer esto más claro, consideremos por un momento el miembro individual de AA. La fe por sí sola no lo salva. El tiene que actuar, tiene que hacer algo. Tiene que *llevar* su mensaje a otros, *practicar* los principios de AA en todos sus asuntos. Si no lo hace así, recae, se marchita y muere. Consideremos ahora un grupo de AA. ¿Es posible que la pura fe, la mera creencia en unos principios correctos y unas tradiciones sanas, hagan que el grupo tenga éxito? Ni mucho menos. Cada grupo de AA, como tal, también tiene que funcionar, tiene que hacer algo. Tiene que servir para su fin asignado o, si no, también se marchita y se desintegra.

Nuestros delegados de la Conferencia tenían la posibilidad de aplicar este principio a AA en su totalidad. Los delegados podían ver más allá del miembro individual y su grupo particular. En un instante, asimilaron la simple realidad de que AA en su totalidad tenía que seguir funcionando o, si no, sufriría el típico castigo de la fe sin obras; o sea, la desintegración. Y a no podíamos contentarnos con la cómoda ilusión de que si cada grupo de AA se cuidara de sus propios asuntos, Dios nos premiaría por nuestra cortedad de vista, dedicándose a cuidar de la totalidad de AA—incluyendo nuestra Sede, las relaciones públicas de AA, y el bienestar de los millones que todavía no sabían de AA. Los delegados se dieron cuenta de que tal actitud significaría la fe sin obras y sin responsabilidad, y nunca podría ser así. Claro que siempre habría mucho trabajo que hacer, mucha gente tendría que asumir mucha responsabilidad. Cada miembro tendría que dar un poco a la totalidad de AA.

Nuestra Comunidad, llegada ahora a su mayoría de edad, tendría que empezar a cuidar de sus propios servicios vitales; estos servicios no se podrían dejar irreflexiva y completamente en las manos de nuestra aislada, desconocida y desamparada junta de custodios. Los trabajos de nuestra Fundación y de la Sede de AA tendrían que ser bien comprendidos y directamente respaldados por la totalidad de AA. A los delegados les parecía que nada podría ser más obvio. Por lo tanto, la próxima vez que ustedes se encuentren con su miembro local de la Conferencia, es muy posible que le oigan expresarse en términos muy parecidos a los siguientes:

"Gracias por haberme enviado a Nueva York. Acabo de pasar tres días en la Sede mundial de AA. Nuestros custodios y el personal de la Oficina General y del Grapevine hicieron todo lo posible para que nosotros pudiéramos tener una visión de su pasado, presente y futuro. Lo que vimos y sentimos nos dejó maravillados.

"De repente tuvimos un sentido de lo que es la totalidad de AA. Vimos una Comunidad de unidad incomparable, que nunca ve ponerse el sol, una sociedad mundial cuatro mil veces más grande que un solo grupo de AA.

"Luego, nos dimos cuenta de que esta maravilla nunca habría sido posible si no fuera por el servicio dedicado de unas pocas personas, aquellos trabajadores de la Sede cuyas labores durante más de una década nos habían hecho posible hacer esa gran cosecha en campos lejanos y recoger a 120,000 compañeros al amparo de nuestro redil para tener allí el respeto afectuoso del mundo entero. Y todo esto lo habían hecho nuestros invisibles servidores de la Fundación porque el Dr. Bob y Bill les habían pedido que lo hicieran.

"Pero ahora nos dicen a los delegados, 'Pronto van a tener que echarnos una mano. Estos son los brazos de servicio de AA, éstas son nuestras Tradiciones. Vengan y ayúdenos a administrarlos; los tiempos han cambiado, los ancianos somos mortales. Este es su Legado de Servicio. Les rogamos que lo acepten y que lo cuiden bien.'"

En los anales de AA, siempre guardaremos el precioso recuerdo de la escena de la Conferencia de aquel domingo por la tarde cuando nos reunimos por última vez. Porque en esa reunión histórica, todos pudimos oír la voz de Alcohólicos Anónimos. Y estas son las palabras que oímos: "Servir a AA es vivir. Aceptamos gustosamente nuestro Tercer Legado. Que lo cuidemos bien y lo utilicemos sabiamente."

En esa hora magnífica, la antorcha del Servicio pasó de las manos de nosotros los ancianos a las de ustedes, los jóvenes; pasó a todas las generaciones futuras de esos hijos de la noche que, Dios mediante, verán desaparecer la oscuridad dentro de la Sociedad de Alcohólicos Anónimos durante los años resplandecientes que el destino, sin duda, tiene reservados para nosotros.

Los servicios hacen funcionar a AA

Noviembre de 1951

En la cocina se prepara el café; en el hospital se desintoxica al alcohólico enfermo; en la Sede general se difunde el mensaje de AA; nuestras cuerdas de salvamento de servicio llegan a las cinco partes del mundo. Todo esto simboliza AA en acción. Porque acción es la palabra mágica de Alcohólicos Anónimos. Así es que cada servicio de AA demuestra diariamente que las llamadas "actividades materiales" pueden conducir a resultados espirituales magníficos.

En años anteriores, todas las reuniones de AA se celebraban en casas particulares. No había comités y nadie ponía un centavo. Ni siquiera teníamos nombre y no se oía hablar de los fundadores. Era así de simple.

No obstante, disfrutábamos de un "servicio"—un servicio muy valioso. Las esposas hacían pasteles y café fuerte para nosotros los borrachos que estábamos apiñados en los salones de estar, todavía aterrorizados de que a fin de cuentas nuestro programa no fuera a funcionar. Estas bondadosas muestras de ánimo por parte de nuestras mujeres nos allanaban el camino y de esta forma aligeraban nuestras dudas. Así, desde el mismo principio, esos servicios amables hacían funcionar a AA.

Con el tiempo, las reuniones se hicieron más grandes. Nuestros salones de estar no tenían cabida suficiente para efectuarlas. Tuvimos que trasladarnos a salas más amplias. Rara vez se nos ofrecían gratis los lugares de reunión, así que teníamos que pagar el alquiler. Los propietarios no tenían ni una pizca de interés en las ventajas espirituales de la pobreza colectiva. Por lo tanto, alguien pasaba el sombrero y voluntariamente echábamos dinero. Sabíamos que no nos podíamos reunir ni funcionar como grupo a no ser que lo hiciéramos. Descubrimos a regañadientes que el alquiler era necesario para asegurar la sobriedad—nuestro dividendo espiritual, y la vida misma.

Este proceso de pagar el alquiler también produjo el primer "oficial" de

AA. El hombre que escogíamos para pasar el sombrero se convirtió muy pronto en nuestro tesorero. Había que contestar el teléfono, escribir cartas, pedir y distribuir literatura. El ahora bien conocido secretario de grupo hizo su primera aparición. Poco tiempo después, había que conceder entrevistas a la prensa, dirigirse a los clérigos y a los médicos, hacer arreglos con los hospitales, organizar banquetes. Y esto no podía hacerlo cualquiera. Había que elegir a alguien especial para realizar estas tareas. Ese "alguien" llegó a ser el coordinador de servicios del grupo.

Naturalmente, todo esto era bien fastidioso, ya que perturbaba nuestra a veces imperfecta serenidad. Empezaron las riñas, se hicieron pronósticos poco optimistas de nuestro futuro, y todo el mundo ansiaba volver a los salones de estar. Pero no volvimos porque no podíamos. Nos dimos cuenta de que, sin tener comités de servicios, cesaríamos de funcionar y, tal vez, nos desintegraríamos. Efectivamente, *tendríamos que organizar los servicios para poder mantener AA sencillo.*

Tardamos poco tiempo en descubrir que a los hospitales, no les gustaban los borrachos. Habíamos sido alborotadores molestos que evitaban pagar sus cuentas y que rara vez se recuperaban. No obstante, nos dimos pronta cuenta de que muchos alcohólicos nunca tendrían una oportunidad en AA si no estuvieran hospitalizados. ¿Qué íbamos a hacer?

Primero, optamos por un método casero de reducir la ingestión de alcohol poco a poco. Pero en vez de reducirla, muchos de nuestros nuevos candidatos gradualmente la aumentaban—y acababan volviendo a los bares. Algunos grupos intentaron organizar "hospitales de AA" con médicos a su disposición. Pero esto fue llevar las cosas demasiado lejos; metió directamente a nuestros grupos en negocios importantes. Todas estas primeras tentativas fueron un fracaso. Acabamos por darnos cuenta de que todo grupo de AA debe ser primordialmente una entidad espiritual, y no una empresa comercial. Luego algunos miembros individuales de AA y sus amigos empezaron a establecer casas de descanso y granjas para los borrachos como empresas privadas. Esto funcionó mucho mejor, pero aun no era suficiente.

Con el tiempo, los médicos vinieron en nuestra ayuda. Expresándose de acuerdo con la conclusión a la que habíamos llegado por la dura experiencia de que la medicina era asunto de los médicos, empezaron a ayudarnos a establecer contactos con los hospitales.

Nuestros primeros intentos de cooperar con los hospitales de las áreas urbanas entrañaban a menudo confusiones perniciosas. Cualquiera apadrinaba a cualquiera, y las cuentas de los hospitales seguían sin pagarse. Algunos engreídos AA les decían a los médicos cómo dirigir los pabellones. Estas descuidadas relaciones, sin pie ni cabeza, con los hospitales no contribuían a mantener AA sencillo en absoluto. Reinaba una confusión general hasta que algunos hospitales les dijeron bruscamente a los grupos metropolitanos de AA que tenían que nombrar a algunos miembros responsables con quienes pudieran tratar regularmente, si no... Nadie, decían los hospitales, podía cooperar con una anarquía.

AA empezó a caer en la cuenta de que el grupo tendría que ejercer su responsabilidad mucho más allá del portal de la sala de reunión de los martes y de los jueves. Si no, la persona que se acercaba a nuestras puertas podría perder su oportunidad, e incluso su vida.

Poco a poco y de muy mala gana, los grupos de las áreas densamente pobladas se dieron cuenta de que tendrían que formar asociaciones, abrir pequeñas oficinas, y pagar los sueldos de algunas secretarias. Se levantaron tremendas protestas. Para muchos miembros, esto significaba una organización destructora, la política, el profesionalismo, grandes gastos, una burocracia dominante y el gobierno. "Créannos," decían, "una oficina central local podría costarles a los miembros de AA metropolitanos cincuenta centavos al mes por cabeza. Y esto podría convertirse en un maldito impuesto—¿qué pasa con nuestra Tradición de no 'honorarios ni cuotas'?"

Naturalmente, todos estos temores exagerados nunca se materializaron. Ahora tenemos muchas y buenas asociaciones intergrupales, mantenidas voluntariamente. El principiante tiene una mejor oportunidad, y los hospitales están contentos. La oficina de una asociación grande ha apadrinado y hospitalizado a 7,000 alcohólicos.

Un servicio rápido de entrevistas y de contestación telefónica está sembrando las semillas de la recuperación en otros miles. Se publican directorios de reuniones locales, se atiende a nuestras relaciones públicas, se organizan cenas y reuniones regionales. Nos dimos cuenta de que estas tareas no se podían dejar en manos de cualquiera que de pronto le apeteciera celebrar una entrevista o imprimir una serie de boletos y plegables. En pocas palabras, los intergrupos se ocupan de aquellos trabajos de área que ningún grupo o miembro individual podría hacer. Unifican las regiones; hacen funcionar a AA.

En 1937, algunos de nosotros nos dimos cuenta de que AA tenía necesidad de literatura uniforme. Sería necesario publicar un libro. Nuestro programa de palabra podría ser desvirtuado, las disensiones sobre los principios básicos nos podrían destruir, y entonces nuestras relaciones públicas se echarían a perder. No cumpliríamos con nuestra obligación ante el alcohólico que todavía no nos conocía si no pusiéramos por escrito nuestros conocimientos.

Pero no todo el mundo estaba de acuerdo; a muchos esta propuesta les asustaba tremendamente. Se necesitaría una cantidad bastante grande de dinero; habría grandes disputas sobre la paternidad literaria, los derechos de autor, los beneficios, los precios y el contenido del libro. Algunos creían sinceramente que este proyecto, aparentemente peligroso, haría pedazos nuestra pequeña Sociedad. "Evitemos las complicaciones, mantengámoslo sencillo," decían.

Pues, tuvimos algunas disputas violentas sobre la elaboración y la distribución de aquel libro de AA. De hecho, tuvieron que pasar cinco años hasta que se apaciguaran los ánimos. Cualquier AA que se imagina que los ancianos que elaboraron el Libro lo hicieron meditando serenamente y envueltos en hábitos blancos, más vale que lo olvide. La inspiración que ahora los lectores dicen encontrar en el texto, debe haber llegado allí únicamente por la gracia de Dios.

Pero fíjense en lo que ha pasado. Doscientos mil Libros de AA se distribuyeron en este año de 1951, difundiendo silenciosamente nuestro mensaje por todo el mundo e iluminando el sendero del progreso a casi cualquier principiante. Sin duda, ese Libro es la espina dorsal de nuestra unidad y nos ha simplificado nuestro trabajo de una manera increíble. Aunque su preparación fue, en parte, un proceso muy "material," aquellos dolores de parto de su creación contribuyeron a dar forma a nuestra Sociedad y a hacer que funcione. El resultado espiritual, en términos de sobriedad, felicidad, y de fe es imposible de calcular.

Este conjunto de servicios de la Sede le hace posible a AA funcionar como un todo. Guardan nuestra Tradición; distribuyen nuestras publicaciones principales. Vigilan nuestras relaciones con el público en general y así nos relacionan apropiadamente con el mundo exterior. Sirven para mediar nuestras dificultades; guían nuestra política. Por lo tanto, estos indispensables servicios son las principales cuerdas de salvamento de AA para los millones que todavía no nos conocen.

Este centro mundial de servicio constituye la parte principal de nuestro recién anunciado Tercer Legado. Y bajo los términos de este Legado de Servicio, la Conferencia de Servicios Generales, un organismo representativo compuesto por delegados estatales y provinciales, asumió el pasado abril el control y la orientación de los asuntos principales de AA.

Este acontecimiento marcó la transferencia a ustedes—los miembros de Alcohólicos Anónimos—de la responsabilidad de nuestros servicios mundiales que anteriormente recaía en el Dr. Bob, en nuestros amigos y en mí mismo. Sostengan y cuiden bien estos servicios; las vidas y el destino de millones de personas, y la supervivencia misma de AA, puede depender de cómo cumplan ustedes con esta recién asumida obligación.

Hagamos respetables nuestros servicios; concedámosles una importancia igual a la de los Doce Pasos de recuperación y los Doce Principios de la Tradición de AA. Olvidemos nuestro temor a estar excesivamente organizados; recordemos que AA, como una totalidad, no puede estar organizada, pero debemos organizar y sostener nuestros servicios de manera que AA pueda funcionar. Olvidemos nuestros primeros temores de profesionalismo, de acumulación de riqueza y de gobierno. La experiencia, fortalecida ahora por nuestras Tradiciones, ya nos ha convencido de que es poco probable que nos veamos asediados por cualquiera de estos males.

Sobre todo, cambiemos nuestras viejas actitudes hacia el dinero. Colectivamente, los miembros de AA tienen unos enormes ingresos debido a su sobriedad; representa una bonanza de quinientos millones de dólares cada año. ¿No podemos volver a invertir sabia, agradecida y humildemente, una pequeña fracción de esta vasta cantidad en los servicios vitales que hacen funcionar a AA? Creo que podemos y creo que lo haremos. Porque hemos visto en nuestras propias vidas que la sobriedad produce dinero, y hemos visto en nuestros servicios de AA que un poco de dinero produce dividendos espirituales incalculables. Volvamos a considerar este asunto desde el principio hasta el final.

Nos hemos recuperado por medio de nuestros Doce Pasos, nos hemos unificado por medio de nuestras Tradiciones, y por medio de nuestro Tercer Legado—el Servicio—llevaremos el mensaje de AA en todas las épocas venideras. De esto, me siento felizmente seguro.

Una visión del mañana

Enero de 1951

Una clara visión del mañana sólo viene después de una mirada realista al ayer. Por esta razón los AA hacemos nuestro inventario personal; y por la misma razón este número del Grapevine nos pide que meditemos sobre los grandes sucesos de 1951. Es nuestro inventario anual.

Todos los AA estarán de acuerdo en que acabamos de pasar por doce asombrosos meses que han moldeado nuestro destino.

Creo que el acontecimiento de mayor importancia fue la adopción por parte de AA de su Tercer Legado de Servicio. Por primera vez, nuestra Sociedad, llegada a su mayoría de edad, tenía la posibilidad de saber lo que quiere, de hacerse cargo de la dirección de sus principales asuntos y de la protección de sus Tradiciones. El Tercer Legado señaló además el abandono definitivo de las insignificantes riñas de nuestra niñez en favor de una gestión mucho más madura. Firmemente anclada en el pináculo de nuestra catedral espiritual, se yergue la aguja del servicio. Muy por encima de los cimientos que simbolizan la recuperación, muy por encima de los muros protectores que representan nuestra unidad, se eleva para atraer a los millones que todavía no nos conocen. Era el último elemento de nuestra estructura. Creemos que esto era el significado más profundo de la primera Conferencia de Servicios Generales, que se efectuó el pasado abril en Nueva York.

Pero también nos vimos afectados por otros grandes acontecimientos que se originaban fuera de AA. Nunca se habían dirigido a AA tantos teólogos, filósofos, sociólogos, patrones y especialistas en ciencias políticas para ver cómo se pueden aplicar sus principios y su estructura a sus respectivos campos de estudio y trabajo. Nunca habían declarado tantos eminentes clérigos que los Doce Pasos de AA se podían utilizar para tratar casi cualquier problema humano.

Por todas partes del mundo se intensificaron los esfuerzos para resolver el problema global del alcoholismo; la renombrada Organización Mundial de la Salud empezó a dedicarse enérgicamente a la cuestión. En Norteamérica, los estados y provincias concedieron grandes subvenciones a los hospitales, las clínicas y a la educación. Se ofrecieron nuevas drogas como paliativos para todo lo que pueda afligir al alcohólico, desde los temblores hasta las neurosis. En todas estas empresas, AA recibió invariablemente grandes elogios. Una compañía grande de seguros de vida, la Metropolitan, nos dio su plena aprobación en su publicidad. Aunque no podíamos respaldar ninguno de estos esfuerzos, gustosamente cooperamos con algunos y estábamos muy agradecidos por todos ellos.

El interés del público llegó a su punto culminante con el número especial de febrero de 1951 de la revista *Fortune*. En este número aparecieron miles de buenas palabras acerca de AA. El artículo llevaba un título muy significativo: "Un fenómeno distintivamente norteamericano." Ha seguido teniendo tanta popularidad que nuestra Fundación ha distribuido centenares de miles de reimpresiones.

El año 1951 terminó con otro gran acontecimiento. El mundo científico, representado por la Asociación Norteamericana de Salud Pública, dio a Alcohólicos Anónimos su sello de completa aprobación. El pasado 30 de octubre, el escenario del histórico teatro de la ópera de San Francisco estaba repleto de gente destacada de la medicina y de la vida pública. Allí mismo se otorgó a AA el codiciado Premio Lasker, el cual, según la opinión de muchas personas, está a la misma altura que el Premio Nobel. El texto del Premio Lasker no solamente nos elogiaba por nuestros éxitos en el campo del alcoholismo, sino que se aventuraba además a hacer una profecía. Las últimas palabras dicen: "Es posible que algún día los historiadores reconozcan a Alcohólicos Anónimos como una Sociedad que hacía mucho más que conseguir un éxito considerable respecto al alcoholismo y su estigma; puede que algún día reconozcan que Alcohólicos Anónimos ha sido una aventura pionera en su campo, que ha forjado un nuevo instrumento para el progreso social, una nueva terapia basada en la afinidad entre los que tienen un sufrimiento en común, y que dispone de una potencialidad enorme para la solución de las innumerables aflicciones de la humanidad."

Así se lee en la crónica espectacular del año 1951—uno de los más impresionantes capítulos de la historia de AA.

Todo miembro de AA que se pare a pensar en estos asombrosos acontecimientos, es casi seguro que exclame con humildad, "¡Qué maravilla ha obrado Dios!" Cualquiera que se sienta tentado a soñar que AA se esté convirtiendo en algo grande y poderoso o que pueda estar destinado a salvar el mundo, más vale que vuelva a leer el prólogo de la Tradición de AA donde se encuentran las siguientes palabras: "Si, como miembros de AA, podemos rechazar el prestigio público y renunciar a todo deseo de poder personal; si, como movimiento, insistimos en permanecer pobres... si nos negamos firmemente a formar alianzas políticas, religiosas y similares, evitaremos la división interna y la notoriedad pública; si, como movimiento, seguimos siendo una entidad espiritual, interesada *únicamente* en llevar el mensaje a nuestros compañeros de fatigas... entonces, y sólo entonces, podremos cumplir nuestro cometido con la mayor eficacia."

Lo cual, en efecto, es rezar: "No nos dejes caer en la tentación"—no dejes que nos estropeemos.

Mientras que meditemos así, con humildad, sobre nuestro magnífico pasado, Dios nos seguirá concediendo nuestra visión del mañana.

Nuestra última gran decisión

Junio de 1954

El 10 de junio del año que viene, 1955, celebraremos el vigésimo aniversario de AA. Pero esto no será todo lo que tengamos que celebrar. Porque en el año 1955, espero que esta Sociedad tomará la última gran decisión en lo concerniente a su forma y sustancia finales.

¿Cuál va a ser exactamente esta decisión tan importante?

En abril de este año, la Conferencia de Servicios Generales se reunió para efectuar la cuarta, y la última, de sus sesiones experimentales.

Como ya sabemos la mayoría de nosotros, esta Conferencia nuestra es el instrumento por medio del cual esperamos que AA, a nivel mundial, pueda asumir en un futuro próximo la completa dirección y control de sus servicios globales y de sus asuntos principales, todas aquellas actividades de servicio vitales que, desde hace mucho tiempo, han girado en torno a nuestra Fundación, nuestra Oficina de Servicios Generales y nuestras agencias editoriales, las Publicaciones de AA y el AA Grapevine.

Los pasados cuatro años, como parte de un experimento, los delegados estatales y provinciales de los Estados Unidos y Canadá se han venido reuniendo con nuestros custodios y trabajadores de servicio aquí en Nueva York para determinar si AA—como una totalidad—puede realmente funcionar así, bajo la dirección de su conciencia colectiva, y si ahora puede tomar en sus propias manos, con seguridad y para siempre, nuestro Tercer Legado de Servicio.

Los que ansiosamente hemos visto a nuestra recién nacida Conferencia dar sus primeros pasos, los que la hemos visto cobrar forma, sustancia y fortaleza, sentimos un optimismo arrollador. Creemos que nuestra Conferencia, al estar vinculada de una forma segura con otras conferencias similares de cada lejano país, puede garantizar, absolutamente, la supervivencia, la unidad y el funcionamiento de AA por todo el mundo. Sentimos la profunda seguridad de que este nuevo faro de servicio puede hacer frente a cualquier tormenta o peligro que se pueda cernir sobre nosotros con el paso de los años. Por primera vez, tenemos la certeza de que AA está bien amparada y segura.

Por lo tanto el gran acontecimiento de 1955 será nuestra decisión de convertir esta recién nacida Conferencia de Servicios Generales en una parte permanente de la vida de AA. Este paso irrevocable señalará que se ha completado la estructura de AA—Recuperación, Unidad, y ahora, Servicio. Marcará el día en que, ante Dios y ante el mundo, declararemos que somos responsables y que ya hemos llegado a nuestra mayoría de edad.

En ese momento el tercer y último Legado—el Legado de Servicio—habrá pasado de las manos de los ancianos—gente como el Dr. Bob y yo—a las de ustedes, que son los Alcohólicos Anónimos de hoy y de mañana.

Tal será el enorme significado del año 1955, del día de nuestro Vigésimo Aniversario, y de la hora de la decisión final de AA.

Que esta sea la voluntad de Dios para con todos nosotros—Amen.

Una carta a los grupos

Julio de 1954

Tras una detenida discusión en la recién celebrada Conferencia de Servicios Generales, se votó por eliminar todos los descuentos concedidos a los grupos de los EE.UU. y Canadá en las compras del Libro Grande y *Doce Pasos y Doce Tradiciones*.

La decisión fue tomada por una gran mayoría—sesenta y ocho contra siete—y constituía una muestra representativa de la opinión de AA. Se me sugirió que les escribiera a ustedes para explicarles por qué se consideraba tan necesaria esta decisión.

Nuestra experiencia aquí en la Sede de AA durante los quince años que lleva establecida indica claramente—de hecho lo grita a voces—que la Fundación siempre tiene que disponer de *un fondo de reserva sustancial en dinero contante y sonante* para cubrir los déficits que a menudo se experimentan y estar preparados ante la eventualidad de una depresión económica o una fuerte inflación, asegurando así nuestros servicios mundiales sean cuales sean las circunstancias.

Esta no es una mera teoría. Durante sus primeros dos años de operaciones, los gastos totales de la Sede General se cubrieron con los ingresos provenientes de las ventas de libros y folletos. Luego, en 1941, los grupos empezaron a asumir la responsabilidad de sufragar los gastos de la Oficina de la Sede General, por medio de sus contribuciones voluntarias. No obstante, sólo en cinco de los trece años transcurridos desde 1941 han ascendido las contribuciones de los grupos a una cantidad suficiente como para pagar todas las cuentas de la Oficina de Servicios Generales de AA. Y en dos ocasiones, fue necesario utilizar las entradas producidas por la venta del libro, acumuladas en el fondo de reserva de la Fundación, para evitar el cierre de la Oficina Central o una reducción considerable de sus servicios.

Recuerdo un período en que las contribuciones mensuales de los grupos fueron unos $2,000 menores que los gastos mensuales de la oficina. Al mismo tiempo, el Grapevine fue experimentando una pérdida de unos $1,000 cada mes. Durante casi dos años seguimos perdiendo cada mes una cantidad parecida. Gracias solamente a la reserva que la Fundación tenía acumulada, proveniente de la venta del libro, el Grapevine se salvó de la quiebra. Y habríamos tenido que hacer una considerable reducción en la Oficina de Servicios Generales en el mismo momento en que nuestra Comunidad, que estaba creciendo rápidamente, necesitaba más servicios, no menos.

Gracias a la Conferencia de Servicios Generales, a las actividades de sus delegados, y los miembros de comité, y a la mayor comprensión que ustedes tienen de nuestras necesidades de servicio, nos encontramos ahora en condiciones mucho mejores. El año pasado, el Grapevine experimentó un pequeño beneficio. Y gracias al aumento en las contribuciones de los grupos, casi se cubrieron los gastos de la Oficina de Servicios Generales.

Aun así, quedaba un déficit general de unos $10,000, debido al hecho de que las contribuciones especiales de los grupos fueron inferiores en esta cantidad a los costos de la Oficina de Servicios Generales.

Nuevamente, a pesar de las mejoras que han tenido lugar recientemente, era necesario utilizar una parte del dinero proveniente de la venta de libros y folletos para poder efectuar la Conferencia de Servicios Generales.

Estos son los hechos de nuestra historia que nos indican la necesidad de tener siempre en la Fundación un fondo de reserva prudente. Este dinero garantiza la operación de los servicios mundiales de AA contra viento y marea.

Debido al aumento de nuestros gastos y de la inflación en años recientes, nuestro fondo de reserva *ahora representa tan solo nueve meses de gastos de operaciones* de la Oficina de Servicios Generales de AA.

Teniendo en cuenta la época incierta en que vivimos, la Conferencia consideró que esta cantidad es demasiado pequeña y nos pone en una situación muy arriesgada. La Conferencia se dio cuenta de que una disminución de tan siquiera un 15 o un 20 por ciento en las contribuciones de los grupos y la venta de literatura nos crearía una circunstancia muy peligrosa.

De allí que la Conferencia decidiera eliminar todos los descuentos en las ventas de los libros hasta que la reserva de la Fundación alcance una cantidad igual a dos o tres años de gastos de operaciones de la Oficina de Servicios Generales.

Esto quiere decir que ahora las Publicaciones de AA cobrará a los grupos de los EE.UU. y Canadá $3.50 por el Libro Grande y $2.75 por *Doce Pasos y Doce Tradiciones*. Se estipuló explícitamente que La Fundación ingresará este dinero adicional en la cuenta bancaria que representa su fondo de reserva. Y, si dentro de unos pocos años este fondo llegara a los $300,000, se acordó que se volverían a ofrecer los descuentos a los grupos. Cuando pensamos en el inmenso tamaño y alcance de AA, estos $300,000 se convierten en una cantidad muy pequeña—es una inversión permanente de solamente $2.00 por miembro a fin de que, sean cuales sean las circunstancias, el centro mismo de AA nunca se desmorone.

Esta acción de la Conferencia me produjo una gran satisfacción y un gran alivio, porque significa que su Sede estará a prueba de depresiones y calamidades.

Confío en que todos los grupos se den cuenta de la necesidad de esta acumulación protectora de dinero y, al mismo tiempo, sigan haciendo sus acostumbradas contribuciones voluntarias, con las que cubrimos los gastos actuales de la Oficina de Servicios Generales.

¡Un millón de gracias a todos ustedes!

La significación de Saint Louis

Abril de 1955

Cuando llegue el próximo verano, habrán pasado 20 años desde que me encontré por primera vez con el Dr. Bob—20 años desde que saltó la chispa que se iba a convertir en Alcohólicos Anónimos y tomó forma y sustancia el Grupo Número Uno de AA de Akron.

El próximo mes de julio, vamos a celebrar nuestro Aniversario en Saint Louis—todos los que podamos arreglárnoslas para llegar allí, tal vez diez mil, tal vez veinte. Y todos los que no puedan estar allí estarán sin duda presentes en espíritu y compartirán con nosotros aquellas horas emocionantes y significativas cuando lean los informes.

Saint Louis no va a ser simplemente un aniversario más, por la contundente razón de que nunca podrá haber, en todos nuestros años futuros, otra ocasión como ésta.

Como en todos los aniversarios que celebramos en el pasado, vamos a dar gracias a Dios por habernos liberado de nuestra esclavitud; agradecidamente. Vamos a rendir homenaje a todos nuestros amigos, íntimos y queridos, que nos acompañaban durante nuestra noche oscura del alma; recordaremos con gratitud a todos aquellos amigos del mundo exterior cuyas ideas, obras generosas y buena voluntad han contribuido a hacer que AA sea lo que es hoy. Nos saludaremos unos a otros con un cariño que rara vez se conoce en otras partes. Intercambiaremos experiencias, confesaremos que nuestra Sociedad tiene sus defectos, y pediremos a Dios que nos enseñe cómo eliminarlos. Contemplaremos el significado de nuestra emocionante, aunque corta, historia y, con fe segura, aceptaremos el destino que la Providencia nos tenga reservado. En Saint Louis, haremos todas estas cosas.

Pero también vamos a hacer algunas cosas que nunca se podrán volver a hacer: Vamos a afirmar que la infancia y la adolescencia de nuestra Sociedad ahora pertenece a su increíble y casi milagroso pasado; que nuestra Comunidad ya ha llegado a su mayoría de edad; que ahora nos proponemos tomar total posesión y hacernos completamente responsables de la herencia que hemos acumulado desde los primeros días de AA—aquellos legados vitales de Recuperación, Unidad y Servicio. La unidad y funcionamiento de nuestra Sociedad ya no dependerán de sus padres, ancianos o fundadores. Esto será la significación única y especial de Saint Louis.

Significa que todos nosotros—la totalidad de AA—estamos ahora completamente listos para asumir la custodia total de las Tradiciones de AA que aseguran nuestra futura unidad y además para hacernos cargo de los servicios mundiales mediante los cuales funcionamos como una Comunidad íntegra y de los cuales se extienden a todas partes del mundo nuestras principales cuerdas de salvamento hacia los millones que aun necesitan AA.

Tal vez esto suene vago, abstracto o idealista. Pero en realidad no lo es. La idea básica es sencilla y práctica. En la vida de cada familia llega el momento en que los padres deben decir a los hijos y a las hijas: "Ya sois adultos. Aquí tenéis vuestra herencia. Podéis hacer con ella lo que queráis. Velaremos por vosotros, os ayudaremos, pero ya no debemos decidir por vosotros, actuar por vosotros o protegeros. De aquí en adelante, seréis responsables de vuestras propias vidas y bienestar. Ahora debéis coger de la mano a vuestro destino. Que Dios os ame." Todo el mundo sabe que un buen padre debe hacer esto. En algún que otro momento, todos los padres simplemente tienen que "desprenderse y dejarlo en manos de Dios." Esto es exactamente lo que los veteranos les propondremos a ustedes en Saint Louis. Por lo menos, esto es lo que yo tengo intención de hacer, ya que creo que esto será una decisión sana, oportuna y acertada.

En el gran escenario del Auditorio de Saint Louis, ustedes verán a sus representantes elegidos, la Conferencia de Servicios Generales de Alcohólicos Anónimos. Entre ellos, verán a los custodios de AA y a sus trabajadores de servicio mundial. Cuando llegue la hora final de nuestra Conferencia, yo, en nombre de los veteranos...

Pero aquí estoy, anticipando la sorpresa.

Espero que Lois y yo los veamos en Saint Louis.

Cómo se desarrollaron los servicios mundiales de AA Primera parte

Los siguientes tres artículos componen la sección histórica de El Manual de Servicios de AA. *Las secciones en que se citan hechos anticuados desde ya mucho tiempo, que se han suprimido del* Manual de Servicios, *aparecen aquí por su interés histórico.*

Mayo de 1955

Algún día se pondrá por escrito la historia de Alcohólicos Anónimos. Solo entonces la mayoría de nosotros comprenderá lo que han significado para nuestra Sociedad los servicios generales nacionales e internacionales, lo difícil que era crearlos y lo importante que es mantenerlos en años futuros.

Un día de 1937, en casa del Dr. Bob, en Akron, él y yo hicimos el balance de los trabajos de casi tres años. Por primera vez, vimos que la recuperación masiva de alcohólicos era posible. Teníamos en ese entonces dos grupos pequeños, pero sólidos, uno en Akron y otro en Nueva York, más unos pocos miembros esparcidos por otras partes. ¿Cómo podrían estos pocos recuperados comunicar a los millones de alcohólicos de todo el mundo la gran noticia? Esta era la cuestión.

Poco después, el Dr. Bob y yo nos reunimos con dieciocho miembros del Grupo de Akron, en la casa de T. Henry Williams, un fiel amigo no-alcohólico. Algunos del Grupo de Akron aún creían que debíamos atenernos al sistema de comunicación verbal; pero a la mayoría nos parecía que ahora necesitábamos nuestros propios hospitales con trabajadores pagados y, sobre todo, un libro destinado a otros alcohólicos en el cual se explicaran nuestros métodos y resultados. Esto requeriría una cantidad considerable de dinero—tal vez millones. No sabíamos entonces que los millones nos hubieran arruinado más que el no tener dinero en absoluto. Así, el grupo de Akron me comisionó para viajar a Nueva York y recaudar fondos. Al volver a casa, encontré al Grupo de Nueva York completamente de acuerdo con esta idea. Varios de nosotros nos pusimos a trabajar inmediatamente.

Con la ayuda de mi cuñado, el Dr. L.V. Strong, Jr., nos pusimos en contacto con el Sr. Willard S. Richardson, amigo y, desde hacía mucho tiempo, asociado de la familia Rockefeller. El Sr. Richardson pronto se entusiasmó e interesó a un grupo de sus propios amigos. En el invierno de 1937, se efectuó una reunión en las oficinas de John D. Rockefeller, Jr. Estuvieron presentes el Sr. Richardson y su grupo, el Dr. William D. Silkworth, algunos alcohólicos de Akron y de Nueva York, el Dr. Bob y yo. Después de largas discusiones, convencimos a nuestros nuevos amigos de que necesitábamos dinero urgentemente—y en gran cantidad.

Uno de ellos, el Sr. Frank Amos, hizo muy pronto un viaje para investigar el Grupo de Akron. (Frank sigue siendo un amigo y un custodio de Alcohólicos Anónimos.) Regresó de su viaje con un informe muy optimista sobre la situación de Akron, un resumen del cual el Sr. Richardson no tardó en someter ante John D. Rockefeller, Jr. Esto ocurrió a principios de 1938. Aunque estaba muy impresionado, el Sr. Rockefeller rehusó donar una gran suma de dinero, por temor a profesionalizar a AA. No obstante, donó $5,000, los cuales se usaron para mantenernos al Dr. Bob y a mí durante 1938. Estábamos todavía muy lejos de los hospitales, los misioneros, los libros, y de dinero en grandes cantidades. En aquel entonces, esto nos pareció muy duro, pero fue probablemente uno de los mejores golpes de suerte que haya tenido AA.

A pesar de la opinión del Sr. Rockefeller, reanudamos nuestros esfuerzos para persuadir a sus amigos de nuestra enorme necesidad de dinero. Al fin quedaron convencidos de que necesitábamos más dinero, por lo menos lo suficiente para preparar un libro sobre nuestros métodos y experiencias.

Esta decisión condujo a la formación en la primavera de 1938 de la llamada Fundación Alcohólica. La primera junta de custodios estaba compuesta de tres de nuestros nuevos amigos el Sr. Richardson, el Sr. Amos, y el Dr. L.V. Strong. Los alcohólicos estaban representados por el Dr. Bob y un miembro neoyorkino. Con una lista de posibles contribuidores que nuestros nuevos amigos nos habían facilitado, los alcohólicos de Nueva York empezamos a solicitar fondos. Ya que la Fundación Alcohólica estaba exenta de impuestos, por ser una organización caritativa, creíamos que los ricos iban a hacer aportaciones prodigiosas. Pero no pasó nada. Después de meses de solicitar dinero, no conseguimos recoger ni un centavo. ¿Qué íbamos a hacer?

Hacia fines de la primavera de 1938, yo había bosquejado lo que son ahora los dos primeros capítulos del libro *Alcohólicos Anónimos*. Se adjuntaron unas copias mimeografiadas de estas páginas al prospecto de nuestra inútil operación de reunir fondos. En la reuniones de la Fundación, que entonces se celebraban casi todos los meses, nuestros amigos no-alcohólicos se compadecían de nuestra falta de éxito. Casi la mitad de los $5,000 donados por el Sr. Rockefeller se habían usado para pagar la hipoteca de la casa del Dr. Bob. El resto, repartido entre nosotros dos, se acabaría muy pronto. Ciertamente el panorama era desolador.

Entonces, Frank Amos se acordó de su viejo amigo Eugene Exman, editor encargado de los artículos religiosos de la revista *Harper's*. Me envió a *Harper's*, y le enseñé al Sr. Exman dos capítulos de nuestro libro en preparación. Para mi satisfacción, el Sr. Exman se quedó muy impresionado. Mencionó la posibilidad de que *Harper's* podría adelantarme $1,500 en concepto de regalías para acabar el trabajo. Dado que en aquel entonces estábamos en la quiebra, esos $1,500 nos parecieron un montón de dinero.

No obstante, pronto se desvaneció nuestro entusiasmo por esta proposición. Cuando tuviéramos el libro terminado, deberíamos a *Harper's* 1,500 dólares. Y si, como esperábamos, AA conseguía entonces mucha publicidad, ¿cómo podríamos contratar ayuda para contestar la multitud de solicitudes de información que nos inundaría?

Además, había otro problema grave. Si nuestro libro de AA se convirtiera en el texto básico de Alcohólicos Anónimos, sería propiedad de gente ajena. Era evidente que nuestra Sociedad debería ser editora y propietaria de su propia literatura. Nuestro principal y más preciado patrimonio no debería ser propiedad de ninguna editorial ajena, por muy buena que fuese.

No obstante, en el mismo momento en que la propusimos, esta idea encontró resistencia por todas partes. Nos dijeron que los aficionados nunca debían intentar llevar un negocio de publicaciones. Nos advirtieron que muy rara vez publicaban algo que tuviera éxito. No obstante, unos cuantos de nosotros seguíamos pensando de otra forma. Habíamos descubierto que el costo de impresión de un libro no era sino una pequeña fracción del precio al detalle. Si nuestra Sociedad seguía creciendo, irían aumentando las ventas del libro. Con un margen de beneficios tan grande, veríamos unas entradas sustanciales. (Naturalmente, no nos molestamos en pensar en los demás gastos considerables de producir y distribuir los libros.) Así continuábamos debatiendo. Pero los que estaban en contra perdieron el debate porque la Fundación no tenía dinero, ni motivo para esperar que lo consiguiera. Esto fue el argumento decisivo.

Así que dos de nosotros seguimos adelante. Un amigo mío y yo compramos un talonario de acciones y escribimos en los certificados, "Works Publishing, valor $25." Luego, mi amigo, Hank P., y yo, ofrecimos acciones de la nueva casa editora a los alcohólicos de Nueva York y sus amigos. Solo conseguimos que se rieran de nosotros. ¿Quién compraría acciones—nos decían—de un libro que aun no se había escrito?

De alguna forma, tendríamos que persuadir a estos tímidos compradores, así que fuimos a ver al editor gerente del *Reader's Digest*, y le contamos la historia de nuestra Sociedad en ciernes y del libro que proponíamos editar. Le agradó mucho la idea y nos prometió que en la primavera de 1939, cuando, según preveíamos, el libro estaría listo, el *Reader's Digest* publicaría un artículo acerca de AA, en el que se mencionaría, por supuesto, el nuevo libro.

Esta era el aliciente que les podíamos ofrecer para convencerlos. Con un respaldo como éste, el libro propuesto se vendería por camiones. ¿Cómo podríamos fracasar? Los alcohólicos de Nueva York y sus amigos pronto cambiaron de idea acerca de las acciones de Works Publishing. Empezaron a comprarlas, la mayoría a plazos. Nuestro accionista principal invirtió $300. Acabamos consiguiendo cuarenta y nueve contribuidores. En los nueve meses siguientes, aportaron 4,500 dólares. También conseguimos un préstamo de $2,500 de Charles B. Towns, propietario del hospital donde yo había estado tan a menudo. Este dinero sirvió para que Hank, una secretaria llamada Ruth y yo pudiéramos seguir adelante hasta terminar el trabajo.

Ruth escribía a máquina mientras yo dictaba pausadamente los capítulos del texto del nuevo libro. Durante muchos meses, las acaloradas discusiones sobre estos borradores y sobre lo que se debía incluir en el libro caracterizaban las reuniones de los Grupos de Akron y de Nueva York. Me encontré haciendo más el papel de árbitro que el de autor. Mientras tanto, los alcohólicos de Akron, de Nueva York, y unos cuantos de Cleveland empezaron a escribir sus historias—veintiocho en total. Más al oeste, un miembro que era periodista ayudó mucho al Dr. Bob a recoger las historias, y aquí en Nueva York, Hank y yo seguíamos aguijoneando a los escritores aficionados.

Cuando el proyecto del libro se acercaba a su terminación, volvimos a visitar al editor gerente del *Digest* y le pedimos el artículo prometido. Nos echó una mirada vaga, sin apenas recordar quiénes éramos. Luego nos soltó la bomba. Nos dijo que, meses atrás, había presentado nuestra propuesta a la junta editorial del *Digest* y había sido rotundamente rechazada. Con un sinfín de disculpas, admitió que se le había olvidado por completo informarnos sobre el asunto. Esto fue aplastante.

Mientras tanto, con gran optimismo, aunque con poco dinero, habíamos pedido 5,000 ejemplares del nuevo libro. El impresor también había confiado en el *Reader's Digest*. Pronto tendría 5,000 libros en su almacén y ningún comprador.

Finalmente el libro apareció en 1939. Conseguimos que el *New York Times* publicara una reseña, y el Dr. Harry Emerson Fosdick nos hizo otra realmente muy buena, pero no pasó nada. El libro simplemente no se vendía. Estábamos endeudados hasta las cejas. El sherif se presentó en la oficina de Newark donde habíamos estado trabajando, y el propietario de la casa donde Lois y yo vivíamos, vendió el inmueble. Ella y yo nos encontramos en la calle y a merced de nuestros amigos de AA. Creíamos que la casa impresora, la Imprenta Cornwall, tomaría posesión del libro. Pero su presidente, Edward Blackwell, no quiso saber nada de esto. Casi inexplicablemente, seguía teniendo fe en nosotros. No obstante, algunos de los accionistas alcohólicos no compartían su fe. A veces, se expresaban con palabras fuertes, y muy poco halagadoras. Este era el triste estado de nuestra empresa editorial.

Nunca me podré explicar cómo logramos sobrevivir aquel verano de 1939.

Hank tuvo que conseguir un empleo. La fiel Ruth aceptó como pago acciones en la difunta compañía de publicaciones. Un amigo de AA puso a nuestra disposición su casa de verano, otro nos prestó un automóvil. Nos dirigimos a numerosos editores de revistas, tratando tenazmente de conseguir que se publicara algo acerca de nuestra Sociedad y su nuevo libro.

El primer golpe de suerte llegó en septiembre de 1939. La revista *Liberty,* dirigida en aquel entonces por quien llegaría a ser nuestro gran amigo, Fulton Oursler, publicó un artículo titulado "Los Alcohólicos y Dios," escrito por Morris Markey. Suscitó una reacción inmediata. Nos llegaron unas 800 cartas provenientes de alcohólicos y de sus familias. Ruth contestó a cada una de ellas, adjuntando un volante acerca del nuevo libro *Alcohólicos Anónimos.* Poco a poco empezó a venderse el libro. Luego, en el Cleveland *Plain Dealer*, apareció una serie de artículos sobre Alcohólicos Anónimos. De inmediato, los miembros de los grupos de Cleveland se multiplicaron de unos cuantos a muchos cientos. Se vendieron más libros. Así fue como, con grandes aprietos, salimos adelante de ese peligroso año.

No habíamos sabido nada del Sr. Rockefeller desde principios de 1938. Pero en febrero de 1940, hizo una dramática aparición. Su amigo, el Sr. Richardson, se presentó en una reunión de los custodios, con una amplia sonrisa. Nos dijo que el Sr. Rockefeller quería celebrar una cena en honor de Alcohólicos Anónimos. En la lista de invitados aparecían los nombres de muchas personas renombradas. Calculamos que entre todos representaban un capital de un billón de dólares por lo menos. El Sr. Richardson nos explicó que John D. Jr. había estado siguiendo atentamente, y con gran satisfacción, nuestros progresos, y ahora quería echarnos una mano. Nuestros problemas de dinero habían llegado a su fin—o, por lo menos, así lo creíamos.

La cena se celebró el mes siguiente en el Union League Club de la ciudad de Nueva York. El Dr. Harry Emerson Fosdick habló haciendo grandes elogios de nosotros y lo mismo hizo el eminente neurólogo, el Dr. Foster Kennedy. Luego, el Dr. Bob y yo informamos brevemente a los invitados sobre AA. Algunos alcohólicos de Akron y de Nueva York que se encontraban repartidos entre los comensales respondieron a sus preguntas. La concurrencia mostró un creciente entusiasmo e interés. Ahora sí que sí, nos dijimos; nuestros problemas de dinero estaban resueltos.

Luego el Sr. Nelson Rockefeller se levantó para hablar en nombre de su padre, que estaba enfermo. Dijo que su padre se alegraba mucho de que los asistentes a la cena hubieran visto los prometedores comienzos de la nueva Sociedad de Alcohólicos Anónimos. Rara vez, continuó Nelson, había mostrado su padre tanto interés en algo. Pero obviamente, puesto que el trabajo AA era a base de pura buena voluntad, de una persona que lleva el mensaje a otra, se necesitaría poco o ningún dinero. Al oír este comentario, se nos cayó el alma a los pies. Cuando el Sr. Nelson Rockefeller terminó de hablar, todos los capitalistas, con un valor colectivo de un billón de dólares, se levantaron y se fueron, sin dejar ni un centavo tras de sí.

Al día siguiente, el Sr. Rockefeller les escribió a todos los invitados a la cena, incluso a los que no habían asistido. Nuevamente les reiteró su gran interés y plena confianza en nosotros. Nuevamente insistió que se necesitaba poco o ningún dinero. Luego, al final de su carta, dijo de paso que iba a donar $1,000 a Alcohólicos Anónimos.

Después de leer los artículos de prensa acerca de la cena del Sr. Rockefeller, muchas personas fueron corriendo a las librerías a comprar el libro *Alcohólicos Anónimos*. Los custodios de la Fundación solicitaron contribuciones de los invitados a la cena. Teniendo en consideración la cantidad donada por el Sr. Rockefeller, actuaron en consecuencia. Nos llegaron unos $3,000, un donativo anual que, según se desenvolvió el asunto, sólo solicitamos y recibimos durante los cuatro años siguientes.

Más tarde, llegamos a darnos cuenta de lo que el Sr. Rockefeller había hecho realmente por nosotros. Corriendo el riesgo de caer en ridículo, había expresado ante todo el mundo su respaldo a una pequeña Sociedad de alcohólicos porfiados. Para beneficio de estos desconocidos, se había puesto a sí mismo en una situación comprometida. Decidiendo sabiamente no contribuir con dinero, había dado generosamente de sí mismo. Con esto precisamente, John D. Rockefeller nos salvó de los peligros de la administración de propiedades y del profesionalismo. No podía haber hecho nada mejor.

Como consecuencia, a finales del año 1940, el número de miembros de AA ascendió a casi dos mil. El Dr. Bob y yo empezamos a recibir $30 semanales cada uno de las contribuciones de los invitados a la cena. Esto nos alivió enormemente. Lois y yo nos fuimos a vivir en una pequeña habitación del primer club de AA, ubicado en el n° 334 de la calle 24 Oeste de Nueva York.

Mejor aún, el aumento de las ventas del libro hizo posible establecer una Sede nacional. Nos trasladamos de la calle William n° 75 de Newark, New Jersey, donde se había escrito el libro de AA, a la calle Vesey n° 30, al norte del distrito financiero de Nueva York. Nos instalamos en una modesta oficina de dos cuartos, justo enfrente de la Oficina de Correos de la calle Church. Allí estaba el famoso apartado Box 658, listo para recibir los miles de frenéticas solicitudes que habrían de llegarle. En esa coyuntura, Ruth Hock se convirtió en la primera secretaria nacional de AA, y yo me convertí en una especie de factótum de la Sede.

Durante todo el año de 1940, las ventas del libro constituían el único sostén de la oficina de Nueva York, que estaba luchando por subsistir. Cada centavo de estos ingresos se utilizó para sufragar los gastos del trabajo de AA realizado allí. Respondimos a todos los que nos dirigían solicitudes de ayuda, enviándoles calurosas cartas personales. A los alcohólicos o a sus familiares que mostraban un insistente interés, les seguíamos escribiendo cartas. Amparados y animados por estas cartas, y por el libro *Alcohólicos Anónimos*, empezaban a tomar forma nuevos grupos de AA.

Aun más importante, teníamos listas de posibles candidatos que vivían en diversas ciudades y aldeas de los Estados Unidos y Canadá. Entregábamos estas listas a agentes y comerciantes viajeros, miembros de grupos de AA ya establecidos. Manteníamos una nutrida correspondencia con estos mensajeros, quienes ayudaban a formar otros muchos grupos. Para ayudarles en sus trabajos, editamos un directorio de grupos.

Luego hubo una actividad inesperada. Ya que los grupos recién nacidos tenían muy contadas oportunidades de ver a sus padrinos viajeros, empezaron a recurrir a la oficina de Nueva York, solicitando ayuda para resolver sus incontables problemas. Les pasamos por correspondencia la experiencia de los centros más antiguos. Poco tiempo más tarde, como veremos a continuación, esta actividad se convirtió en uno de nuestros servicios principales.

Mientras tanto, algunos de los accionistas de la editorial del libro, Works Publishing, empezaron a ponerse inquietos. Se quejaban de que todos los beneficios producidos por el libro se estaban utilizando para sostener el trabajo de AA en la oficina. ¿Cuándo se les iba a devolver su dinero? Además, íbamos a tener que encontrar alguna forma de devolverle al Sr. Towns sus 2,500 dólares. Y ahora nos dimos clara cuenta de que el libro *Alcohólicos Anónimos* debía convertirse en propiedad de todo AA. En aquellas fechas, la tercera parte pertenecía a los 49 accionistas, la tercera parte a mi amigo, Hank, y la otra tercera parte a mí.

Como primer paso para lograr este fin, conseguimos que se efectuara una revisión de la contabilidad de la compañía editorial, Works Publishing, y que se constituyera en sociedad. Hank y yo donamos nuestras acciones a la Fundación. Esto representaba el capital que habíamos tomado en concepto de servicios prestados. Pero los otros 49 accionistas habían invertido dinero contante y sonante. Tendríamos que reembolsarles en efectivo. ¿Dónde íbamos a obtenerlo?

La ayuda que necesitábamos apareció en la persona del Sr. A. LeRoy Chipman. El era también amigo y asociado del Sr. John D. Rockefeller, y recientemente había sido nombrado custodio de la Fundación. Logró convencerles al Sr. Rockefeller, a dos de sus hijos y a algunos de los invitados a la cena para que hicieran un préstamo de $8,000 a la Fundación. Con este dinero, cancelamos prontamente la deuda de $2,500 que teníamos con el Sr. Towns, y algunas deudas incidentales, y reembolsamos el total de sus inversiones a los 49 accionistas, quienes, a su vez, cedieron sus acciones a la Fundación. Dos años más tarde, ya que el libro *Alcohólicos Anónimos* se había vendido tan bien, nos vimos en la posibilidad de cancelar el préstamo en su totalidad. Impresionados por esta muestra de responsabilidad económica, el Sr. Rockefeller, sus hijos, y algunos de los invitados contribuyeron a la Fundación con la mitad de la suma que nos habían prestado.

Estas fueron las gestiones que nos permitían convertir el libro *Alcohólicos Anónimos* en patrimonio de nuestra Sociedad entera. Por medio de su Fundación, AA ahora era propietaria de su libro de texto básico, con la única obligación de pagar regalías al Dr. Bob y a mí. Ya que los ingresos producidos por la venta del libro seguían constituyendo el único sostén de nuestra Sede, los custodios naturalmente asumieron la responsabilidad administrativa de la oficina de AA de la calle Vesey. La estructura de los servicios mundiales de AA ya había empezado a tomar forma y sustancia.

En la primavera de 1941 tuvimos un golpe de suerte. El *Saturday Evening Post* decidió publicar un artículo acerca de Alcohólicos Anónimos y designó a uno de sus escritores más destacados, Jack Alexander, para hacer este trabajo. Jack, que acababa de escribir un artículo sobre el crimen organizado en New Jersey, emprendió su trabajo un poco a la ligera. Pero pronto llegó a ser un "converso" de AA, aunque no era alcohólico. Pasó un mes con nosotros, trabajando desde la mañana hasta la noche. El Dr. Bob y yo, y muchos de los veteranos de los grupos pioneros de Akron, Nueva York, Cleveland, Philadelphia y Chicago, pasamos incontables horas con él. Cuando ya pudo sentir a AA en la médula de sus huesos, se puso a escribir el artículo que conmovió a los borrachos y sus familias por toda la nación. Fue el artículo principal del *Post* del 1 de marzo de 1941.

Entonces vino el diluvio. Seis mil súplicas desesperadas de alcohólicos y de sus familias llegaron a la oficina de Nueva York, PO Box 658. Al principio, estrujábamos las cartas a diestra y siniestra, sin poder creer lo que veíamos, riendo y llorando. ¿Cómo podríamos contestar esta multitud de cartas conmovedoras? Era evidente que Ruth y yo nunca podríamos hacerlo solos. No podríamos contentarnos con una carta circular. Tendríamos que enviar una respuesta personal y comprensiva a cada una de ellas.

Así que llegaron al viejo Club del calle 24 de Nueva York muchos voluntarios con máquinas de escribir. No sabían nada de cómo "vender" AA por correo y, naturalmente, se sintieron descorazonados ante la avalancha. Unicamente podíamos responder a esta emergencia con trabajadores asalariados de plena dedicación. Pero con los ingresos producidos por la venta del libro de AA nunca podríamos pagar las cuentas. ¿De dónde íbamos a sacar el dinero?

Tal vez los grupos de AA podrían ayudar. Aunque nunca les habíamos pedido nada, éste sin duda era asunto suyo. Teníamos que hacer un enorme trabajo de Paso Doce, y hacerlo rápidamente. Estas peticiones nunca deberían acabar en la papelera. Necesitábamos encontrar dinero.

Así que les contamos la historia a los grupos y los grupos respondieron. Las *contribuciones voluntarias* se fijaron en $1.00 por miembro y por año. Los custodios de la Fundación acordaron hacerse cargo de estos fondos, ingresándolos en una cuenta bancaria especial y destinándolos solamente para los trabajos de la oficina de AA. Aunque al principio las contribuciones fueron menores de lo esperado, resultaron ser suficientes. La oficina de AA contrató a dos trabajadores de plena dedicación y, dos semanas más tarde, nos pusimos al día.

Pero esto sólo fue el comienzo. Muy pronto el mapa que teníamos en la pared de nuestra oficina estuvo repleto de alfileres que indicaban la difusión de los grupos de AA. La mayoría de ellos no contaban con ninguna experiencia que les orientara. Tenían un sinfín de problemas y preocupaciones. Los aprovechados se aprovechaban, los solitarios se lamentaban de su soledad, los comités disputaban, los nuevos clubs tenían dificultades inauditas, los oradores charlataneaban, los grupos se veían desgarrados por controversias. Los miembros se convertían en profesionales y vendían el movimiento; a veces grupos enteros se emborrachaban, las relaciones públicas locales llegaron a ser un escándalo—tal era nuestra verdaderamente aterradora experiencia.

Luego empezó a correr el fantástico rumor de que la Fundación, la oficina de Nueva York, y el libro *Alcohólicos Anónimos*, no eran sino un engaño en el que había caído insensatamente el Sr. Rockefeller. Eso ya era el colmo.

Creíamos que habíamos demostrado que los alcohólicos podían lograr la sobriedad por medio de AA, pero sin duda estábamos muy lejos de demostrar que los alcohólicos podían trabajar juntos o siquiera mantenerse sobrios bajo estas nuevas e increíbles condiciones.

¿Cómo podía AA mantenerse unida, y cómo podría funcionar? Estas eran las angustiosas cuestiones de nuestra adolescencia. Tendríamos que pasar por otros diez años de experiencia para tener las respuestas acertadas que tenemos hoy día.

Cómo se desarrollaron los servicios mundiales de AA
Segunda parte

Junio de 1955

Habíamos empezado el año 1941 con 2,000 miembros, y terminamos con 8,000. Así es como se midió el gran impacto que produjo el artículo del *Saturday Evening Post*. Pero esto era solo el principio de incontables miles de súplicas de ayuda enviadas por individuos y grupos en crecimiento de todas partes del mundo que hasta hoy continúan llegando a nuestra Sede de servicios generales.

Este desarrollo fenomenal trajo consigo otro problema muy importante. Ya que ahora nos encontrábamos en primera plana nacional, tuvimos que empezar a tratar con el público en gran escala. La mala voluntad del público podría impedir nuestro crecimiento, e incluso llevarnos a un estancamiento. Pero la confianza entusiástica del público podría causar que el número de miembros aumentara hasta unas cifras casi inimaginables. El artículo del *Post* lo había demostrado. No solo era un gran problema, sino también un problema muy delicado. Las "meteduras de pata" que suscitaran prejuicios podrían costar vidas. Se tenía que formular y poner en efecto una política de relaciones públicas cuidadosamente pensada.

Nuestras relaciones con la medicina y con la religión serían de la mayor importancia. Bajo ningún concepto deberíamos entrar en competencia con ninguna de las dos. Si causáramos la impresión de ser una nueva secta religiosa, estaríamos acabados. Si nos metiéramos en el campo de la medicina, como tal, el resultado sería el mismo. Así que empezamos a recalcar insistentemente el hecho de que AA era una *forma de vida* que no chocaba con las creencias religiosas de nadie. Explicamos a los médicos la gran necesidad que teníamos de la hospitalización, y expusimos a los siquiatras y a los centros de desintoxicación las ventajas de cooperar con nosotros. Las cuestiones religiosas siempre serían de la incumbencia de los clérigos, y la práctica de la medicina sería siempre asunto de los médicos. Como legos, solo estábamos ofreciendo el eslabón que faltaba en la cadena.

Estas actitudes, que hemos mantenido desde entonces, han producido resultados alentadores. Hoy día contamos con el apoyo incondicional de casi todas las confesiones religiosas. La mayoría de los médicos que realmente comprenden AA nos envían sus pacientes alcohólicos. Los miembros de AA a menudo hablan ante asociaciones religiosas y sociedades médicas. De forma parecida, a menudo se pueden ver en las grandes reuniones abiertas de AA a los hombres de la medicina y de la religión.

Por muy importantes que sean, la medicina y la religión resultaron ser solamente una fracción del campo global de las relaciones públicas.

¿Cuál es la mejor forma de cooperar con la prensa, la radio, el cine y, más recientemente, con la televisión? ¿Qué podríamos hacer por los empresarios que solicitaran ayuda especial? ¿Cuál sería la actitud apropiada para con los campos de la educación, la investigación, y la rehabilitación, privadas y públicas? ¿Cómo responderíamos a las prisiones y hospitales que quisieran tener grupos de AA en sus recintos? ¿Qué diríamos a los AA que se dedicaran a estos campos y se sintieran tentados a aprovecharse del nombre de AA para hacer publicidad o recoger fondos? ¿Qué diríamos o haríamos si AA fuera explotada, difamada o atacada por gente ajena? Tendríamos que encontrar respuestas apropiadas y soluciones viables a todos estos y a muchos más problemas; si no, AA se vería perjudicada.

El encontrar las respuestas apropiadas a todos estos posibles dilemas de las relaciones públicas ha sido un largo proceso. Después de multitud de pruebas y tanteos, a veces marcados por dolorosos errores, surgieron las actitudes y normas que nos darían los mejores resultados. Las más importantes se encuentran hoy en las Tradiciones de AA. El cien por cien de anonimato ante el público, ningún uso del nombre de AA en pro de otras causas por muy dignas que sean, ningún respaldo ni alianza, un solo propósito para Alcohólicos Anónimos, ningún profesionalismo, relaciones públicas basadas en el principio de atracción y no de promoción—estas eran algunas lecciones que aprendimos por la dura experiencia.

De esta manera, nuestra junta de custodios y la oficina de la Sede se convirtieron en el foco alrededor del cual iban tomando forma las Tradiciones de AA. Para 1945 se vio surgir el orden de lo que había sido una maraña caótica de relaciones públicas. Referente a estos asuntos, los líderes de nuestra Sociedad pidieron la experiencia y la orientación de la oficina de Nueva York. Estos esfuerzos han tenido tanto éxito que los miembros de AA, en general, siempre han dado por supuesto nuestro excelente historial de relaciones públicas. Esto era natural porque para ellos estos servicios eran prácticamente invisibles. No obstante, estas inadvertidas actividades de relaciones públicas han contribuido grandemente al increíble crecimiento de AA.

Hasta este punto en nuestra historia de servicio, hemos visto la Fundación, el Libro de AA, la elaboración de literatura en folletos, la contestación masiva a las súplicas de ayuda, las respuestas a los grupos que pedían consejo para solucionar sus problemas, el comienzo de nuestras maravillosas relaciones con el público, todo lo cual ha llegado a integrarse en el cuadro global del creciente servicio a todo el mundo de AA. Por fin, nuestra Sociedad realmente empezó a funcionar *como una totalidad*.

Sin embargo, el período de 1941 a 1945 trajo consigo aun más acontecimientos significativos. La oficina se trasladó de la calle Vesey al nº 415 de la Avenida Lexington, justo enfrente de la famosa Estación Central. Nuestro nuevo apartado postal fue el 459 del Grand Central Annex de Nueva York. Nos trasladamos debido a la urgente necesidad de servir a los muchos viajeros AA que pasaban por Nueva York. En cuanto nos instalamos allí, nos vimos asediados por visitantes que, por primera vez, empezaron a considerar a Alcohólicos Anónimos como una visión para el mundo entero. Estas personas no eran sino la vanguardia de los miles de AA y sus familiares, amigos, clérigos, médicos y patrones que desde entonces han visitado la Sede de Nueva York.

En 1941 Ruth se fue para casarse, dejando para siempre en nuestra Sociedad las huellas de su devoción. Le reemplazó Bobbie B., quien, por su inmensa laboriosidad, iba a conocer a miles y miles de AA durante los diez años siguientes. Iba a prestar un servicio muy señalado en la emocionante época de la adolescencia de AA, cuando nadie podía saber con certeza si podríamos funcionar o siquiera mantenernos unidos.

El desarrollo de Alcohólicos Anónimos pronto llegó a ser verdaderamente asombroso. Empezamos a progresar a toda marcha, llegando al Canadá, a las posesiones de los EE.UU. y a numerosos países extranjeros. Estos progresos nos presentaron nuevos dilemas para solucionar. Cada nueva cabeza de playa tenía que pasar por su período pionero y de volar a ciegas, como nos había sucedido a nosotros en los Estados Unidos. Nos tropezamos con barreras lingüísticas, así que hubo que traducir cada vez más de nuestra literatura a otros idiomas.

Además, nuestros amigos extranjeros nos presentaron algunas nuevas dudas especiales. Quizás AA no era sino un artilugio yanqui que no serviría para nada en Irlanda, Inglaterra, Holanda, Escandinavia, Australia y el Pacífico. Ya que sus países eran muy diferentes, los alcohólicos también deberían de ser diferentes. ¿Funcionaría AA en sus culturas?—nos preguntaban.

De nuevo recurrimos a mantener una nutrida correspondencia. A veces nos ayudaban algunos miembros norteamericanos que podían hacernos traducciones. Hicimos un esfuerzo para ponernos en contacto y dar información a los AA que iban a viajar al extranjero. De esta forma, hicimos gradualmente algunos progresos. Pero tardamos mucho tiempo en saber con seguridad que AA podría superar todas las barreras geográficas, lingüísticas, raciales y religiosas. No obstante, el mapa de AA hoy indica que nos encontramos en 52 países y posesiones de los Estados Unidos. Esto basta como respuesta. Ahora sabemos que es solo una cuestión de tiempo el que todo alcohólico del mundo tenga la misma oportunidad que nosotros hemos tenido aquí en América de recuperarse y ser feliz. Por lo tanto, prestar servicio a los grupos extranjeros ha llegado a ser una de nuestras actividades principales, aunque, hasta ahora, apenas hemos arañado la superficie del problema. Si la Sede de AA nunca hubiera hecho ninguna otra cosa, este esfuerzo por sí solo compensaría con creces los gastos de mantenerla.

Ya que AA estaba creciendo con tanta rapidez, la Sede también tenía que crecer. Las contribuciones de los grupos y nuestras abultadas ventas de literatura pronto nos exigieron que contratáramos a un contable fijo. Empezaron a aparecer filas de archivos de cartas y fichas. El directorio de los grupos empezó a tener el aspecto de una guía de teléfonos. Contratamos a más alcohólicos para trabajar como empleados de la oficina. A medida que se iban repartiendo los trabajos, empezaron a crearse los diferentes departamentos. Hoy día la oficina tiene muchos departamentos—grupos, relaciones públicas y exteriores, Conferencia de AA y gerencia de la oficina, envíos, embalaje, contabilidad, mecanografía y servicios especiales a las prisiones y hospitales.

Afortunadamente, la oficina no tenía que crecer tan rápido como lo hacía AA. De ser así, nunca hubiéramos podido pagar las cuentas. AA estaba creciendo tanto que no nos era posible hacerles saber a todos los miembros lo que estábamos haciendo. Por consiguiente, muchos grupos no nos ayudaban en absoluto. Contribuían menos de la mitad de los grupos. Experimentábamos déficits continuamente, los cuales, afortunadamente, podíamos compensarlos con dinero producido por la venta del Libro Grande, *Alcohólicos Anónimos*. Este libro no solo estaba rescatando a los alcohólicos, sino que repetidas veces rescataba también a la Sede.

En el año 1944 se desarrolló otro acontecimiento de inmenso valor. En el barrio de Greenwich Village, probablemente en un ático, unos cuantos AA con propensión literaria o periodística, empezaron a editar una publicación mensual. Le pusieron el nombre de Grapevine. No era ni mucho menos la primera revista o boletín local de AA. Pero desde el principio, era una publicación tan buena que pronto se hizo popular a escala nacional. Después de un tiempo, se convirtió en el reflejo del pensamiento y la acción de AA por todo el país. Era una alfombra mágica en la que todos nosotros podíamos viajar desde un lejano puesto avanzado de AA hasta otro. Llegó a ser un maravilloso medio para intercambiar nuestras ideas y experiencias del momento.

Pero al cabo de un tiempo, los fundadores del Grapevine descubrieron que tenían agarrado un tigre por el rabo. Siempre era divertido recibir y leer los artículos sometidos y prepararlos para publicación. Pero pegar todos esos sellos y enviar miles de ejemplares se convirtió en una tarea imposible.

Así que los del Grapevine acudieron a la Fundación para pedirnos que nos hiciéramos cargo del asunto. Los custodios preguntaron a los grupos si les gustaría hacer del Grapevine su revista nacional. Respondieron entusiásticamente que sí. Inmediatamente, la revista fue constituida en sociedad con el nombre de el AA Grapevine, Inc. Su junta, compuesta de cinco personas, estaba integrada por dos custodios de la Fundación, y los editores de la revista. Se utilizó dinero del fondo de reserva de la Fundación para cubrir el creciente déficit y, naturalmente, se contrató a los trabajadores especiales necesarios. Pero hasta hoy día, los editores y sus sucesores han venido prestando sus servicios como voluntarios y sin remuneración. En diez años, el número de abonados, en todas partes del mundo, ha ascendido a 30,000. De esta manera, nació y ha crecido otro servicio mundial de la Sede.

Ya en 1945, el mediar y ofrecer sugerencias por correo para resolver los problemas de los grupos había creado una tremenda cantidad de trabajo en las oficinas de la Sede. La mayoría de los ficheros que contenían nuestra correspondencia con los centros metropolitanos de AA habían llegado a tener seis pulgadas de grueso. Aparentemente, todos los participantes en todos los desacuerdos de los grupos de todo el país nos habían escrito durante ese período.

Las ideas básicas de las Tradiciones de Alcohólicos Anónimos se originaron principalmente en esta correspondencia y en nuestra creciente actividad de relaciones públicas. A fines de 1945, un buen amigo AA sugirió que toda esta experiencia acumulada podía codificarse en un conjunto de principios generales—unos principios enunciados de una forma clara y simple que pudieran ofrecer soluciones comprobadas a todos los problemas que los AA habíamos tenido en nuestra experiencia de vivir y trabajar juntos y al relacionar nuestra Sociedad con el mundo exterior. Si estuviéramos suficientemente seguros de cuál era nuestra posición con respecto a tales asuntos como los requisitos para hacerse miembro, la autonomía de los grupos, la unicidad de nuestro propósito, el no respaldo a empresas ajenas, el profesionalismo, la controversia pública y los diversos aspectos del anonimato, entonces se podría formular ese código de principios. Por supuesto, este código tradicional nunca podría convertirse en reglamentos o leyes. Pero podría servir como una guía segura para nuestros custodios, el personal de la Sede y, especialmente, para los grupos de AA con graves dolores de crecimiento. Por estar en el centro de los acontecimientos, nosotros los de la Sede tendríamos que hacer el trabajo. Con la ayuda de mis asistentes, me puse a trabajar. Como resultado de este trabajo, las Doce Tradiciones de Alcohólicos Anónimos se publicaron por primera vez en la llamada "forma larga" en el Grapevine de abril de 1946. Más tarde, escribí algunos artículos explicando en detalle las Tradiciones. Estos aparecieron en números posteriores del Grapevine.

Mientras tanto, en la Fundación, habíamos tomado otra importante decisión que fue incorporada inmediatamente en estas Tradiciones. En 1945, dirigimos una carta al Sr. Rockefeller y a los invitados a la cena de 1940, indicándoles que ya no necesitábamos su ayuda económica. Las regalías del libro servirían para mantenernos al Dr. Bob y a mí; las contribuciones de los grupos cubrirían los gastos de la Oficina General. Desde aquel día en que nos declaramos en favor del automantenimiento, la Sede de AA se ha negado firmemente a aceptar contribuciones de fuentes ajenas.

La primera acogida de las Tradiciones fue interesante y divertida. La reacción fue variada, por no decir algo peor. Unicamente los grupos con graves dificultades se las tomaron en serio. En algunas partes hubo una reacción violenta, especialmente en aquellos grupos que tenían largas listas de reglas y reglamentos "protectores". Había mucha apatía e indiferencia. Algunos de nuestros miembros "intelectuales" protestaron a gritos, diciendo que las Tradiciones solo reflejaban mis propias esperanzas y temores sobre Alcohólicos Anónimos.

Por esta razón, empecé a viajar y hablar mucho acerca de las nuevas Tradiciones. Al principio la gente me escuchaba cortésmente, aunque debo confesar que algunos se dormían durante mis primeras arengas. Pero pasado un tiempo, me llegaron cartas que expresaban sentimientos tales como éste: "Bill, nos encantaría que vinieses a hablarnos. Cuéntanos dónde solías esconder tus botellas y todo lo de tu grande y luminosa experiencia espiritual. Pero por amor de Dios no nos hables más acerca de esas malditas Tradiciones."

Pero con el tiempo todo cambió. Solo cinco años más tarde, varios miles de miembros de AA, reunidos en la Convención de Cleveland de 1950, declararon que las Tradiciones de AA, ya entonces expresadas en la forma abreviada que hoy conocemos, constituían la plataforma sobre la cual nuestra Comunidad podría funcionar mejor y mantenerse unida para siempre. Se dieron cuenta de que nuestras Tradiciones resultarían tan necesarias para nuestra Sociedad como lo eran los Doce Pasos para la vida de cada miembro. Según la opinión de la Convención de Cleveland, las Tradiciones eran la clave de la unidad, del funcionamiento e incluso de la supervivencia de todos nosotros.

Me di perfecta cuenta de que yo no era el autor de las Tradiciones. Yo sólo había reflejado los principios ya forjados y martillados en el yunque de la experiencia de miles de grupos de AA. Claro estaba también que la Sede general de AA, sus custodios y su personal habían hecho posible forjar estos principios vitales. Si no hubiera existido una Sede de AA para enfocar y aclarar nuestros problemas, nunca se habrían podido redactar las Doce Tradiciones de Alcohólicos Anónimos.

Por ese entonces, AA se había ganado aun más el favor del mundo de la medicina. Dos de las grandes asociaciones médicas de América hicieron algo sin precedentes. En el año 1944, la Asociación Médica del estado de Nueva York me invitó a leer una ponencia ante su reunión anual. Después de mi comunicación, tres de los muchos médicos allí presentes se pusieron de pie para dar a AA su más decidido respaldo. Estos eran: el Dr. Harry Tiebout, primer amigo de AA de la profesión de la siquiatría; el Dr. Kirby Collier, también siquiatra y, desde hacía mucho tiempo, favorecedor de AA; y el Dr. Foster Kennedy, neurólogo de renombre mundial. Luego, la Asociación Médica fue aun más lejos. Nos permitió publicar mi ponencia y las recomendaciones de los tres médicos en forma de folleto. Desde ese entonces, se han distribuido ejemplares de este folleto en grandes cantidades por todas partes del mundo, lo cual ha servido para asegurar a los médicos del mundo entero que AA está bien fundada desde el punto de vista de la medicina.

En 1949, la Asociación Siquiátrica Americana hizo exactamente lo mismo. Leí una comunicación ante su reunión anual celebrada en Montreal. La ponencia apareció publicada en el *American Journal of Psychiatry* y se nos permitió reproducirla en forma de folleto con el título de "La Sociedad de Alcohólicos Anónimos." Esta muestra de aprobación contribuyó enormemente a reforzar nuestra reputación entre los profesionales de la siquiatría. Estas ponencias médicas han sido de gran beneficio para los grupos de AA de otros países, ahorrándoles los años de esfuerzo que nosotros en los Estados Unidos tuvimos que dedicar para convencer a los médicos del valor de AA.

Mientras estamos tratando el tema de la medicina, nos valdría indicar el papel que la Sede ha desempeñado en la esfera de la hospitalización.

Como ya sabemos todos, muchos hospitales han estado poco dispuestos a permitirnos ingresar para tratamientos de corta duración que normalmente necesitamos, a conceder a nuestros padrinos los derechos necesarios de visita, y a cooperar con nuestras asociaciones intergrupales.

Durante los años cuarenta, dos hospitales respondieron gustosamente a todas estas necesidades urgentes y nos depararon un ejemplo excelente de la cooperación posible entre AA y la medicina. En el Hospital Santo Tomás de Akron, el Dr. Bob, la maravillosa Hna. Ignacia y los miembros del cuadro médico dirigieron un pabellón para alcohólicos en el que, antes de que se muriera el Dr. Bob en 1950, se había atendido a más de 5,000 alcohólicos. En la ciudad de Nueva York, el Hospital Knickerbocker tenía un pabellón reservado para los alcohólicos, bajo la supervisión de nuestro primer amigo de la medicina, el Dr. William Duncan Silkworth, que contaba con la ayuda de una enfermera pelirroja, miembro de AA, conocida como Teddy.

Para 1954, 10,000 alcohólicos enviados al Hospital Knickerbocker por el Intergrupo de Nueva York habían pasado por este pabellón, la mayoría de ellos de camino a la libertad. En estos dos hospitales, y por medio de los trabajos de estos pioneros, se lograban elaborar las mejores técnicas para armonizar los esfuerzos de la medicina y de AA.

Debido a que la hospitalización apropiada era, y sigue siendo, una de las principales preocupaciones de AA, la Sede de Nueva York ha comunicado a los grupos de todo el mundo un detallado relato de estas primeras experiencias en los hospitales, así como de su evolución y ramificaciones posteriores—lo cual constituye otro servicio vital.

Mientras tanto, se seguía levantando una gran oleada de aprobación pública. No hubo nadie que contribuyera más a esto que nuestros amigos de la prensa, la radio y, en fechas más recientes, la televisión. Desde hacía ya mucho tiempo, la Sede había contratado los servicios de diversas agencias de recortes de prensa. Artículos publicados en revistas y una avalancha incesante de reportajes de la prensa nos seguían llegando para llenar nuestros álbumes de recortes. Algunos escritores se dirigían a nosotros pidiéndonos que revisáramos sus manuscritos; ayudábamos a miembros a participar de forma anónima en programas de radio y de televisión. Hollywood expresaba el deseo de hacer películas acerca de AA. Tomar las disposiciones apropiadas para nuestras relaciones públicas se iba convirtiendo cada vez más en uno de los trabajos principales de la Oficina de Nueva York. Cuántas vidas se salvaron por estos esfuerzos, cuántos años de sufrimiento se les ahorraron a miles de alcohólicos y sus familias—solo Dios lo sabe.

Por esta época hizo su aparición una grave amenaza a nuestro prolongado bienestar. En multitud de lugares, y normalmente con las mejores intenciones, los miembros empezaron a romper su anonimato. Algunos querían hacer uso del nombre de AA para hacer publicidad para causas ajenas o para ayudarlas. Otros miembros simplemente querían que sus nombres y fotos se publicaran en la prensa. Creían que sería de auténtica ayuda para AA si aparecieran fotografiados con el gobernador. (En días anteriores yo también había sido culpable de esto.) Pero acabamos dándonos cuenta del pésimo riesgo que supondría para AA si se diera rienda suelta a todos nuestros promotores al nivel público. Ya lo estaban haciendo veintenas de ellos.

Por ello, nosotros los de la Sede nos pusimos a trabajar. Escribimos reconvenciones, desde luego muy amables, a todos los que lo habían hecho. Cada dos años, enviamos cartas a casi todos los periódicos y emisoras de radio, para explicarles por qué los AA no deben romper su anonimato ante el público. Además, agregamos, AA no solicitaba fondos de fuentes ajenas. Pagábamos nuestras propias cuentas.

En pocos años, logramos que las rupturas de anonimato se redujeran a un puñado; de esta manera, la Sede había prestado otro importante servicio.

Para mantener todas estas cuerdas de salvamento que se iban siempre alargando, la oficina se veía en la obligación de seguir desarrollándose. En 1950, nos trasladamos a la calle 44 Este, n° 141, todavía muy cerca de la Estación Gran Central. Hoy día, cuenta con el servicio de un gerente de media jornada, Henry G., a quien se ha dado el apodo de "¡Ahora mismo!", y un excelente personal compuesto de cinco servidores, Helen, Lib, Marian, Eve y Ann, ya conocidas por miles de miembros por haber hablado ante numerosas reuniones regionales, a menudo a petición de los organizadores. El cuadro administrativo se compone de doce personas no-alcohólicas, con el ánimo constante de Grace y Dennis, que se ocupan de trabajos rutinarios como, por ejemplo, la contabilidad, la clasificación de documentos y la mecanografía. Nuestra muy animada recepcionista, Dolores, reina sobre el salón de entrada. Allí los visitantes ven colgados de la pared los mapas regionales que indican el alcance mundial de nuestra Comunidad. En una mesa, se encuentra colocada una escultura de la "Victoria Alada," símbolo del renombrado Premio Lasker, otorgado a AA en 1951 por la Asociación Americana de Salud Pública.

En el mismo piso se sitúan las oficinas de la redacción del Grapevine. Aquí, los voluntarios encargados de preparar todos los materiales para publicación se reúnen con la editora gerente de plena dedicación, Louise, y su asistente Sarah, para procurar que la revista salga de la imprenta cada mes al tiempo previsto. En otro barrio de la ciudad, más al sur, donde se alquila espacio a precio más barato, Kitty y sus ayudantes disponen de un amplio piso donde responden a los 30,000 abonados del Grapevine y a sus necesidades—así como a sus quejas.

A unas tres manzanas de la oficina central, tenemos otro piso bastante espacioso donde está alojado nuestro departamento de envíos y expedición. Seis muchachos muy atareados se dedican completamente a este trabajo. El año pasado, enviaron por correo unos 40,000 libros, centenares de miles de folletos, muchos de ellos recién diseñados y publicados, y unas 30,000 cartas y boletines. Además, mimeografiaron una gran cantidad de materiales. Al igual que nuestras otras tres oficinas, ésta cuenta con el mejor y más moderno equipo—y lo necesita.

En la sala de embalaje, a lo largo de una pared, hay estantes que llegan hasta el techo donde se encuentra en cajas una tonelada de los viejos ficheros de la Sede, algunos que datan de nuestros primeros días en la calle Vesey. Tenemos allí guardada toda la historia mundial de AA, esperando a que alguien la desentierre. De hecho, acabamos de empezar este trabajo de dos años. Tengo ahora dos asistentes incansables, Ed y Nell, que trabajan en una pequeña oficina improvisada, situada en un rincón de la sala muy cerca de los ficheros, documentándose para un libro de historia de Alcohólicos Anónimos. Espero que llegue el día en que yo pueda escribirlo. En cualquier caso, ahora podemos estar seguros de que nunca se desvirtuará la historia de AA. Esto constituye nuestro más reciente servicio vital.

Desde el punto de vista económico, dada la variedad de servicios que ahora podemos prestar, puede que les parezca a algunos que hemos montado un gran negocio. Pero al considerar el tamaño y alcance actuales de AA, se ve que esto no es cierto. Por ejemplo, en 1940, teníamos un empleado a sueldo por cada mil miembros de AA; en 1947, un empleado a sueldo por cada 3,000 miembros. Hoy día, cada trabajador asalariado de la Sede sirve a 6,000 miembros de AA. Por consiguiente, parece indudable que nunca nos veremos cargados con una costosa burocracia de servicio.

Les presento otra ilustración de lo pequeñas que son, física y económicamente, las operaciones mundiales de nuestra Sede. Un amigo mío, miembro de AA, es propietario de una estación de servicio y reparaciones y una pequeña agencia de automóviles en un pueblo suburbano. La instalación tiene cien pies de largo y cincuenta de ancho, casi el mismo espacio que tenemos en la Sede. La sala de muestras solo tiene cabida para dos coches. Los mecánicos hacen las reparaciones al aire libre detrás del edificio y, al frente, hay cuatro surtidores de gasolina. Esto difícilmente se puede describir como un gran negocio.

No obstante, mi amigo me dice que anualmente sus ingresos provenientes de la venta de automóviles, gasolina y aceite y de las reparaciones, y los gastos supuestos por todo esto son superiores a los ingresos y gastos combinados de la Sede mundial de AA, el Grapevine de AA, la Editorial de AA y la Oficina de Servicios Generales.

Por lo tanto, nuestra Sede tampoco puede describirse como un gran negocio. La empresa de mi amigo sirve a una comunidad pequeña; la Sede de AA sirve a 150,000 miembros y casi 6,000 grupos. Y estos servicios, si los mantenemos bien, seguirán significando la diferencia entre la enfermedad y la salud, e incluso entre la muerte y la vida, para incontables alcohólicos y familiares de alcohólicos que todavía no han encontrado AA. Así que dejemos de hablar de los grandes gastos y los grandes negocios en lo referente a la Sede de Nueva York.

Cuando abrimos la oficina de la calle Vesey, nos bastaba con una contribución anual de un dólar por miembro para hacerlo todo. Pero en aquel entonces, un dólar era un dólar. Hoy día, un dólar vale cincuenta centavos. Si pudiéramos contar con que todos los miembros actuales de AA contribuyeran con un dólar, cada uno, anualmente, tendríamos fondos adecuados para administrar nuestra Sede, aun teniendo en cuenta el valor diluido del dólar. Y podríamos cubrir además todos los gastos de la Conferencia de Servicios Generales. No obstante, tenemos que seguir pidiendo a nuestros grupos contribuidores que contribuyan con dos dólares por miembro cada año por una sola y desconcertante razón: solamente la mitad de los grupos de AA participan en el mantenimiento de su Sede. De hecho, las contribuciones voluntarias de los grupos han sufragado el total de los gastos de la oficina en solamente cinco de los últimos quince años. La Sede se ha visto obligada a compensar los diez déficits, utilizando una parte de su reserva de "dinero del libro." Nos hemos desarrollado con tanta rapidez que la mayoría de los miembros han perdido contacto con su Sede, y no tienen una clara idea de lo que es y lo que hace. Por lo tanto, tengo la profunda esperanza de que el panorama que les he pintado, más los magníficos trabajos que ahora están haciendo los delegados y los miembros de los comités de la Conferencia, sea lo suficientemente gráfico como para despertar en los no-contribuyentes un persistente deseo de ayudar. Para decir verdad, estoy convencido de que lo hará.

Hasta 1951 nuestra Sede se veía constantemente amenazada por un peligro aun más serio. Mientras nuestra existencia siguiera así amenazada, y no resolviéramos el problema que se nos presentó, correríamos el riesgo de que nuestra estructura de servicios mundiales acabara derrumbándose.

El peligro era éste: Durante nuestra infancia y adolescencia, la junta de custodios, todos sus miembros componentes amigos del Dr., Bob y míos, había sido completamente responsable de la dirección de los servicios de AA—servicios a los cuales se debía la mitad por lo menos del crecimiento de AA y, en gran parte, su unidad. Ya en el año 1945, algunos de nosotros éramos de la opinión de que nuestra junta de custodios, prácticamente desconocida, debía estar firmemente vinculada a la Comunidad. Muy contados miembros de AA sabían siquiera quiénes eran sus custodios. La Sede tenía su principal vínculo con el movimiento por mediación del Dr. Bob y mía, y nosotros éramos mortales. La junta de custodios había llegado a ser una isla aislada en medio de una Comunidad que se extendía sobre 52 países. Por consiguiente, empezamos a discutir sobre la conveniencia de tener algún tipo de junta asesora compuesta de miembros de AA. O, tal vez necesitábamos una Conferencia compuesta de un mayor número de representantes elegidos por AA; gente que podría efectuar una inspección anual de la Sede, un organismo ante el cual los custodios llegarían a ser responsables, una conciencia que podría guiar la totalidad de nuestros esfuerzos a escala mundial.

Pero los reparos que se ponían a hacerlo eran insistentes y, durante unos cuantos años, no pasó nada. Tal empresa, decían los que estaban en contra, sería cara. Y peor aun, al efectuar la elección de los delegados, era posible que AA se encontrara enmarañada en desgarradoras actividades políticas. Estas objeciones tenían mucho mérito. Por lo tanto, el proyecto se dejó pendiente hasta 1948. Pero para esas fechas, las contribuciones de los grupos ni se aproximaban a mantener las crecientes operaciones de la oficina. El Grapevine estaba perdiendo unos $1,000 mensualmente, y entre las contribuciones para sufragar los gastos de la oficina y los gastos mismos hubo un espantoso déficit mensual de dos mil dólares.

Entonces, el Dr. Bob se puso enfermo, mortalmente enfermo. Finalmente, en 1950, aguijoneados por la despiadada lógica de la situación, los custodios autorizaron al Dr. Bob y a mí a formular el plan de que trata este librillo: un plan de la Conferencia de Servicios Generales de AA, un plan mediante el cual podríamos asumir plena y permanente responsabilidad de la dirección de nuestros asuntos más vitales.

¿Qué es el Tercer Legado?

Julio de 1955

Nuestro Duodécimo Paso—llevar el mensaje—es el servicio básico que presta la Comunidad de AA; es nuestro principal objetivo y la razón primordial de nuestra existencia. Por lo tanto, AA es más que un conjunto de principios; es una Sociedad de alcohólicos en acción. Tenemos que llevar el mensaje, pues, de no hacerlo, nosotros mismos podemos marchitarnos, y aquellos a quienes no se les ha comunicado la verdad pueden perecer.

De aquí que un servicio de AA es todo aquello que nos ayuda a alcanzar a un compañero alcohólico—y abarca desde el Paso Doce en sí hasta una llamada telefónica que nos cuesta diez centavos o una taza de café, hasta la Sede de Servicios Generales de AA para las actividades nacionales e internacionales. La suma total de todos estos servicios es nuestro Tercer Legado.

Entre los servicios se incluyen los lugares de reunión, los clubs, los hospitales y las oficinas intergrupales; suponen la publicación de folletos y libros y buena publicidad de casi toda clase. Requieren comités, delegados, custodios y Conferencias. Y, no debemos olvidarlo, necesitan contribuciones voluntarias de dinero.

Estos servicios, ya sea que los presten miembros individuales, grupos, áreas, o AA en su totalidad, son absolutamente esenciales para nuestra existencia y crecimiento. No podemos simplificar AA aboliendo tales servicios. Solamente estaríamos buscando complicaciones y confusión.

Con respecto a cualquier servicio determinado, nos hacemos, por lo tanto, una sola pregunta: "¿Se necesita realmente este servicio?" Si es así, tenemos que conservarlo o fracasaremos en nuestra misión hacia aquellos que buscan AA.

Los servicios más vitales, aunque menos comprendidos, que tiene AA son aquellos que nos hacen posible funcionar como una totalidad; a saber, la Oficina de Servicios Generales de AA, la Casa Editorial de AA., Inc., el Grapevine de AA, Inc., y la junta de custodios de AA, cuyo nombre se ha cambiado recientemente al de la Junta de Servicios Generales de Alcohólicos Anónimos. Nuestra unidad a escala mundial y una gran parte de nuestro desarrollo desde los primeros tiempos se deben directamente a este conjunto de actividades vivificadoras que, desde 1938, ha tenido su sede en Nueva York.

Por fin nos dimos cuenta de que AA había llegado a su mayoría de edad; que la Comunidad estaba preparada y capacitada para asumir las responsabilidades que habían sido las nuestras. Había además otra apremiante razón para cambiar. Ya que los ancianos no íbamos a vivir para siempre, los custodios más recién nombrados serían casi desconocidos a los grupos de AA que ahora se extendían por todas partes de la tierra. Sin tener un vínculo directo con AA, los futuros custodios no podrían obrar a solas.

Por esta razón teníamos que formar una Conferencia que representara a nuestros miembros y que pudiera reunirse cada año en Nueva York con nuestros custodios y asumir así la responsabilidad directa de la conservación de la Tradición de AA y de la administración de nuestros principales asuntos de servicio. Si no lo hiciéramos, tendríamos algún día una junta de custodios prácticamente desconocida que, junto con las poco comprendidas operaciones de nuestra Sede de servicio, no podría evitar el fracaso total.

Supongamos que, actuando por su propia cuenta, nuestros futuros custodios cometieran un grave error. Supongamos que, sin tener un vínculo con AA, intentaran obrar por nosotros en una época de grandes trastornos o de crisis. Si no tuvieran la orientación directa de AA como una totalidad, ¿cómo podrían hacerlo? El derrumbamiento de nuestros más importantes servicios sería entonces inevitable. Y si, en tales circunstancias, nuestros servicios mundiales se vinieran abajo, ¿cómo podríamos reconstruirlos?

Finalmente, en 1951, el Dr. Bob, los custodios y yo nos dimos cuenta de que ya no podríamos correr este espantoso riesgo. Tuvimos que forjar un vínculo directo entre nosotros mismos y AA.

Estas fueron las conclusiones que condujeron a la formación de la Conferencia de Servicios Generales de Alcohólicos Anónimos, un organismo compuesto por unos 75 delegados elegidos, representantes de los estados y provincias de los EE.UU. y Canadá. A título de prueba, en 1951, estos delegados empezaron a reunirse en Nueva York con nuestros custodios y los miembros del personal de Servicios Generales.

La Conferencia de Servicios Generales de Alcohólicos Anónimos ha tenido un éxito total. La crónica de sus logros durante ese período de prueba de cuatro años es totalmente convincente.

Por lo tanto, los veteranos de AA estamos ahora plenamente dispuestos a encomendar para siempre a las buenas manos de este cuerpo experimentado y probado de miembros compañeros los principales asuntos de Alcohólicos Anónimos.

Por consiguiente, a partir de la conmemoración de nuestro 20° Aniversario en 1955, el Tercer Legado de Servicio Mundial estará al cargo y al cuidado de todos los miembros de Alcohólicos Anónimos mientras Dios quiera que nuestra Sociedad siga en existencia.

NACE LA CONFERENCIA

Una cosa era decir que debíamos tener una Conferencia de Servicios Generales, y otra muy distinta formular un plan que le hiciera posible nacer y prosperar. Tardamos poco en despachar el asunto de los gastos que la Conferencia podría suponer. Incluso si ascendieran a $20,000 para cada sesión anual, esta cantidad representaría solamente unos quince centavos adicionales por miembro, y muy bien lo compensaría. ¿Quién de entre nosotros no contribuiría con quince centavos para asegurar que AA no se derrumbara en algún día futuro de crisis o de gran necesidad?

Pero, ¿cómo íbamos a eliminar la política desgarradora, con todas sus luchas acostumbradas por el prestigio y la vanagloria? ¿Cuántos delegados habríamos de elegir y de dónde provendrían? Cuando llegaran a Nueva York, ¿cómo podrían relacionarse con la junta de custodios? ¿Cuáles serían sus poderes y deberes reales? Cualquiera que fuese el plan, tendría que ser lo suficientemente acertado y bien razonado como para dar buenos resultados la primera vez que lo probáramos. No podíamos permitir ningún disparate o descuido suficientemente grandes para entrañar un fracaso.

Teniendo en mente estas y otras importantes consideraciones, y con cierto recelo, me puse a trabajar en un bosquejo del plan, con la ayuda de Helen B., del personal de la oficina.

Aunque en algún día futuro la Conferencia pudiera ampliarse para incluir representantes de todo el mundo, nos parecía apropiado que los primeros delegados provinieran solamente de los Estados Unidos y del Canadá. Se podría permitir a cada estado y provincia que enviara a un delegado. Aquellos que tenían grandes poblaciones de AA podrían tener representación adicional. A fin de que la Conferencia tuviera continuidad, los delegados podrían dividirse en paneles. El registro o Panel 1, elegido para servir un término de dos años, podría ser invitado para 1951, el primer año. El Panel 2, también elegido para servir un término de dos años, entraría en funciones en 1952. De allí en adelante, un panel sería elegido y otro retirado anualmente. Así conseguiríamos que la Conferencia hiciera la rotación. Se podrían efectuar las elecciones de los miembros de los comités y delegados en los centros de población elevada dentro de cada estado o provincia. O, para evitar los gastos adicionales, estas asambleas de los representantes de los grupos podrían realizarse en las convenciones estatales o provinciales anuales.

Pero, ¿cómo podrían las asambleas de representantes de los grupos elegir a sus miembros de comité y delegados sin tremendas fricciones políticas? Los que conocíamos por experiencia las riñas de los grupos y los jaleos intergrupales, nos estremecíamos ante la perspectiva. Luego nos sobrevino una idea afortunada. Recordamos que los típicos problemas que surgían en las elecciones tenían que ver con la candidatura de esta o aquella persona, ya sea que fuera propuesta en sesión plenaria o por algún comité electoral que sesionaba entre bastidores. Otra causa de disensión se encontraba en las votaciones muy igualadas, en las elecciones acaloradamente reñidas. Estas casi siempre creaban una gran minoría descontenta.

Por lo tanto, ideamos un plan para elegir a los miembros del comité de entre los participantes en las asambleas de área por papeleta escrita en una votación secreta, sin que se propusiera la candidatura de nadie. Luego, se someterían los nombres de los miembros del comité ante el pleno de la asamblea, el cual elegiría de entre los componentes del comité al delegado a la Conferencia en Nueva York. Pero aquí, sin duda, llegamos al asunto más explosivo de todos. ¿Cómo íbamos a reducir las presiones inevitables de las elecciones? Para lograrlo, se dispuso que el delegado tuviera que ser elegido por los dos tercios del total de los votos. Si el delegado obtuviera tal mayoría, nadie podría protestar mucho. Pero si no la obtuviera, si la votación estuviera muy igualada, ¿qué haríamos entonces? Pues, podríamos poner en un sombrero los nombres de los candidatos que llegaran el primero y el segundo en la votación, o de los tres oficiales del comité, o de todos los miembros del comité. Uno se sacaría al azar. El candidato a quien le tocara esta lotería indolora sería elegido. Ya que los que obtuvieran una proporción sustancial de los votos serían buenos candidatos, este método nos garantizaría que contáramos con excelentes delegados.

Pero, al llegar a Nueva York, ¿que harían estos delegados? Creíamos que querrían tener una verdadera autoridad. Por lo tanto, en la carta constitutiva que redactamos para la Conferencia, se dispuso que, a base de una votación de los dos tercios, los delegados pudieran dar directivas categóricas a los custodios. E incluso una simple mayoría de los votos constituiría una enérgica sugerencia. Además, de allí en adelante, como cuestión de tradición, los custodios someterían los nombres de todos los candidatos propuestos para miembros de la junta ante la Conferencia para su aprobación. Así la Conferencia tendría voz efectiva en la selección de los custodios.

Junto con un plan provisional para financiar la Conferencia, pusimos por escrito estas ideas y una detallada exposición de sus aplicaciones en un folleto titulado "El Tercer Legado." Enviamos unos 50,000 ejemplares a los grupos y les pedimos que efectuaran asambleas para elegir a los miembros de comité y a los delegados.

Con la aprobación del Dr. Bob, recorrí el país abogando por el plan del Tercer Legado, hablando ante grandes audiencias AA y observando a las asambleas seleccionar a sus delegados en más de dos docenas de estados y provincias.

¡Qué bien me acuerdo de aquella primera prueba de Boston! Los irlandeses se presentaron en tropel. Para nuestro asombro, los debates eran como una balsa de aceite, aunque tras numerosas votaciones, nadie consiguió la mayoría de los dos tercios necesario para su elección como delegado. Por fin la asamblea hizo un sorteo entre todo el comité y del sombrero salió un excelente delegado. Todo el mundo estaba encantado y feliz; la tensión había desaparecido. Si los irlandeses podían hacerlo sin pelearse, cualquiera lo podría hacer. Allí mismo vimos la primera clara indicación de que AA había empezado a pasar de una política de espíritu partidista a una de un espíritu verdaderamente estadista.

Algo muy parecido ocurrió en todas las demás paradas. Aproximadamente un tercio de los delegados escogidos eran auténticos pioneros. Los demás eran miembros de AA activos que llevaban sobrios de cuatro a ocho años. La gran mayoría fueron elegidos por una votación de los dos tercios, y solo hubo que decidir por sorteo unas pocas elecciones, como había ocurrido en Boston. Y en estos pocos casos, no había ningún rencor ni resentimiento. Fue tremendamente alentador.

La primera Conferencia se fijó para el mes de abril de 1951. Llegaron los delegados. Inspeccionaron la Sede, desde el sótano hasta el ático, conocieron al personal de servicio, chocaron la mano con los custodios. Esa tarde, les ofrecimos una sesión informativa, con el nombre de "¿Qué piensa usted?" Contestamos decenas de preguntas de toda clase. Los delegados empezaron a tranquilizarse y sentirse como en casa. Nos sentimos muy alentados al ver aumentar tan rápidamente su comprensión y confianza. Todos y cada uno de nosotros teníamos la impresión de que algo muy importante estaba ocurriendo. Una tras otra, se iban efectuando las agotadoras sesiones de la Conferencia. Los delegados examinaron con lupa nuestras finanzas. Después de escuchar los informes de la junta de custodios y de todos los servicios, hubo un acalorado y cordial debate sobre muchos asuntos de la política de AA. Los custodios sometieron varios graves problemas que se les habían presentado para la consideración de la Conferencia.

Como teníamos la impresión de que todos se estaban comportando de una manera demasiado cortés, pusimos a su disposición algo que llamamos la "Caja de Quejas." En ella solo se metieron preguntas excelentes; y, lo creas o no, nadie estaba molesto por nada.

Así lo pasamos, sesión tras sesión, mañana, tarde y noche. Los delegados se pusieron a analizar algunas cuestiones espinosas, acerca de las cuales nosotros los de la Sede teníamos dudas, y a veces nos dieron consejos contrarios a nuestras propias conclusiones. En casi todo caso, no dimos cuenta que ellos tenían razón. Allí mismo, como nunca se había hecho hasta entonces, demostraron lo acertado que era la Segunda Tradición de AA. La conciencia de grupo podía actuar sin peligro como nuestra única autoridad y la guía segura de Alcohólicos Anónimos.

Nadie de los allí presentes olvidará jamás la última sesión de aquella primera Conferencia. Sabíamos que lo imposible se había hecho realidad, que teníamos el centro de AA resguardado de todo futuro derrumbamiento, que Alcohólicos Anónimos quedaría para siempre amparada de cualquier tormenta que los años venideros nos pudieran traer.

Y los delegados, al volver a sus casas, tenían esa misma convicción.

Algunos, que se dieron cuenta de la necesidad que teníamos de fondos y de una más amplia circulación de literatura, dieron un énfasis ligeramente exagerado a estos asuntos; otros se sentían un poco descorazonados, al ver que sus compañeros no compartían su fervor. Olvidaban que ellos mismos habían sido testigos presenciales de la Conferencia, mientras que sus hermanos alcohólicos no lo habían sido. No obstante, tanto aquí como en casa, dejaban una impresión mucho mayor de la que se suponían. Empezó a profundizarse el interés de multitud de grupos de AA, y este interés ha seguido aumentando durante las cuatro Conferencias siguientes.

En medio de estos acontecimientos emocionantes, la Conferencia decidió que el nombre de la Fundación Alcohólica debía cambiarse por el de la Junta de Servicios Generales de Alcohólicos Anónimos, y así se hizo. La palabra "Fundación" significa caridad, paternalismo y, tal vez, grandes cantidades de dinero. AA no quería tener nada que ver con estas cosas; de allí en adelante, asumiríamos plena responsabilidad y cubriríamos todos nuestros gastos nosotros mismos.

Al ver crecer todo esto, llegué a convencerme completamente de que Alcohólicos Anónimos estaba por fin a salvo—inclusive de mí mismo.

Los últimos doce años de mi vida, los he dedicado casi completamente a la estructuración de nuestra Sede. Allí está mi corazón, y siempre lo estará. La Sede de AA me parece a mí así de importante. Por lo tanto, cuando llegue la hora, en Saint Louis, de entregar a ustedes esta última gran parte de la herencia de AA, me sentiré un poco triste por verme obligado de dejar de ser su factótum. Pero me alegraré del hecho de que Alcohólicos Anónimos haya llegado a su madurez y, mediante su gran Conferencia pueda coger de la mano a su destino.

Entonces, mis queridos amigos, ya han leído la última cuenta que les he rendido de los servicios mundiales de Alcohólicos Anónimos.

La guardiana de AA: nuestra Conferencia de Servicios Generales

Abril de 1958

Todo miembro de AA quiere tener asegurada su recuperación del alcoholismo, así como su bienestar espiritual después. Así es como debe ser. Además quiere hacer todo lo que pueda para asegurar la recuperación y el bienestar de sus compañeros alcohólicos. Por lo tanto, es indudable que tiene un interés vital en la supervivencia y el bienestar de AA en sí misma.

En su grupo de AA, todo buen miembro de AA tiene sentimientos profundos con respecto a estos asuntos. Sabe que, una vez que hayamos recibido el milagro de la sobriedad, la Providencia espera que todos sigamos trabajando y creciendo—que hagamos lo que nos corresponde hacer para mantener nuestras bendiciones en su plena potencia. Un milagro perpetuo—sin ningún esfuerzo ni responsabilidad por nuestra parte—es una cosa totalmente ilusoria. Todos nos damos cuenta de que el precio que pagamos por nuestra supervivencia personal y del grupo, es la buena voluntad y el sacrificio, la vigilancia y el trabajo.

Lo que es tan cierto para cada miembro y cada grupo también debe serlo para AA en su totalidad. Sin embargo muchos de nosotros no hemos dado a esta evidente proposición la consideración que se merece. Somos propensos a dar por sentado que AA, como una totalidad, perdurará para siempre—sin que se requiera de nosotros ninguna atención o aportación especial. Es posible que la mitad de los miembros y grupos de AA tengan poco interés activo en el bienestar general de la Comunidad, salvo el arranque de orgullo que de vez en cuando sienten por su tamaño y alcance. Esto no es un descuido por parte suya. Simplemente no se han dado cuenta de la necesidad.

Hay dos buenas razones para esto: Una de ellas es que AA en su totalidad nunca se ha visto en ninguna dificultad. La otra es que, hasta hace muy poco, un pequeño grupo de pioneros de AA—actuando en calidad de padres—se han venido ocupando de solventar los peligros y problemas de nuestra Sociedad entera casi sin consultar a los miembros sobre esos asuntos.

Nunca hemos tenido un problema que nos causara una división radical. El público nos admira, nuestros amigos nos aman. La religión y la medicina son nuestros aliados. Nadie ha abusado seriamente de nosotros. Hemos evitado la controversia pública. No nos hemos visto afectado por las discordias políticas del mundo. Ni siquiera hemos tenido una gran pelea familiar. Aunque los miembros y los grupos han conocido casi todas las penalidades que existe, AA en su totalidad nunca ha sufrido ninguna. Este es el milagro de nuestros 23 años de existencia.

No es de extrañar que haya tantos que crean firmemente que a AA nunca le puede pasar nada.

El hecho de haber estado libres durante tanto tiempo de las penalidades que todas las naciones y sociedades tienen que sufrir debe inspirar en nosotros la más profunda gratitud. Pero sin duda alguna no podemos suponer que este benigno fenómeno durará para siempre. Por mi parte, no creo que deba perdurar. No podemos decir que somos "adultos" hasta que no nos hayamos salvado de todas esas tentaciones y todos esos problemas que asedian invariablemente a toda agrupación grande de hombres y mujeres. Estoy convencido de que esto nos vendrá bien—muy bien.

Puede que algún día tengamos que resistir toda la presión que pueda ejercer sobre nosotros este mundo inclinado a la destrucción en éste el más peligroso y alocado siglo que la raza humana haya conocido nunca. Como Comunidad, siempre tendremos que hacer cualquier sacrificio que sea necesario para asegurar la unidad, el servicio y la supervivencia de AA, bajo cualquier condición imaginable. Por eso les estoy dirigiendo estas palabras acerca de la Conferencia de Servicios Generales de AA, la guardiana de nuestro futuro.

Hasta hace poco tiempo, nos hemos comportado como una familia joven. Esta familia, como todas las familias, ha tenido padres. Estos padres han sido los llamados pioneros y originadores de AA. He tenido la suerte de ser uno de ellos. Desde los primeros días, nosotros los padres nos hemos sentido más preocupados por el futuro bienestar de AA que por cualquier otra cosa. A nivel local, los pioneros solíamos cuidar de las cosas; hasta hace muy poco, el Dr. Bob y yo, con la gran ayuda de dedicados amigos alcohólicos y no alcohólicos, hemos estado haciendo lo mismo al nivel nacional e internacional.

Como los padres de AA, teníamos que procurar que nuestra prole estuviera protegida, tanto de sí misma como del mundo exterior. Desde los comienzos, nuestra familia tuvo que tener principios, según los cuales podrían llevar su vida, y formación en estos principios. Las buenas nuevas de AA tendrían que difundirse por todo el mundo a fin de que pudiéramos crecer en cantidad y calidad. Tales eran nuestras responsabilidades.

En 1937, el Dr. Bob y yo nos dimos cuenta por primera vez de lo que teníamos que hacer. Sabíamos que tendríamos que disponer de un texto de principios y métodos de AA. Otros pioneros estaban de acuerdo. Para 1939, con gran ayuda, habíamos publicado el Libro Grande, *Alcohólicos Anónimos*. Así se puso fin a todas las dudas acerca de los métodos de AA. Los 300,000 ejemplares del Libro Grande que existen hoy día en circulación constituyen la plataforma de recuperación sobre la cual se basa nuestra entera Comunidad.

En seguida nos dimos cuenta de que AA tendría que tener publicidad—mucha publicidad y del tipo apropiado. Empezamos a trabajar en este asunto. Tal vez la mitad de los miembros actuales deben sus vidas y su bienestar a los reveladores esfuerzos de la prensa y de otros medios de comunicación.

Desde 1940 hasta 1950, nos vimos acosados por todo tipo de problemas de grupo, indescriptiblemente aterradores. De estas experiencias se forjaron las Tradiciones de AA—Tradiciones que ahora nos protegen de nosotros mismos y del mundo exterior. Esta obra, que exigió una inmensa cantidad de intercambio de correspondencia y de experiencia, tuvo como resultado la publicación de una literatura totalmente nueva que trataba de la unidad y los servicios de AA. Estos factores contribuían a reforzar nuestro desarrollo.

Las noticias de AA empezaron a diseminarse por todo el mundo, llegando finalmente a setenta países. Esto nos creó multitud de nuevos problemas y la necesidad de publicar la literatura de AA en muchos idiomas. También había que llegar y ayudar a los hospitales y las prisiones, a los Solitarios y a los que se encontraban a bordo de los barcos. Las cuerdas de salvamento tenían que extenderse por todas partes. AA necesitaba una revista mensual. Hoy día, el Grapevine de AA llega a 40,000 suscriptores, y a muchos miles más cada mes.

Estos han sido nuestros deberes y privilegios paternales a escala mundial. Hicimos todo lo que pudimos para proteger a AA para que así creciera sin perturbaciones. Para no molestar a la familia con estos problemas críticos, actuamos bajo el principio de que "el padre es el mejor juez." En aquellos primeros días, era así de simple. Era demasiado pronto para descargar toda la responsabilidad sobre nuestra Comunidad entera.

Desde el principio, el Dr. Bob yo descubrimos que nosotros mismos necesitábamos una ayuda especial. Por lo tanto, acudimos a ciertos dedicados no-alcohólicos para que nos echaran una mano. Con estos hombres, formamos un fideicomiso para Alcohólicos Anónimos. Se creó en 1938 y lo llamamos la Fundación Alcohólica (ahora se conoce por el nombre de la Junta de Servicios Generales de AA). En 1940, el Libro de AA pasó a ser propiedad de nuestros custodios, los cuales asumieron la responsabilidad total de los fondos generales de AA, su oficina de servicio mundial, su revista y sus relaciones públicas.

A este cuerpo de custodios—alcohólicos y no-alcohólicos—hay que atribuirle el mérito de haber hecho que nuestra Sede mundial sea lo que ahora es. Me alegra mucho ver publicadas en este número del Grapevine las fotos de dos de nuestros distinguidos presidentes no-alcohólicos de la junta, hombres que, con su constancia y firmeza, nos ayudaban a salvarnos de una larga temporada de peligro y empeño. En la caras de Leonard Harrison y Bernard Smith se ve reflejado su carácter. Y al leer nuestro libro recién publicado, *AA Llega a su Mayoría de Edad*, los AA se pueden enterar de lo que ellos, y otros amigos parecidos, hacían por nosotros en nuestros días pioneros, a medida que el drama conmovedor de AA se iba desarrollando.

En el año 1948, los trabajadores de la Sede de AA sufrimos un choque tremendo al descubrir que el Dr. Bob estaba afligido por una enfermedad mortal que iba consumiendo sus fuerzas. Esto provocó una grave crisis en nuestros asuntos, porque nos hizo enfrentarnos con la realidad de que los padres pioneros de la Sociedad no iban a vivir para siempre.

Nos sobrevino un presentimiento amenazador al darnos cuenta de lo frágiles que eran los vínculos que nuestra Sede tenía con la inmensa y extensa Comunidad a la que servía. Teníamos, por supuesto, nuestra pequeña junta de custodios. Pero ni uno de entre mil miembros conocía los nombres de la mitad de ellos. En la Sede contábamos con Bobbie, Ann y Charlotte. Allí nos encontrábamos el Dr. Bob y yo. Los pocos que éramos, constituíamos prácticamente los únicos vínculos con AA mundial.

Mientras tanto, miles de nuestros miembros se ocupaban de sus asuntos con perfecta serenidad. Sabían poco o nada de los problemas globales de AA. Albergaban un vaga suposición de que Dios, quizás con una pequeña ayuda por parte del Dr. Bob y mía, seguía cuidándoles. Así se quedaban en total ignorancia del estado real de las cosas y del gran riesgo que corríamos de un derrumbamiento final.

Se nos presentó un terrible dilema. De alguna que otra manera, AA como tal—AA como una totalidad—iba a tener que asumir la responsabilidad completa. Indudablemente, los grupos tendrían que elegir a numerosos delegados y enviarlos cada año a Nueva York, donde podrían reunirse con los custodios y guiarlos. Solo así podríamos poner fin al creciente aislamiento de los delegados con respecto al movimiento. Sólo un organismo así constituido podría tomar decisiones obligatorias en una futura hora de crisis.

Cuando se propuso por primera vez nuestro plan para una Conferencia conjunta de custodios y delegados, en todas partes del país se oía a la gente protestar a gritos. Al principio parecía que la familia de AA no quería tener nada que ver con esta nueva e imprevista responsabilidad. "¡Mantengámoslo simple!" gritaban.

No obstante, pasado un par de años de perturbación y educación, nuestra Comunidad se dio clara cuenta de que ya no nos podíamos desenvolver con la ultrasencillez de los primeros días. Se tendría que asumir una responsabilidad directa de la familia; si no, el mismo centro de AA se derrumbaría. Los ancianos, los padres y los fundadores del movimiento tendrían que ser librados de sus responsabilidades y reemplazados por delegados. No había más remedio. La familia tendría que "llegar a su mayoría de edad"; si no, sufriría las consecuencias funestas de no haberlo hecho.

Así que convocamos a unos 75 delegados de los Estados Unidos y Canadá. Juntos con los custodios y los miembros del personal de la Sede y del Grapevine, formaron la Conferencia de Servicios Generales de Alcohólicos Anónimos. Era el año 1951.

Al principio, la Conferencia no era sino un experimento, efectuada a título de prueba. Si saliera bien, significaría que AA realmente habría llegado "a su mayoría de edad" y podría dirigir sus propios asuntos. Mediante su Conferencia representativa, podría llegar a ser la guardiana de su propio futuro y la protectora de sus cuerdas de salvamento de servicio.

Pues, nuestra Conferencia tuvo éxito. Los resultados que produjo, gracias a Dios, superaban todas nuestras esperanzas. Al terminar el período experimental de cinco años, ya sabíamos que podría llegar a ser parte integrante y permanente de nuestra Comunidad.

En julio de 1955, al conmemorar el 20° Aniversario de AA, me encontré ante el pleno de la Convención de St. Louis. Entre un grupito cada vez más pequeño de pioneros, entregué el destino de AA en las manos de sus representantes elegidos, la Conferencia de Servicios Generales de Alcohólicos Anónimos. No puedo recordar un día de mi vida de mayor felicidad. Habíamos logrado llenar una vasta laguna—por fin, AA estaba asegurada.

Algunas personas todavía hacen las siguientes preguntas: ¿Enviará la familia de AA sus mejores delegados a la Conferencia? ¿Seguiremos escogiendo custodios competentes y sabios? ¿Apoyarán los AA a sus delegados, sus custodios, y su Sede mundial con fondos adecuados y con suficiente entusiasmo y comprensión?

Para mí, éstas han dejado de ser dudas. La historia de AA nos ha enseñado que cuando se presenta una necesidad apremiante, siempre se ve satisfecha. En este aspecto, estoy totalmente convencido de que nuestra historia seguirá repitiéndose. A decir verdad, no puedo tener la menor duda.

Además, creo que la influencia que tengo en la Sede debe seguir disminuyendo. Por medio de su Conferencia, se ha concedido plena autoridad y responsabilidad a AA. El padre que sigue más tiempo de lo conveniente ejerciendo su autoridad solo puede estorbar el desarrollo de su progenie. Esto no lo debo hacer. Pronto mi apropiado papel será el de animar y aplaudir, desde la barrera, a los nuevos que sigan realizando los trabajos. Nuestra familia ha llegado a su mayoría de edad, y debe recordarme con firmeza esta realidad si alguna vez me veo tentado a volver a hacerme cargo de los asuntos.

Por estas razones tan contundentes, mis queridos amigos, el futuro les pertenece a ustedes. Abracen con afán estas responsabilidades, no tengan miedo de nada, y la gracia de Dios, sin duda, será la suya.

Sección

2

Seamos amistosos con nuestros amigos

Los siquiatras

Julio de 1957

Hace años estábamos estableciendo nuestros primeros contactos con los hospitales siquiátricos. Uno de ellos era una institución de Nueva Jersey que había dado el alta condicional a dos alcohólicos que habían encontrado AA y se habían mantenido sobrios durante seis meses. Ambos habían sido considerados como desahuciados. A pesar de los métodos inusitados de AA, estas recuperaciones les causaron mucha impresión a los siquiatras del personal médico del hospital.

Enseguida, el muy entusiástico grupo vecino de AA empezó a bombardear el hospital con solicitudes para tener derechos de visita. Querían llevar las buenas nuevas a todos los borrachos allí internados, sin demora alguna. Los médicos no estaban convencidos de que ésta fuera la forma apropiada de proceder.

Eran todavía bastante cautelosos, y tenían suficientes motivos para serlo.

"Bueno," dijo el comité AA, "¿por qué no vienen ustedes, los médicos, a una reunión?" A dos de los siquiatras esto les pareció una buena idea. Dijeron que, la semana siguiente, asistirían a una reunión del grupo de Nueva York.

En aquel entonces, creo que nosotros los neoyorquinos nos reuníamos en un salón del Steinway Hall. Para nuestro gran regocijo, nos habían llegado noticias de la propuesta peregrinación de los doctores de New Jersey. Por fin llegó la noche de nuestra reunión. Pero en el intervalo, se me había ido el santo al cielo. Se me había olvidado lo de la visita de los siquiatras. Justo después de abrir la reunión, el contingente de New Jersey, rebosante de orgullo, entró en la sala y todos se sentaron en la última fila. Pero ni siquiera su aparición logró refrescar mi memoria. Yo no tenía la menor razón para sospechar que estaba a punto de pasar por unos de los momentos más embarazosos de mi vida—y de aprender una de las lecciones más importantes.

El primero en hablar contó una buena historia, triste e inspiradora a la vez. Se podía oír el vuelo de una mosca. Era simplemente maravilloso.

Entonces, Jack se puso de pie y empezó a hablar. Nos contó que había tenido una carrera muy prometedora en la industria cinematográfica y que en una época había ganado el módico sueldo de $50,000 al año. Teniendo en cuenta sus muy apreciados talentos, Jack se había imaginado que esto no era sino el mero comienzo. Pero el demonio ron empezaba a trabar su ruina. Los muy preocupados encargados del estudio donde trabajaba le enviaron a un siquiatra. A regañadientes, Jack se sometió a algunos tratamientos. Los resultados fueron nulos y fue a consultar con otros siquiatras. Pero el ego de Jack y sus resentimientos y su forma de beber seguían siendo tan colosales como antes. Acabó por crear su propia desdicha y se encontró finalmente sin trabajo en los estudios—lo cual no fue una sorpresa para nadie. Pero aquí estaba en AA, con unos cuantos meses de sobriedad.

No obstante, se hizo evidente muy pronto que para él los siquiatras eran todavía motivo de enfado. De hecho, les echaba la culpa de su caída. Sabiendo que dos de ellos se encontraban en la sala, le pareció que se le había presentado la oportunidad de su vida. Ahora *él* podría soltárselas y *ellos* no tendrían más remedio que quedarse sentados y tragárselas.

Así que Jack se lanzó a atacar a la siquiatría y a todas sus obras. Como orador, era muy impresionante, y tenía un gran talento para hablar con humor sarcástico, lo cual le servía muy bien para sus intenciones. Puso por los suelos a todos sus siquiatras, uno tras otro. Luego arremetió contra toda la profesión, contra sus teorías y contra sus filosofías. Los calificó de "buscadores de gusanos." Y durante toda su charla provocaba estruendosas carcajadas. Aunque los nueve décimos de lo que decía eran fantasías y tonterías, su actuación era la de un artista consumado. Los oyentes se morían de la risa y yo creo que nunca me había reído tanto en mi vida. Por fin, se sentó en medio de un gran aplauso.

Después de la reunión, el contingente de AA de New Jersey se abrió camino para llegar a la plataforma. Tenían aspecto triste y airado, y sin duda alguna lo estaban. Con un débil murmullo, su portavoz presentó a nuestros "distinguidos invitados"—los dos siquiatras.

Sentí como si se me cayera el estómago a los pies. En ese mismo momento, Jack, claramente satisfecho consigo mismo, se acercó y dio un afable palmada en la espalda a uno de los invitados. "Bueno, doctor," le dijo, "¿qué te ha parecido la rociada que te he echado?" Esto fue el colmo. Casi me muero de vergüenza.

Pero los dos siquiatras encajaron el golpe con una sonrisa. Insistieron que había sido una reunión inmensamente útil. A fin de cuentas, dijeron, su profesión bien podía aguantar algunas burlas de vez en cuando. Para ellos, la charla de Jack había sido muy divertida y muy instructiva.

Esta fue una asombrosa demostración de amistad y de comprensión. Bajo circunstancias muy penosas, estos caballeros calumniados habían vuelto la otra mejilla. Habían respondido a la andanada de Jack con cortesía, afabilidad, buen humor e incluso con gratitud. Fue una lección de paciencia, tolerancia y caridad cristiana que espero no olvidar nunca.

Con toda posible rapidez, me llevé a los dos doctores a un rincón y empecé a ofrecerles mis disculpas. De hecho, les confesé que me sentía muy humillado. Entonces, uno de ellos me miró y me dijo, "No te preocupes, Bill. Como bien sabrás, algunos alcohólicos son más inadaptados que otros. Entendemos esto perfectamente."

Antes de que pasara un mes, este extraordinario doctor abrió las puertas de su hospital a los visitantes de AA y se empezó a formar un grupo dentro de su recinto. Desde entonces, la profesión siquiátrica ha seguido mostrando su apoyo a los AA. Y me atrevo a decir que lo que ha ocasionado estas afortunadas circunstancias ha sido su comprensión y tolerancia y no la nuestra.

Dos ejemplos más: En 1949, la Asociación Siquiátrica Norteamericana me pidió que leyera una ponencia sobre AA ante su reunión anual. Y aun más, los siquiatras publicaron la ponencia en su revista oficial y permitieron que AA la reprodujera en un folleto para su distribución al público. Esta generosa acción le ha dado a la Comunidad incontables beneficios. Hace poco tiempo, se hizo un sondeo en Los Angeles para conocer la opinión que los siquiatras de esta ciudad y de este condado tenían sobre AA. Me han dicho que no hay problema; el 99% están de nuestra parte.

Naturalmente, en esta corta historia, hay algunas exageraciones. Hoy día, un gran número de miembros de AA ven favorablemente la siquiatría y, sin duda, hay igualmente un gran número de siquiatras que no saben nada de nosotros, o que sólo han visto los fracasos de AA, y todavía están en contra de nosotros. Pero esto no tiene nada que ver. Lo que quiero recalcar es que nosotros los AA debemos tratar siempre de ser amistosos, sean cuales sean las circunstancias.

Y, ¿qué le pasó a mi viejo amigo Jack? Aunque hizo un gran esfuerzo, no logró recuperarse. Hace tres años, murió de alcoholismo.

Tal vez Jack nunca llegó a comprender lo que es la verdadera amistad.

Los médicos

Agosto de 1957

Recientemente en la televisión vi tomar posesión de su cargo al nuevo presidente de la Asociación Médica Norteamericana reunida en convención.

Al principio me parecía que se trataba de una ceremonia rutinaria y casi cambié el canal a una película policíaca. Ahora estoy muy contento de no haberlo hecho, porque esos médicos me hicieron pasar una hora inolvidable y muy conmovedora.

El nuevo presidente se dirigió al podio para pronunciar su discurso de toma de posesión. Dijo pocas cosas acerca de la ciencia de la medicina. Para mi gran sorpresa, dirigió sus comentarios—como solemos hacer en las reuniones de AA—a los principiantes, en este caso los jóvenes médicos que acababan de empezar el ejercicio de su profesión. Les dijo que ningún médico, por buena que fuera su formación científica, podría hacer mucho progreso hasta que pudiera convencer a los enfermos de que él los veía como seres humanos; que todo médico que se precie de serlo debía tener la más profunda dedicación y fe. Ese era su tema, y qué bien lo desarrolló. Sin duda, él les "pasó el mensaje," y me di cuenta como nunca de que los AA no tenemos el monopolio de la práctica del Paso Doce.

Luego se concedieron varias menciones honoríficas por sus notables servicios a diversas personas, una de ellas a un profano por su extraordinario trabajo con los enfermos e incapacitados del país. Había demostrado a miles de aquejados que ya no tienen que sentirse emocional o espiritualmente inválidos y que siempre pueden contar con hacer algún trabajo útil y provechoso. Haciendo notar que los aquejados a menudo padecen también de la lástima de sí mismos, citó las palabras del poeta persa que no tenía zapatos: "Lloraba por no tener zapatos hasta que vi a un hombre que no tenía pies." El hombre en el podio, rebosante de felicidad, sabía de lo que hablaba, porque él mismo no tenía piernas; hacía años que andaba con piernas artificiales. Claramente, la dedicación, la entereza y la fe habían sido sus soportes. Por esto, había merecido el señalado reconocimiento de la AMA.

Esta reunión de médicos, tan enfocada en lo espiritual, me dio motivos para pensar. Me di clara cuenta de que la medicina es una vocación espiritual y que la gran mayoría de los médicos se dedican a la profesión para servir a sus semejantes.

Los AA tenemos la tendencia a tener una elevada opinión de nosotros mismos y de nuestra Comunidad. Pero al acordarme de los nombres de ciertos médicos, que se dedicaban a ayudarnos en nuestros días pioneros, me pregunto cuántos de nosotros podríamos rivalizar con ellos en humildad y dedicación.

Consideremos el caso de mi propio médico, el Dr. William D. Silkworth. En nuestro libro de historia de próxima aparición, *AA Llega a su Mayoría de Edad*, he pintado con palabras un retrato suyo que dice en parte:

"Al echar una mirada retrospectiva a aquellos primeros días de Nueva York, a menudo vemos en medio de las actividades a la figura del benigno doctor que amaba a los borrachos, William Duncan Silkworth, en aquel entonces jefe del cuadro médico del Hospital Charles B. Towns de Nueva York, y a quien ahora bien podemos reconocer como uno de los fundadores de AA. De él aprendimos cuál era la naturaleza de nuestra enfermedad. Y nos facilitó los instrumentos para desinflar el ego alcohólico más resistente, aquellas demoledoras frases con las que describía nuestra enfermedad: *la obsesión mental* que nos obliga a beber y *la alergia corporal* que nos condena a la locura o a la muerte. Sin estas indispensables consignas, AA no podría haber funcionado nunca. El Dr. Silkworth nos enseñó a arar la tierra negra de nuestra desesperación, de la cual han florecido todos y cada uno de los despertares espirituales de nuestra Comunidad. En diciembre de 1934, este hombre de ciencia se sentó humildemente al lado de mi cama inmediatamente después de mi repentina y arrolladora experiencia espiritual, y me tranquilizó diciendo: 'No, Bill, no estás alucinando. Sea cual sea la experiencia que hayas tenido, más vale que te agarres a ella; es mucho mejor que lo que tenías hace tan sólo una hora.' Estas eran palabras muy significativas para los futuros AA. ¿Quién sino él podría haberlas dicho?

"Cuando yo quería trabajar con alcohólicos, él me dirigía a ellos allí mismo en su hospital, poniendo a riesgo su reputación profesional.

"Después de seis meses sin éxito alguno en mis intentos de desembriagar a algunos borrachos, el Dr. Silkworth me volvió a recordar la observación del Profesor William James de que las experiencias espirituales verdaderamente transformadoras casi siempre se basan en la calamidad y el fracaso total. 'Deja de sermonearles,' dijo el Dr. Silkworth, 'y preséntales primero las crudos hechos médicos. Puede que esto les impresione tanto que estén dispuestos a hacer cualquier cosa para recuperarse. Luego puede que acepten esas ideas de sicología moral tuyas, e incluso un Poder Superior.'

"Cuatro años más tarde, el Dr. Silkworth ayudó a convertir al Sr. Charles B. Towns, dueño del hospital, en un gran entusiasta de AA y le recomendó que nos prestara $2,500 para empezar la preparación del libro *Alcohólicos Anónimos*—suma que, dicho sea de paso, más tarde se elevó a más de $4,000. Luego, como nuestro único amigo de la medicina en aquel entonces, el buen doctor se atrevió a escribir la *Introducción* de nuestro libro, en el que permanece hasta hoy en día y en el que tenemos la intención de guardarla para siempre.

"Tal vez nunca habrá ningún médico que preste tanta dedicada atención a tantos alcohólicos como lo hizo el Dr. Silkworth. Se calcula que en su vida vio la asombrosa cantidad de 40,000 de ellos. Antes de morir en 1951, y en estrecha cooperación con AA y nuestra dinámica enfermera pelirroja, Teddy, había atendido a casi 10,000 alcohólicos en el Hospital Knickerbocker de Nueva York. Ninguno de sus pacientes olvidará jamás la experiencia, y la mayoría de ellos están sobrios hoy."

Así que el Dr. Silkworth hizo el trabajo de Paso Doce con 40,000 alcohólicos. A miles de estos, los había atendido pacientemente mucho antes de que AA existiera, cuando las probabilidades de recuperarse eran muy escasas. Pero él siempre tuvo fe de que algún día se encontraría una solución. Nunca se cansaba de los borrachos ni de sus problemas. Aunque era un hombre de salud delicada, nunca se quejaba del cansancio. Durante la mayor parte de su carrera apenas si ganaba lo suficiente para vivir. Nunca buscó el renombre; su trabajo era su recompensa. En sus últimos años hizo poco caso de un mal cardíaco y murió trabajando—justo en medio de nosotros los borrachos y con las botas puestas.

¿Quién de nosotros los AA puede rivalizar con el historial del Dr. Silkworth? ¿Quién tiene su grado de entereza, fe y dedicación?

Así que—veintitrés años después de que el Dr. Silkworth me tratara por última vez—cuando vi, oí y sentí el espíritu que reinaba en esa gran reunión de la AMA, di gracias a Dios por los médicos, uno de los mejores grupos de amigos que AA jamás pueda tener.

Los clérigos

Septiembre de 1957

Todo río tiene su propia fuente. Con AA también es así. Al principio, había un manantial que brotaba de un clérigo, el Dr. Samuel Shoemaker. Años atrás, en 1934, empezó a enseñarnos los principios y las actitudes que después florecieron en los Doce Pasos de AA para la recuperación.

Si alguna vez existió un agua vivificadora para los borrachos, fue ésta. Tomamos la copa de gracia que Sam nos alargó y bebimos de ella, sin olvidarnos de pasársela a otros. Damos nuestra gratitud a El cuya gracia mantiene siempre llena esta copa y a Sam, que fue el primero en ofrecérnosla.

Pero los ríos han de tener tributarios, si no, no pueden viajar muy lejos ni crecer mucho. El río cada vez más profundo de espíritu por el que los AA viajamos hacia una vida mejor, ahora tiene multitud de tributarios—afluentes que alimentan la corriente principal de la vida de nuestra Comunidad entera. De estos afluentes de devoción y de servicio, los más numerosos y vitales siempre nos han llegado de nuestros amigos del clero.

Permítanme que lo ilustre: Muy poca gente sabe que un ministro desempeñaba la parte principal en formar la primera Junta de Custodios de AA, quienes llegarían a ser los guardianes de los servicios de AA a escala mundial. Me refiero a Willard S. Richardson, amigo y asociado de los Rockefellers. En 1937, recurrimos al Sr. Richardson, solicitándole que nos ayudara a recoger grandes cantidades de dinero para sufragar los trabajos de AA. En lugar de eso, nos ayudó a encontrarnos a nosotros mismos. Debido principalmente a su bondad y comprensión, su dedicación y su duro trabajo, se formó la primera Junta de Custodios de AA y se comenzó a escribir el Libro Grande. Daba de sí mismo sin esperar nada a cambio. Sólo Dios sabrá lo que nuestros 7,000 grupos de hoy día deben al "Tío Dick" Richardson, miembro del clero.

En la cena que dio el Sr. Rockefeller en 1940, apareció otro miembro del clero. Era nada menos que el Dr. Harry Emerson Fosdick. Como principal portavoz de los no-alcohólicos allí presentes, el Dr. Fosdick fue el primer religioso que nos dio una palmada en la espalda ante el público en general. A menudo me lleno de asombro al pensar en la cantidad de comprensión, amor y puro valor del que él hizo gala para hacer este gesto tan generoso. Allá estábamos, una pandilla de los llamados "ex-borrachos"—casi desconocidos. Todavía me estremezco al imaginar las risas estruendosas de toda América si dos o tres de nosotros los AA nos hubiéramos presentado borrachos como cubas en esta ilustre cena. El Reverendo Fosdick había corrido un gran riesgo por nosotros. Siempre lo recordaremos.

Centenares, sin duda, y tal vez millares de nuestros amigos del clero han continuado corriendo riesgos por nosotros desde entonces. Nos invitan a celebrar nuestras reuniones en sus sótanos y salones sociales. Sin interferir nunca en nuestros asuntos, se sientan en las últimas filas—y explican que han venido a AA para aprender. Cuando llega el domingo, hablan de nosotros en sus sermones. Nos envían candidatos y se maravillan de sus progresos. Cuando a veces les pedimos que den una charla en nuestras reuniones, invariablemente se disculpan por su propia ineficacia al trabajar con los alcohólicos. Esto es, sin duda alguna, humildad—tal vez un poco exagerada.

En su trato con nosotros, siempre se comportan con suma paciencia y tolerancia. Naturalmente, enseguida se dan cuenta de que, aunque estamos sobrios, nosotros los AA a veces podemos ser pomposos y campeones del razonamiento engañoso. También podemos ser descuidados e irresponsables. Nos escuchan sin rechistar cuando les explicamos (por insinuación) lo superior que es nuestra Sociedad. De vez en cuando oyen en las reuniones unas experiencias y un vocabulario que harían enrojecer a cualquiera. Pero nunca dicen ni una palabra, ni siquiera pestañean. Se toman con calma nuestras tonterías, a veces con la paciencia del santo Job. Se dan cuenta de que estamos haciendo un verdadero esfuerzo por madurar, y quieren ayudar.

Esta demostración constante y conmovedora de nuestros amigos de religión nos hace pensar a muchos de nosotros lo siguiente: "Cuando consideramos lo que han hecho por nosotros todos estos curas y ministros, nos tenemos que preguntar, ¿Qué hemos hecho nosotros por ellos?" Esta es una muy buena pregunta.

Aunque lo que viene a continuación no es en sentido estricto un asunto de AA, me siento obligado a hablar de lo que los curas y ministros han hecho por muchos de nosotros, personalmente. Algunos AA dicen, "No necesito la religión, porque AA es mi religión." De hecho, yo solía tomar esta postura.

Después de mantener durante varios años este sencillo y cómodo punto de vista, al fin me di cuenta de la posibilidad de que hubiera otras fuentes de enseñanza, sabiduría y convicción espirituales fuera de AA. Recordé que el reverendo Sam tenía probablemente mucho que ver con la experiencia espiritual vital que era para mí el primer regalo de la fe. Además él me había enseñado los principios según los cuales yo podría sobrevivir y seguir adelante. AA me había dado el hogar espiritual y el clima en que me podía sentir bienvenido y donde podía hacer un trabajo de utilidad. Todo eso estaba muy bien, y trabajaba en beneficio mío.

No obstante, por fin descubrí que necesitaba más. AA, con razón, no intentaba tener la respuesta a todas mis preguntas, por muy significativas que me parecieran. Como cualquier adolescente, había empezado a preguntarme: "¿Quién soy?" "¿De dónde vengo?" "¿Por qué estoy aquí?" "¿Cuál es el verdadero significado de la vida?" "Cuando el empresario de pompas fúnebres haya terminado sus oficios conmigo, ¿seguiré con vida, o no?" "¿A dónde, si acaso voy a alguna parte, iré desde aquí?" Ni la ciencia ni la filosofía me parecían capaces de darme respuestas convincentes. Naturalmente, me puse a buscarlas en otros campos y creo que hice algunos progresos.

Aunque tenía todavía algún recelo ante los clérigos y su teología, acabé volviendo a ellos—al lugar donde se originó AA. Si me habían podido enseñar los principios que me hicieron posible recuperarme, tal vez ahora me pudieran decir más acerca del desarrollo de la comprensión, y de la fe.

Aunque me había sido bastante fácil lograr mi sobriedad, el asunto de madurar me presentaba grandes dificultades. El desarrollo—emocional y espiritual—siempre me ha resultado muy difícil. Mi búsqueda para conocerme a mí mismo—y para conocer mejor a Dios y Su voluntad para conmigo—llegó a ser un asunto de suma urgencia. Me dije que los clérigos debían representar la sabiduría acumulada de los siglos en lo concerniente a cuestiones morales y teológicas. Así que empecé a trabar amistades con ellos—esta vez para escuchar en vez de disputar.

Me alegra poder decir que uno de estos clérigos ha resultado ser uno de los mejores amigos, maestros y consejeros que jamás espero tener. A lo largo de los años, he encontrado en el Padre Ed [Dowling] gran parte de la gracia y de la comprensión que me hacen posible desarrollarme hoy, aunque sea poco a poco. El es el mejor ejemplo de espiritualidad que yo conozca. A menudo me ha ayudado a reanudar mi viaje por el buen camino, evitándome borracheras secas de indefinida duración. Vale mencionar que él, durante todos estos años, nunca me ha pedido que me convierta a su religión.

Por lo tanto, con la más profunda gratitud, reconozco aquí la deuda que AA tiene con los clérigos: si no fuera por lo que han hecho por nosotros, AA nunca habría nacido; casi todos los principios que utilizamos nos llegaron de ellos. Nos hemos apropiado de su ejemplo, su fe y, hasta cierto grado, de sus creencias, y los hemos transformado en nuestros. Casi en el sentido literal, los AA les debemos nuestras vidas, nuestras fortunas y la salvación que a cada uno de nosotros le haya tocado encontrar.

Esta es, sin duda, una deuda ilimitada.

La prensa, la radio y la televisión

Octubre de 1957

E ra el verano de 1939. Unos pocos meses antes, nuestra Comunidad alcohólica, con unos cientos de miembros, había publicado un libro al que pusimos el título *Alcohólicos Anónimos*. Pero la publicación no había tenido secuela alguna. Nuestros libros, cinco mil de ellos, se encontraban amontonados en el almacén del impresor, la Imprenta Cornwall, y no pudimos vender ni un ejemplar.

El tan esperado artículo del *Reader's Digest*—que podría haber informado al público sobre nosotros y nuestro nuevo libro—no se publicó. Llenos de pánico, nos apresuramos a abordar a los editores de una revista nacional tras otra, suplicando ayuda. Pero todo esto fue en vano. Works Publishing, la pequeña compañía que habíamos constituido para lanzar el libro, estaba en quiebra, como lo estábamos todos los demás. No sabíamos a quién recurrir.

Pero la Providencia estaba velando por nosotros. En el momento en que tocamos nuestro punto más bajo, Fulton Oursler, en aquel entonces redactor jefe de la revista *Liberty*, tuvo una entrevista con un escritor independiente de nombre Morris Markey. De boca de Charlie Towns, dueño del hospital del que yo había sido tan asiduo cliente, el Sr. Markey había oído una impresionante recomendación de AA, la cual estaba repitiendo al Sr. Oursler, uno de los hombres más perspicaces que yo haya conocido. Fulton Oursler se dio cuenta inmediatamente de nuestras posibilidades. El dijo: "Morris, te voy a asignar este trabajo. Escríbenos esta historia y la publicaremos en septiembre."

Tales fueron las palabras del primer amigo de AA en el campo de la prensa. Estas palabras iban a rescatar nuestro libro de la bancarrota y significaban además que el público iba a tener su primera visión de Alcohólicos Anónimos.

Conforme con lo prometido, el artículo de Morris Markey, "Los alcohólicos y Dios," apareció en la revista *Liberty*. Los resultados fueron inmediatos y electrizantes. Más de 800 súplicas urgentes de ayuda llegaron a las oficinas de *Liberty*. Paciente y detalladamente, contestamos cada una, adjuntando a cada respuesta un formulario de pedido para el libro. Al poco tiempo, nos empezaron a llegar los pedidos y, gracias a más cartas enviadas por nuestra pequeña oficina de la calle Vesey y a la ayuda de los miembros viajeros de AA, se empezaron a establecer nuevos grupos.

Otros pregoneros de noticias no tardaron en seguir el ejemplo del Sr. Oursler. Un mes más tarde, el redactor jefe del Cleveland *Plain Dealer*, un hombre de mucho espíritu cívico, encargó al periodista Elrick B. Davis hacer un reportaje acerca de AA sin escatimar ningún esfuerzo. Día tras día aparecieron en primera plana del *Plain Dealer* artículos acerca de AA en general y, en particular, acerca de AA en Cleveland.

Junto con estos artículos, se publicaron exhortaciones editoriales que decían en efecto: "AA es bueno y funciona. Vengan y aprovéchenlo." De nuevo el diluvio. El pequeño grupo de Cleveland se vio inundado. Afortunadamente, logró sobrevivir y, pasados unos cuantos meses, el número de miembros del grupo había ascendido a centenares. A principios del año 1939, Alcohólicos Anónimos tenía menos de cien miembros, a fines del año tenía más de ochocientos.

En febrero de 1940, tuvimos otro fuerte empuje, en esta ocasión como consecuencia de la famosa cena del Sr. Rockefeller, en la que nos presentó a sus amigos y puso AA ante los ojos del mundo. Otra vez, la prensa hizo un trabajo espectacular; esta vez, muchos periódicos, incluyendo los diarios sensacionalistas, publicaron buenos comentarios acerca de nosotros, y las grandes agencias telenoticieras llevaron las crónicas a todas partes del mundo. En doce meses, el número de miembros de AA pasó de ochocientos a más de dos mil.

En la primavera de 1941, se volvió a representar el mismo drama, pero a una escala mucho mayor. El Sr. Curtis Bok, propietario del *Saturday Evening Post*, al haber visto los trabajos de AA en Philadelphia, recomendó a la redacción que le encargara a Jack Alexander hacer un reportaje acerca de AA que aparecería como crónica principal. Cuando se publicó el artículo de Jack, nos inundó una catarata de solicitudes de ayuda. Dos años más tarde, AA tenía diez mil miembros.

En el corto período de cuatro años, este pequeño grupo de amigos, contando nuestra historia al público norteamericano, había contribuido a centuplicar el número de nuestros miembros, había convertido a AA en una institución nacional, y había sentado las bases sobre las cuales nuestra Sociedad ha ido creciendo tan robustamente desde entonces.

Hoy en día, nuestros amigos de la prensa, la radio y la televisión forman una legión. En nuestra Sede hemos contratado a un servicio de recortes de prensa. Cada semana los recortes que nos envían sirven para contarnos de forma gráfica la historia de todo lo que han hecho y dicho estos amigos. Ellos inyectan en nuestras arterias mundiales una corriente sin fin y siempre creciente de sangre vivificadora.

Aunque la comunicación verbal y el contacto personal nos han traído muchos principiantes, no debemos olvidar nunca que la mayoría de nosotros debemos nuestra primera oportunidad de recuperación a nuestros amigos de los medios de comunicación—leímos, o escuchamos, o vimos algo. Gracias a ellos, AA tiene ahora más de 200,000 miembros activos.

A veces oímos a algunos miembros quejarse de la prensa, como si nos estuviera explotando, para tener sus historias y realizar sus ganancias. Dicen,

"Bueno, estos escritores se ganan bien la vida contando sus historias y las casas editoras disfrutan de sus beneficios. No es nada de extrañar. No hacen sino su trabajo normal."

Sin embargo, la mayoría de nosotros nos damos cuenta de que tales aseveraciones son solo una verdad a medias.

Casi todos los escritores y redactores que conocemos han ido mucho más allá del mero ejercicio de su oficio o de su deseo natural de contar una historia conmovedora.

Hace años pedimos a toda la gente de los medios de comunicación que respetaran el anonimato de nuestros miembros. Y esto fue pedirles mucho, porque la gran mayoría de los periodistas no podían imaginar hacer sus trabajos sin poder publicar nombres completos o fotos. Pero cuando les explicamos el porqué de nuestro anonimato—que no nos atrevemos a permitir que "los grandes personajes" florezcan entre nosotros—en seguida se dieron cuenta de la situación; y desde entonces, han hecho todo lo posible para adaptarse a nuestras necesidades, a pesar de verse frecuentemente tentados a publicar los nombres de nuestros miembros de fama nacional. En unas cuantas ocasiones, tales miembros han roto su anonimato deliberadamente; pero en estos casos la prensa rara vez ha tenido la culpa. De hecho, los redactores a menudo han refrenado a algunos AA, exageradamente ansiosos, que querían que el público supiera que eran miembros de la Comunidad.

En su perseverante entusiasmo por AA, muchos de nuestros amigos han ido aún más lejos. Se han comprometido personalmente a nuestra causa. Por ejemplo, Jack Alexander llegó a ser un custodio de AA y nos ayudó mucho a resolver nuestros problemas de literatura, y nunca perdió una oportunidad de apoyarnos, de viva voz o por escrito.

Menos conocida es la relación que teníamos con Fulton Oursler. El suyo era un ilustre ejemplo de dedicación personal a Alcohólicos Anónimos.

En 1944, se decidió que AA debería tener una revista mensual. En estas fechas, Fulton ya tenía un conocimiento íntimo de las operaciones de AA. Una persona bien conocida suya había logrado una extraordinaria recuperación. En cuanto se enteró de nuestro proyecto de publicar una revista, Fulton se ofreció como voluntario para ayudarnos y, aunque nunca fue alcohólico, llegó a ser miembro de la junta editorial del Grapevine, y uno de sus fundadores. Pagaba algunos de los gastos de la organización de su propio bolsillo, nos aconsejaba, revisaba los manuscritos, y escribió un artículo para uno de los primeros números de la revista al que puso el título "Los alcohólicos son gente encantadora" [Título correcto: *Charming is the Word for Alcoholics*]. Más tarde, este título era motivo de broma entre nosotros. Sonriendo, él nos decía que debería haber sido "*Algunos* alcohólicos son gente encantadora."

En años posteriores, llegué a conocer muy bien a mi amigo Fulton. Nunca he visto un hombre más atareado. No importa a qué hora se fuera a acostar, a no ser que tuviera una pulmonía, no había nada que le impidiera estar en su despacho a las cinco de la mañana, donde se quedaba escribiendo hasta las once. Pero a esta hora no había hecho más que empezar su día; sus incontables amigos y actividades le mantenían ocupado hasta bien entrada la tarde, y yo era quien a veces le tenía levantado hasta la medianoche.

AA se encontraba entonces en las tormentas de su adolescencia. Nuestra Sede acababa de tomar forma y de hacerse cargo de sus responsabilidades. Necesitábamos consejos, especialmente en cuanto a las relaciones públicas, y Fulton era la persona a quien yo acudía frecuentemente. En esta época Fulton fue nombrado uno de los redactores jefes de *Reader's Digest*, y la ayuda que nos prestaba pronto se veía reflejada en el gran número de artículos que empezaron a publicar acerca de nosotros.

Entonces llegó el momento en que queríamos que Fulton sirviera como custodio de AA. Ya que yo sabía lo cargado que él estaba de trabajo, vacilé mucho en pedírselo. Pero no tenía por qué haberme sentido así, porque tan pronto como se lo pedí, se le iluminó la cara y dijo, "Claro que sí. ¿Cuándo empiezo?" Fulton no podía asistir a todas nuestras reuniones, pero siempre estaba a nuestra disposición. Recuerdo que una vez le interrumpí en mitad de sus horas de trabajo para pedirle que nos ayudara a salir de un apuro en el que nos encontrábamos con un productor cinematográfico de Hollywood. Inmediatamente dejó lo que estaba haciendo y descolgó el teléfono. En menos de una hora, me llamó para decirme que todo estaba resuelto, y que no teníamos que preocuparnos más.

Unos meses antes de su muerte, pasamos una tarde juntos. Entonces fue cuando me dijo lo que AA había significado para él. Después de describir su juventud como una época de orgulloso agnosticismo y sofisticación que le había llevado a un callejón sin salida, pasó a contarme cómo le había afectado el ejemplo de AA; cómo había llegado finalmente a unirse a una iglesia de su propia elección; y cómo estas dos influencias le habían inspirado a escribir una historia bíblica, titulada *"The Greatest Story Ever Told"*. Me comentó que él había hecho por AA sólo una pequeña parte de lo que AA había hecho por él, un no-alcohólico.

Estas y otras muchas experiencias con los hombres y mujeres de la prensa, la radio y la televisión nos muestran claramente lo que ha significado su dedicación. Casi en todas las ciudades donde hoy día crece AA, vemos a nuestros amigos de los medios de comunicación seguir las huellas de Jack Alexander y Fulton Oursler.

Estemos eternamente agradecidos por todos estos mensajeros de buena voluntad. Y que siempre seamos merecedores de su amistad.

En el frente del alcoholismo

Marzo de 1958

S e dice que hay 4,500,000 alcohólicos en América. Hasta la fecha, AA ha ayudado a que casi 250,000 de ellos logren su sobriedad; o sea, uno de cada veinte, o un 5% del total. Este es un comienzo valeroso, lleno de significación y esperanza para aquellos que aún sufren. Pero estas cifras nos muestran que sólo hemos hecho un módico progreso en este gran problema de salud mundial. Hay millones que están todavía enfermos y otros millones pronto lo estarán.

Estos datos sobre el alcoholismo deben darnos un buen motivo para pensar, y para ser humildes. Sin duda podemos sentirnos agradecidos por toda agencia o método que intenta resolver el problema del alcoholismo—ya se trate de la medicina, la religión, la educación o la investigación. Debemos tener amplitud de mente ante todos esos esfuerzos y ser comprensivos cuando fracasan los malaconsejados. Debemos tener presente que durante años AA funcionaba según un método de "pruebas y tanteos." Nosotros como miembros individuales de AA podemos y debemos trabajar con aquellos que prometen tener éxito—aunque solo sea un éxito limitado.

Y no debemos permitir que nuestras particulares convicciones o prejuicios triunfen sobre nuestro buen sentido y buena voluntad. Por ejemplo, muchos de nosotros creemos que el alcoholismo es principalmente un problema espiritual. Por lo tanto, tenemos poca paciencia con los bioquímicos que quieren convencernos de que los borrachos beben porque se ven afligidos por un mal metabolismo. Igualmente, somos propensos a enfurecernos al oír a los siquiatras descartar toda cuestión del bien y del mal e insistir que el verdadero problema del alcohólico siempre tiene sus raíces en las obsesiones neuróticas que adquirió inocentemente cuando era niño debido a la inadaptación causada por los errores de sus padres. O al oír a los asistentes sociales decir que las verdaderas causas del alcoholismo residen en defectuosas situaciones sociales, solemos ponernos inquietos y responder: "¿A quién le importa cuáles puedan ser las causas? AA puede ayudar a reponerse a los borrachos, sin meterse en todos esos detalles."

De forma parecida, algunos AA censuramos todas las tentativas terapéuticas, salvo la nuestra. Señalamos ciertas clínicas o comités que han logrado hacer muy poco; nos quejamos de las inmensas sumas de dinero malgastadas por agencias privadas y agencias del estado. Nos valemos del caso de toda droga experimental que no da buenos resultados para hacer críticas virulentas. Menospreciamos los esfuerzos que hacen los hombres y mujeres de la religión para tratar con nosotros los borrachos. Creemos que una sólida educación sobre el alcohol es una buena cosa. Pero al mismo tiempo somos propensos a creer que en este campo, AA—

aunque sea de forma indirecta—está haciendo la mayor parte del trabajo.

Puede que esto parezca ser una confesión de los pecados de AA y, hasta cierto punto, lo es. Es también una confesión de que, en alguna u otra ocasión, yo he sostenido algunas de estas miopes opiniones y prejuicios. Pero me apresuro a añadir que todo lo que acabo de decir se aplica mucho más al pasado de AA que a la Comunidad de hoy día.

Hoy en día, la gran mayoría de nosotros recibimos de buen grado cualquiera nueva luz que se pueda arrojar sobre la aflicción misteriosa y desconcertante del alcohólico. No nos importa mucho la procedencia de estos nuevos y valiosos conocimientos, ya sea que provengan de un tubo de ensayo, del sofá de un siquiatra o de estudios sociológicos reveladores. Nos agrada cualquier tipo de educación que facilite información precisa al público y cambie su acostumbrada actitud para con el borracho. Cada vez más consideramos a todos los que trabajan en el campo del alcoholismo como nuestros compañeros en la marcha desde la oscuridad hacia la luz. Nos damos cuenta de que podemos realizar juntos lo que nunca podríamos lograr separados y en rivalidad.

Preocupado por AA y todos sus asuntos, debo confesar que he dedicado poco tiempo a pensar en el problema global del alcoholismo. Pero sí lo puedo vislumbrar, y me gustaría compartir con ustedes lo que vislumbro.

Consideremos los 4,500,000 borrachos que hay en América. ¿En qué situación están ahora? ¿Qué se está haciendo y qué se puede hacer por ellos? ¿Y por la siguiente generación—otros 4,000,000 que aún son niños y adolescentes? Excepto por lo que AA pueda hacer, ¿han de ser víctimas también?

Empecemos por el punto más bajo. Nuestras instituciones siquiátricas están inundadas de gente con lesiones cerebrales y gravemente sicopática. Alguno que otro consigue volver a integrarse en la sociedad, pero no muchos. La mayoría ya han llegado a un punto del que no pueden volver atrás. Su mejor esperanza es pasar al otro mundo. Sin embargo, futuras investigaciones sobre su condición pueden ampliar nuestros conocimientos acerca de la prevención para el beneficio de los que se están aproximando al borde del abismo. También se puede encontrar una gran cantidad de alcohólicos en las prisiones. Puede que el alcohol les metiera directamente en los líos por los que están allí, o puede que tuvieran que beber a fin de poder entregarse a sus obsesivas inclinaciones para cometer los crímenes. Aquí se ve una clara necesidad de investigaciones científicas—médicas, siquiátricas y sociales. AA no puede hacer esta tarea, pero hay otros que ya han hecho un buen comienzo.

Todas las grandes ciudades tienen sus barrios bajos. Sin duda tiene que haber varios cientos de miles de los llamados borrachos perdidos. Algunos están tan sicóticos y tan trastornados que su único destino es el manicomio. El resto de estos incontables hombres y mujeres suelen encontrarse en los cuarteles de la policía, los juzgados, las cárceles y los hospitales. Lo que ellos pagan en sufrimiento es incalculable; lo que la sociedad paga, únicamente en dinero, es enorme. Multitudes de estas personas, que todavía no son consideradas locas por la ley, se ven condenadas a vagar de un lado a otro sin esperanza. ¿Hay algo que se pueda hacer? Es muy probable que sí. Tal vez se les puede trasladar a unas granjas donde en una especie de "cuarentena" pueden hacer suficiente trabajo para mantenerse a sí mismos, mejorar de salud, y ahorrar a sus respectivas ciudades grandes sumas de dinero y grandes molestias. Este y otros experimentos parecidos han empezado a ofrecer mucha más esperanza a los habitantes de los barrios bajos. Los miembros de AA están ayudando, pero la mayor parte del trabajo y del dinero tendrá que venir de otros sitios.

Consideremos ahora los millones de alcohólicos que aún no han llegado a las prisiones, los manicomios o los barrios bajos. Se dice que ellos constituyen la gran mayoría. En este momento, AA parece ser su mejor esperanza de recuperación. Entonces, ¿por qué no han acudido a nosotros todos esos millones? O, ¿por qué no han tratado de recuperarse por cualquier otro método?

Cualquier miembro de AA puede darte una respuesta rápida y precisa. "No están listos. No se dan cuenta de lo enfermos que están. Si lo supieran, vendrían en tropel buscando tratamiento, como si tuvieran diabetes o cáncer." Por lo tanto, el problema es cómo exponerles los hechos que les convenzan que están gravemente enfermos.

Más que nada, la solución parece estar en la educación—educación en las escuelas, en las facultades de medicina, entre los clérigos y los patrones, en las familias y del público en general. Desde la cuna hasta la tumba, el borracho y el posible alcohólico tendrán que encontrarse en un ambiente de comprensión profunda y auténtica y expuestos a un continuo bombardeo de información: los hechos acerca de su enfermedad, sus síntomas, y su fatídica gravedad. ¿Por qué debe esperar un alcohólico hasta cumplir los 55 años y estar horriblemente destrozado para enterarse de que es una persona muy enferma si, con la apropiada educación, se le podría haber convencido a los 30 ó 35 años?

La historia nos ha enseñado que ni el sermonear ni el moralizar ni otros intentos parecidos para reformarlos, sean cuales sean sus diversos méritos, han causado mucha impresión a los alcohólicos en general. Pero en años recientes, la educación objetiva sobre las realidades de la enfermedad ha dado resultados muy prometedores. Ahora vemos llegar a AA una gran cantidad de gente joven, como consecuencia directa de la más generalizada difusión de información sobre la enfermedad.

Los AA hemos hecho bastante trabajo en este aspecto educativo, y algunos amigos fuera de AA han hecho aun más. Como consecuencia, en este mismo momento casi medio millón de borrachos en los Estados Unidos están intentando recuperarse—o al menos pensando seriamente en hacerlo—por su propia cuenta, o por medio de algún tratamiento. Tal vez este cálculo es un poco elevado, pero no es ni mucho menos una fantasía. Una buena educación acerca del alcoholismo—y cada vez más amplia y generalizada—tendrá sin duda un gran impacto.

El impacto de la educación no solo se verá reflejado en la cantidad de personas bajo tratamiento, sino aun más en el aspecto preventivo. Esto quiere decir educación objetiva acerca de los hechos, presentada apropiadamente a los niños y a los adolescentes, en el hogar y en la escuela. Anteriormente, una gran parte de la educación consistía en atacar la inmoralidad de beber en lugar de la enfermedad del alcoholismo.

Los AA podemos hablar acerca de este asunto con gran convicción. La mayoría de nuestros hijos se han visto trastornados emocionalmente por nuestro comportamiento alcohólico, y se encuentran claramente "inadaptados." Muchos de ellos ya deberían de haberse convertido en bebedores problemas. Pero no han hecho tal cosa. El alcoholismo, o el posible alcoholismo, rara vez se ve entre los hijos de padres que son miembros de AA. Pero nunca les prohibimos beber, ni les sermoneamos si lo hacen. Simplemente aprenden por lo que ven y por lo que oyen que el alcoholismo es un asunto espantoso y que si beben, tienen una probabilidad entre quince de contraer la enfermedad del alcoholismo. La mayoría de ellos no beben nada en absoluto. Otros beben con moderación. Los demás, después de meterse en algunos líos funestos, son capaces de dejar de beber y lo hacen rápidamente. Esto parece ser la forma más eficaz de educación preventiva.

Por lo tanto, es totalmente posible que muchos de estos métodos y actitudes de AA se pueden aplicar a todos los niños.

¿Quién se va a encargar de hacer todo este trabajo educativo? Obviamente, es tanto una tarea para la comunidad como para los especialistas. Individualmente, los AA podemos ayudar, pero AA como tal no puede, y no debe, intervenir directamente en este campo. Por lo tanto, tenemos que contar con otras agencias, con nuestros amigos de afuera y con su buena disposición de dedicar grandes cantidades de dinero y esfuerzo—los cuales, con mayor eficacia que nunca, encaminarán al alcohólico al tratamiento y evitarán el desarrollo de la enfermedad en millones de niños predispuestos, quienes, de otra forma, seguirían el camino tan bien conocido por nosotros.

Como el siguiente fragmento de la historia de AA demuestra, se han hecho grandes y muy prometedores progresos fuera de AA, en el campo de la investigación, del tratamiento, de la rehabilitación y la educación. Dio la casualidad de que yo era testigo de los inicios de los métodos modernos en estas esferas. A continuación les contaré lo que vi:

Tengo vivos recuerdos del Dr. H.W. Haggard del cuerpo docente de la Universidad de Yale. En 1930, cuatro años antes de que yo lograra mi sobriedad, este excelente médico se estaba preguntando de qué sufrían los borrachos. Quería emprender una investigación—al principio un proyecto experimental de laboratorio para determinar si acaso tuvieran una bioquímica peculiar. A algunos de sus colegas, este proyecto les parecía tan risible que el buen doctor no pudo conseguir ninguna subvención de la tesorería de Yale. No obstante, el Dr. Haggard se sentía como un hombre con una misión. Contribuyó a financiar el proyecto con dinero de su propio bolsillo, y pidió a sus amigos que hicieran aportaciones. Logró lanzar la investigación y él y un asociado suyo, el Dr. Henderson, se pusieron a trabajar.

Más tarde, en 1937, el Dr. Anton Carlson, renombrado fisiólogo, y un grupo de científicos interesados formaron un organismo subsidiario llamado el Consejo de Investigaciones Sobre los Problemas del Alcohol. Algunos de los primeros AA neoyorquinos asistimos a sus reuniones—a veces para darles ánimo y a veces, confieso, para abuchear. (Los AA de esa época creían que tenían un monopolio en el tratamiento de los borrachos.)

En esos días, se integró en el Consejo de Investigaciones una persona muy enérgica, el Dr. E.M. Jellinek. No era doctor en medicina; pero era "doctor" en casi todo lo demás. Aprender todo acerca de los borrachos no era sino un asunto de ponerse al día en sus lecturas atrasadas. Por prodigio de erudición que fuera, no obstante, era un hombre muy popular con nosotros los alcohólicos. Le llamábamos un "alcohólico seco," porque se podía identificar tan fácilmente con nosotros. Incluso su apodo era muy simpático—su padre húngaro le llamaba "Bunky," que en ese idioma significa "rabanillo." El "rabanillo" se puso a trabajar en seguida.

Con el tiempo, Bunky y el Dr. Haggard aunaron sus esfuerzos y en 1940 empezaron a publicar el *Quarterly Journal of Studies on Alcohol* [Revista Trimestral de Estudios sobre el Alcohol], dedicada a publicar artículos que abarcaban todo el campo de estudios e investigaciones acerca del alcohol. Esta empresa resultó en una estrecha asociación y colaboración entre el Dr. Jellinek y el Dr. Haggard.

En 1943, el Dr. Haggard y Bunky organizaron la Escuela de Yale para Estudios sobre el Alcohol. Se dieron cuenta de que un laboratorio y una revista técnica no podían llegar muy lejos a no ser que se encontrara una audiencia más amplia. Se propuso la idea de que cualquier persona que tuviera algo que ver con los borrachos o con el problema del alcohol debería estar representada en la escuela.

Un grupo curiosamente variado se reunió en las primeras sesiones. Me acuerdo muy bien del venerable Sr. Colvin, el que solía presentarse como candidato para presidente por el Partido Prohibicionista. Al otro extremo de la opinión violenta se encontraban algunos representantes de la industria del licor. Entremedias había unos cuantos clérigos, asistentes sociales, jueces, policías, oficiales de libertad condicional, educadores, y una cierta cantidad de nosotros los borrachos. Cada cual tenía su propio interés personal y sus propias convicciones rígidas. Los dos campos opuestos casi no se hablaban. Cada facción quería que nosotros los alcohólicos estuviéramos de acuerdo con ellos. Esto era muy halagador, pero naturalmente nosotros seguimos el rumbo independiente, y no estábamos de acuerdo con casi nadie.

De esta mezcla tan poco prometedora, los doctores Haggard y Jellinek tuvieron que llegar a conseguir un concierto. Hubo que convencer a los anti-prohibicionistas de que no se podía esconder el problema debajo de la cama; ni tampoco podían los prohibicionistas seguir atemorizando, mostrando un hígado podrido a cada uno de los bebedores. Y nosotros los AA teníamos que ver la enormidad del problema global del alcohol y encarar el hecho de que probablemente no íbamos a hacer que todo el mundo dejara de beber de la noche a la mañana. La escuela contribuyó con los resultados de sus investigaciones, y los demás contribuyeron con lo que tenían, o creían tener, y finalmente Bunky nos hizo ver que teníamos que enfrentarnos juntos a los hechos reales y además hacerlo de una manera amistosa. Fue un toque maestro de diplomacia; fue quizás la primera vez que se logró abordar, con amplias miras y gran tacto y sensibilidad, el problema del alcohol en los Estados Unidos.

En el año siguiente, 1944, hubo dos acontecimientos de la más alta significación. El grupo de Yale abrió una clínica que tendría un gran número de borrachos vivos para servir como sujetos de sus tratamientos experimentales y en quienes basar sus investigaciones. Ray McCarthy, el primer administrador de la clínica, pasó sudores probando el método clínico con el primer grupo de alcohólicos.

Luego se presentó Marty. Como pionera de AA, se daba cuenta de la necesidad de cambiar las actitudes del público, que habría de hacer saber a la gente que el alcoholismo era una enfermedad, y que se podría ayudar a los alcohólicos. Ella formuló un plan para crear una organización que realizara un programa vigoroso de educación pública y que estableciera comités compuestos por ciudadanos en todas partes del país. Me sometió su plan. Me sentía entusiasmado, pero creía que sería necesario tener el respaldo de la comunidad científica, así que remitimos el plan a la atención de Bunky, y él vino a reunirse con nosotros. Nos dijo que, a su parecer, el plan era acertado y bien razonado y que había llegado ya la hora propicia, y estaba de acuerdo conmigo en que Marty era la persona más apropiada para hacer el trabajo.

Originalmente financiada por el incansable Dr. Haggard y sus amigos, Marty emprendió su gran labor. Aunque el espacio no me permite hablar en detalle acerca de los magníficos logros de Marty y sus asociados, miembros del actual Consejo Nacional Sobre el Alcoholismo, puedo manifestar mi convicción de que no existe otra agencia que haya hecho más para educar al público, ampliar las posibilidades de hospitalización, o poner en marcha tantos y tan diversos proyectos constructivos. Claro está que el consejo ha pasado por muchos dolores de crecimiento, pero hoy día los resultados del CNA atestiguan su eficacia de forma elocuente.

En 1945, el Dr. Selden Bacon, eminente sociólogo, fue nombrado coordinador de la Comisión Sobre el Alcoholismo de Connecticut, el primer programa sostenido con fondos estatales. Esta primera colaboración se realizó como consecuencia directa del trabajo del Dr. Bacon y el grupo de Yale. Desde entonces, nuestro amigo Selden ha contribuido con su inmensa energía y su más aguda perspicacia al beneficio de nosotros los alcohólicos.

No cabe duda de que él es una de las mayores autoridades que conocemos en el campo de la sociología.

Me gustaría muchísimo poder mencionar a otros muchos amigos dedicados de esa época pionera y dilatarme sobre sus aportaciones. Otros nuevos amigos les han seguido desde entonces y hoy día son una legión. A todos ellos les expreso la gratitud eterna de Alcohólicos Anónimos.

Sus esfuerzos conjuntos, a menudo suscitados por los AA, han dado multitud de frutos: Cuatro universidades ahora tienen programas basados en el modelo de Yale. Tres mil hospitales, privados y públicos, han abierto sus puertas a los alcohólicos. Hemos visto un cambio revolucionario en la actitud de la industria hacia sus empleados. Las instituciones carcelarias, la policía y los jueces han cobrado un nuevo ánimo. Numerosos comités de ciudadanos se han puesto a atacar el problema global en sus varias comunidades. Más de treinta estados de los EE.UU. y la mayoría de las provincias de Canadá tienen programas de rehabilitación y tratamiento. Muchos grupos de clérigos se han puesto a educar a sus colegas. Se están haciendo importantes progresos en la investigación y el tratamiento siquiátricos. Los experimentadores trabajan en sus laboratorios con gran optimismo. La Asociación Médica Norteamericana ha reconocido oficialmente el alcoholismo como una enfermedad crónica, y ha establecido un subcomité sobre el alcoholismo. Las facultades de medicina han empezado a incluir cursos sobre el alcoholismo en su plan de estudios. Con el acicate de Bunky, la Organización Mundial de la Salud está llevando todas estas buenas noticias a todas partes del mundo. Se están modernizando los libros de textos de las escuelas. La prensa, la radio y la televisión están emitiendo diariamente toneladas de información con el fin de educar al público en general. Todo esto ha venido ocurriendo durante los veinte y ocho años que han pasado desde que el Dr. Haggard decidió ponerse a determinar el porqué del carácter alcohólico.

Cada uno de estos pioneros en el campo general dirían generosamente que si no hubiera sido por la prueba concreta de la recuperación en AA, no podrían haber seguido con sus trabajos. AA era la estrella polar de esperanza y ayuda que les mantuvo en ello.

Por lo tanto, trabajemos en cooperación con todos estos proyectos prometedores para acelerar la recuperación de aquellos millones de personas que aún no han encontrado una solución. Esta diversas obras no tienen necesidad de nuestro aval; sólo necesitan que les echemos una mano cuando, como individuos, podamos hacerlo.

Sección

3

Otros escritos de este período

Un tributo al Canadá

Mayo de 1951

Expresamos a Canadá nuestras felicitaciones y nuestra gratitud; no hay en el mundo un mejor representante del movimiento de AA. Esta extensa Sociedad nuestra tiene la extraña cualidad de ser igual en todas partes y, no obstante, muy diferente y distintiva en cada lugar. Los AA somos todos completamente parecidos, ya sea que se nos considere por regiones o por naciones. Y así es como debe ser.

Todos nuestros miembros que vuelven de viaje del Canadá comentan que trajeron de este país mucho más de lo que se llevaron allí.

Tampoco debemos olvidar que Canadá ha contribuido tanto al feliz éxito actual que gozan los grupos familiares de AA [ahora conocidos como Al-Anon] y al favor que se han ganado de los que escuchamos sus testimonios en Cleveland el pasado verano. Ni tampoco se desvanecerá nunca el luminoso recuerdo de aquel día en Montreal en que Lois y yo oímos rezar el padrenuestro en francés y en inglés—en nuestra reunión bilingüe.

Estamos enormemente agradecidos por las buenas amistades que trabamos desde Halifax hasta Vancouver; todos son siempre parecidos; trabajadores dedicados que van tejiendo la tela que es AA hoy día—y la que será mañana.

Les presento a nuestros custodios no-alcohólicos

Noviembre de 1951

¿Por qué tiene la Fundación Alcohólica de AA tres miembros no-alcohólicos en su junta? ¿Qué es lo que hacen, y cómo llegaron a estar allí? Hay algunas muy buenas respuestas a estas preguntas tan frecuentes.

Todo empezó así. Años atrás, en 1937, creíamos que nos hacía falta mucho dinero. Consideramos la posibilidad de meternos en el negocio de los hospitales y la de enviar al mundo cierta clase de misioneros pagados de AA. Aun con más seguridad, tendríamos que publicar un libro. Ya que no teníamos una cantidad de dinero suficiente para hacerlo, tuvimos que buscarlo por otras partes. Estas necesidades, reales (e imaginarias), nos lanzaron a la búsqueda de personas no-alcohólicas que tuvieran dinero. O que nos lo pudieran conseguir.

Muchos me han oído contar la historia de cómo, por los buenos oficios de mi cuñado, el Dr. Leonard V. Strong, llegamos a conocer al Sr. Willard S. Richardson, uno de los mejores amigos que AA jamás pueda tener. En el apuro en que nos encontrábamos, este hombre nos representaba una segura y luminosa esperanza, porque era un asociado y un íntimo amigo del Sr. John D. Rockefeller, Jr. Tomó un vivo e inmediato interés en nosotros. Nos sentíamos convencidos de que todos nuestros problemas económicos se habían solucionado. Providencialmente, no iba a ser así. No obstante, el Sr. Richardson en seguida reunió a algunas personas no-alcohólicas que compartían su entusiasmo por lo que nosotros estábamos haciendo. Esos amigos de los tiempos primeros, Dick Richardson, Leonard Strong, Frank Amos, A. LeRoy Chipman y Albert Scott sin duda aparecerán en un lugar destacado en cualquier futura historia de Alcohólicos Anónimos que se escriba.

No obstante, al principio estos hombres nos hicieron sentir algo decepcionados. No estaban tan convencidos de que tuviéramos necesidad de grandes cantidades de dinero—opinión que el Sr. John D. Rockefeller sostendría aun más tenazmente cuando más tarde acudiéramos a él. Poco sospechábamos que la sabiduría de estos nuevos amigos iba a salvar a Alcohólicos Anónimos del profesionalismo y de los peligros de la gran riqueza.

Sin embargo, en la primavera de 1938, la mayoría de nuestros nuevos patrocinadores llegaron a la conclusión de que un poco de dinero nos vendría bien sin hacernos ningún mal. Ya se habían esfumado todas nuestras grandiosas ideas de tener hospitales y misioneros, pero seguíamos convencidos de que deberíamos publicar un libro que tratara de la experiencia de la recuperación. Ese mismo año, en fechas anteriores, el Sr. Rockefeller había contribuido con algún dinero para ayudar personalmente al Dr. Bob y a mí. Pero ya podíamos ver el fin de esos fondos. Para llevar a cabo el proyecto del libro, íbamos a necesitar más dinero.

Este fue el momento en que la Fundación Alcohólica tomó forma. En mayo de 1938, se redactó y se legalizó un acuerdo fideicomisario. Los hombres anteriormente mencionados, con excepción de los Srs. Scott y Rockefeller, fueron nombrados custodios. Ya contábamos con su buen criterio y su interés constante. Además, AA tenía una necesidad urgente de amigos que no vacilaran en decir ante el público en general exactamente lo que pensaban de nosotros, como lo haría el Sr. Rockefeller dos años más tarde.

Tengo un muy gracioso recuerdo de aquellos días del establecimiento de la Fundación. Ninguno de los miembros alcohólicos de la recién compuesta junta se sentía seguro de poder mantenerse sobrio. ¿Quién, entonces, vigilaría sobre nuestro dinero si todos los borrachos se emborracharan? Teniendo en mente esta posible catástrofe, agregamos al acuerdo fideicomisario la disposición de que el número de no-alcohólicos en la junta siempre debería exceder en uno al número de alcohólicos. Por si acaso.

Durante el verano de 1938, armados con las mejores recomendaciones, fuimos solicitando dinero para nuestra nueva y resplandeciente Fundación. Nuestras tentativas no tuvieron resultado alguno. Por lo tanto, en el otoño del mismo año, bajo el nombre de Works Publishing, Inc., los alcohólicos de Nueva York, unos 49 en total, recogimos fondos para la publicación del libro de AA. La Fundación misma casi no tendría ningún dinero hasta 1940, cuando el Sr. Rockefeller celebró su muy afamada cena para Alcohólicos Anónimos, la cual produjo para la Fundación unas aportaciones de $3,000 al año durante un plazo de cinco años. Posteriormente, la familia Rockefeller nos hizo un préstamo suficiente como para reembolsar a los accionistas, logrando así que el libro se convirtiera en propiedad exclusiva de la Fundación. Esta fue casi la única aportación de dinero que la Fundación recibió de fuentes ajenas.

En este mismo momento, el carácter de la Fundación empezó a cambiar. Después de la adquisición del libro, los custodios se han hecho cargo sucesivamente de las relaciones públicas de AA, la administración de las contribuciones para el mantenimiento de la Oficina General y, en años recientes, del Grapevine de AA, originalmente establecido como empresa separada por unos AA neoyorquinos con experiencia e interés periodísticos.

Así que se ve claramente la evolución de este organismo que, en su comienzo, no era sino un simple comité establecido con el fin de ayudarnos a desenvolvernos al Dr. Bob y a mí, y que se ha convertido, desde entonces, en una junta de servicio de AA y guardiana administrativa de sus asuntos principales. La junta, que originalmente sólo se encargaba de nuestros problemas financieros, ahora se ocupa principalmente de cuestiones de política general y de la administración de los negocios de la Oficina General de AA y del AA Grapevine.

Nos es fácil olvidar lo aislada que está la Fundación de los grupos de AA en general, una circunstancia que persistía hasta el pasado mes de abril, cuando se estableció la Conferencia de Servicios Generales. Y esta entidad sólo se reunirá una vez al año. A pesar de su única y aislada condición, los no-alcohólicos han demostrado, una y otra vez, el inmenso valor que tienen para AA. Debido a su posición desinteresada e imparcial, suelen mostrar un criterio más equilibrado que nosotros, los alcohólicos volubles y llenos de prejuicios. No sólo han estabilizado las operaciones de la Sede, sino que, en diversas ocasiones, han salvado a la Fundación del desastre. ¿Qué mayor homenaje podríamos rendirles?

Saludemos, entonces, a nuestros custodios no-alcohólicos, quiénes son:

Jack Alexander, autor del artículo publicado en 1941 en el *Saturday Evening Post*, que convirtió AA en una institución nacional, y sirvió para liberar a miles. Cuánto cariño le tenemos a nuestro Jack.

Frank Amos, publicista y propietario de un periódico, residente ahora en Cambridge, Ohio. Siempre nos sentiremos agradecidos por su constante interés y el paciente consejo que nos ha dado desde los primeros días.

A. Leroy Chipman, asociado del Sr. Rockefeller, y uno de los primeros miembros de la junta; atento y concienzudo tesorero. Su gran dedicación a nuestra causa debe ser más ampliamente conocida y apreciada.

Frank Gulden es un recién llegado a la Fundación. Destacado participante en los asuntos de su parroquia, es miembro de la junta del Hospital San Juan (que trabaja en estrecha cooperación con los AA de Brooklyn) y propietario de la bien conocida empresa de productos alimenticios que lleva su nombre. Nos consideramos afortunados por poder contar con su gran discernimiento.

El Dr. John Norris, jefe del cuadro médico de la Compañía Eastman Kodak, se integró recientemente en la junta. El Dr. Norris tiene una muy buena reputación en el campo de la medicina industrial. Tiene una comprensión y unos conocimientos extraordinarios de los alcohólicos. A él se le debe la relación magnífica que existe hoy entre Eastman Kodak y Alcohólicos Anónimos.

Fulton Oursler es redactor jefe del *Reader's Digest*. Es de renombre mundial como autor y experto en relaciones públicas. Miles de los AA han leído su libro *The Greatest Story Ever Told*. AA no tiene partidario más ardiente ni más encantador que Fulton.

Bernard Smith es presidente de la junta de la Fundación, un bien conocido abogado corporativo y un amigo de gran previsión e inmensa buena voluntad.

Ha merecido nuestra gratitud eterna por su infatigable apoyo a la idea de la Conferencia de Servicios Generales desde el momento en que se propuso.

El Dr. Leonard V. Strong sirvió como nuestro intermediario con el Sr. Willard Richardson, conexión que conducía a la creación de la Fundación. Casi desde el principio ha ocupado el puesto de secretario. Nadie ha asistido a más reuniones, ni se ha esforzado más diligentemente que Leonard para conseguir que la Fundación sea lo que es hoy en día. Por casualidad, es mi cuñado. En los últimos días de mi carrera de bebedor, la inquebrantable confianza que este hombre tenía en mí y las atenciones médicas que me prestaba, con toda probabilidad me salvaron la vida.

El Sr. Willard Richardson es custodio emérito. Todos los que servíamos con él, tenemos afectuosos recuerdos de este buen amigo, ahora jubilado, quien infundía a las actividades de la junta desde sus primeros días una prodigiosa sabiduría y espiritualidad. A espaldas suya, le llamamos "Tío Dick," lo cual es una clara indicación de nuestros sentimientos.

Leonard V. Harrison—no podemos terminar la lista sin mencionarlo. Leonard sirvió como presidente de la Fundación durante aquellos años inciertos de la adolescencia de AA, cuando todos nos estábamos estremeciendo por temor a que las fuerzas que amenazaban con desgarrarnos salieran ganando. En esa época de presiones tremendas, nuestro amigo al timón, con mano segura, nos evitaba chocar contra muchos escollos. Aquí le expresamos nuestro agradecimiento perpetuo.

Ahora ustedes conocen a nuestros custodios no-alcohólicos. Sin ellos, ¿dónde estaría AA hoy día? Yo, por lo menos, prefiero no contemplarlo.

Un fragmento de la historia: El origen de los Doce Pasos

Julio de 1953

Los AA nunca dejan de preguntar: "¿De dónde vinieron los Doce Pasos?" A fin de cuentas, es probable que nadie lo sepa. No obstante, tengo tan vivos recuerdos de algunos de los acontecimientos que contribuyeron a su formulación que parece que hubieran ocurrido ayer.

En cuanto al factor humano, hubo tres principales fuentes de inspiración de los Pasos—los Grupos Oxford, el Dr. William D. Silkworth del Hospital Towns, y el renombrado sicólogo William James, hombre que algunos llaman el padre de la sicología moderna. La historia de cómo llegaron a confluir estas diversas corrientes de influencia y de cómo desembocaron en la redacción de nuestros Doce Pasos es muy impresionante y, en parte, verdaderamente increíble.

Muchos de nosotros recordamos los Grupos Oxford como un movimiento evangélico moderno que florecía en la década de los 20 y a principios de los años 30, bajo la dirección del Dr. Frank Buchman, antiguo pastor luterano. Los Grupos Oxford de aquel entonces recalcaban la importancia del trabajo interpersonal de un miembro con otro. El Duodécimo Paso de AA tuvo su origen en esta práctica vital. El pilar moral básico de los "G.O." era la honradez absoluta, la pureza absoluta, la generosidad absoluta y el amor absoluto. Además practicaban un tipo de confesión que llamaban "compartimiento"; al hacer enmiendas por los daños que habían causado le llamaban "restitución." Tenían una profunda convicción del valor de su "tiempo callado," una meditación a la que se dedicaban tanto los grupos como los miembros individuales, para buscar la orientación de Dios en todos los aspectos, grandes y pequeños, de su vida.

Estas ideas básicas no eran nada nuevas; y se podrían haber encontrado en otros lugares. Pero para nosotros, los primeros alcohólicos que nos pusimos en contacto con los miembros de los Grupos Oxford, el elemento decisivo era el que dieran un énfasis tan pronunciado a estos principios particulares. Y lo que nos servía bien era el hecho de que los miembros de los Grupos Oxford hacían grandes esfuerzos para no inmiscuirse en las opiniones religiosas personales de nadie. Su sociedad, al igual que la nuestra en años posteriores, se daba cuenta de la necesidad de ser estrictamente no sectaria.

A fines del verano de 1934, mi muy querido amigo y antiguo compañero de clase, Ebby, se unió a esta buena gente y, en seguida, logró su sobriedad. Por ser alcohólico, y además un poco testarudo, él no quedó convencido de todas las ideas y actitudes del Grupo Oxford. No obstante, le había impresionado mucho su sinceridad profunda, y se sentía muy agradecido por sus atenciones que, por el momento, le habían quitado su obsesión de beber.

Al llegar a Nueva York al finales del otoño de 1934, enseguida pensó en mí. Un día sombrío de noviembre, me llamó por teléfono y, al poco rato, estaba sentado, mirándome desde el otro lado de la mesa de nuestra cocina en la calle Clinton nº 182, de Brooklyn. Según recuerdo, mientras conversábamos, él hacía reiterado uso de tales frases como: "Me di cuenta de que no podía dirigir mi propia vida"; "Tuve que ser sincero conmigo mismo y con otro ser humano"; "Tuve que hacer restitución a quienes yo había causado daño"; "Tuve que rezar a Dios para que me diera orientación y fortaleza, aunque no estaba seguro de que Dios existía"; "Y después de haberme esforzado diligentemente por hacer estas cosas, descubrí que se me había quitado el ansia de beber alcohol." Y luego, repetidas veces, Ebby me decía: "Bill, no se parece en absoluto a hacer una promesa solemne de dejar de beber. No luchas contra el deseo de beber—te encuentras liberado del deseo. Nunca en mi vida me había sentido así."

Esta era la esencia de lo que Ebby había aprendido de sus amigos del Grupo

Oxford y me había comunicado ese día. Aunque esas simples ideas no eran nada nuevas, causaron en mí un impacto colosal. Hoy en día, nos damos cuenta del porqué—un alcohólico estaba hablando con otro, como nadie más puede hacerlo mejor.

Dos o tres semanas más tarde, el 11 de diciembre para ser preciso, llegué tambaleándome al Hospital Charles B. Towns, ese renombrado emporio de desintoxicación, situado en la avenida Central Park West de Nueva York. Ya yo había pasado tiempo allí, así que conocía y amaba al médico supervisor—el Dr. Silkworth. Era quien al poco tiempo iba a contribuir con una importantísima idea, sin la cual AA nunca podría haber tenido éxito. Ya hacía años que él manifestaba que el alcoholismo era una enfermedad, una obsesión mental casada con una alergia corporal. Ya me había dado cuenta de que así era mi caso. Además, me di cuenta de lo nefasta que podría ser la unión de esos dos ogros. Huelga decir que yo anteriormente había esperado poder contarme entre las muy pocas víctimas que de vez en cuando escapan de sus castigos. Pero esta escasa esperanza ya se me había esfumado. Estaba a punto de tocar fondo. El veredicto de la ciencia—la obsesión que me condenaba a beber y la alergia que me condenaba a morir—iba a constituir el colmo. Tal era el papel que desempeñaría la ciencia médica, personificada en ese benigno doctor. Esta verdad de doble filo, al ser esgrimida por un alcohólico que estaba hablando con otro, era una almádena que podía hacer añicos el duro ego del alcohólico y dejarlo expuesto a la gracia de Dios.

En mi caso, fue claramente el Dr. Silkworth quien blandía la almádena, mientras mi amigo Ebby me comunicaba los principios espirituales y la gracia que, tres días más tarde en ese mismo hospital, acabaron produciendo en mí un súbito despertar espiritual. De inmediato yo sabía que era un hombre libre. Y esta asombrosa experiencia me vino acompañada por una maravillosa certeza de que algún día multitud de alcohólicos podrían conocer esa dádiva inapreciable que se me había otorgado.

En esa coyuntura, una tercera corriente de influencia entró en mi vida, mediante el libro de William James, *Las Variedades de la Experiencia Religiosa*. Alguien lo había dejado en mi habitación en el hospital. Después de tener mi experiencia repentina, el Dr. Silkworth se había dedicado con pleno esmero a convencerme de que yo no estaba alucinando. Pero William James hacía aun más. Me dijo que las experiencias espirituales no solamente podían convertirnos en gente más cuerda, sino que podían transformar a los hombres y las mujeres de manera que pudieran hacer, sentir y creer lo que antes les había sido imposible. Poco importaba lo repentinas o paulatinas que fueran; eran de una variedad casi infinita. Y el mayor beneficio mencionado en el libro era el siguiente: En la mayoría de los casos descritos, los que se vieron transformados eran personas desesperadas. En algún aspecto muy significativo de sus vidas, habían experimentado un fracaso total. Pues, eso se aplicaba perfectamente a mi caso. Sumido en un fracaso total, sin esperanza ni fe algunas, hice una súplica a un Poder Superior. En efecto, había dado el Primer Paso del programa actual de AA—"Admitimos que éramos impotentes ante el alcohol; que nuestras vidas se habían vuelto ingobernables." Y había dado también el Tercer Paso— "Decidimos entregar nuestras voluntades y nuestras vidas al cuidado de Dios, *como nosotros Lo concebimos.*" Así me vi liberado. Era así de simple, y así de misterioso.

Estos descubrimientos me resultaban tan emocionantes que me uní inmediatamente a los Grupos Oxford. Pero para su gran consternación, yo insistía en dedicarme exclusivamente a los borrachos. Los del Grupo Oxford tenían dos motivos para sentirse molestos. Primero, ellos querían salvar a todo el mundo. Segundo, habían tenido poca suerte con los borrachos. En la época en que me uní al grupo, acababan de trabajar con un grupo de alcohólicos con resultados muy descorazonadores. Corría el rumor de que uno de estos borrachos impertinentemente había tirado un zapato por la costosa vidriera de la iglesia episcopaliana, vecina de la Sede del G.O. Ni tampoco se tomaban a bien mi reiterada declaración de que no se debería tardar mucho en conseguir que todos los borrachos del mundo lograran su sobriedad. Con razón me decían que tenía todavía una inmensa presunción.

Después de seis meses de enérgicos esfuerzos con veintenas de alcohólicos que yo encontraba en un refugio del vecindario y en el Hospital Towns, empecé a sospechar que los del Grupo Oxford tenían razón. Nadie había logrado su sobriedad por mis oficios. En Brooklyn, nuestra casa siempre estaba llena de bebedores; a veces hasta cinco borrachos vivían con nosotros. Un día, después de su trabajo, Lois, mi intrépida esposa, llegó a casa para encontrar a tres de nuestros huéspedes bien achispados. Los otros dos estaban en peor condición y metidos en una pelea violenta, dándose uno a otro golpetazos con trozos de madera. Aunque tales acontecimientos atrasaban un poco mi progreso, nunca perdí la convicción de que se podría encontrar el camino hacia la sobriedad. Y había un claro resquicio de esperanza. Mi padrino, Ebby, seguía precariamente manteniendo su sobriedad.

¿Por qué todos esos fracasos? Si Ebby y yo podíamos lograr nuestra sobriedad, ¿por qué los demás no podrían encontrarla también? No había duda de que algunas de las personas con quienes trabajábamos querían recuperarse. Pasamos días y noches especulando sobre por qué nuestros intentos tenían tan poco resultado. Tal vez nuestros candidatos no podían aguantar el rigor espiritual de los cuatro absolutos del Grupo Oxford—la honradez, la pureza, la generosidad y el amor. De hecho, algunos de los alcohólicos nos habían dicho que ahí se encontraba la pega. La presión implacable a la que se veían sujetos para reformarse de la noche a la mañana les hacía subir al cielo e ir volando durante unas cuantas semanas para después volver brusca y ruinosamente a la tierra. Además, se quejaban de otro tipo de coacción—algo que los del Grupo Oxford llamaban "orientación para los demás." Un "equipo" compuesto de miembros no-alcohólicos del grupo se reunían con un alcohólico y, después de un "tiempo callado," le proponían algunas instrucciones muy específicas en cuanto a cómo el alcohólico debería llevar su propia vida. Por agradecidos que estuviéramos a nuestros amigos del G.O., a veces este consejo nos era difícil de tragar. Obviamente, estos métodos tenían algo que ver con los muy frecuentes reveses que había.

Pero esto no constituía la única razón por los fracasos. Al haber pasado algunos meses, me di cuenta de que los problemas se debían principalmente a mí. Yo había llegado a ser muy agresivo, y muy engreído. Me dilataba mucho acerca de mi súbita experiencia espiritual, como si fuera algo muy especial. Había desempeñado un papel doble, de maestro y de predicador. Al hacer mis exhortaciones, se me había olvidado el aspecto médico de nuestra enfermedad, y había hecho caso omiso de la necesidad del desinflamiento profundo, necesidad que tanto había recalcado William James. No nos estábamos valiendo de la almádena que el Dr. Silkworth tan providencialmente nos había dado.

Finalmente, un día el Dr. Silkworth me cortó las alas y me hizo ver las cosas en su justa proporción. Me dijo, "Bill, ¿por qué no dejas de hablar tanto de aquella experiencia de luz arrolladora? parece una locura. Aunque sigo convencido de que una mejor moralidad es la única cosa que hará posible recuperarse verdaderamente a los alcohólicos, creo que estás empezando la casa por el tejado. Lo cierto es que toda esta exhortación moral no tendrá el menor efecto en los alcohólicos hasta que no se convenzan de la necesidad de reconocerla. En tu lugar, les expondría primero los hechos médicos. Aunque nunca me ha servido para nada el explicarles las funestas consecuencias de su enfermedad, es posible que tuviera otros resultados si tú, una vez un alcohólico desahuciado, fueras quien les anunciara las malas noticias. Debido a que tú te identificas naturalmente con los alcohólicos, es posible que les puedas tocar como yo no lo puedo hacer. Háblales de las duras realidades médicas primero y hazlo despiadadamente y sin rodeos. Puede que así se ablande su resistencia hasta tal punto que puedan aceptar los principios que realmente les ayuden a recuperarse."

Poco tiempo después de esa conversación de importancia histórica, me encontré en Akron, Ohio, metido en un asunto de negocios que enseguida fracasó. Yo estaba solo en el pueblo, y muerto de miedo de volver a emborracharme. Ya no era ni maestro ni predicador, no era más que un alcohólico consciente de tener necesidad de otro alcohólico tanto como éste podría tener necesidad de mí. Espoleado por este impulso, pronto me ví en compañía del Dr. Bob. Me di cuenta inmediatamente de que el Dr. Bob sabía más que yo de lo espiritual. Además, él también había estado en contacto con los Grupos

Oxford. No obstante, por alguna que otra razón, no podía lograr su sobriedad. Conforme al consejo del Dr. Silkworth, me valí de la almádena médica. Le expliqué lo que era el alcoholismo, y las infaustas consecuencias que podría acarrear. Aparentemente, esto le causó un impacto al Dr. Bob. El 10 de junio de 1935, dejó de beber y nunca volvió a tomarse un trago. En 1939, cuando la historia del Dr. Bob se publicó por primera vez en el libro *Alcohólicos Anónimos*, aparecía un párrafo en itálicas. Refiriéndose a mí, él dijo: *"Sumamente más importante fue el hecho de que él fuera el primer ser humano con quien yo hablaba que supiera por experiencia personal de lo que estaba hablando cuando se refería al alcoholismo."*

El Dr. Silkworth nos había suministrado el eslabón que nos faltaba, sin el cual la cadena de principios que, desde entonces, se han forjado para formar nuestros Doce Pasos nunca se podría haber completado. Allí mismo, saltó la chispa que iba a convertirse en Alcohólicos Anónimos.

Durante los tres años siguientes a la recuperación del Dr. Bob, nuestros crecientes grupos de Akron, Nueva York y Cleveland iban elaborando el llamado programa de palabra de nuestros días pioneros. A medida que empezábamos a formar una Sociedad distinta del Grupo Oxford, comenzamos a enunciar nuestros principios más o menos así:

1. Admitimos que éramos impotentes ante el alcohol.
2. Logramos ser sinceros con nosotros mismos.
3. Logramos ser sinceros con otra persona, en quien depositamos nuestra confianza.
4. Hicimos reparaciones por los daños causados a otros.
5. Trabajamos para ayudar a otros alcohólicos sin exigir prestigio o dinero.
6. Rezamos a Dios para que nos ayudara a hacer estas cosas lo mejor que pudiéramos.

Aunque cada uno de nosotros abogaba por estos principios según su propio gusto o capricho, y aunque los de Akron y Cleveland seguían aferrándose a los principios absolutos del G.O. de honradez, pureza, generosidad y amor, esto fue la esencia del mensaje que les pasábamos a los recién llegados hasta 1939, año en que pusimos por escrito nuestros actuales Doce Pasos.

Recuerdo muy bien la tarde en que se redactaron los Doce Pasos. Yo estaba tumbado en la cama, sintiéndome bastante descorazonado y sufriendo uno de mis imaginarios ataques de úlcera. Se habían esbozado cuatro capítulos del libro *Alcohólicos Anónimos* y se habían leído en las reuniones de Akron y de Nueva York. Nos dimos cuenta muy pronto de que todo el mundo quería ser autor. Las riñas acerca de lo que debería ser el contenido de nuestro libro eran tremendas. Por ejemplo, algunos querían un libro puramente sicológico, que atrajera a los alcohólicos sin asustarles. Más tarde podríamos hablarles del "asunto de Dios." Unos cuantos, encabezados por nuestro estupendo amigo sureño, Fitz M., querían un libro más bien religioso, con una buena dosis del dogma que habíamos ido recogiendo por las iglesias y las misiones que habían tratado de ayudarnos. Cuanto más estruendosos eran esto argumentos, más me sentía en el punto medio. Parecía que yo no iba a ser el autor. Iba a ser un mero árbitro que decidiría cuál sería el contenido del libro. No obstante, esto no quería decir que no hubiera un gran entusiasmo por la empresa. Cada uno de nosotros se sentía tremendamente entusiasmado por la posibilidad de llevar nuestro mensaje a todos los incontables alcohólicos que aun no nos conocían.

Al haber llegado al Quinto Capítulo, nos parecía que ya había llegado la hora oportuna de enunciar lo que era en realidad nuestro programa. Recuerdo haber repasado en mi mente las frases del programa de palabra que eran en aquel entonces de uso corriente. Al tenerlas apuntadas, vi que correspondían a los seis principios anteriormente enumerados. Entonces, me sobrevino la idea de que nuestro programa debería ser enunciado de una forma más clara y exacta. Habría que tener una serie de principios bien precisos para nuestros lectores lejanos. Dada la capacidad del alcohólico para justificarse, el texto tendría que estar a toda prueba. No podíamos ofrecerle ninguna escapatoria al lector. Además, un enunciado más comprensivo y detallado nos ayudaría cuando redactáramos los siguientes capítulos, en los que tendríamos que exponer exactamente cómo se debería practicar el programa de recuperación.

Al fin me puse a escribir sobre un bloc barato de papel amarillo. Dividí nuestro programa de palabra en partes más pequeñas y, al mismo tiempo, fui ampliando considerablemente su alcance. Aunque me sentía muy poco inspirado, para mi gran sorpresa, tardé poco tiempo—tal vez una media hora—en establecer ciertos principios, los cuales, al contarlos, resultaron ser doce. Y, por alguna razón inexplicable, había puesto la idea de Dios en el Segundo Paso, casi al principio. Además, me había referido a Dios muy a menudo en los demás Pasos. Incluso sugería en uno de los Pasos que el recién llegado se pusiera de rodillas.

Cuando presenté este documento en nuestra reunión de Nueva York, las protestas fueron muchas y muy ruidosas. A nuestros amigos agnósticos no les gustaba en absoluto la idea de arrodillarse. Otros decían se hablaba demasiado de Dios. Y, ¿por qué debería haber Doce Pasos, si antes teníamos cinco o seis? Mantengámoslo sencillo, dijeron.

Pasamos varios días y noches metidos en estas acaloradas discusiones. Pero tuvieron muy buenas consecuencias para Alcohólicos Anónimos. Nuestro contingente de agnósticos, encabezado por Hank P. y Jim B., acabaron convenciéndonos de la necesidad de hacerlo más fácil para las personas como ellos, empleando tales términos como "un Poder Superior" y "Dios como nosotros Lo concebimos." Esas expresiones, como bien sabemos hoy día, han resultado ser salvavidas para muchos alcohólicos. Nos han hecho posible a miles de nosotros dar un comienzo que no hubiéramos podido dar si hubiéramos dejado los Pasos como los escribí originalmente. Afortunadamente para nosotros, no se hizo ningún otro cambio en el borrador original y el número de Pasos seguía siendo doce. Poco sospechábamos en aquel entonces que nuestros Doce Pasos tendrían muy pronto la aprobación de los clérigos de todas las religiones e incluso de nuestros amigos más recientes, los siquiatras.

Este pequeño fragmento de la historia debe convencer incluso al más escéptico de que nadie inventó Alcohólicos Anónimos.

Simplemente brotó y creció—por la gracia de Dios.

Otro fragmento de la historia: La Hermana Ignacia y el Dr. Bob

Febrero de 1954

Era el 13 de diciembre de 1953. La ocasión: el primer aniversario de la inauguración de Rosary Hall, el recién renovado pabellón para alcohólicos del renombrado Hospital de la Caridad de San Vicente de Cleveland. Acabábamos de celebrar una estupenda reunión de AA. La pequeña aula estaba atestada de alcohólicos y de sus amigos, como lo estaba el entresuelo. Mil personas se pusieron de pie, prorrumpiendo en una salva de aplausos.

La diminuta figura de una monja, con un hábito gris, se acercó con aparente desgana al podio. Se redoblaron los aplausos y bruscamente se apaciguaron cuando la pequeña monja empezó a expresar su gratitud. Se sentía además un poco avergonzada. Porque en el programa para la ocasión, en cuya redacción ella había participado, se decía claramente: "Las hermanas de la Caridad y los miembros de Alcohólicos Anónimos que les han ayudado rechazan todo reconocimiento personal." El anonimato con el que la Hna. Ignacia había intentado envolverse quedó totalmente roto, porque ninguno de los presentes quería que esta vez ella pasara desapercibida. Además, en esa parte de nuestro mundo de AA, ella era casi tan anónima como el equipo los Indios de Cleveland de béisbol. Este era un homenaje en su honor, el cual se había venido fraguando desde hacía varios años.

Mientras veía desenvolverse esta escena, me vino un recuerdo vívido de los esfuerzos del Dr. Bob para iniciar el Grupo Número Uno de Cleveland y de lo que esta querida monja y sus hermanas de la Caridad de San Agustín habían hecho para convertirlo en realidad. Intenté formarme una idea de todas las vastas consecuencias que desde entonces se habían desprendido de aquellas primeras iniciativas. Recordé que el Dr. Bob, para conseguir la hospitalización de uno de sus candidatos recién encontrado, había ido de una institución a otra de Akron suplicando que lo admitieran. Dos hospitales acordaron hacerlo por algún tiempo, pero finalmente acabaron abandonando la prueba en beneficio de otras personas con piernas rotas, con problemas de vesícula biliar, etc.—gente verdaderamente enferma.

Luego, desesperado, el buen doctor se acordó de la Hna. Ignacia, aquella tímida monja rebosante de buen humor, encargada de ingresos en el Hospital de Santo Tomás de Akron, en el que él había operado en algunas ocasiones. De manera algo furtiva, le abordó para hacerle su propuesta. El resultado fue inmediato. Esta extraña pareja no tardó en ingresar clandestinamente a un borracho tembloroso en una pequeña habitación de dos camas. Como el nuevo cliente armó un jaleo de mil diablos por esta flagrante falta de discreción ante su delicada condición, la Hna. Ignacia lo instaló en la floristería del hospital. Allí el cofundador de AA y la Hna. Ignacia cuidaron del recién llegado quien, al poco tiempo, salió del hospital y volvió al mundo de afuera, donde se puso a enmendarse a sí mismo y a reconstruir su arruinada vida.

Por mediación de Hna. Ignacia y Bob, Dios había tramado una conspiración divina entre la medicina, la religión y Alcohólicos Anónimos que pondría la sobriedad al alcance de más de 5,000 alcohólicos que iban a pasar por el pabellón alcohólico de Santo Tomás hasta la muerte del Dr. Bob en 1950. Pero en 1939, cuando aquel primer paciente estaba pasando sudores y temblores, recuperándose en la floristería, los administradores del hospital no tenían la menor sospecha de que Santo Tomás había llegado a ser la primera institución religiosa en abrir sus puertas a Alcohólicos Anónimos.

Poco tiempo antes de que el Dr. Bob dejara este mundo, se me pidió que escribiera una dedicación para una placa que estaría colgada en la pared del pabellón alcohólico y que conmemoraría los grandes acontecimientos que allí habían tenido lugar.

Dos años después de la muerte del Dr. Bob, la orden a la cual pertenece la Hna. Ignacia la trasladó al Hospital de la Caridad de Cleveland.

Ninguna historia de las actividades de los hospitales religiosos de esta área podría considerarse completa sin una mención de lo que había pasado en el Hospital de la Caridad en los años anteriores a la llegada de la Hna. Ignacia.

Los pioneros de AA tendrán sin duda un recuerdo de la magnífica publicidad que nos dio el *Plain Dealer* de Cleveland en el otoño de 1939. Cuando se publicaron estos artículos, apenas había veinte miembros de AA en esa ciudad. Debido a que los artículos fueron apareciendo durante unos diez días consecutivos, acompañados por comentarios muy favorecedores, suscitaron un inmenso interés y una gran emoción. La pequeña banda de alcohólicos, algunos de ellos con sólo seis meses de sobriedad, se vieron inundados de centenares de llamadas telefónicas y súplicas desesperadas de ayuda. El *Plain Dealer* les había dicho: "Vengan y aprovéchenlo." Y así lo hicieron.

Estos acontecimientos asombrosos señalaron el comienzo de una nueva fase de la evolución de AA. Los trabajos pioneros se habían venido realizando desde 1935, y el Libro de AA ya había salido de imprenta. No obstante el desarrollo de AA en Akron y Nueva York estaba procediendo con una lentitud muy desmoralizadora. Un mero puñado de alcohólicos en Cleveland, por medio de su contacto con los AA de Akron, habían logrado dejar de beber, pero no se efectuaron reuniones en aquella ciudad hasta principios de 1939. En ese entonces, había una suposición general de que sólo los "ancianos" podían cuidar de los novatos. Huelga decir que eran muy contados los AA veteranos en Cleveland. ¿Qué podrían hacer estos escasos veteranos con los centenares de alcohólicos que cayeron sobre ellos como una avalancha? ¿Iba a ser posible producir la sobriedad en serie?

Los pioneros de Cleveland demostraron que sí lo sería. Fueron ingresando a sus candidatos en hospitales de todas partes de la ciudad a la buena de Dios. Nadie sabía si se iban a pagar las cuentas médicas. Un miembro de AA aparecía de súbito al lado de la cama de un principiante para levantarlo y llevarlo a una reunión. Ese nuevo, a su vez, en seguida se apresuraba a visitar a otro para decirle las buenas nuevas. Allí mismo nos dimos cuenta de que nuestros miembros más recién llegados podían sembrar la semilla de la sobriedad casi tan bien como lo podía hacer cualquiera. De este tumulto de actividad pronto se desprendió la gran idea de un apadrinamiento personal organizado de todo principiante, hombre o mujer.

Mientras tanto, en un plazo de unos pocos meses, el número de miembros en Cleveland ascendió a centenares. Durante ese invierno de 1939, los AA de Cleveland nos enseñaron que la producción de sobriedad en serie era ya una grata realidad. Por esta razón, los AA de Cleveland merecen un especial reconocimiento como grupo pionero.

Pero en estos esfuerzos prodigiosos tenían que contar con la ayuda de los hospitales. Sin esta ayuda, nunca se podrían haber logrado resultados tan fenomenales. Después de que se amainó el primer entusiasmo, algunos de los hospitales perdieron su paciencia con los borrachos, tal como había sucedido en Akron. Pero el Hospital de la Caridad de Cleveland nunca la perdió. Desde 1940, ha aceptado a los alcohólicos como pacientes y les ha tenido reservado un pabellón. Aunque Cleveland no tenía su "Dr. Bob," el pabellón prosperaba noblemente bajo la dirección y gracias a la dedicación de la Hermana Victorine y del Padre Nagle, capellán del hospital. A pesar de que solo podían dedicar una pequeña parte de su tiempo a su trabajo con los alcohólicos, y a pesar de que el Padre Nagle sufría constantemente de mala salud, los dos persistían en sus esfuerzos con tan magníficos resultados que su trabajo siempre brillará como un faro en los anales de nuestro movimiento. El Hospital de San Juan en Cleveland también tenía reservada para los alcohólicos una habitación de dos camas, atendida durante algún tiempo por la dedicada Hermana Merced, quien fue trasladada más tarde a Akron, donde trabajaba como asociada de la Hna. Ignacia y del Dr. Bob.

Con la llegada de la Hna. Ignacia al Hospital de la Caridad de Cleveland en 1952, otras muchas cosas empezaron a suceder. De repente, miles de miembros de AA de todas partes del país que habían logrado su sobriedad en esas maravillosas instituciones, empezaron a darse cuenta de que tenían ya desde hacía mucho tiempo una deuda de gratitud con los hospitales. Se concedió permiso para modernizar completamente el viejo y desvencijado pabellón del Hospital de la Caridad. Con la ayuda de la administración del hospital, así como de otras hermanas de su orden, y con el apoyo entusiástico de un comité de AA, la Hna. Ignacia se puso a trabajar. El dinero afluía al hospital, además de otros donativos. Con el permiso extraordinario de sus sindicatos, miembros de AA carpinteros, fontaneros y electricistas trabajaban hasta muy entrada la noche. Cuando terminaron sus trabajos, el pabellón estaba resplandeciente; disponía de todos los aparatos modernos. Tampoco habían sido olvidados los dos imprescindibles anexos—la capilla y la cafetería. Un inspector de fontanería, después de ver los asombrosos resultados, lo resumió acertadamente diciendo: "Esto no era un trabajo profesional. Los que trabajaron aquí lo hicieron con toda su alma." Así se habían invertido más de $60,000 en dinero y en trabajo nocturno en esta urgente obra de amor.

En el corto espacio de un año desde que la Hna. Ignacia llegó a la Caridad, mil alcohólicos han visto allí la luz de su nuevo día. La Hna. Ignacia, que se ha mantenido en contacto con muchos de ellos, cree que unos 700 están sobrios en este momento.

No es de extrañar, entonces, que la reunión del aniversario de Rosary Hall se convierta en una declaración de nuestro amor personal a la Hna. Ignacia y todas sus obras. Si el inspector de fontanería hubiera estado presente en esta reunión, habría vuelto a decir, "Esto no es un trabajo profesional. Viene del corazón."

La correspondencia entre Bill W. y Yale

Febrero de 1978

A principios de 1954, Bill W. se negó a aceptar un título honorario de doctor en derecho que le había ofrecido la Universidad de Yale. A continuación aparece la correspondencia entre Bill y Reuben A. Holden, en aquel entonces secretario de la universidad. El intercambio de cartas se inició después de una visita personal del Sr. Holden y el Profesor Selden Bacon a Bill en 1954.

21 de enero de 1954

Apreciado Sr. W—:

Le envío adjunto un borrador del texto que pudiera leerse al hacerle entrega del propuesto título honorario el día 7 de junio.

Si sus custodios aprueban esta fórmula, me gustaría someterla a la Yale Corporation para su consideración.

El estilo puede mejorarse considerablemente. Trabajaremos en este aspecto durante los próximos meses, pero en cada instancia nos aseguraremos de tener su aprobación incondicional.

Gracias por su hospitalidad el martes pasado y por su atenta consideración a nuestra invitación.

Muy cordialmente,
Reuben A. Holden

W.W.

Cofundador de Alcohólicos Anónimos. Durante veinte años, esta Comunidad ha prestado un distinguido servicio a la humanidad. Se ha logrado la victoria mediante la rendición, se ha conseguido la fama mediante el anonimato, y decenas de miles de personas han vuelto a descubrir y han visto renacer su ser emocional, físico y espiritual. Este movimiento no profesional, surgido de las profundidades del sufrimiento intenso y de un estigma universal, no sólo ha indicado la forma de vencer una condición morbosa del cuerpo, de la mente y del alma, sino que también ha vigorizado la vida individual, social y religiosa de nuestros tiempos.

Yale se siente orgullosa de rendir homenaje a esta gran asamblea anónima de hombres y mujeres, confiriéndole a Ud., digno representante de su noble objetivo, este título de Doctor en Derecho, con todos sus correspondientes derechos y privilegios.

2 de febrero de 1954

Estimado Sr. Holden,

Por la presente expreso mi más profundo agradecimiento a los miembros de la Yale Corporation por haberme considerado digno del título de Doctor en Derecho.

No obstante, después de haberlo consultado cuidadosa y detalladamente con mis amigos, y con mi conciencia, me siento obligado a rechazar tal distinción.

Si la aceptara, los beneficios a corto plazo para Alcohólicos Anónimos y para las legiones de personas que todavía sufren de nuestra enfermedad, serían considerables y de un alcance mundial. No tengo la menor duda de que una muestra de apoyo tan potente aceleraría grandemente la aprobación pública de AA en todas partes. Por lo tanto, solamente la más contundente razón podría moverme a privar a Alcohólicos Anónimos de una oportunidad de esta envergadura.

Esta es la razón: La Tradición de Alcohólicos Anónimos—nuestra única forma de gobierno—pide a todo miembro que evite cualquier publicidad u honor personal que pueda vincular su nombre con nuestra Sociedad en la mente del público. La Duodécima Tradición de AA dice: "El anonimato es la base espiritual de todas nuestras Tradiciones, recordándonos siempre anteponer los principios a las personalidades."

Debido a que hemos tenido ya mucha experiencia concreta en este principio vital, hoy en día todo miembro juicioso de AA es de la opinión de que si, en los años venideros, seguimos practicando este principio de manera absoluta, servirá para garantizar nuestra eficacia y nuestra unidad, refrenando fuertemente a todos aquellos para quienes el reconocimiento y los honores públicos no son sino un trampolín hacia la dominación y el poder personal.

Al igual que otros hombres y mujeres, los AA miramos con profunda aprensión la tremenda lucha por el poder que se desenvuelve a nuestro alrededor, una lucha de múltiples formas que invade todos los aspectos de la vida, desgarrando nuestra sociedad. Creo que los AA tenemos la suerte de darnos cuenta claramente de que tales fuerzas no deben regir nunca entre nosotros, porque serían nuestra perdición.

La Tradición de anonimato personal y de negarnos a aceptar honores ante el público es nuestro escudo protector. No nos atrevemos a enfrentarnos indefensos a la tentación del poder.

Naturalmente, apreciamos el gran valor de los honores fuera de nuestra Comunidad. Es siempre inspirador para nosotros ver otorgar estos honores, en reconocimiento de logros o servicios distinguidos, a personas que los merecen y los aceptan con humildad. Lo único que decimos es que, en nuestras circunstancias particulares, no sería prudente aceptarlos en reconocimiento de lo que ha logrado el movimiento de AA.

Por ejemplo: Durante bastantes años, la historia de mi propia vida se reducía a la implacable persecución del dinero, de la fama y del poder, para casi acabar naufragando en un mar de alcohol. Aunque sobreviví aquella sórdida desgracia, sé muy bien que el espantoso virus de la neurótica obsesión por el poder también ha sobrevivido en mí. Solo está en estado latente, y puede volver a multiplicarse y destrozarme—y también a AA. Decenas de miles de mis compañeros son de un temperamento muy parecido al mío. Afortunadamente, lo saben, y yo lo sé. De ahí nuestra Tradición de anonimato, y de ahí la clara obligación que tengo a negarme a aceptar este distinguido honor y todas las satisfacciones y todos los beneficios que podría haber producido.

Es cierto que este espléndido texto que Ud. me propone, en el que se me identifica por las iniciales "W.W.", sirve para proteger mi anonimato por el momento. No obstante, en los documentos históricos habría constancia del hecho de que yo había aceptado el título de LL.D., y el público lo sabría. Por consiguiente, aunque yo pudiera aceptar el título sin violar la letra de la Tradición actual de AA, sin duda, al aceptarlo estaría preparando el terreno para futuras violaciones del espíritu de nuestra Tradición. Estoy convencido de que esto sería sentar un precedente muy peligroso.

Aunque pueda ser una excepción muy inusitada, me pregunto si la Yale Corporation consideraría la posibilidad de rendir este honor a la Comunidad de AA en sí misma, sin presentarme a mí el título. En tal eventualidad, yo gustosamente haría acto de presencia para aceptarlo en nombre de nuestra Sociedad. Si le parece deseable entablar una discusión sobre esta posibilidad, no vacilaré en ir a New Haven.

Con gratitud,
William G.W.

8 de febrero de 1954,

Estimado Sr. W—:

He retrasado mi respuesta a su atentísima fechada el 2 de febrero, hasta haber efectuado la reunión de nuestro Comité de Títulos Honorarios, la cual ya ha tenido lugar; y en nombre del comité, quiero decirle que, después de leer su magnífica carta, todos tienen más deseo que nunca de poder otorgarle el título— aunque en nuestra opinión, no sería ni la mitad de lo que Ud. se merece.

Todos los miembros del comité me han pedido que le comunique, de la manera más sincera que pueda, lo profundamente agradecidos que le están a Ud. por haber considerado su invitación tan atentamente, tan seriamente y tan generosamente. Comprendemos perfectamente sus sentimientos al respecto, y nos gustaría si pudiéramos mostrarle la alta estima en que les tenemos a usted y a Alcohólicos Anónimos. No dudo de que algún día tendremos la oportunidad de hacerlo.

Mientras tanto, me veo obligado a decirle también que fue el parecer del comité que los títulos honorarios, como los títulos de caballero, solo se pueden conferir a individuos y que, siendo ésta la tradición, con referencia a la posibilidad que Ud. nos propone en el último párrafo de su carta, sería lógico considerar otra forma, distinta a la de otorgarles un título honorario, de poder manifestar el reconocimiento que nos gustaría conceder a su organización. Espero que sea posible hacerlo.

Le envío los más calurosos saludos del presidente de la Universidad Yale y de todos los miembros de la corporación, y le expreso nuestra más sincera admiración y mejores deseos para que sigan prosperando en los trabajos que ya han contribuido tanto al bienestar de nuestro país.

Muy cordialmente,

Reuben A. Holden

Estimado Sr. Holden,

Con gran alivio y gratitud hemos leído su carta del 8 de febrero, en la que nos notifica los sentimientos de la Yale Corporation con respecto a mi decisión de negarme a aceptar el título de Doctor en Derecho. La guardaré para siempre como un precioso tesoro.

Su pronta y conmovedora comprensión de la vital necesidad que tiene Alcohólicos Anónimos de refrenar a sus miembros que, en años venideros, aspiren al poder; la buena opinión que ustedes tienen de mí; y la esperanza que expresan de que la Yale Corporation encuentre en un futuro no muy lejano una forma de dar a Alcohólicos Anónimos un apropiado reconocimiento público— son motivos de una gran satisfacción.

Le ruego que comunique al presidente de Yale y a todos los miembros de la junta mi más seguro y sincero agradecimiento, y me repito,

su afmo. y S.S.

Bill W—

Por qué Alcohólicos Anónimos es anónimo

Enero de 1955

Hoy día, como nunca hasta ahora, la lucha por el poder, la influencia y la riqueza está desgarrando la civilización. Hombre contra hombre, familia contra familia, nación contra nación.

Casi todos los involucrados en esta competencia salvaje mantienen que su objetivo es la paz y la justicia, para ellos mismos, para sus vecinos y para sus países: Danos poder y tendremos justicia; danos fama y daremos un ejemplo admirable; danos dinero y estaremos cómodos y felices. En todas partes del mundo, hay multitud de gente que lo cree, y que se comporta consecuentemente. Con esta borrachera seca, la sociedad parece irse tambaleando por un callejón sin salida. Se ve claramente la señal de aviso. Dice: "Desastre".

¿Qué tiene que ver todo esto con el anonimato, y con Alcohólicos Anónimos?

Nosotros los AA ya debemos saberlo. Casi todos hemos andado por este callejón sin salida. Impulsados por el alcohol y la autojustificación, muchos de nosotros hemos perseguido los fantasmas de la vanidad y la riqueza hasta la misma señal de desastre. Luego encontramos AA. Dimos la vuelta y nos encontramos en otro camino, donde las señales no hacían ninguna referencia al poder, al renombre ni a la riqueza. Las nuevas señales indicaban "el camino hacia la cordura y la serenidad—el peaje es el autosacrificio."

Nuestro nuevo libro, *Doce Pasos y Doce Tradiciones*, dice "el anonimato es la mejor protección que nuestra Comunidad pueda tener." También dice, "la esencia espiritual del anonimato es el sacrificio."

Repasemos los veinte años de experiencia de AA para ver cómo llegamos a esta creencia ahora expresada en nuestras Tradiciones Once y Doce.

Primero, sacrificamos el alcohol. Tuvimos que hacerlo; si no, nos habría matado. Pero no podíamos deshacernos del alcohol mientras no hiciéramos otros sacrificios. Teníamos que renunciar a la petulancia y al razonamiento farsante. Teníamos que echar por la ventana la autojustificación, la autoconmiseración, y la ira. Teníamos que abandonar el alocado concurso por ganar prestigio personal y grandes cantidades de dinero. Teníamos que asumir personalmente la responsabilidad de nuestra lamentable situación y dejar de culpar a otros por ella.

¿Eran estas acciones sacrificios? Sí, lo eran. Para ganar la suficiente humildad y dignidad como para sobrevivir, teníamos que abandonar lo que habría sido nuestra más querida posesión: nuestras ambiciones y nuestra vanidad.

Pero aun no bastaba con esto. El sacrificio tenía que ir aún más lejos. Era necesario que otra gente sacara provecho. Así que hicimos algunos trabajos de Paso Doce; comenzamos a llevar el mensaje de AA. Sacrificamos tiempo, energía y nuestro propio dinero para hacerlo. No podríamos mantener lo que teníamos a menos que se lo entregáramos a otros.

¿Les exigíamos a esta gente que nos devolvieran algo? ¿Les pedimos que nos dieran poder sobre sus vidas, renombre por nuestras buenas obras, o un centavo de su dinero? No. Llegamos a darnos cuenta de que, si exigíamos cualquiera de estas cosas, nuestro trabajo de Paso Doce no surtiría efecto. Entonces, teníamos que sacrificar estos deseos naturales; si no lo hacíamos, aquellos con quienes trabajábamos recibían poca o ninguna sobriedad, al igual que nosotros.

Así nos dimos cuenta de que el sacrificio tenía que producir un beneficio doble, o produciría muy poco. Empezamos a conocer la forma de dar de nosotros mismos que no tiene precio.

Poco tiempo después de formarse nuestro primer grupo de AA, aprendimos mucho más sobre esto. Descubrimos que cada uno de nosotros tenía que estar dispuesto a hacer sacrificios para el bien del grupo, para nuestro bienestar común. El grupo, a su vez, descubrió que tenía que renunciar a muchos de sus propios derechos para protección y bienestar de cada miembro, y para AA en su totalidad. Si no se hicieran estos sacrificios, AA no podría sobrevivir.

De esta experiencia y conciencia, comenzaron a tomar forma y sustancia las Doce Tradiciones de Alcohólicos Anónimos.

Poco a poco, empezamos a entender que la unidad, la eficacia e incluso la supervivencia de AA siempre dependería de nuestra continua voluntad de sacrificar nuestros deseos y ambiciones personales por la seguridad y bienestar comunes. Así como el sacrificio significaba la supervivencia para el individuo, también significaba la supervivencia y la unidad para el grupo, y para AA en su totalidad.

Vistas bajo este aspecto, las tradiciones de AA no son más que una lista de sacrificios que la experiencia de veinte años nos ha enseñado que tenemos que hacer, individual y colectivamente, para asegurar que AA sobreviva en buena salud.

Con nuestras Doce Tradiciones, nos hemos opuesto a casi toda tendencia del mundo exterior.

Hemos renunciado a un gobierno personal, al profesionalismo y al derecho de decidir quiénes pueden ser nuestros miembros. Hemos renunciado al bienhechorismo, a la reforma y al paternalismo. Nos negamos a aceptar contribuciones caritativas, prefiriendo pagarlo todo nosotros. Estamos dispuestos a cooperar con casi todo el mundo, pero no casamos nuestra Comunidad con nadie. Nos mantenemos alejados de las polémicas públicas y rehusamos luchar entre nosotros mismos por aquellas cosas que desgarran la sociedad: la religión, la política y la reforma. Tenemos un solo objetivo: el de llevar el mensaje de AA al alcohólico enfermo que lo desee.

Adoptamos estas actitudes no porque pretendamos tener una virtud o sabiduría especiales; hacemos estas cosas porque la dura experiencia nos ha convencido de que tenemos que hacerlas —si AA va a sobrevivir en el afligido mundo moderno. Renunciamos a nuestros derechos y hacemos sacrificios también porque lo debemos y, mejor aun, lo queremos hacer. AA es un poder superior a todos nosotros; tiene que sobrevivir o, si no, miles de nuestros compañeros de fatigas indudablemente morirán. Esto lo sabemos.

Pues, ¿dónde encaja el anonimato en este cuadro? Y de todas maneras, ¿qué es el anonimato? ¿Por qué lo consideramos en sí como la mayor protección que AA pueda tener? ¿Por qué es el anonimato el más acertado símbolo del sacrificio personal, la clave espiritual de todas nuestras Tradiciones y de nuestra misma manera de vivir?

Tengo la más profunda esperanza de que el siguiente fragmento de la historia de AA revele la respuesta que todos buscamos.

Hace ya años, un jugador de béisbol logró la sobriedad por medio de AA. Debido a que su vuelta a la escena fue tan espectacular, recibió una tremenda ovación personal de la prensa, y se atribuyó una gran parte del mérito a Alcohólicos Anónimos. Millones de aficionados del deporte lo vieron identificado, por su nombre completo y su foto, como miembro de AA. Nos beneficiamos mucho de esto: los alcohólicos vinieron en tropel. Estábamos encantados. Yo me emocionaba especialmente porque me metió ideas en la cabeza.

Al poco tiempo, estaba rodando por el país, entrevistándome pública y gustosamente con cualquiera, distribuyendo libremente fotografías mías. Con gran regocijo, descubrí que como él, yo podía estar en primera plana de actualidad. Más aun, él no podía mantener el ritmo de su publicidad; yo, sí. No tenía que hacer más que seguir viajando y hablando; el resto lo hacían los grupos locales de AA y los periódicos. Al releer recientemente estos antiguos reportajes, me quedé asombrado. Supongo que, durante dos o tres años, yo era el principal violador del anonimato en AA.

De aquí que no puedo criticar a ningún AA que desde aquel entonces ha buscado ser el centro de atención. Yo mismo, hace años, di el ejemplo principal.

En aquella época, parecía ser lo correcto. Justificándome de esta manera, me dejaba acariciar por la atención. Cuánto me estremecía al leer aquellos artículos a dos columnas acerca de "Bill, el agente de Bolsa," con foto y nombre completo, el tipo que estaba salvando a los borrachos por millares.

Luego llegaron las primeras nubes para oscurecer este cielo de azul ininterrumpido. Se oía murmurar a los escépticos de AA, diciendo: "Este tipo, Bill, está acaparando la publicidad; el Dr. Bob no está recibiendo su debida parte." O, "supongamos que se le sube a la cabeza esta publicidad y se nos emborracha."

Esto me hirió. ¿Cómo podían perseguirme cuando yo estaba haciendo tanto bien? Les dije a mis críticos que estábamos en los Estados Unidos. ¿No sabían que yo tenía libertad de expresión? ¿No es cierto que este país y todos los demás son dirigidos por líderes de nombres bien conocidos? El anonimato quizás era lo indicado para el miembro medio de AA. Pero los cofundadores deben ser excepciones. El público tenía indudablemente el derecho de saber quiénes éramos nosotros.

Los que verdaderamente ambicionan el poder (los sedientos de prestigio, gente como yo) tardaron poco tiempo en caer en la cuenta: ellos también iban a ser excepciones. Decían que el anonimato ante el público era únicamente para los tímidos; los más intrépidos y atrevidos como ellos, debían volver la cara hacia las cámaras y darse a conocer como miembros de AA. Este tipo de valor pronto pondría fin al estigma que acompaña al alcohólico. El público se daría cuenta inmediatamente de que los alcohólicos recuperados podían convertirse en ciudadanos dignos y diligentes. Así que cada vez más miembros fueron rompiendo su anonimato, todos por el bien de AA. ¿Qué tenía de malo fotografiar a un borracho con el gobernador? Ambos merecían el honor, ¿no? Y así andábamos a toda carrera, a lo largo del callejón sin salida.

El siguiente episodio en nuestra historia de rupturas de anonimato tuvo un comienzo aun más prometedor. Una AA, íntima amiga mía, quería dedicarse a la educación sobre el alcoholismo. La facultad de una gran universidad, interesada en el alcoholismo, le propuso que diera conferencias al público, exponiendo que los alcohólicos eran gente enferma, y que se podía hacer mucho al respecto. Mi amiga era una buena oradora y escritora. ¿Debería decir al público que ella era miembro de AA? Pues, ¿por qué no? Al utilizar el nombre de Alcohólicos Anónimos, atraería buena publicidad para un buen programa de educación acerca del alcoholismo, así como para Alcohólicos Anónimos. Me pareció una idea estupenda y le di mi bendición.

El nombre de AA ya había empezado a hacerse famoso y valioso. Con el apoyo de nuestro nombre y gracias a las grandes habilidades de mi amiga, el proyecto tuvo resultados inmediatos. En un abrir y cerrar de ojos, su nombre y su foto, acompañados de excelentes reportajes acerca de su proyecto educativo y sobre AA, aparecieron en casi todos los periódicos principales de América del Norte. Iba aumentando la comprensión del público acerca del alcoholismo e iba disminuyendo el estigma que se le había puesto al borracho; y empezaron a llegar nuevos miembros a AA. Con toda seguridad, no podía haber nada de malo en ello.

Pero sí lo había. Por tener estas ventajas a corto plazo, nos estábamos exponiendo a futuros riesgos de proporciones alarmantes y amenazadoras.

Al poco tiempo, un miembro de AA empezó a publicar una revista, dedicada a hacer campaña a favor de la prohibición. Creía que Alcohólicos Anónimos debía ayudar a convertir en abstemios a todo el mundo. Se identificó como miembro de AA, y hacía libre uso del nombre de AA para atacar las desgracias y los males de la bebida y a los que fabricaban la bebida y a los que la tomaban. Hizo notar que él también era un "educador," y que su clase de educación era la "correcta." En cuanto a meter a Alcohólicos Anónimos en la polémicas públicas, creía que eso era precisamente lo que debíamos hacer. Así que se puso resueltamente a utilizar el nombre de AA para hacerlo. Por supuesto, rompió su anonimato para ayudar a su querida causa.

A continuación, una asociación de comerciantes de licores presentó la propuesta de que un miembro de AA ocupara un puesto de "educación." Iba a decir a la gente que el alcohol en cantidades excesivas era malo para cualquier persona y que ciertas personas, los alcohólicos, no debían beberlo en absoluto. ¿Qué tendría esto de malo?

La pega estaba en que nuestro amigo AA tendría que romper su anonimato: cada anuncio de publicidad y toda la propaganda publicada llevaría su nombre completo y se le identificaría como miembro de AA. Esto, por supuesto, tendría que causar necesariamente al público la impresión de que AA estaba a favor de la "educación," al estilo de los comerciantes de licor.

Aunque estos proyectos nunca progresaron mucho, tuvieron tremendas implicaciones. Nos enseñaron claramente el riesgo. Al prestar sus servicios a una causa ajena y luego revelar al público su pertenencia a AA, un miembro podría casar Alcohólicos Anónimos con cualquier empresa o controversia, buena o mala. Cuanto más valor tuviera el nombre de AA, mayor sería la tentación.

No tardó mucho en surgir otra evidencia. Otro miembro comenzó a meternos en una empresa de publicidad. Había sido contratado por una compañía de seguros de vida para presentar una serie de "conferencias" acerca de Alcohólicos Anónimos que iban a ser emitidas por una red nacional de radio. Esto, por supuesto, daría publicidad a los seguros de vida, así como a Alcohólicos Anónimos—y naturalmente a nuestro amigo—todo en una única y atractiva presentación.

En la Sede de AA, repasamos las propuestas conferencias. Eran una mezcla de las ideas y principios de AA y las creencias religiosas personales de nuestro amigo. Esto podría crear en el público una falsa imagen nuestra. Se despertarían prejuicios religiosos en contra de AA. Así que nos opusimos.

Nuestro amigo no tardó en dirigirnos una airada carta, diciendo que se sentía "inspirado" para dar estas conferencias, y que no teníamos derecho ni razón de interferir en su libertad de expresión. Aunque le iban a pagar por su trabajo, lo único que tenía en mente era el bienestar de AA. Y si nosotros no sabíamos lo que podría beneficiarnos, mala suerte. Nosotros y la junta de custodios podríamos irnos directamente al diablo. Las conferencias iban a ser emitidas.

Esto nos presentó un dilema. Con solo romper su anonimato y aprovechar el nombre de AA para su propio beneficio, nuestro amigo podría apoderarse de nuestras relaciones públicas, involucrarnos en cuestiones religiosas, meternos en el negocio de la publicidad y, por hacer todas esas buenas obras, la compañía de seguros le compensaría con unos honorarios sustanciales.

¿Significaba esto que cualquier miembro descaminado podría poner nuestra Comunidad en peligro en cualquier momento o lugar sólo con romper su anonimato y decirse a sí mismo cuánto bien nos iba a hacer a nosotros? Nos imaginábamos que todos los "publicitarios" de AA irían buscando el patrocinio comercial, utilizando el nombre de AA para vender todo, desde las tortillas hasta el jugo de toronja.

Teníamos que hacer algo. Escribimos a nuestro amigo recordándole que AA también tenía libertad de expresión. No nos opondríamos a él públicamente, pero le podíamos prometer que la empresa patrocinadora recibiría millares de cartas de queja por parte de miembros de AA si se emitiera el programa. Nuestro amigo abandonó el proyecto.

Pero el dique de nuestro anonimato seguía fisurándose. Varios miembros de AA empezaron a meternos en la política. Comenzaron a informar a los comités legislativos locales—públicamente, por supuesto—precisamente lo que quería AA con respecto a la rehabilitación, la subvención y la legislación ilustrada.

De esta manera, algunos de nosotros, identificados por nuestros nombres completos y, a veces, por fotos, empezamos a formar grupos de presión. Otros miembros se sentaban al lado de los jueces, aconsejándoles cuáles de entre los borrachos que se presentaban debían ser enviados a AA y cuáles a la cárcel.

Luego surgieron los problemas económicos relacionados con el anonimato roto. En esta época, la mayoría de los miembros creían que debíamos dejar de solicitar fondos al público para los propósitos de AA. No obstante, el proyecto educativo de mi amiga, patrocinado por la universidad, había crecido rápidamente. Ella tenía necesidad legítima de dinero, y en grandes cantidades. Por consiguiente, lo solicitó al público, haciendo campañas con este fin. Ya que era miembro de AA y seguía diciéndolo, muchos contribuidores se encontraban confusos. Creían que AA trabajaba en el campo de la educación, o creían que era AA en sí misma la que estaba recogiendo fondos, aunque no lo estaba haciendo, ni quería hacerlo.

Así que el nombre de AA se utilizaba para solicitar fondos en el mismo momento en que estábamos tratando de decirle al público que AA no quería dinero de fuentes ajenas.

Al darse cuenta de lo que ocurría, mi amiga—maravillosa miembro que es—trató de recobrar su anonimato. Debido a que había atraído tanta publicidad, esto resultó un duro trabajo. Le costó años lograrlo. Pero hizo el sacrificio y aquí, en nombre de la Comunidad entera, yo quisiera dejar constancia de mi agradecimiento profundo.

Este precedente dio impulso a todo tipo de solicitudes públicas de dinero por parte de ΑΑ   dinero para "granjas de desintoxicación," empresas de Paso Doce, pensiones de AA, clubs, etc.—todas alimentadas en gran parte por rupturas de anonimato.

Luego nos sorprendió saber que nos habían comprometido en la política partidista, esta vez para el bien de un solo individuo. Un miembro, candidato a un cargo público, iba salpicando libremente su propaganda política con el hecho de que era miembro de AA y, por deducción, estaba "sobrio como un juez." Ya que AA gozaba de una gran popularidad en su estado, creía que esto contribuiría a su victoria en el día de elecciones.

Tal vez la mejor historia de este tipo es la que cuenta cómo se utilizó el nombre de AA para reforzar los argumentos en un pleito por difamación. Llegó a manos de un miembro, cuyo nombre y cuyos logros profesionales son conocidos en tres continentes, un carta, la cual, según su parecer, perjudicaba su reputación profesional. Creía que se debía hacer algo al respecto, y su abogado, también miembro de AA, estaba de acuerdo. Daban por sentado que tanto el público como AA se sentirían justamente indignados si se expusieran los hechos. En seguida, aparecieron en varios periódicos reportajes en primera plana que informaban que AA estaba apoyando a una mujer, miembro de la Comunidad—nombre completo, por supuesto—con la esperanza de que ella ganara su pleito por difamación. Poco tiempo después, un locutor de radio bien conocido dijo la misma cosa a sus oyentes, un auditorio de unos doce millones de personas. Estos acontecimientos demostraron nuevamente que era posible aprovecharse del nombre de AA con motivos puramente personales—y esta vez a escala nacional.

Los viejos archivos de la Sede de AA contienen docenas de experiencias de rupturas de anonimato parecidas. La mayoría de ellas nos enseñan las mismas lecciones.

Nos enseñan que nosotros los alcohólicos somos los racionalizadores más grandes del mundo; que, fortalecidos por el pretexto de hacer buenas cosas para AA, con romper nuestro anonimato, podemos reanudar nuestra vieja búsqueda desastrosa del poder y del prestigio personales, del honor público y del dinero: los mismos impulsos implacables que antes, al ser frustrados, nos hicieron beber; las misma fuerzas que hoy en día desgarran el mundo. Además, ponen bien en claro el hecho de que una cantidad suficientemente grande de gente que rompieran su anonimato de una manera sensacionalista, podrían arrastrar consigo a nuestra Comunidad entera a aquel ruinoso callejón sin salida.

Así que estamos seguros de que, si estas fuerzas llegaran algún día a dominar nuestra Comunidad, nosotros pereceríamos, tal como han perecido otras sociedades en el curso de la historia humana. No supongamos ni por un momento que los alcohólicos recuperados somos mejores o más fuertes que los demás, ni que el haber pasado veinte años sin problemas insuperables asegura que siempre será así.

Nuestra mayor y verdadera esperanza está en el hecho de que nuestra experiencia total, como alcohólicos y como miembros de AA, nos ha enseñado, por fin, el poder inmenso de estas fuerzas de autodestrucción. Estas lecciones, difíciles de aprender, nos han convertido en gente dispuesta a hacer cualquier sacrificio que sea necesario para preservar nuestra querida Comunidad.

Por esta razón, consideramos el anonimato *a nivel público* como nuestra mejor protección contra nosotros mismos, como el guardián de todas nuestras Tradiciones, y el más apropiado símbolo del autosacrificio que conozcamos.

Por supuesto, ningún AA tiene que ser anónimo respecto a su familia, sus amigos o sus vecinos. Por lo general, en estos casos es bueno y sensato revelar que se es miembro. Ni tampoco existe ningún peligro especial cuando hablamos en las reuniones de grupo de AA, o en las semipúblicas, con tal de que no se publiquen los apellidos en los reportajes de la prensa.

A diferencia, ante el público en general—la prensa, la radio, el cine, la TV, etc. la publicación de nombres completos y fotos es peligrosísimo. Es la principal escapatoria de las temibles fuerzas destructoras que todavía yacen latentes en nosotros. Aquí podemos y debemos mantener la tapa cerrada.

Ahora nos damos perfecta cuenta de que un cien por cien de anonimato personal ante el público es tan importante para la vida de AA como es un cien por cien de sobriedad para la vida de todo miembro. Este no es un consejo motivado por el temor; es la voz prudente de una larga experiencia. Estoy convencido de que la escucharemos; que haremos todo sacrificio necesario. De hecho, ya la hemos escuchado. Hoy en día, no son sino un mero puñado de miembros los que rompen su anonimato.

Eso lo digo con toda la seriedad que me es posible; lo digo porque sé lo que es realmente la tentación de la fama y del dinero. Lo puedo decir por haber sido uno de los que han roto su anonimato. Doy gracias a Dios porque la voz de la experiencia y los consejos de mis sabios amigos me apartaran de la senda peligrosa, por la que pudiera haber llevado a nuestra Comunidad entera. De esta manera llegué a saber que lo temporal y aparentemente bueno puede ser a menudo el enemigo mortal de lo permanente y mejor. Al tratarse de la supervivencia de AA, nada que no sea nuestro mejor esfuerzo será lo suficientemente bueno.

Hay otra razón por la que queremos mantener un cien por cien de anonimato, de la cual a menudo no se hace caso. En vez de atraer más publicidad para nosotros, las repetidas rupturas de anonimato pueden perjudicar gravemente las buenas relaciones que tenemos ahora tanto con la prensa como con el público. Puede que acabemos con mala prensa y poca confianza por parte del público.

Ya hace muchos años que las emisoras de noticias de todas partes del mundo nos inundan de publicidad entusiástica, una corriente constante fuera de toda proporción con la significación real de los acontecimientos en cuestión. Los editores nos dicen por qué lo hacen. Nos dan más tiempo y espacio porque tienen una confianza absoluta en AA. La misma base de esta confianza, explican, es nuestra insistencia continua en el anonimato personal ante la prensa.

Las agencias de información y los expertos en relaciones públicas no habían tenido ninguna experiencia de una sociedad que rechazara hacer categóricamente propaganda personal para sus líderes o miembros. Para ellos, esta extraña y agradable novedad siempre ha constituido una prueba patente de que AA es de fiar; que nadie busca su propia ventaja.

Esta, nos dicen, es la razón primordial de su inmensa buena voluntad. Por esta razón, a tiempo y a destiempo, siguen llevando el mensaje de recuperación de AA al mundo entero.

Si, a causa de una cantidad de rupturas de anonimato, acabáramos haciendo que la prensa, el público y los alcohólicos enfermos pusieran en duda nuestros motivos, perderíamos esta ventaja inapreciable y, al mismo tiempo, a multitud de posibles miembros. Entonces, Alcohólicos Anónimos dejaría de recibir buena publicidad; recibiría menos y mala. Por lo tanto, es fácil adivinar lo que esto podría significar para nuestro futuro. Ya que la mayoría de nosotros ya lo hemos adivinado, y el resto de nosotros pronto lo adivinará, tengo completa certeza que ese día funesto nunca le llegará a nuestra Sociedad.

Ya hace mucho tiempo que el Dr. Bob y yo hacemos todo lo posible para mantener la Tradición de anonimato. Justo antes de que el Dr. Bob se muriera, algunos amigos suyos sugirieron que se debiera erigir un monumento o mausoleo en honor de él y de su esposa, Anne—algo apropiado para un cofundador. El Dr. Bob, agradeciéndoles, lo rechazó. Poco tiempo después, al contarme la historia, él me sonrió y dijo: "Por amor de Dios, Bill, ¿por qué no nos entierran como a los demás?"

El verano pasado, visité el cementerio de Akron donde yacen Bob y Anne. La sencilla lápida mortuoria no dice ni una palabra acerca de Alcohólicos Anónimos. Eso me alegró tanto que lloré. ¿Puede ser que esta pareja maravillosa llevara el anonimato personal demasiado lejos, negándose a utilizar las palabras "Alcohólicos Anónimos" incluso en su propia lápida mortuoria?

No lo creo. A mí me parece que este magnífico y final ejemplo de humildad será de un valor más perdurable para AA que cualquier publicidad espectacular o mausoleo majestuoso.

No tenemos que ir a Akron, Ohio, para ver el monumento del Dr. Bob. Su verdadero monumento se puede ver dondequiera que se encuentre AA. Volvamos a mirar su auténtica inscripción—una única palabra, grabada por nosotros los AA. Esa palabra es sacrificio.

Con respecto al dinero

Noviembre de 1957

Aquí en los Estados Unidos nos vamos acercando al Día de Acción de Gracias. Todos en la Comunidad de AA, entrados en el espíritu de esta ocasión, nos alegramos, agradecidos por las bendiciones que nuestra Sociedad nos ha dado. También es tradicional en esta época hacer una evaluación de nuestro progreso como Comunidad. Nos fijamos en nuestra Sociedad y preguntamos: "¿Cómo nos encontramos?"

Las Doce Tradiciones son la regla que utilizamos para medir nuestro progreso. "¿Hasta qué punto nos apegamos a las Doce Tradiciones?" es la pregunta primordial de la Semana de Acción de Gracias. Cada año que pasa, vemos cada vez más claramente que la adhesión a nuestros principios tradicionales, adquiridos a duras penas, es la base de nuestra unidad y de nuestra eficacia en llevar el mensaje; que la indiferencia, la falta de comprensión, o la rebeldía contra estos principios podrían llevarnos a unas disensiones globales y, tal vez, a la ruina. Nos damos perfecta cuenta de que la práctica de las Doce Tradiciones es tan esencial para la vida de AA en su totalidad como lo es la práctica de los Doce Pasos para la vida y la sobriedad de cada miembro.

El Grapevine me ha pedido que escriba un artículo acerca de las Tradiciones para este número. Por consiguiente, he escogido como tema aquellas que tratan del asunto, a menudo mal comprendido y a veces poco popular, del dinero. En cuanto a este tema, nuestras Tradiciones hacen dos cortas y sencillas declaraciones. La Séptima Tradición dice: "Todo grupo de AA debe mantenerse completamente a sí mismo, negándose a recibir contribuciones de afuera." La Octava Tradición dice: "AA nunca tendrá carácter profesional, pero nuestros centros de servicio pueden emplear trabajadores especiales."

Estas pocas palabras están repletas de una gran significación. En ellas vemos los resultados de las inmensas controversias y luchas de nuestra época pionera, en la que llegamos a darnos cuenta de que AA tendría que formular algunas normas viables y bien fundadas en lo concerniente al dinero para evitar la ineficacia perpetua y la posible ruina. Si hemos tomado alguna cuestión en serio, ha sido la del dinero.

Los debates sobre el dinero en esa época oscilaban alocadamente entre dos opiniones extremas. Los conservadores decían que AA, como tal, no debe utilizar ningún dinero. Las reuniones tendrían lugar exclusivamente en nuestras casas particulares; podríamos diseminar nuestro mensaje únicamente de palabra. No habría publicidad, ni literatura, ni tesoreros, ni comités, ni intergrupos, ni custodios. No habría trabajadores asalariados; y por lo tanto no habría un ejército de burócratas ni ninguna posibilidad de establecer un gobierno. Al negarnos a recoger dinero, estaríamos completamente apartados del mundo de los negocios. Todo se haría espontáneamente, y cada miembro seguiría la voz de su propia conciencia. Los conservadores decían a gritos, "No nos dejes caer en la tentación. Mantengámoslo así de simple."

Al otro extremo estaban los radicales, los promotores. Decían que teníamos que tener vastas sumas de dinero. Teníamos que contratar a agentes de prensa; necesitaríamos grandes obras de literatura. Tendríamos que ser propietarios de cadenas de hospitales; habría necesidad de regimientos de trabajadores asalariados de todo tipo, incluso misioneros pagados para llevar el mensaje a ciudades lejanas y países remotos. En cuanto nos pusiéramos en marcha, tendríamos que celebrar grandes reuniones públicas. Escuadras de miembros en camiones con altavoces atravesarían el país. A medida que se nos unieran mujeres y hombres famosos, ellos gustosamente pregonarían las buenas nuevas desde los tejados. De esta forma, el mensaje de AA, puro y sin desvirtuar, daría la vuelta al mundo tan rápido como lo hizo el famoso protagonista de Julio Verne—¡en solo ochenta días! Para los promotores, no había sueño que no fuera posible, ni idea demasiado grandiosa. Y, ¿de dónde sacarían el dinero? Del público, por supuesto. Los ricos nos enviarían millones.

Hoy podemos ver que los conservadores habrían hecho que nos pudriéramos por no hacer nada. Por otro lado, los promotores sin duda nos habrían llevado a la ruina por intentar hacerlo todo.

El proceso de separar lo sensato de lo insensato fue largo y doloroso. Estábamos tremendamente confundidos porque nadie tenia el monopolio de la sensatez. Los conservadores, con su prudencia, parecían tener razón cuando decían que grandes cantidades de dinero nos pondrían en peligro. Pero cuando el temor llevaba la ventaja, y ellos insistían en no tener dinero ni ningún tipo de servicio, parecía que estaban soltando puras necedades. Su programa solo podría conducir a una gran confusión y a un progreso a paso de tortuga. Así ocurría también con los promotores. Por su entusiasmo, a veces abogaban por proyectos peligrosos. No obstante, a veces la sabiduría estaba de su parte.

Lentamente, a medida que los martillos de los promotores seguían golpeando los obstinados yunques de los conservadores, se iban forjando nuestras dos Tradiciones respecto al dinero.

Al principio hicimos algunas concesiones a los radicales. Admitimos que, a pesar de que, como totalidad, seguiríamos sin estar organizados, no obstante, tendríamos que crear comités o juntas de servicios para que AA pudiera funcionar y llevar nuestro mensaje; y, al nivel regional e internacional, de vez en cuando tendríamos que emplear a algunos trabajadores asalariados. Esto iba a costar dinero, pero no mucho, y nunca lo suficiente para presentar grandes problemas o tentaciones futuras.

No obstante, esta clara necesidad nos planteaba la cuestión del profesionalismo. En los primeros días existía un temor bastante generalizado y justificado de que AA se viera cargada con una clase de trabajadores de Paso Doce asalariados—gente que querría tener sueldos u honorarios por llevar el mensaje de AA de persona a persona y cara-a-cara. No tardamos mucho en darnos cuenta de que tal eventualidad aniquilaría el espíritu de nuestra misión. No se podía vender el Paso Doce por dinero.

Este gran temor al profesionalismo incluso nos complicaba el asunto de contratar a un portero o cocinero AA. Y nos ocasionó doble molestia cuando finalmente tuvimos que contratar a algunos miembros de AA para trabajar como secretarios de área o internacionales. Durante algún tiempo, arrastraban el horrible estigma del profesionalismo. Decíamos que estaban ganando dinero a expensas de AA. Lo crean o no, muchos miembros temerosos y rectos solían evitar su compañía. Incluso los comités y las juntas a los que servían, a menudo los consideraban como una especie de mal herético pero necesario. En su caso, estábamos "mezclando lo material y lo espiritual." Para mantener a estos "casi profesionales" en la apropiada "condición espiritual" añadimos a la mezcla la menor cantidad de dinero posible; es decir, les pagábamos el sueldo más bajo que pudieran aceptar para hacer el trabajo.

Sin embargo, hasta cierto punto los radicales se habían salido con la suya. AA tenía que tener algunos trabajadores a sueldo, aunque sólo fuera unos pocos. Al final, nos dimos cuenta de que a esta gente se le pagaba principalmente por hacer posible un trabajo de Paso Doce bueno y eficaz. Hoy no se les considera en absoluto como profesionales y tratamos de pagarles bien. Figuran entre los AA más dedicados que conocemos. Por consiguiente, la Octava Tradición dice: "Alcohólicos Anónimos nunca tendrá carácter profesional, pero nuestros centros de servicio pueden emplear trabajadores especiales."

Pero los conservadores también salieron victoriosos cuando finalmente tomamos la decisión de construir un dique contra la afluencia de contribuciones procedentes del mundo exterior. Empezamos a rehusar todos los regalos de esta índole, grandes y pequeños. Nuestros centros de servicio nunca se enriquecerían con las contribuciones de los miembros de AA. Pero nuestros amigos bien intencionados, por sus regalos y legados, podrían dotarnos de vastas cantidades de dinero.

En cuanto empezáramos a aceptar donativos de este tipo, no habría fin. Aunque fácilmente podíamos sufragar nuestros muy módicos gastos de servicio, empezaríamos a aceptar grandes cantidades de donaciones caritativas. Aun peor, las ricas juntas de servicio de AA se lanzarían a una variedad de empresas arriesgadas e innecesarias. Sin duda veríamos surgir una vasta burocracia asalariada, y los más espantosos temores de los conservadores se harían realidad. En lo concerniente a los regalos y donativos, se habían expresado con suma sabiduría. Así que formulamos nuestra Séptima Tradición: "Todo grupo de A.A. debe mantenerse completamente a sí mismo, negándose a recibir contribuciones de afuera."

Poco tiempo después de redactar esta Tradición, en un momento en que teníamos una necesidad urgente de dinero, los custodios de AA rehusaron un legado de $10,000. Era una época en que las contribuciones de los grupos de AA no alcanzaban a mantener, por un considerable margen, su propia Sede mundial.

No obstante, nuestros custodios no tardaron en taponar esa primera fisura que amenazaba aparecer en nuestro recién construido dique contra la tentación de aceptar dinero de fuentes ajenas. De allí en adelante, AA costearía sus propios servicios o no los tendría. Esta decisión todavía me conmueve. Fue uno de los puntos decisivos de nuestra historia.

Para terminar: Nuestra manera de vida espiritual está asegurada para las futuras generaciones si, como Sociedad, no caemos en la tentación de aceptar dinero de fuentes ajenas. Pero esto nos deja con una responsabilidad—que todo miembro debe comprender. No podemos ser tacaños cuando el tesorero de nuestro grupo pasa el sombrero. Nuestros grupos, nuestras áreas, y AA en su totalidad no funcionarán a menos que dispongamos de servicios adecuados y se paguen los gastos que entrañen.

El hacer frente a la tentación de aceptar grandes regalos y vencerla no es sino comportarnos con prudencia. Pero al ser generosos cuando se pasa el sombrero, damos una muestra de nuestra gratitud por nuestras bendiciones y una evidencia de que estamos deseosos de compartir lo que hemos encontrado con todos aquellos que todavía sufren.

Problemas diferentes del alcohol

Febrero 1958

Tal vez no haya sufrimiento más terrible que la drogadicción, sobre todo el producido por la morfina, la heroína y otros narcóticos. Estas drogas le tuercen la mente al adicto y la carencia de la droga le atormenta atrozmente el cuerpo. Comparados con el adicto en su sufrimiento, nosotros los alcohólicos no lo pasamos mal. Los barbitúricos, cuando se abusa de ellos, pueden ser casi tan perniciosos. En AA tenemos miembros que han experimentado grandes recuperaciones, tanto de la botella como de la aguja. También tenemos una gran cantidad de miembros que fueron—o todavía son—víctimas de las píldoras narcotizantes e incluso los nuevos tranquilizantes.

Por lo tanto, este problema de la drogadicción en sus varias formas nos atañe a todos. Provoca nuestro más profundo interés y compasión. Vemos por todas partes una legión de hombres y mujeres que se esfuerzan de esta manera por resolver sus problemas o por escapar de ellos. Muchos AA, en particular aquellos que han sufrido de estas adicciones, ahora se preguntan: "¿Qué podemos hacer acerca del problema de las drogas—dentro y fuera de nuestra Comunidad?"

Debido al hecho de que ya existen varios proyectos para ayudar a los que toman píldoras y drogas—proyectos que hacen uso de los Doce Pasos de AA, y en los cuales trabajan miembros de AA—ha surgido una multitud de preguntas sobre cómo estos esfuerzos, que ya han tenido bastante éxito, pueden ser relacionados correctamente con los grupos de AA y con AA como un todo.

Algunas de las preguntas específicas son: (1) ¿Puede hacerse miembro de AA un adicto a drogas o píldoras que no es alcohólico? (2) ¿Se puede llevar a tal persona a una reunión abierta de AA, como visitante, para darle ayuda o inspiración? (3) ¿Puede hacerse miembro de AA un individuo que toma drogas o píldoras, que también ha tenido un verdadero problema con la bebida? (4) ¿Pueden los AA que han sufrido del alcoholismo y de la drogadicción formar grupos especiales para ayudar a otros AA que tienen problemas con las drogas? (5) ¿Puede un grupo especial de esta índole llamarse un grupo de AA? (6) ¿Puede un grupo de esta índole tener miembros no alcohólicos que toman drogas? (7) Si se permitiese esto, ¿se debería hacer creer a los adictos no alcohólicos que se han hecho miembros de AA? (8) ¿Hay algún inconveniente en que los AA que han tenido el problema doble se afilien a grupos ajenos, tal como Narcóticos Anónimos?

Aunque las respuestas a algunas de estas preguntas son patentes, otras no lo son. Pero, según creo yo, todos los problemas enunciados pueden resolverse, a satisfacción de todos, si tenemos en cuenta las Tradiciones de AA aplicables, y la experiencia nuestra con los grupos especiales en los cuales los AA toman parte hoy en día—los grupos de dentro y de fuera de la Comunidad.

Hay algunas cosas que AA no puede hacer para nadie, sean cuales sean nuestros deseos y sentimientos individuales.

Nuestra primera responsabilidad, como sociedad, es asegurar nuestra propia supervivencia. Por consiguiente, tenemos que evitar las distracciones y las actividades con objetivos múltiples. Un grupo de AA, como tal, no puede asumir *todos* los problemas de sus miembros, aún menos los problemas del mundo entero.

La sobriedad—estar libre del alcohol—por medio de la enseñanza y de la práctica de los Doce Pasos, es el único propósito de un grupo de AA. Repetidas veces, algunos grupos han emprendido otras actividades, y jamás han tenido éxito. También se ha aprendido por experiencia que no es posible convertir a los no alcohólicos en miembros de AA. Tenemos que limitar los miembros de nuestra Comunidad a los alcohólicos, y tenemos que limitar nuestros grupos a un objetivo único. Si no nos aferramos a estos principios, es casi cierto que fracasaremos. Y si fracasamos, no podremos ayudar a nadie.

Para aclarar esto, vamos a analizar unas experiencias típicas. Años atrás, esperábamos poder conceder la posibilidad de hacerse miembros de AA a nuestras familias y a ciertos amigos que nos habían ayudado mucho. Ellos también tenían sus problemas, y deseábamos acogerlos en el seno de la Comunidad. Desgraciadamente, nos dimos cuenta de que esto no era posible. Ellos no eran capaces de dar las charlas francas de AA; ni—con pocas excepciones—de identificarse con nuevos miembros de AA. De aquí, no podían hacer de manera continua el trabajo de Paso Doce. Por muy íntimos amigos nuestros que esta buena gente fuese, no pudimos permitirles hacerse miembros de AA. Sólo podíamos recibirlos en nuestras reuniones abiertas.

Por lo tanto, no veo ningún modo de convertir los adictos no alcohólicos en miembros de AA. La experiencia nos demuestra claramente que no podemos hacer ninguna excepción, a pesar de que los que toman drogas sean, por así decirlo, parientes muy cercanos de nosotros los alcohólicos. Si nos empeñamos en tratar de hacer excepciones, me temo que esto perjudique al adicto mismo, así como también a la Comunidad de AA. Tenemos que reconocer el hecho de que ningún individuo no alcohólico, sea cual sea su aflicción, puede convertirse en miembro alcohólico de AA.

Pero supongamos que se dirija a nosotros un adicto que ha tenido un verdadero problema con la bebida. Hubo una época en que tal persona habría sido rechazada. Muchos de los primeros miembros de AA tenían la impresión, casi cómica, de que eran "puros alcohólicos"—borrachos solamente, sin ningún otro problema grave. Cuando los ex presidiarios alcohólicos y los drogadictos aparecieron por primera vez, su presencia provocó mucha indignación virtuosa. "¿Qué va a pensar la gente?" salmodió el coro de puros alcohólicos. Afortunadamente, este tipo de tontería desapareció ya hace mucho tiempo.

Uno de los mejores miembros de AA que conozco es un hombre que se había entregado a la aguja siete años antes de hacerse miembro de la Comunidad. Pero, antes de enviciarse en las drogas, había sido un alcohólico terrible, lo cual era confirmado por su historia. En consecuencia, tenía el requisito para hacerse miembro de AA, y llegó a ser uno de nosotros. Desde entonces, ha ayudado a muchos AA y algunos no-AA a hacer frente a sus problemas con las drogas y las píldoras. Por supuesto, esto es completamente asunto de él y no del grupo de AA al cual pertenece. En su grupo, es miembro porque, en realidad, es alcohólico.

Esto es el total de lo que AA *no puede* hacer por los drogadictos, o por cualquier otra persona.

Bueno, entonces, ¿qué es lo que se puede hacer? Algunas respuestas muy eficaces a problemas diferentes del liberarse del alcohol siempre han sido encontradas por medio de grupos especiales, algunos trabajando dentro de la Comunidad, otros afuera. Nuestro primer grupo especial se formó hace años, en 1938. AA necesitaba una oficina de servicios mundiales y un surtido de literatura. Tenía un problema de servicio con el cual un grupo de AA, como tal, no podía enfrentarse. Por esta razón, establecimos una junta de custodios (la Fundación Alcohólica), que se ocuparía de estos asuntos. Algunos de los custodios eran alcohólicos, otros no. Evidentemente, esta junta no era un grupo de AA. Más bien, era un grupo compuesto por los AA y los no-AA que se dedicaba a una tarea especial.

Otro ejemplo: En 1940, los AA de Nueva York, sintiéndose muy solos, se instalaron en un club. El club tenía directores y miembros de AA que pagaban cuotas. Por mucho tiempo, los miembros y los directores del club creían que constituían un grupo de AA. Pero, más tarde, se descubrió que el club, como tal, no les importaba nada a muchos de los AA que asistían a las reuniones en el "Old

24th." De aquí, fue necesario separar completamente la dirección del club (para sus actividades sociales) de la dirección del grupo de AA que celebraba sus reuniones en aquel sitio. Pasaron muchos años de riñas y rodeos fastidiosos, antes de que se aclarase perfectamente que un grupo de AA no debía meterse en los negocios del club. Hoy día, por todas partes, las juntas directivas de los clubes y los miembros que pagan cuotas se consideran grupos especiales, y no grupos de AA.

Ha ocurrido lo mismo con respecto a los centros de desintoxicación y "las casas de Paso Doce" dirigidos por miembros de AA. Nunca consideramos estas entidades como grupos de AA. Está bien claro que son las actividades de individuos interesados, que desempeñan tareas útiles y, a menudo, muy valiosas.

Hace varios años, algunos AA solían reunirse en "grupos de retiro," con un propósito religioso. Al principio, querían llamarse a sí mismos grupos AA de diversas descripciones. Pero pronto se dieron cuenta de que esto no se podía hacer porque sus grupos tenían un doble propósito: AA y la religión.

En otra ocasión, algunos AA queríamos entrar en el campo de la educación sobre el alcohol. Yo era uno de ellos. Nos asociamos con algunos no-alcohólicos que pretendían lo mismo. Los no-AA deseaban trabajar con nosotros porque necesitaban nuestra experiencia, nuestra filosofía y nuestro enfoque general. Todo anduvo bien hasta que algunos de nosotros revelamos que éramos miembros del grupo educacional. En seguida, el público se formó la idea de que este tipo de educación sobre el alcohol y Alcohólicos Anónimos eran idénticos. No fue fácil cambiar esta impresión. Pero, ahora que se ha aclarado la diferencia, un gran número de miembros de AA trabajan en este campo, lo cual nos alegra mucho.

Así se ha comprobado que, como individuos, podemos llevar la experiencia y las ideas de AA a *cualquier esfera ajena,* con tal que protejamos el anonimato y nos neguemos a hacer uso del nombre de AA para reunir fondos o para cualquier actividad publicitaria.

No tengo la menor duda de que estas experiencias de antaño pueden servir de base para resolver la confusión de hoy día en cuanto al problema de los narcóticos. Este es un problema nuevo, pero la experiencia y las Tradiciones de AA que pueden resolverlo ya son antiguas, y su valor ha sido demostrado por muchos años. Pienso que se puede resumir así:

No podemos permitirles a los drogadictos no alcohólicos hacerse miembros de AA. Pero, como cualquier otra persona, podrán asistir a ciertas reuniones abiertas de AA, siempre que los grupos mismos consientan, por supuesto.

Se debería animar a los miembros de AA interesados a juntarse en grupos para tratar con los problemas de drogas y sedantes. Pero deberían abstenerse de llamarse grupos de AA.

No parece haber ninguna razón por la cual varios AA no pueden juntarse, si lo quieren, con un grupo de drogadictos no alcohólicos, para resolver juntos los problemas de alcohol y de drogas. Pero está claro que tal grupo con doble objetivo no debería insistir en llamarse un grupo de AA, ni en incluir el nombre de AA en su título. Además, no se debería hacer creer a los drogadictos no alcohólicos que pertenecen a este grupo que, en virtud de este tipo de asociación, se han hecho miembros de AA.

Por supuesto, los AA interesados tienen una multitud de motivos sólidos para juntarse con grupos de afuera que se esfuerzan por resolver los problemas de drogas, a condición de que se respeten las Tradiciones de anonimato y de "no respaldo."

En conclusión, quisiera decir que, durante el curso de la historia de AA, la mayoría de nuestros grupos especiales han realizado muchas cosas maravillosas. Tenemos motivos para esperar que los AA que trabajan ahora en las regiones lúgubres de la drogadicción tengan el mismo éxito.

En AA hay restricciones estrictas referentes a lo que el grupo puede hacer. Pero el miembro escasamente las tiene. Si el miembro recuerda observar las Tradiciones de anonimato y de no respaldo, puede llevar el mensaje de AA a cada área disturbada de este mundo turbulento.

Seamos consecuentes desde el punto de vista práctico y espiritual

La Conferencia de Servicios Generales de 1958 votó unánimemente en contra de una propuesta de publicar una edición en rústica del Libro Grande. Ya que creía que todos los AA deberían comprender plenamente por qué se hizo esto, Bill pidió al Grapevine que volviera a publicar algunas partes de una carta que él había escrito a un viejo amigo sobre este asunto tan debatido.

Agosto de 1958

Querido—,
      Me resultó muy grato volver a tener noticias tuyas. Los ancianos nos estamos separando cada vez más. Muy a menudo siento nostalgia por los días de antaño, y cartas como la tuya siempre avivan los recuerdos.

Has planteado una vieja pregunta, "¿Por qué no publicamos una edición barata del libro de AA—tal vez una edición en rústica de cincuenta centavos?" Esta pregunta, a su vez, plantea un número considerable de nuevas preguntas, que tienen una significación tanto práctica como espiritual.

Primero, consideremos los antecedentes históricos del asunto del libro barato. En los años siguientes a la primera publicación del Libro Grande en 1939, al precio de $3.50, se discutía seria y acaloradamente sobre la cuestión de un libro de bajo precio o un libro de precio elevado. En esa época, la mayoría de los AA sin duda estaban a favor de una obra que se vendiera por un dólar. Cuando anunciamos el precio de $3.50, hubo una reacción muy fuerte (y, hasta cierto punto, poco razonable): "Bill nos ha fallado," "El precio es demasiado alto para un pobre borracho," "Ya que todo en AA se da gratuitamente, ¿por qué no regalar el libro," "Puesto que AA es no lucrativa, ¿por qué han de tener beneficios los grupos y la Sede de Nueva York?" En cuanto a las regalías para el Dr. Bob y para mí—pues, algunos nos calificaban de aprovechados, e incluso de estafadores.

Según el parecer de muchos miembros, estos eran argumentos contundentes. Un libro de regalo representaría un ejemplo puro de empresa espiritual. Sin embargo, un volumen encuadernado decentemente y con un precio dentro de los márgenes comerciales normales, un volumen que contribuyera a cubrir los gastos de la Sede de AA, se consideraba como un mal bastante espantoso. Por lo tanto, me vi sometido a la crítica más severa de toda mi vida en AA.

No obstante, nuestra historia demuestra que la mayoría a veces idealista de aquellos días estaba gravemente equivocada. Si el libro no hubiera producido ganancias para la Sede ni regalías para el Dr. Bob y para mí, AA habría tomado un rumbo muy distinto y posiblemente desastroso. El Dr. Bob y la Hna. Ignacia no podrían haber cuidado a aquellos 5,000 borrachos en sus esfuerzos pioneros en los hospitales de Akron. Yo habría tenido que dejar de trabajar de plena dedicación hace 15 años. Nuestro libro estaría en manos de una editorial ajena. No habría habido Doce Tradiciones ni Conferencia de Servicios Generales. La Sede, económicamente paralizada, no podría haber propagado el mensaje de AA por todo el mundo. De hecho, es muy posible que hubiéramos tenido que cerrarla.

Todo eso habría sucedido si no hubiéramos podido contar con los ingresos producidos por el Libro Grande para compensar el déficit, a menudo considerable, de las contribuciones de los grupos a la Sede. Por ejemplo, en el período 1945-1950, en el espacio de tres años frenéticos, vi bajar el saldo de nuestro fondo de reserva de $100,000 a $40,000. En una ocasión durante esa época, la Oficina de Servicios Generales y el Grapevine experimentaron un déficit combinado de $3,000 al mes. El dinero proveniente de la venta del libro nos mantenía a flote y nos hacía posible volver a organizar la oficina de servicio y poner en marcha la Conferencia de Servicios Generales de hoy día. Un libro barato de AA habría sido un error práctico y espiritual de grandes proporciones. En vez de llevar el mensaje de AA a multitud de gente, lo habríamos llevado a muy pocos. No cabe la menor duda. Todo aquel que quiera tener un libro en rústica a un precio de 50 centavos, debe reflexionar cuidadosamente sobre este episodio de nuestra historia.

La junta fideicomisaria de AA, nuestra Junta de Servicios Generales, tiene ahora un fondo de reserva que se ha venido acumulando a lo largo de los años gracias a los ingresos producidos por el libro. Este fondo tiene un saldo que representa los gastos de operaciones de nuestra Sede durante un año. Lo consideramos como nuestra mayor protección contra los tiempos duros y contra la posibilidad de una disminución sustancial de las contribuciones de los grupos. Incluso en los buenos tiempos, las contribuciones de los grupos a menudo han sido inferiores—y a veces muy inferiores—a lo necesario para sufragar los gastos de la Sede. Si en realidad pudiéramos recoger una contribución de todo miembro recuperado, el gasto anual por miembro solo sería de un dólar. De hecho, le pedimos a cada miembro que contribuyera con $2.00 y recibimos, como promedio, muchos menos. La oficina de AA experimentó un déficit de $15,000 en 1957, y el Grapevine, un déficit de $10,000. Visto que ésta es una situación en que nos encontramos con frecuencia en los buenos tiempos, ¿qué nos podría pasar en los malos tiempos?

En los tiempos difíciles, los miembros y grupos de AA sin duda se las arreglarán para cuidar de sí mismos. Pero en tales circunstancias, ¿hasta qué punto podrían cuidar de la Sede general? Por no habernos visto nunca en tal situación, nadie puede saberlo. Ni siquiera podemos hacer una suposición bien fundada. Solo sabemos que nuestra Sede sigue experimentando déficits. También sabemos que un tercio de los grupos de AA, que representan unos 50,000 miembros, no envían nada a la Sede, ni siquiera en las épocas de prosperidad. Por lo tanto, no tenemos ningún motivo de creer en Santa Claus. Por esta razón hemos insistido en robustecer nuestro fondo de reserva. Es nuestra principal protección contra el debilitamiento o el colapso de los servicios generales de AA; esos servicios que han diseminado las buenas nuevas por todo el mundo y que debemos mantener en plena potencia sean cuales sean las circunstancias.

Hay quienes creen que un libro de cincuenta centavos tendría poco impacto en las ventas de nuestra edición de $4.50. Pero, ¿es así? En la Sede hemos encontrado muchos competentes trabajadores de servicio voluntarios. Uno de ellos es el vicepresidente de una casa editorial muy importante. Conoce bien el mercado de libros, dentro y fuera de AA. Recalca el hecho de que libros de AA ultrabaratos, especialmente las ediciones en rústica, perjudicaría seriamente nuestras ventas e ingresos actuales. Por lo tanto, ¿no sería prudente preguntarnos a nosotros mismos: "Podemos permitirnos el lujo de tener esos libros baratos ahora"?

Se ha expresado alguna esperanza de que el volumen de ventas de los libros de cincuenta centavos en el mercado público sería tan enorme que, a fin de cuentas, no perderíamos mucho dinero. Pero ésta es una de esas situaciones en las que no se puede hacer una previsión segura. Como AA no puede meterse en la distribución a las tiendas o los kioscos de periódicos, tendríamos que dejar que una editorial ajena nos hiciera el trabajo. Tal editorial sería la única proveedora. Incluso si esa casa editorial vendiera un millón de ejemplares al año, la participación de AA Publishing, Inc., en concepto de regalías y beneficios, no superaría los $10,000. Por supuesto, puede ser que este cálculo sea demasiado optimista. Un sondeo preliminar entre las casas editoriales indica que un volumen de ventas tan alto es bastante dudoso. El sentido común también sugiere lo mismo.

El mercado principal de libros baratos está dominado por los antiguos éxitos de librería, las novelas policíacas, las novelas eróticas, de ciencia ficción y similares. Un inmenso interés público hace posible mantener un alto nivel de ventas. Ya hace casi 20 años que el libro de AA está en venta en las librerías. Alcohólicos Anónimos y su Libro Grande han tenido una gran publicidad en los medios de comunicación y siguen teniéndola. No obstante, nuestras ventas al público solo han constituido una parte insignificante del total. No han llegado ni a un promedio de 1,500 ejemplares al año. Entonces, ¿Cómo podemos tener la menor seguridad de que si vendemos el libro de AA en las tiendas y los kioscos de periódicos, la ventas van a saltar de pronto de 1,500 a un millón de libros, o a cien mil, o incluso a diez mil libros? No parece que nadie pueda predecir con certeza la salida que tendría un libro de texto especializado como el nuestro si lo pusiéramos en venta a precio barato al lado de novelas policíacas y de ciencia ficción en las tiendas de las ciudades. Si no lográramos tener un gran volumen de ventas, habríamos fracasado principalmente en nuestro objetivo espiritual de llevar el mensaje de AA. Comparado con la enorme publicidad que ya tiene AA, el impacto que tendría un libro barato no sería muy grande.

Ahora preguntémonos si hay una verdadera escasez de libros o materiales de lectura dentro de AA, y además si nuestros miembros más pobres se encuentran realmente privados de tener su libro de AA porque aún no disponemos de una edición de cincuenta centavos. Y también si nuestra excelente literatura en folletos no puede satisfacer las necesidades de esos recién llegados, si no hubiera otro remedio. Sabemos que ya se han distribuido 350,000 libros de AA y que cada año a los miembros de AA les llegan medio millón de buenos folletos. ¿Quién conoce a un miembro a quien no se le haya dado un libro, que no pueda tomar prestado un libro, o que no pueda comprar uno a plazos en su grupo, o encontrar el Libro Grande en la biblioteca local? Casi nadie tiene que verse privado de leer este libro si está dispuesto a hacer el menor esfuerzo para conseguir un ejemplar. Hay sin duda algunas excepciones, pero nos estamos ocupando de ellas; ya enviamos ejemplares de regalo del Libro Grande a las prisiones y a los grupos en instituciones.

Puede que haya ciertas ventajas espirituales en tener libros baratos, pero sin duda alguna también habría claras desventajas espirituales.

Se nos plantea la pregunta de quién se encuentra en las mejores condiciones de pagar por un determinado servicio—en este caso un programa de regalar los libros. ¿Los miembros individuales, los grupos de AA, o AA en su totalidad? Obviamente, la riqueza y los ingresos combinados de los miembros individuales de AA son la verdadera reserva y fuente de dinero. Los ingresos combinados de todos los alcohólicos que se han recuperado en AA llegan fácilmente a un billón de dólares al año. Comparado con esto, el dinero que llega a las tesorerías de nuestros 7,000 grupos de AA es una minucia. Comparadas con el dinero que llega a las tesorerías locales, las contribuciones a la Sede de AA son como una gota de agua en el mar. Nuestra tesorería internacional y fondo de reserva ni siquiera contiene un dólar por cada alcohólico que se ha recuperado en AA. Ni tampoco estos alcohólicos son quienes abastecen este fondo de reserva; los compradores del libro son los que lo hacen. Es probable que la mitad de los alcohólicos que se han recuperado en AA nunca hayan enviado, directa o indirectamente, un centavo a la Sede. Tal vez para algunos los estados de cuenta de nuestra Sede representen un gran capital. Pero este dinero solo representa la mínima fracción de la riqueza total y de los ingresos potenciales de los miembros de Alcohólicos Anónimos. La Sede de AA—o AA en su totalidad— es relativamente más pobre que una rata. ¿Debe la Sede, la parte más pobre de AA, ponerse ahora a financiar la parte más rica—los AA individuales—con un libro de cincuenta centavos?

¿Tendría esto sentido—desde el punto de vista práctico o espiritual?

Tercera

Parte

1958-1970

En 1961, año en que Bill anunció su retiro definitivo de la dirección de AA, él creía que había realizado todas las tareas principales que había tenido que hacer para la Comunidad. En su charla ante la Conferencia de Servicios Generales de 1961 (ver "De nuevo en la encrucijada," pág 324), Bill recalcó la importancia del principio de rotación, y de la necesidad de que él renunciara a su puesto de líder para dejar que funcionara la conciencia de grupo de AA. Al declarar su intención de quedarse al margen del escenario de AA, expresó al mismo tiempo su deseo de seguir escribiendo artículos en el Grapevine.

"...un solo y principal canal de comunicación aún queda plenamente abierto—el de escribir artículos para el Grapevine. Sin duda, me gustaría continuar haciéndolo. Por ejemplo, en estos días, estoy dedicándome a componer una serie de ensayos titulada 'Practicando estos principios en todos nuestros asuntos.' Tal vez, en fecha futura, estos artículos puedan ampliarse y convertirse en un libro, que sería un intento de tratar el problema global de vivir, tal como lo vemos nosotros los AA. Si sucede que lo logro escribir, esta obra podría ser de un valor permanente.

"Hay otro factor que influye en mi decisión. Como todos los demás miembros de AA, tengo una clara responsabilidad de ser un ciudadano del mundo a mi alrededor... Por lo tanto, ya estoy explorando ciertas esferas de actividad externa a las que podría hacer una aportación provechosa y, tal vez, significante."

Entre estas esferas de actividad externa figuraban una reanudación, de forma limitada, de sus trabajos de Wall Street y un interés en la terapia del ácido nicotínico. El libro que Bill esperaba escribir nunca fue terminado, debido en parte a su creciente participación en actividades externas a la Comunidad, y también porque, según transcurrían los años 60, su enfisema seguía empeorando. Tres artículos (páginas 251, 255, y 260) fueron publicados en el Grapevine, como componentes de la serie "Practicando estos principios en todos nuestros asuntos." Aunque no aparecieron otros destinados para el libro, una gran parte del material que se encuentra reimpreso a continuación trata explícitamente de su propuesto tema.

Sección

1

En todos nuestros asuntos

La dádiva más grande de todas

Diciembre de 1957

La dádiva más grande que le pueda tocar a cualquier persona es un despertar espiritual. Esto sería, sin duda, el veredicto de todo alcohólico bien recuperado, miembro de la Comunidad de AA.

Bueno, pues, ¿qué es este "despertar espiritual," esta "experiencia transformadora"? ¿Cómo se produce en nosotros y qué es lo que hace?

Para empezar, un despertar espiritual es el conducto por el que encontramos la sobriedad. Y para nosotros los AA, la sobriedad significa la vida misma. Sabemos que el despertar espiritual es la llave que nos abre la posibilidad de sobrevivir el alcoholismo y que, para la mayoría de nosotros, es la única llave. Tenemos que despertar; si no, morimos.

Así que nos despertamos, y nos encontramos sobrios. Y entonces, ¿qué? ¿Es la sobriedad todo lo que podemos esperar tener de un despertar espiritual? No, la sobriedad no es sino el mero comienzo, no es sino la primera dádiva del primer despertar. Si hemos de recibir otras, es necesario perseverar en el despertar. Y si perseveramos, nos damos cuenta de que poco a poco podemos descartar la vieja vida—la que no funcionó—y reemplazarla por una nueva vida que puede funcionar y que funciona, sean cuales sean las circunstancias. Sin importar la suerte que nos toque—los éxitos o los fracasos mundanos, las penas y los placeres, la enfermedad o la salud, e incluso la muerte—podemos llevar una vida de posibilidades ilimitadas si estamos dispuestos a perseverar en nuestro despertar.

Poco tiempo después de unirse a AA, un recién llegado se dirigió a mí diciendo: "Estoy sobrio y es casi un milagro que lo estoy. Me confesé vencido, asistí a unas cuantas reuniones, empecé a ser sincero conmigo mismo y con mi padrino. Y entonces, de repente me vi librado de esa ansia temible de tomarme un trago. Ya no he tenido que luchar contra la bebida; el deseo de beber alcohol simplemente se ha desvanecido, y aún no puedo explicarme precisamente cómo ni por qué. Mis compañeros de AA son maravillosos. Se preocupan de mí, y me comprenden. Para mí, esta es una realidad completamente nueva.

"Pero," el Sr. Principiante añadió, "aún me siento algo despistado. No he logrado explicarme cómo este asunto de Dios se encaja en la vida práctica. Y al oír a mis compañeros hablar de trocar una "vida vieja por una nueva," me es difícil de asimilar. Claro está que me encuentro sobrio, y esto es algo nuevo. Pero ahora que me he convertido en exborracho, ¿qué tendría de malo intentar vivir mi propia vida? Esa me convenía hasta que la bebida me echara la zancadilla. Estaba haciendo grandes progresos, en camino de hacer mi fortuna. Y las cosas iban bastante bien en casa también, hasta que mi mujer me dijo a gritos que no podía aguantarme más y se fue. Lo único que necesito es la sobriedad, y AA puede seguir dándomela. Ahora puedo volver a ocuparme de mis asuntos. Estoy seguro de que esta vez lo haré mejor."

Pasados cuatro años, me tropecé con este mismo "principiante." "Hola, Pepe," le dije, "¿ya has hecho tu fortuna? Y tu mujer, ¿volvió a vivir contigo?"

Con media sonrisa, Pepe me miró fijamente y me replicó: "No, Bill, ni nada por el estilo. Pasé un año infernal. El que me mantuviera sobrio fue un milagro más grande que el de lograr mi sobriedad. Iba insistiendo en hacer mi fortuna y en conseguir que mi mujer volviera. Si no, iba a vivir como un triste desgraciado. Y sin duda me sentía así. Pero, poco a poco, me fui despertando ante la posibilidad de que Dios no me hubiera instalado en la tierra para acumular todo el dinero, prestigio y amor que yo pudiera. Por fin, tuve que enfrentarme a la realidad de que sería necesario contentarme con menos, y mucho menos. Y si no pudiera aceptarlo, era probable que volviera a emborracharme.

"Así que dejé de rezar de boquilla la Oración de Serenidad de AA, y empecé de hacerlo con plena sinceridad. Una y otra vez decía: 'Dios, concédeme la serenidad para aceptar las cosas que no puedo cambiar, el valor para cambiar las cosas que puedo, y la sabiduría para reconocer la diferencia.'

"Como iba lentamente adquiriendo la capacidad para aceptar, iba disminuyendo mi dolor. Empecé a despertarme y a mirar alrededor mío. Empecé a darme cuenta de que mi humilde trabajo era un medio para ganarme la vida y para servir a la sociedad. El conseguir un trabajo más importante y prestigioso ya no podía ser mi objetivo principal. Luego, reflexioné sobre AA. ¿Qué había hecho yo para la Comunidad que me salvó la vida? Tuve que confesar que era muy poco. Así que empecé a participar en las reuniones de AA con una nueva actitud. Dejé de tener envidia a los AA acomodados y empecé a escuchar atentamente lo que decían. Llegué a saber que el dinero ya no era un símbolo de prestigio; que lo teníamos en depósito, para hacer de ello el mejor y más apropiado uso posible. Me enseñaban además que las tentaciones de la riqueza a veces podrían ser una aflicción peor que las penas de la pobreza. También, logré comprender que *no existe tal cosa* como un AA desgraciado—si es un verdadero miembro. Si está enfermo, por el ilustre ejemplo que da, puede servir como inspiración tanto para los enfermos como para aquellos que gozan de buena salud. Si anda escaso de dinero, puede rebosar de riquezas espirituales, y ser un trabajador y servidor diligente de nuestra Comunidad.

"Ahora me doy cuenta de que el despertarnos y el desarrollarnos no han de tener fin nunca, y que nunca debemos tener miedo a los dolores de crecimiento, siempre que esté dispuesto a reconocer, tras estas experiencias, la verdad acerca de mí mismo.

"Hace algunos días, un AA veterano me dio un ejemplo que nunca olvidaré. Paco es un auténtico pionero. De hecho, dio inicio a AA en mi pueblo. Yo solía tenerle envidia porque era millonario.

"Me dijeron que estaba en el hospital local, mortalmente enfermo y a punto de morir. En cierto sentido me aborrecía la idea de ir a visitarlo; me imaginaba que sería muy triste. Al cruzar el umbral, vi la sala llena de compañeros de AA que estaban de muy buen humor. Estaban alegres porque Paco estaba alegre. Les estaba contando historias graciosas de sus días de bebedor, secándose a intervalos el mentón, enjugando la sangre que salía de su boca cancerosa. Se incorporó y se sentó con las piernas y los pies desnudos colgando del borde de la cama. Una enfermera entró, le amonestó y le suplicó que se acostara. Paco le hizo un ademán para que se callara y le dijo: 'Si me tumbara en la cama, puede que me muriera ahora mismo. Y esto sería una lástima, porque quiero asistir a nuestra convención estatal de AA la semana que viene.'

"Todos sabíamos que esto no era una mera bravata; lo había dicho con toda sinceridad.

"Pasado un rato, Paco volvió a hablar de la muerte. Nos dijo que había llevado una vida maravillosa. La bebida le había causado grandes penas; pero, como consecuencia, AA le había ofrecido grandes alegrías. Con su 'despertar' en AA, le había venido la segura convicción—de hecho, la certeza, de que 'en la casa de mi Padre hay muchas moradas.' Todos los allí reunidos nos dimos cuenta de que, para Paco, la muerte no era sino un nuevo despertar. No logró asistir a esa convención.

"Pero Paco sabía, y nosotros sabemos, que esto no era realmente importante, porque Paco ya tenía en sus manos 'la dádiva más grande de todas'."

La próxima frontera: la sobriedad emocional

En este artículo queda resumida la esencia de una carta que Bill escribió a un íntimo amigo que también sufría de depresiones molestas.

Enero de 1958

C reo que muchos de los veteranos que han puesto a dura y venturosa prueba nuestra "curación alcohólica," todavía se encuentran faltos de sobriedad emocional. Tal vez se verán en la vanguardia del próximo progreso importante en AA—el desarrollo de más madurez y equilibrio verdaderos (es decir, humildad) en nuestras relaciones con nosotros mismos, con nuestros compañeros y con Dios.

Estos deseos adolescentes de aprobación incondicional, seguridad total, y amor perfecto que tantos de nosotros tenemos—deseos completamente apropiados a la edad de 17 años— nos crean una forma de vida imposible de vivir a la edad de 47 ó 57 años.

Desde que AA empezó, yo he sufrido tremendos golpes en todas estas esferas debido a no haber madurado emocional y espiritualmente. Dios mío, qué penoso es seguir exigiendo lo imposible y qué sumamente penoso es descubrir, finalmente, que desde el principio habíamos puesto el carro delante del caballo. Luego nos viene la angustia final al ver lo tremendamente equivocados que habíamos estado, y lo incapaces que aún somos, no obstante, de escapar de ese tiovivo emocional.

Cómo traducir una apropiada convicción mental en un apropiado resultado emocional y así en una vida tranquila, feliz y agradable—bueno, esto no es únicamente un problema de los neuróticos, es un problema que la vida misma nos presenta a todos los que hemos llegado a tener una sincera disposición a aferrarnos a los principios apropiados en todos nuestros asuntos.

Aun cuando nos esforzamos por aferrarnos, puede que la paz y la alegría sigan eludiéndonos. Y este es el punto al que hemos llegado tantos veteranos de AA. Y es un punto literalmente infernal. ¿Cómo se puede armonizar nuestro inconsciente—de donde surgen todavía tantos de nuestros temores, obsesiones y falsas aspiraciones—con lo que realmente creemos, sabemos y queremos?

Nuestra principal tarea es cómo convencer a nuestro mudo, rabioso y oculto "Sr. Hyde".

Recientemente he llegado a creer que esto se puede conseguir. Lo creo así porque he visto a muchos compañeros, gente como tú y yo, que andaban tanto tiempo perdidos en las tinieblas, empezar a obtener resultados. El pasado otoño, la depresión, sin tener ninguna causa racional, casi me llevó a la ruina. Empecé a temerme que fuera a pasar otro largo período crónico. Teniendo en cuenta las angustias que he pasado con las depresiones, no era una perspectiva muy prometedora.

Seguía preguntándome a mí mismo, "¿Por qué los Doce Pasos no sirven para liberarme de la depresión?" Hora tras hora, tenía la mirada fija en la Oración de San Francisco... "Es mejor consolar que ser consolado." Aquí tenía la fórmula. ¿Por qué no funcionaba?

De repente, me di cuenta de lo que había de malo. Mi defecto principal y característico siempre había sido el de la dependencia—de una dependencia casi absoluta—de otra gente o de las circunstancias. Siempre había contado con que me proporcionaran el prestigio, la seguridad, y cosas similares. Al no conseguir estas cosas tal y como las quería y conforme con mis sueños perfeccionistas, yo había luchado por tenerlas. Y cuando me vino la derrota, me sobrevino la depresión.

No tenía la menor posibilidad de convertir el amor altruista de San Francisco en una feliz y practicable manera de vivir hasta que no se extirparan esas dependencias funestas y casi absolutas.

Por haber hecho en los años pasados algunos pequeños progresos en plan espiritual, vi revelado como nunca antes lo *absolutas* que eran esas dependencias espantosas. Reforzado por la gracia que podía encontrar en la oración, me encontré obligado a valerme de toda la voluntad y fuerza de las que disponía para extirpar esas defectuosas dependencias emocionales de otra gente, de AA—para decir verdad, de cualquier circunstancia o cualquier cosa. Unicamente al lograrlo, sería libre de amar como San Francisco. Llegué a darme cuenta de que las satisfacciones emocionales e instintivas nos vienen como dividendos de sentir el amor, ofrecer el amor, y expresar un amor apropiado para cada relación de nuestra vida.

Claro estaba que no podría aprovechar el amor de Dios mientras no pudiera devolvérselo a El, amando a mis prójimos como El quería que yo hiciera. Y esto no lo podría hacer mientras siguiera siendo víctima de falsas dependencias.

Porque mi dependencia significaba exigencia—una exigencia de apoderarme de la gente y de las condiciones que me rodeaban y de controlarlas.

Aunque te parezca ser una especie de artilugio, esta expresión—"dependencia absoluta"—fue lo que desencadenó mi liberación y me hizo posible lograr la estabilidad y tranquilidad que conozco ahora, cualidades que sigo intentando consolidar, ofreciendo amor a otros, sin exigir nada a cambio.

Aquí parece que tenemos el ciclo primordial de la reconciliación: un amor efusivo ante la creación de Dios y para con sus criaturas, nuestros semejantes, y por medio del cual podemos aprovechar el amor de Dios para con nosotros. Se puede ver con suma claridad que la corriente efectiva no puede fluir hasta que no se rompan nuestras dependencias paralizadoras—hasta que no se rompan a fondo. Solamente entonces nos será posible tener siquiera la más remota idea de lo que realmente es el amor adulto.

¿Me dices que es una especie de cálculo espiritual? Ni mucho menos. Observa a cualquier AA con seis meses de sobriedad mientras trabaja con un nuevo caso de Paso Doce. Si el candidato le dice "Vete al diablo," no hace más que sonreír y ponerse a trabajar con otro. No se siente frustrado o rechazado. Y si el próximo caso responde con amor y atención para con otros alcohólicos, sin darle nada a él, el padrino, no obstante, está contento. Todavía no se siente frustrado, sino que se alegra porque su antiguo candidato está sobrio y feliz. Y si resulta que el siguiente caso se convierte en su más íntimo amigo (o en su amor), entonces el padrino siente el mayor regocijo. Pero se da perfecta cuenta de que su felicidad es un subproducto—este dividendo de dar sin exigir nada a cambio.

Para el padrino, el factor más estabilizador ha sido sentir amor y ofrecerlo a ese borracho desconocido con quien se tropezó. Esto era el trabajo de San Francisco, eficaz y práctico, sin dependencia y sin exigencias.

Durante los primeros seis meses de mi propia sobriedad, me dedicaba diligentemente a trabajar con muchos alcohólicos. Ninguno de ellos respondió. Sin embargo, ese trabajo servía para mantenerme sobrio. Esos alcohólicos no me dieron nada. La estabilidad que logré se originó en mis esfuerzos para dar, no en mis exigencias de que se me diera.

Y creo que así podemos tener parecidos resultados en cuanto a la sobriedad emocional. Si analizamos toda inquietud que sentimos, las grandes y las pequeñas, encontraremos en su origen alguna dependencia malsana y la exigencia malsana derivada de esta dependencia. Abandonemos, con la gracia de Dios, estas exigencias obstaculizadoras. Entonces nos veremos liberados para vivir y para amar; entonces, nos será posible aprovechar el trabajo de Paso Doce, tanto con nosotros mismos como con otra gente, para lograr la sobriedad emocional.

Huelga decir que no te he propuesto una idea realmente nueva—solamente un artilugio que me ha servido para librarme, a fondo, de mis propios "sortilegios." Hoy día, mi cerebro no va corriendo obsesivamente hacia la euforia y la grandiosidad ni hacia la depresión. He encontrado un lugar sereno bañado en la luz del sol.

Dar el Undécimo Paso

Junio de 1958

En cuanto a la práctica del Undécimo Paso de AA—"Buscamos a través de la oración y la meditación mejorar nuestro contacto consciente con Dios, *como nosotros lo concebimos*, pidiéndole solamente que nos dejase conocer su voluntad para con nosotros y nos diese la fortaleza para cumplirla"—no dudo de que soy un mero principiante; casi me considero un caso de desarrollo retrasado.

Veo a mucha gente a mi alrededor que se relacionan con Dios mucho mejor que yo. No se podría decir que yo no haya hecho ningún progreso a través de los años; simplemente confieso que no he hecho todo el progreso que podría haber hecho, dadas las oportunidades que he tenido y que todavía tengo.

Estoy a punto de celebrar mi vigésimo cuarto aniversario de AA; durante todo este tiempo no me he tomado ni un trago. De hecho, apenas me he sentido tentado a hacerlo. Esto me sirve de evidencia de que he dado el Primer Paso y de que, nunca lo he olvidado: "Admitimos que éramos impotentes ante el alcohol—que nuestras vidas se habían vuelto ingobernables." El Primer Paso me resultó fácil.

Entonces, en los mismos comienzos, tuve la suerte de experimentar un tremendo despertar espiritual y, de repente, fui "consciente de la presencia de Dios" y "se me devolvió el sano juicio"—por lo menos en lo que se refiere al alcohol. Por lo tanto no tuve dificultades con el Segundo Paso, porque, en mi caso, su contenido era un puro regalo. El Cuarto y el Quinto Paso, que tienen que ver con el autoexamen y la confesión de nuestros defectos, tampoco me han resultado demasiado difíciles.

Naturalmente, mi autoanálisis ha sido frecuentemente imperfecto. A veces, no compartía mis defectos con la gente apropiada; en algunas ocasiones, he confesado *sus* defectos, en lugar de los míos; y en otras, mi confesión de defectos se ha parecido mucho a una queja clamorosa de mis circunstancias y problemas.

No obstante, creo que, por lo general, al buscar y admitir mis defectos personales, he podido hacer un trabajo minucioso y completo. Que yo sepa, no hay en este momento ningún defecto o problema actual míos que no haya discutido con mis consejeros íntimos. Pero el haberlos aireado ampliamente no es motivo para felicitarme a mí mismo. Hace mucho tiempo tuve la suerte de ver que tenía que seguir haciendo mi autoanálisis; si no, me hubiera vuelto completamente loco. Aunque motivado por la pura necesidad, el descubrirme continuamente—ante mí mismo y ante otras personas—era una cosa difícil de tragar. Pero años de repetición han hecho esta tarea mucho más fácil. El Noveno Paso, el hacer reparaciones por los daños causados, ha llegado a incluirse en la misma categoría.

En el Duodécimo Paso—llevar el mensaje de AA a otros—no he encontrado sino grandes alegrías. Nosotros los borrachos somos gente de acción y yo no soy una excepción. Cuando la acción nos da recompensas, como lo hace en AA, no es de extrañar que el Duodécimo Paso sea el más popular y, para la mayoría de nosotros, el más fácil de todos.

Este breve resumen de mi propio "progreso de peregrino", te lo ofrezco para ilustrarte el elemento de altísima importancia que todavía me falta a mí, y tal vez a otros muchos miembros. Por una falta de atención disciplinada y, a veces, por falta del tipo apropiado de fe, muchos de nosotros nos quedamos año tras año en el cómodo jardín de infancia espiritual que acabo de describir. Pero casi inevitablemente acabamos sintiéndonos insatisfechos; tenemos que reconocer que hemos llegado a una especie de atolladero incómodo y tal vez muy angustioso.

Hacer el trabajo de Paso Doce, hablar en las reuniones, contar nuestras historias de bebedores, confesar nuestros defectos y observar el progreso que hayamos hecho al respecto, ya no nos ofrecen una vida plena y liberada. A menudo una calamidad inesperada o un gran trastorno emocional nos revela nuestra falta de desarrollo. Tal vez nos toque el premio gordo económico, y nos sorprende descubrir que no resuelve casi nada; que, a pesar de todo, todavía seguimos aburridos y angustiados.

Como normalmente no nos emborrachamos en estas ocasiones, nuestros optimistas amigos nos dicen lo bien que nos encuentran.

Pero en nuestro fuero interno, sabemos que no es así. Sabemos que no nos encontramos suficientemente bien. Todavía no podemos enfrentarnos a la vida, tal como es. Debe haber un grave defecto en nuestra práctica y en nuestro desarrollo espiritual.

Entonces, ¿en qué consiste?

Es muy posible que la causa de nuestro problema se encuentre en nuestra falta de comprensión o en nuestra falta de practicar el Undécimo Paso de AA— la oración, la meditación, y la orientación de Dios. Los demás Pasos nos hacen posible a la mayoría de nosotros mantenernos sobrios y funcionar. Pero el Undécimo Paso nos permite seguir desarrollándonos, si nos dedicamos diligente y constantemente a practicarlo. Si dedicamos al Undécimo Paso tan solo el cinco por ciento del tiempo que solemos dedicar (y con razón) al Duodécimo Paso, los resultados pueden tener unas consecuencias transcendentales. Esta es la experiencia de todos aquellos que se aplican constantemente a la práctica del Undécimo Paso.

En este artículo me gustaría hablar más detalladamente sobre el Undécimo Paso—para el beneficio del incrédulo total, el desventurado que no puede creer que tenga ningún mérito real en absoluto.

Creo que en muchos casos la gente encuentra su primer gran obstáculo en la frase "Dios como nosotros Lo concebimos." Es probable que el incrédulo diga: "En primer lugar, nadie puede formarse un concepto adecuado de Dios. Estoy medio convencido de que existe una Primera Causa, un algo, y tal vez un Alguien. Pero no puedo ir más lejos. Creo que la gente que dice que sí puede, se engaña a sí misma. Incluso si existiera un Alguien, ¿por qué se iba a preocupar por mí, si, para mantener en marcha el universo, ya tiene bastante que hacer? En cuanto a aquellos que pretenden que Dios les dice dónde buscar petróleo, o cuándo cepillarse los dientes—pues, simplemente me cansan."

Claramente, nuestro amigo es alguien que cree en algún tipo de Dios— "Dios como él lo concibe." Pero no le parece posible formarse un concepto más claro o una impresión mejor de Dios. Por lo tanto, considera que la meditación, la oración y la orientación son formas de engañarse a uno mismo. Pues, ¿qué puede hacer nuestro amigo para salir de este aprieto?

Puede ponerse enérgicamente a practicar la meditación, la oración y la orientación a título de prueba. Puede dirigirse a cualquier Dios que él crea que exista. O, si cree que no hay ninguno, puede reconocer, en plan experimental, la posibilidad de estar equivocado. Esto es lo más importante. En cuanto pueda adoptar esta actitud, habrá dejado de hacer el papel de Dios; tendrá la mente abierta. Como cualquier buen científico en su laboratorio, nuestro amigo puede poner a prueba la teoría y rezar a un "poder superior" que *tal vez* exista y que *tal vez* esté dispuesto a ayudarle y orientarle. Sigue experimentando—en este caso, rezando—durante mucho tiempo. Sigue tratando de comportarse como el científico, el experimentador que nunca debe rendirse mientras tan solo haya la menor posibilidad de éxito.

A medida que persiste en el experimento de rezar, empieza a apuntar los resultados. Si persevera, es casi seguro que encontrará mayor serenidad, mayor tolerancia, menos temor y menos ira. Llegará a tener un valor tranquilo, del tipo que no le produce ninguna tensión. Puede ver los llamados fracasos y éxitos por lo que realmente son. Los problemas y las calamidades empezarán a cobrar el significado de instrucción, en lugar de destrucción. Se sentirá más libre y más cuerdo. Se volverá risible la idea de que, por autosugestión, pueda haber estado hipnotizándose a sí mismo. Tendrá un sentimiento cada vez más intenso del camino que ha de seguir y de la meta que ha de perseguir. Empezarán a esfumarse sus tensiones e inquietudes. Es probable que vaya mejorando su salud física. Empezarán a sucederle cosas maravillosas e inexplicables. Inexplicablemente, mejorarán las relaciones retorcidas dentro de su ámbito familiar y con el mundo exterior.

Incluso si le suceden muy pocas de estas cosas, se encontrará no obstante en posesión de grandes dádivas. Al encontrarse en circunstancias difíciles, puede enfrentarse a ellas y aceptarlas. Ahora puede aceptarse a sí mismo y al mundo a su alrededor. Puede hacerlo porque ahora acepta un Dios que lo es Todo— y que ama a todos. Cuando dice, "Padre nuestro que estás en los cielos, santificado sea Tu nombre," nuestro amigo, plena y humildemente, lo dice con toda sinceridad. Al meditar y verse así liberado del mundanal ruido, sabe que está en las manos de Dios; que tiene asegurado su propio destino, aquí y en el más allá.

Un eminente teólogo dijo en una ocasión: "Los principales críticos de la oración son aquellos que nunca la han probado lo suficiente." Este es un buen consejo, un buen consejo que yo mismo trato de seguir y tomarme cada vez más en serio. Hace tiempo que muchos AA han venido intentando establecer un mejor contacto consciente con Dios, y confío en que muchos más de nosotros pronto nos uniremos a esta gente tan sabia.

Acabo de releer el capítulo que trata del Undécimo Paso en nuestro libro *Doce Pasos y Doce Tradiciones,* el cual fue escrito hace casi cinco años Me quedé asombrado al darme cuenta del poco tiempo que yo había dedicado a seguir mi propio consejo elemental referente a la meditación, la oración y la orientación— cosas que tan entusiásticamente yo había recomendado hacer a todo el mundo.

Es probable que no me encuentre solo, ni mucho menos, en esta falta de aplicación. Pero sé que este descuido puede hacer que nos perdamos las mejores experiencias de la vida, un descuido que puede retrasar seriamente el desarrollo que Dios espera que logremos aquí en la tierra; aquí, en este día espléndido en la escuela, en la primera de las muchas moradas de nuestro Padre.

El Lenguaje del Corazón

Julio de 1960*

El taller donde trabajo está situado en una colina detrás de nuestra casa. Al mirar al valle, puedo ver la casa comunitaria del pueblo en la que se reúne nuestro grupo local. Más allá de la línea del horizonte se encuentra el universo de AA: ocho mil grupos, un cuarto de millón de los nuestros. ¿Cómo llegó AA a ser lo que es en 25 años? Y desde aquí, ¿adónde vamos?

A menudo, puedo sentir el significado profundo del fenómeno de Alcohólicos Anónimos, pero no puedo ni siquiera empezar a comprenderlo. Por ejemplo, ¿por qué, en este preciso punto de la historia, ha decidido Dios comunicar a tantos de nosotros su gracia sanadora?

* *Del libro del Grapevine* AA Today, *publicado con motivo de la celebración del vigésimo quinto aniversario de AA.*

¿Quién puede decir lo que esta comunicación—tan misteriosa y tan práctica—realmente es? No nos es posible darnos cuenta sino de una parte de lo que hemos recibido, y de lo que ha significado para cada uno de nosotros.

Se me ocurre que todo aspecto de este desenvolvimiento global puede relacionarse con una sola palabra esencial. Esta palabra es comunicación. La comunicación que hemos tenido entre nosotros, con el mundo alrededor nuestro y con Dios, nos ha salvado la vida.

Desde el mismo comienzo, la comunicación en AA no ha sido una mera transmisión de ideas y actitudes útiles. Ha sido una comunicación extraordinaria y a veces singular. Debido a la afinidad que tenemos por nuestro sufrimiento común, y debido a que los medios comunes de nuestra liberación sólo nos dan resultados cuando los compartimos constantemente con otros, nuestras vías de comunicación siempre han estado cargadas del *lenguaje del corazón*. Y, ¿qué significa esto? A ver si les puedo comunicar algo de lo que significa para mí.

Enseguida me acuerdo de mi médico, William Duncan Silkworth, y de cómo él, durante los últimos años angustiosos de mi alcoholismo, me atendía utilizando el lenguaje del corazón. En el amor estaba su poder mágico, y por el amor logró obrar este milagro: comunicar a la mente borrosa del borracho el hecho de que se encontraba en la presencia de alguien que lo comprendía, y que se preocupaba cariñosamente y sin límite por su bienestar. Era un hombre que gustosamente nos acompañaba andando por el trecho más empinado y rocoso de nuestro camino y, si fuera necesario (como a menudo lo era), incluso hasta el fin del camino. En aquel entonces, ya había intentado ayudar a más de veinte mil borrachos y, en casi todos los casos, había fracasado. Solamente en unas raras ocasiones, en esta experiencia lúgubre de futilidad, brilló la luz de una auténtica recuperación. La gente se preguntaba a sí misma cómo él podía perseverar, cómo podía seguir creyendo en la posibilidad de ayudar a los alcohólicos crónicos. No obstante, seguía creyendo, con una fe que nunca vacilaba. Seguía diciendo, "Un día encontraremos la solución."

Ya se había formado algunas ideas con respecto a lo que les afectaba a los borrachos: Tenían una *obsesión* por beber, una auténtica locura destructora. Al observar que los cuerpos de los borrachos ya no podían aguantar el alcohol, el doctor llamaba esta condición una *alergia*. Su obsesión les hacía beber, y su alergia servía como garantía de que se volverían locos o morirían si siguieran bebiendo. Aquí, formulado en términos modernos, teníamos el dilema perenne del alcohólico. El doctor sabía que la única solución se encontraba en la abstinencia total. Pero, ¿cómo lograrla? Si pudiera conocer y comprender mejor a los borrachos y así identificarse mejor con ellos, tal vez el mensaje informativo que tenía que comunicarles podría llegar a esas extrañas cavernas de la mente en las que estaba arraigada la ciega obsesión por beber.

Así perseguía sus trabajos el médico diminuto que amaba a los borrachos, siempre con la esperanza de que su próximo caso le revelaría, de alguna que otra forma, una nueva parte de la solución. Cuando llegué a su consulta, sus más recientes conceptos y métodos habían empezado a dar unos resultados ligeramente más prometedores. Por lo tanto, se sentía alentado y se puso a atacar mi caso con el entusiasmo y optimismo de un médico joven ante su primer caso crítico. Me dijo lo infernal que era la enfermedad del alcoholismo y por qué. No me prometió nada y no intentó ocultarme el muy bajo índice de recuperación. Por primera vez, vi y sentí mi problema en toda su gravedad. También por primera vez, descubrí que era un hombre enfermo, emocional y físicamente. Como todos los AA saben hoy día, este descubrimiento puede deparanos un tremendo alivio. Ya no tenía que considerarme como esencialmente un tonto o un pusilánime.

Esta nueva revelación, más el relato que me contó el médico de unas cuantas de sus buenas recuperaciones, produjeron en mí una oleada de esperanza. Pero sobre todo, mi confianza estaba basada en la comprensión, el interés y el afecto que él tan generosamente me mostraba. Ya no estaba solo con mi problema. El y yo, juntos, podíamos trabajar para remediarlo. A pesar de unas recaídas bastante descorazonadoras, durante mucho tiempo yo creía sinceramente que podíamos hacerlo. Y él lo creía también.

Pero al fin llegó la hora en que él se dio cuenta de que yo no iba a figurar entre sus afortunadas excepciones. El iba a tener que acompañarme a mí y a mi esposa, Lois, mientras atravesáramos ese último tramo de mi camino alcohólico. Muy característicamente, encontró el valor para decirnos, comedida y francamente, la pura verdad. Ni por mis recursos, ni con la ayuda de los suyos, ni por otro medio que él supiera, yo no podría dejar de beber; en un espacio de un año, tal vez, me tendrían confinado en un manicomio, o yo habría sufrido unas graves lesiones cerebrales o estaría muerto.

Si otro ser humano me hubiera pronunciado ese veredicto, yo no podría haberlo aceptado. Ya que él me lo había dicho todo hablando el lenguaje del corazón, yo podía reconocer la verdad que me había expuesto. Pero era una verdad espantosa y desesperada. Me habló en nombre de la ciencia, a la cual yo tenía un profundo respeto; y parecía que la ciencia me había condenado. ¿Quién sino él pudiera haberme convencido de este principio indispensable del que depende toda recuperación? Tengo graves dudas de que otra persona pudiera haberlo hecho.

Hoy en día, todo miembro de AA inculca en cada uno de sus ahijados exactamente lo que el Dr. Silkworth logró infundir tan contundentemente en mí. Sabemos que es necesario que el recién llegado haya tocado su fondo; si no, no podemos esperar ver grandes resultados. Debido a que somos "borrachos que le comprendemos," podemos valernos de ese cascanueces de obsesión-más-alergia como un instrumento de suficiente potencia como para aniquilar su ego a fondo. Unicamente así el quedará convencido de que, contando con sus propios recursos, sin ninguna otra ayuda, tiene una muy escasa posibilidad, o ninguna, de sobrevivir.

Me encontraba precisamente en este estado de colapso interno cuando, en noviembre de 1934, tuve la visita de Ebby, un viejo amigo mío, un alcohólico, y mi futuro padrino. ¿Por qué le era posible comunicarse conmigo en áreas que ni siquiera el Dr. Silkworth podía tocar?

Pues, primero, yo ya sabía que él era un caso desahuciado—igual que yo. Ese mismo año, en fecha anterior, me había enterado de que él también era candidato para el manicomio. No obstante, le tenía allí frente a mí, sobrio y libre. Y su facultad de comunicación era ya tan impresionante que, en unos pocos minutos, podía convencerme de que se sentía sinceramente liberado de su obsesión por beber. Simbolizaba una cosa muy distinta de un mero intento de abstenerme a duras penas de la bebida. Así que me presentaba una especie de comunicación y de evidencia que ni siquiera el Dr. Silkworth podía ofrecerme. Era cuestión de *un alcohólico que estaba hablando con otro*. En esto estaba la verdadera esperanza.

Ebby me contó su historia, pintando cuidadosa y detalladamente sus experiencias de bebedor en los últimos años. Así me vinculaba aun más íntimamente con él. Sin sombra de duda, yo sabía que él había vivido en ese mundo extraño y desesperado en que yo me encontraba todavía. De esta manera logró establecer su *identificación* conmigo. De allí, según hablábamos, el canal de nuestra comunicación iba abriéndose hasta su total capacidad, y llegué a estar listo para escuchar su mensaje.

Y ¿cuál era este mensaje? Ya lo conocen todos los AA: la honradez con uno mismo, lo cual nos conduce a hacer, sin miedo, un inventario moral de nuestros defectos de carácter; la revelación a otro ser humano de estos defectos, los primeros pasos, humildes y vacilantes, que damos alejándonos de nuestro aislamiento y sentimiento de culpabilidad; la buena disposición para dirigirnos a aquellos a quienes hemos causado daño y hacer todas las enmiendas posibles. Se nos sugería que pusiéramos nuestras casas en orden, tanto el exterior como el interior; y entonces estábamos listos para dedicarnos a servir a otros, valiéndonos de la comprensión y del lenguaje del corazón, sin esperar ninguna recompensa ni provecho personal. Y entonces había esa actitud vital de depender de Dios, o de un poder superior.

Ninguna de las ideas de Ebby era realmente nueva. Yo ya las había oído todas. Pero por haberme sido comunicadas por su potente línea de transmisión, no las consideré como en otras circunstancias lo hubiera hecho, o sea, unas simples máximas tradicionales en cuanto a la manera de comportarse como un buen feligrés. Yo las veía como vivas verdades que me podrían *liberar tal como le habían liberado a él*. Ebby me podía tocar en lo más profundo.

Pero había un aspecto que me sentía todavía poco dispuesto a aceptar. No me podía tragar la idea de Dios, porque no podía creer que *hubiera* ningún Dios. Ebby me convenció instantáneamente de sus demás ideas, pero no de ésta. Aunque tenía que reconocer sus evidentes resultados, no podía compartir su fe.

Me había encontrado con un obstáculo con el que miles de AA principiantes se han tropezado desde entonces.

El mío era precisamente el tipo de obstáculo bien arraigado que hoy en día vemos a menudo en los recién llegados que dicen ser ateos o agnósticos. Su voluntad para no creer es aparentemente tan fuerte que prefieren hacer una cita segura con el sepulturero a ir, con la mente abierta, en una búsqueda empírica de Dios. Afortunadamente para mí y para la mayoría de la gente como yo que desde entonces se han unido a AA, las fuerzas constructivas que entran en juego en nuestra Comunidad casi siempre han logrado superar esta colosal obstinación. Totalmente derrotados por el alcohol, teniendo ante nuestros ojos una prueba patente de la liberación, y rodeados de quienes pueden hablarnos en el lenguaje del corazón, finalmente nos hemos rendido. Y luego, paradójicamente, nos hemos encontrado en una nueva dimensión, el mundo real del espíritu y de la fe. Con suficiente buena voluntad, con suficiente amplitud de mente—y allí lo tenemos.

Cuando finalmente me llegó la hora de abrir la mente y rendirme, el nuevo mundo del espíritu me sobrevino como un relámpago abrumador de convicción y poder. Y como consecuencia, a pesar de los altibajos que he sufrido desde entonces, me he visto liberado de la obsesión y siempre han quedado conmigo la fe en Dios y la conciencia de su presencia. La dádiva de la fe se convirtió inmediatamente en parte integrante de mi ser. Mi orgullo había pagado un precio muy alto. Desesperado, grité, "Ahora estoy dispuesto a hacer cualquier cosa. Si hay un Dios, ¡que se manifieste!" Y lo hizo. Este fue mi primer contacto consciente, mi primer despertar. Pedí de todo corazón, y recibí.

Con esta revelación me vino la visión de una posible reacción en cadena, de un alcohólico que hablara con otro y éste con otro y así en una serie sin fin. Estaba convencido de que podía dar a mis compañeros alcohólicos lo que Ebby me había dado a mí, y durante los meses siguientes traté de pasar el mensaje. Pero nadie logró la sobriedad, y esta experiencia me enseñó una magnífica lección: iba aprendiendo penosamente la *forma de no comunicarme.* Por verídicas que fueran las palabras de mi mensaje, no podría haber ninguna comunicación profunda si lo que yo decía y hacía iba teñido de soberbia, arrogancia, intolerancia, resentimiento, imprudencia o un deseo de reconocimiento personal—aunque apenas era consciente de estas actitudes.

Sin darme cuenta, había caído muy pesadamente en estos errores. Mi experiencia espiritual había sido tan súbita, tan resplandeciente, y tan poderosa que había empezado a estar convencido de que yo estaba destinado a curar a casi todos los borrachos del mundo. Esto era soberbia. Seguía machacando el tema de mi despertar místico, y mis candidatos se sentían repelidos sin excepción.

Esto era imprudencia. Empecé a insistir que todo borracho debería experimentar una "euforia luminosa" parecida a la mía. Hice caso omiso del hecho de que Dios se manifiesta al hombre de muchas maneras. En efecto, había empezado a decir a mis candidatos, "Tienes que ser como yo, creer como creo yo, y hacer lo que hago yo." Esta era la clase de arrogancia inconsciente que ningún borracho puede soportar. Empecé a subrayar descaradamente los pecados de mis candidatos (principalmente los pecados que yo creía no tener), y los candidatos se enojaron, y yo también. Cuando se emborrachaban, me ponía airado. Y esto era nuevamente el orgullo herido.

Mis nuevos amigos del Grupo Oxford (el grupo religioso en el que Ebby logró su primera recuperación, pero no la definitiva) se oponían a la idea de que el alcoholismo fuera una enfermedad, así que yo tenía que dejar de hablar sobre el concepto de alergia-más-obsesión. Yo quería la aprobación de estos nuevos amigos y, por tratar de ser humilde y útil, no era ni lo uno ni lo otro. Poco a poco, llegué a darme cuenta, como lo hace la mayoría de nosotros, de que cuando el ego se pone en medio, bloquea la comunicación.

Necesitaba otra fuerte dosis de desinflamiento, y la obtuve. Me di repentina cuenta de que, durante seis meses, había fracasado completamente. Entonces, el Dr. Silkworth me dio este brusco consejo: "Deja de predicar, deja de machacar el tema de tu inusitada experiencia espiritual. Cuenta tu propia historia. Infunde en esos borrachos lo desahuciado que es el alcoholismo desde el punto de vista médico. Ablándalos primero. *Luego,* tal vez aceptarán lo que realmente quieres decirles. Has puesto el carro delante del caballo."

Mi encuentro con el Dr. Bob en Akron fue la primera vez que logré compenetrarme con éxito con otro alcohólico. Seguí al pie de la letra el consejo del Dr. Silkworth. El Dr. Bob no tenía necesidad de instrucción espiritual. De eso, él ya tenía mucho más que yo. Lo que sí necesitaba era un desinflamiento a fondo y la comprensión que solo un alcohólico puede darle a otro. Lo que yo necesitaba era la suficiente humildad para olvidarme de mí mismo y una relación con un ser humano afín. Doy gracias a Dios por habérmelo concedido.

Una de las primeras ideas que el Dr. Bob y yo compartimos fue que la verdadera comunicación debe basarse en la necesidad mutua. Nunca deberíamos hablar a nadie con tono condescendiente, muchos menos a un compañero alcohólico. Nos dimos cuenta de que todo padrino debería humildemente reconocer sus propias necesidades tan claramente como las de su ahijado. En esto estaba la base del Paso Doce de AA para la recuperación, el Paso en el que llevamos el mensaje.

Nuestra siguiente aventura en la comunicación fue el libro *Alcohólicos Anónimos*. Tras cuatro año de arduos esfuerzos, habíamos establecido tres pequeños grupos y producido menos de cien recuperaciones. Sabíamos que podíamos comunicarnos cara-a-cara. Pero era un proceso muy lento. Mientras preparábamos el libro, todos nos preguntábamos, "¿Se podría llevar el mensaje por medio de la palabra escrita?" ¿Podría el libro hablar el lenguaje del corazón al borracho que lo leyera? No sabíamos; simplemente esperábamos que así fuera. Pero ahora sí lo sabemos.

Alcohólicos Anónimos se publicó por primera vez en 1939. En aquella época, había cien borrachos que se habían recuperado en AA. Y solo en los Estados Unidos había cinco millones de alcohólicos y familiares suyos que nunca habían oído hablar de Alcohólicos Anónimos. En otras partes del mundo tal vez había otros veinte millones de alcohólicos. ¿Cómo íbamos a comunicar las buenas nuevas aunque sólo fuera a una pequeña fracción de todos ellos? Ahora teníamos un libro acerca de AA, pero casi nadie fuera de la Comunidad sabía de su existencia.

Llegó a ser evidente que tendríamos que contar con la ayuda de la prensa y de la radio, que necesitaríamos recurrir a todos los medios de comunicación posibles. ¿Se interesarían esta agencias en ayudarnos? ¿Se mostrarían amistosos? ¿Les sería posible presentar una imagen verdadera de AA al alcohólico, su familia y sus amigos?

La respuesta resultó ser afirmativa. En el otoño de 1939, Elrick Davis, un excelente periodista, escribió una serie de artículos sobre nosotros en el *Plain Dealer* de Cleveland. Estos artículos describían con suma agudeza lo que AA es y lo que puede hacer, y a los pocos días, *varios centenares* de borrachos y familiares inundaron con súplicas de ayuda el pequeño grupo de AA de Cleveland. El año siguiente, Jack Alexander escribió su famoso artículo sobre Alcohólicos Anónimos que apareció en 1941 en el *Saturday Evening Post*. Y por vez primera vimos lo que la comunicación en el lenguaje del corazón podía significar a escala nacional.

El impacto de este artículo en los alcohólicos de los Estados Unidos, en sus familiares y en el público en general fue tremendo. Enseguida nos llegó una avalancha de llamadas para obtener información y ayuda—no cientos, sino miles. Nos quedamos estupefactos. Estaba claro que nuestro mensaje de recuperación se podía transmitir a todo el país—si hacíamos lo que nos correspondía hacer.

Al entrar nuestra Comunidad en su período de crecimiento rápido, las Tradiciones de AA fueron tomando forma gradualmente. Las Doce Tradiciones comunican nuestros principios de unidad así como los Doce Pasos comunican nuestros principios de recuperación. Las Tradiciones exponen la mejor forma en que un miembro de AA se puede relacionar con su grupo, el grupo con otros grupos, y AA en su totalidad con el mundo a nuestro alrededor. Exponen lo que significa ser miembro de AA; muestran la experiencia de AA en asuntos de autoridad y dinero; nos advierten de los peligros de las alianzas comprometedoras, del profesionalismo, y de nuestros muy naturales deseos personales de reconocimiento público. Las Doce Tradiciones fueron evolucionando lentamente durante una época en la que una publicidad a gran escala estaba fomentado la proliferación de nuevos grupos a un ritmo vertiginoso. En aquellos días, multitud de egos ávidos de poder corrían desbocados entre nosotros, y en esta estrepitosa anarquía que amenazaba durante un tiempo con llevarnos al colapso, las Tradiciones sirvieron finalmente para conducirnos al orden, a la cohesión y al funcionamiento eficaz.

Las Tradiciones no son reglas, ni reglamentos, ni leyes. No se pueden imponer sanciones ni castigos a quienes las infringen. Tal vez estos principios no se puedan aplicar con éxito en ningún otro sector de la sociedad. No obstante, en esta Comunidad de alcohólicos, estas Tradiciones, aunque no se puede forzar a nadie a cumplirlas, tienen una fuerza superior a la de la ley. Ya llevan varios años en existencia, y rara vez hemos visto una grave desviación. Los muy contados miembros que han insistido en hacer caso omiso de las Tradiciones no han inspirado a otros a seguir su ejemplo. Obedecemos nuestras Tradiciones gustosamente porque son necesarias para la supervivencia de AA. Las obedecemos porque debemos y porque queremos. Tal vez el secreto de su poder radica en el hecho de que estas comunicaciones vivificadoras brotan de la experiencia concreta y tienen sus raíces en el sacrificio y el amor.

Ya en los primeros días de AA, empezamos a darnos cuenta de que la afinidad que teníamos por haber sufrido del alcoholismo agudo no era suficiente de por sí. Nos dimos cuenta de que, para superar ciertas barreras, nuestros canales de comunicación tenían que ampliarse y profundizarse. Por ejemplo, casi todos los primeros miembros de AA eran casos de lo que hoy llamamos bajo fondo o "últimas boqueadas". Cuando empezaron a llegar los casos de alto fondo o ligeramente afligidos, solían decirnos, "Pero nunca estuvimos en la cárcel. Nunca estuvimos en manicomios. Nunca hicimos esas cosas espantosas que ustedes cuentan. Tal vez AA no es para gente como nosotros."

Durante varios años, los veteranos simplemente no podíamos comunicarnos con estos compañeros. Luego, de la mucha experiencia surgió una nueva manera de abordarlos. A cada nuevo caso de alto fondo, le recalcábamos la opinión médica de que el alcoholismo es una enfermedad mortal y *progresiva*. Al hablarles, nos concentrábamos en las primeras etapas de nuestras carreras de bebedores. Recordábamos lo convencidos que estábamos de "poder controlarnos la próxima vez" que nos tomáramos unos tragos. O de que nuestra forma de beber era la culpa de unas circunstancias desafortunadas o del comportamiento de otra gente.

Luego, llevábamos al candidato por un recorrido de aquellos episodios de nuestras historias que demostraban lo insidioso e irresistible que es el progreso de la enfermedad. Le indicábamos cómo, años antes de que nos diéramos cuenta, ya habíamos sobrepasado el punto del que no podíamos volver atrás contando solo con nuestras propias fuerzas y nuestra propia voluntad. Seguíamos destacando lo acertados que estaban los médicos en su evaluación de esta enfermedad.

Lenta pero seguramente, esta estrategia empezaba a dar resultados. Los de bajo fondo empezaron a comunicarse en profundidad con los de alto fondo. Y los de alto fondo empezaron a hablar entre sí. Cuando los AA de cualquier localidad recibían en su grupo a los borrachos de alto fondo, el progreso con estos compañeros, aun si fueran muy pocos, resultaba mucho más fácil y rápido. Es probable que casi la mitad de los miembros actuales de AA se hayan librado de los últimos cinco, diez, o incluso quince años de puro infierno que nosotros los de bajo fondo conocemos tan bien.

Al principio, pasaron cuatro años antes de que AA llevara la sobriedad permanente tan solo a una mujer alcohólica. Como los del alto fondo, las mujeres también decían que eran diferentes. No obstante, al irse perfeccionando la comunicación, debido principalmente a los esfuerzos de las mismas mujeres, la situación fue cambiando. Hoy día, nuestras hermanas de AA se puedan contar por millares.

El borracho de los barrios perdidos decía que era diferente. Se oía decir lo mismo aun más estridentemente al mundano (el beodo de la alta sociedad). Lo mismo decían los artistas, los profesionales, los ricos, los pobres, la gente religiosa, los agnósticos, los indios, los esquimales, los soldados veteranos y los presos. Pero eso era hace ya muchos años. Hoy día, todos ellos hablan de lo mucho que nos parecemos a fin de cuentas, nosotros los alcohólicos.

En 1950, aún quedaba sin respuesta la siguiente pregunta importante: ¿Podríamos comunicar nuestro mensaje a países extranjeros? ¿Podría AA superar las barreras de raza, de idioma, de religión, de cultura y de guerra? ¿Podríamos comunicarnos con los noruegos, los suecos, los daneses y los finlandeses? ¿Y con los holandeses, los alemanes, los franceses, los ingleses, los escoceses y los israelitas? ¿Y con los africanos, los bóers, los australianos, los latinos, los japoneses, los hindúes y los musulmanes?

Esto era lo que nos preguntábamos Lois y yo según nos dirigíamos aquel año a Europa y a Gran Bretaña para verlo nosotros mismos. En cuanto desembarcamos en Noruega, *supimos que AA podría llegar y llegaría a todas partes*. No entendíamos ni una palabra de noruego. Para nosotros, tanto los paisajes como las costumbres eran nuevos y extraños. Sin embargo, desde el primer instante había una comunicación maravillosa. Había una increíble sensación de unidad, de estar completamente en casa. Los noruegos eran de los nuestros. Noruega también era nuestro país. Ellos tenían los mismos sentimientos para con nosotros. Esto se podía ver en sus caras.

A medida que íbamos viajando de país en país, se iba repitiendo una y otra vez esta magnífica aventura de compenetración y afinidad. En Gran Bretaña, nos encontramos con el más extraordinario amor y comprensión. En Irlanda, estábamos en perfecta armonía con los irlandeses. Por todas partes, era lo mismo. Era algo mucho más importante que un cordial encuentro entre personas. No era un mero intercambio interesante de experiencias y esperanzas

comunes. Era mucho más: era la comunicación de corazón a corazón con
admiración, con alegría y con gratitud eterna. Lois y yo supimos entonces que
AA podría dar la vuelta al globo—y así lo ha hecho.

Dios como nosotros lo concebimos: el dilema de la incredulidad

Abril de 1961

La frase "Dios como nosotros Lo concebimos" es tal vez la expresión más
importante que se encuentra en el vocabulario de AA. Estas cinco significativas palabras tienen un alcance tal que en ellas se puede incluir todo tipo y
grado de fe, junto con la seguridad absoluta de que cada uno de nosotros puede
escoger la suya propia. De apenas menos valor para nosotros son las expresiones
complementarias—"un poder superior" y "un poder superior a nosotros mismos." Para todos los que rechazan la idea de un dios o que ponen seriamente en
duda la existencia de una deidad, estas palabras enmarcan una puerta abierta por
cuyo umbral el incrédulo puede dar fácilmente su primer paso hacia una
realidad hasta ahora desconocida para él—el reino de la fe.

En AA tales adelantos ocurren todos los días. Son todavía más extraordinarios si tenemos en cuenta que tal vez para la mitad de nuestros 300,000
miembros actuales una fe efectiva parecía ser en una época una imposibilidad
de primera magnitud. Todos estos escépticos han hecho un gran descubrimiento: en cuanto pudieron depender principalmente de un "poder superior"—
aunque fuera su propio grupo de AA—salieron de esa curva sin visibilidad que
siempre les había impedido ver la autopista. A partir de ese momento—
suponiendo que se hubieran esforzado por practicar el resto del programa de AA
con una mente abierta y tranquila—una fe cada vez más amplia y profunda, una
auténtica dádiva, invariablemente había hecho su a veces inesperada y a
menudo misteriosa aparición.

Es de lamentar que legiones de alcohólicos del mundo alrededor nuestro
desconozcan estas realidades de la vida de AA. Tantos de ellos se encuentran
obsesionados por la tétrica convicción de que, si apenas se acercan a AA, se
verán presionados a someterse a algún tipo determinado de fe o teología. No se
dan cuenta de que, para ser miembro de AA, no se exige nunca ninguna
confesión de fe; que se puede lograr la sobriedad con un mínimo de fe, muy fácil
de aceptar; y que nuestras ideas de un poder superior y de Dios como nosotros
Lo concebimos les deparan a todos la oportunidad de elegir entre una variedad
casi ilimitada de creencias y acciones espirituales.

En cuanto a la comunicación, uno de nuestros problemas más urgentes y estimulantes es, cómo transmitir estas buenas nuevas; y tal vez, para este problema no haya una solución fácil y definitiva. Nuestros servicios de información pública quizás podrían empezar a destacar aun más enfáticamente este aspecto tan importante de AA. Y dentro de nuestras filas, puede que nos valga cultivar una conciencia más compasiva del aislamiento y de la desesperación de esta gente enferma. Para acudir en su ayuda, no debemos contentarnos con menos que la mejor actitud posible, ni con ningún esfuerzo sino el más diestro que podamos ingeniar.

También podemos volver a considerar el problema de la "falta de fe" tal como se nos presenta en nuestro portal. Aunque 300,000 se han recuperado en el curso de los pasados 25 años, otros 500,000 han cruzado el umbral de nuestra Comunidad solo para dar la vuelta después y apartarse de nosotros. Algunos, sin duda, ya estaban demasiado enfermos incluso para comenzar. Otros no pudieron o no quisieron admitir que eran alcohólicos. Otros más no podían hacer frente a sus subyacentes defectos de personalidad. Muchos se alejaron por otras razones.

No obstante, de poco nos serviría echar la culpa completa por todas estas malogradas recuperaciones a los mismos recién llegados. Es posible que muchos de ellos no disfrutaran de la calidad y cantidad de apadrinamiento que tan urgentemente necesitaban. No nos comunicábamos con ellos cuando teníamos la oportunidad de hacerlo. Así les fallamos nosotros. Tal vez con más frecuencia de la que creamos, seguimos sin comunicarnos en profundidad con aquellos que se encuentran angustiados ante el dilema de la incredulidad.

No hay nadie más sensible a la arrogancia espiritual, a la soberbia y a la agresividad que estas personas, y no cabe duda de que nosotros olvidamos demasiado a menudo que lo son. Durante los primeros años de AA, casi logré arruinar la empresa total con esta especie de arrogancia inconsciente. Dios como *yo* Lo concebía *tendría* que ser así para todos. A veces, mi agresividad era sutil, y otras veces muy ruda. Pero de cualquier forma, era injuriosa—y tal vez letal— para numerosos incrédulos. Huelga decir que estas actitudes no se manifiestan únicamente en el trabajo de Paso Doce. Es muy probable que vayan infiltrándose en nuestras relaciones con todo el mundo. Hoy todavía, me veo en ocasiones cantando ese mismo refrán obstaculizador: "Haz lo que *yo* hago, cree lo que *yo* creo, si no…"

El relato que cuento a continuación nos ilustra lo cara que nos resulta la soberbia espiritual. Un candidato de opiniones bastante arraigadas llegó acompañado a su primera reunión de AA. El primer orador se enfocaba en sus propias costumbres de bebedor, y parecía haberle causado al candidato una gran impresión. Los dos siguientes oradores [o quizás conferencistas] iban dilatándose sobre el tema "Dios como *yo* Lo concibo." Sus charlas podrían haber tenido buen efecto, pero no lo tuvieron en absoluto. El problema estaba en su actitud, en la forma en que presentaban sus experiencias. Rezumaban soberbia. De hecho, el último en hablar se pasó de la raya hablando de sus convicciones teológicas personales. Con perfecta fidelidad, ambos estaban haciendo eco de mis actitudes de los años anteriores. Implícita en todo lo que decían—sobreentendida—estaba la idea: "*Escúchenos. Nosotros* tenemos la única verdadera versión de AA—y más vale que ustedes nos emulen."

El principiante dijo que no podía aguantar más—y no pudo. Su padrino trató de explicarle que AA no era realmente así. Pero ya era tarde; después de esa experiencia, nadie podía llegarle al corazón. Además, tenía un pretexto de primera categoría para irse de borrachera. Según las últimas noticias que tuvimos de él, parecía tener una cita prematura con la muerte.

Afortunadamente, hoy en día rara vez vemos tal descarada agresividad en nombre de la espiritualidad. No obstante, podemos sacar algún provecho de este triste episodio. Podemos preguntarnos si, en formas menos obvias pero igualmente destructoras, no somos más propensos de lo que creemos a arranques de soberbia espiritual. Esta clase de autoexamen, si nos aplicamos diligentemente a hacerlo, podría sernos aun más provechoso. Nada podría aumentar con mayor seguridad la comunicación entre nosotros mismos y con Dios.

Hace muchos años, un llamado incrédulo consiguió que yo me diera muy clara cuenta de esto. Era médico, y un buen médico. Conocí a él y a su mujer, María, en casa de un amigo mío en un pueblo de la zona central del país. Nos encontramos en una velada puramente social. Mi único tema era nuestra Comunidad de alcohólicos, y yo estaba casi monopolizando la conversación. No obstante, el doctor y su dama parecían estar sinceramente interesados, y él me hizo muchas preguntas. Una de estas preguntas me suscitó la sospecha de que era agnóstico, o tal vez ateo.

Esta sospecha me sirvió de impulso, y me puse a convertirlo en ese mismo momento. Con suma gravedad, yo alardeaba de mi dramática experiencia espiritual del año pasado. El médico muy afablemente me preguntó si tal vez esa experiencia no pudiera haber sido algo distinto de lo que yo creía. Este comentario me hirió y estuve muy descortés con él. No me había hecho ninguna provocación; al contrario, el doctor era un hombre muy caballeroso, de buen humor, e incluso respetuoso. Me dijo, con aire pensativo, que a menudo le habría gustado tener una fe tan firme como la mía. Pero estaba muy claro que yo no había logrado convencerle de nada.

Tres años más tarde, volví a visitar a mi amigo de la zona central. Un día, María, la esposa del médico, nos hizo una visita y me enteré de que su marido se había muerto la semana anterior. Muy conmovida, María empezó a hablar de él.

Hijo de una distinguida familia de Boston, se había graduado en la Universidad Harvard. Terminó sus estudios con brillantez y podría haber llegado a ser un médico renombrado. Podría haber tenido una carrera muy lucrativa, y disfrutado de una vida social entre viejas amistades. En lugar de seguir este curso, se empeñó en trabajar como médico de una empresa situada en una ciudad industrial desgarrada por conflictos sociales. Cuando María de vez en cuando le preguntaba por qué no volvían a vivir en Boston, solía cogerle de la mano y decir, "Tal vez tienes razón, pero no puedo convencerme de salir de aquí. Creo que la gente de la compañía realmente me necesita."

María nos contó que no podía acordarse de haber oído a su esposo quejarse seriamente de nada, ni criticar amargamente a nadie. Aunque parecía encontrarse perfectamente bien, el doctor había bajado su ritmo durante los últimos cinco años. Cuando María le animaba a salir por las tardes, o trataba de conseguir que llegara a tiempo a la oficina, él siempre respondía con alguna excusa válida y afable. Sólo cuando él cayó súbita y mortalmente enfermo, ella llegó a enterarse de que durante todo ese tiempo había padecido de un mal cardíaco que le hubiera podido matar en cualquier momento. Con excepción de un solo médico de su equipo, nadie tenía ni idea. Cuando ella se lo reprochó, él dijo simplemente, "No podía ver para qué serviría hacer que la gente se preocupara por mí—especialmente tú, querida."

Esta es la historia de un hombre de gran valor espiritual. Se pueden ver claramente sus atributos: el humor y la paciencia, la amabilidad y el valor, la humildad y la dedicación, la generosidad y el amor—un ejemplo al que yo tal vez nunca podré ni siquiera aproximarme. Este era el hombre a quien yo había reprendido y tratado con condescendencia. Este era el "incrédulo" que yo había pretendido instruir.

María nos contó esta historia hace más de veinte años. En ese momento, por primera vez, caí repentinamente en la cuenta de lo muerta que puede ser la fe— si no va acompañada de la responsabilidad. El doctor tenía una creencia inamovible en sus ideales. Pero también era un hombre humilde, sabio y responsable. De ahí su demostración ejemplar.

Mi propio despertar espiritual me dio una fe instantánea en Dios—una verdadera dádiva. Pero yo no había sido ni humilde ni sabio. Al alardear de mi fe, olvidé mis ideales. La soberbia y la irresponsabilidad los habían reemplazado. Al apartarme así de mi propia luz, tenía poco que ofrecer a mis compañeros alcohólicos. Por lo tanto, para ellos mi fe estaba muerta. Por fin, vi por qué muchos de ellos se habían apartado—algunos para siempre.

Por lo tanto, la fe es mucho más que nuestra más preciada dádiva; compartirla con otros es nuestra mayor responsabilidad. Que nosotros los AA busquemos continuamente la sabiduría y la buena voluntad que nos permitan cumplir con la obligación que el dador de todas las dádivas perfectas nos ha encomendado.

La humildad para hoy

Junio de 1961

Para nosotros los seres humanos la humildad absoluta es imposible. Lo mejor que podemos esperar es vislumbrar el significado y el resplandor de este perfecto ideal. Como dice nuestro libro *Alcohólicos Anónimos:* "No somos santos... lo que pretendemos es el progreso espiritual, no la perfección espiritual." Solo Dios puede manifestarse en lo absoluto; los seres humanos tenemos que vivir y desarrollarnos en el ámbito de lo relativo. Aspiramos conseguir la humildad para hoy.

Por lo tanto, nuestra pregunta es la siguiente: "¿Qué queremos decir exactamente con 'humildad para hoy,' y cómo sabemos que la hemos encontrado?"

Nadie tiene que recordarnos que la culpabilidad o la rebeldía excesivas conducen a la pobreza espiritual. Pero tardamos mucho en darnos cuenta de que el orgullo espiritual nos podría empobrecer aun más. Al vislumbrar por primera vez lo espiritualmente orgullosos que podíamos ser, acuñamos esta expresión: "¡No trates de mejorarte tanto para el jueves!" Esta vieja amonestación puede parecer otra más de aquellas coartadas convenientes que sirven para dispensarnos de hacer el mejor esfuerzo posible. Pero una mirada más detenida nos revela justamente lo contrario. Esta es la forma en que los AA nos advierten del peligro de la ceguera del orgullo, y de las perfecciones imaginarias que no poseemos.

Ahora que ya no frecuentamos más los bares y los burdeles; ahora que llevamos a casa nuestra paga; ahora que participamos activamente en AA; y ahora que la gente nos felicita por este progreso—naturalmente, empezamos a felicitarnos a nosotros mismos. Pero puede que todavía nos encontremos muy lejos de la humildad. Muy a menudo, aunque bien intencionado, he actuado mal, diciendo o pensando, "Yo tengo razón y tú no la tienes," "Mi plan es correcto, el tuyo equivocado," "Gracias a Dios que tus pecados no son los míos," "Estás perjudicando AA y te voy a parar en seco," "Cuento con la orientación de Dios, así que Dios está de mi lado." Y un sinfín de cosas similares.

Lo alarmante de la ceguera del orgullo es la facilidad con la que se puede justificar. Pero no tenemos que buscar muy lejos para encontrar evidencia de que esta engañosa especie de autojustificación es lo que universalmente destruye la armonía y el amor. Es lo que enemista a una persona con su semejante, una nación contra la otra. Valiéndonos de la autojustificación, podemos hacer que todo tipo de locura y violencia parezca buena e incluso respetable. Huelga decir que no nos corresponde a nosotros condenar. Lo único que tenemos que hacer es investigarnos a nosotros mismos.

Entonces, ¿qué podemos hacer para reducir cada vez más nuestra culpabilidad, nuestra rebeldía y nuestra soberbia?

Al hacer mi inventario de estos defectos, suelo hacerme un dibujo y contarme una historia. El dibujo es de mi Camino hacia la Humildad, y la historia es una alegoría. Por un lado de mi Camino, veo una gran ciénaga. Al borde del camino hay un pantano poco profundo que va descendiendo hacia una fangosa marisma de culpabilidad y rebeldía donde a menudo me he encontrado andando torpemente. Allí la autodestrucción tiende su emboscada, y lo sé. Pero al otro lado del camino, el paisaje me parece tener un aspecto bello. Veo un bosque con claros encantadores y, más allá, altas montañas. Las numerosas sendas que conducen a este país atractivo parecen seguras. Creo que será fácil volver a encontrar mi camino.

Junto con diversos amigos, decido dar un corto rodeo. Escogemos nuestra senda y, alegremente, nos lanzamos en nuestra excursión. Al poco tiempo, alguien dice con gran entusiasmo, "Tal vez en la cima de aquella montaña encontremos una mina de oro." Luego, para nuestro asombro, encontramos el oro—no en forma de pepitas de oro en los riachuelos, sino auténticas monedas de oro. En una cara de cada moneda dice: "Oro puro de 24 quilates." Nos decimos, aquí tenemos sin duda la recompensa por nuestro laborioso y paciente viaje por la nitidez perenne del Camino.

Sin embargo, al poco tiempo, al leer las palabras grabadas en la otra cara, empezamos a tener presentimientos extraños. Algunas llevan inscripciones muy atractivas. Dicen: "Soy el Poder," "Soy la Fama," Soy la Riqueza," "Soy la Rectitud." Pero otras nos parecen bastante curiosas. Por ejemplo: "Soy la Raza Dominante," "Soy el Benefactor," "Soy la Buena Causa," "Soy Dios." Todo esto nos parece enigmático. No obstante, nos las metemos en los bolsillos. Y luego, al leer otras más, nos viene el choque. Dicen: "Soy la Soberbia," "Soy la Venganza," "Soy la Desunión," "Soy el Caos." Y entonces, en una de estas monedas—en una sola—vemos grabado: "Soy el Diablo mismo." Algunos de nosotros, horrorizados, decimos a gritos, "¡Este oro y este paraíso no son sino pérfidas ilusiones—vámonos de aquí!"

Pero muchos no quisieron regresar con nosotros. Nos dijeron, "Quedémonos aquí. Podemos pasar estas malditas monedas por la criba. Seleccionaremos únicamente aquellas que lleven las inscripciones propicias. Por ejemplo, las que dicen, 'Poder,' y 'Gloria' y 'Rectitud.' Ustedes van a arrepentirse de haberse ido." No es de extrañar que esta sección de nuestra compañía tardara muchos años en volver al Camino.

Nos contaron la historia de aquellos que habían jurado no regresar jamás, los que habían dicho "estas monedas son de oro genuino, y no traten de convencernos de que no lo son. Vamos a acumular tanto como podamos. Claro que no nos gustan esas tontas inscripciones. Pero aquí hay mucha leña seca. Podemos montar una fundición y convertir las monedas en barras de oro." Y luego, nuestros compañeros, los últimos en volver, añadieron: "Así el oro de la Soberbia se apoderó de nuestros hermanos. Ya cuando nos fuimos, estaban peleando por sus lingotes. Algunos estaban heridos y unos cuantos muriendo. Habían empezado a destruirse unos a otros."

Este cuento alegórico me enseña claramente que puedo lograr la "humildad para hoy" únicamente en la medida en que evite la marisma de la culpabilidad y la rebeldía, y esa hermosa pero engañosa tierra donde se hallan desparramadas las monedas de la Soberbia. De esta manera, puedo encontrar y seguir andando por el Camino de la Humildad que se extiende entre la una y la otra. Por lo tanto, siempre es apropiado hacer un inventario que me puede indicar si me he desviado del camino.

Naturalmente, es muy probable que nuestras primeros intentos de hacer un inventario de esta manera resulten *poco realistas*. Yo era el campeón del autoanálisis poco realista. Solo quería considerar esos aspectos de mi vida que me parecían buenos, y luego, exageraba las virtudes que creía haber logrado y me felicitaba por el magnífico trabajo que estaba haciendo. Así, este espontáneo autoengaño siempre servía para convertir mis raros logros en graves impedimentos. Ese fascinante proceso siempre era muy agradable, y generaba en mí una tremenda avidez de mayores logros y más aplausos. Estaba recayendo en las viejas costumbres de mis días de bebedor. Tenía las mismas metas de antaño— el poder, la fama, y los aplausos. Además, podía valerme de la mejor excusa que se conoce—la excusa espiritual. Ya que tenía un verdadero objetivo espiritual, estas puras tonterías siempre me parecían apropiadas. No podía distinguir una moneda genuina de una falsa; y así iba dándome gato por liebre en plan espiritual, acumulando lingotes de oro ficticio. Siempre me arrepentiré de los daños que le causara a la gente alrededor mío. Todavía me estremezco al darme cuenta de lo que pudiera haber hecho a AA y a su futuro.

En aquel entonces, no me preocupaba mucho por esos aspectos de mi vida en los que me encontraba estancado. Siempre tenía la excusa. "Tengo otras cosas mucho más importantes a las que dedicarme." Con esto tenía mi receta casi ideal para la comodidad y la autosatisfacción.

Pero en ocasiones, me veía simplemente obligado a considerar ciertas situaciones en las que, a primera vista, todo me estaba marchando muy mal. En seguida surgía en mí una vehemente rebeldía y me lanzaba en una frenética búsqueda de excusas. " Estos," me decía, "son los pecadillos de un hombre recto." Cuando este artilugio predilecto ya no me sirvió más, me decía: "Si esa gente me tratara bien, no tendría que comportarme así." Y luego: "Dios sabe que sufro de *tremendas obsesiones*. Esta única no puedo superarla. Por lo tanto, *él* tendrá que liberarme." Finalmente llegó la hora en que clamé: "*Esto no lo haré, ni siquiera intentaré hacerlo.*" Naturalmente, mis conflictos seguían intensificándose porque tenía acumulado un montón de excusas y negativas.

Cuando estas dificultades finalmente me dejaron agotado, todavía me quedaba otra escapatoria. Me sumí en la marisma de la culpabilidad. Allí la soberbia y la rebeldía cedían paso a la depresión. Aunque había numerosas variaciones, mi tema principal era, "¡Qué mala persona soy!" Como la soberbia me había hecho magnificar mis humildes logros, así también la culpabilidad me hacía exagerar mis defectos. Iba corriendo por aquí y por acá, confesándolo todo (y mucho más) a quien me escuchara. Por extraño que parezca, creía que, al actuar así, estaba manifestando una gran humildad, y la consideraba como mi única y última virtud y consolación.

Al pasar por estos arranques de culpabilidad, yo nunca sentía la menor lástima legítima por los daños que había causado, ni tenía ninguna intención auténtica de hacer las enmiendas que pudiera. Nunca se me ocurrió la idea de pedirle a Dios que me perdonara, y aun menos, de perdonarme a mí mismo. Huelga decir que mi principal defecto—la soberbia y arrogancia espirituales— no se sometió a ningún análisis. Yo ya había ocultado la luz que me hubiera permitido verlo.

Hoy, creo que puedo percibir una clara conexión entre mi culpabilidad y mi soberbia. Ambas me servían para atraer la atención de la gente. En mi soberbia podía decir: "¡Mira lo magnífico que soy!" Sumido en la culpabilidad, lloraba, "Soy un hombre horrible." Por lo tanto, la culpabilidad es la otra cara de la moneda de la soberbia. La culpabilidad nos encamina a la autodestrucción, y la soberbia está encaminada a la destrucción de otra gente.

Esta es la razón por la que considero la humildad para hoy como una postura intermedia entre estos violentos extremos emocionales. Es un lugar tranquilo, donde puedo mantener suficiente equilibrio y una perspectiva suficientemente amplia como para dar el próximo corto paso en el camino claramente señalado que nos lleva a los valores eternos.

Son numerosos aquellos que han conocido trastornos emocionales más grandes que los míos. Y otros muchos, más ligeros. Pero todos nosotros los tenemos de vez en cuando. No creo que debamos lamentar estos conflictos. Parecen ser un ingrediente indispensable en el proceso de lograr la madurez, tanto emocional como espiritual. Constituyen la materia primordial con la que forjamos una parte sustancial de nuestro progreso.

Puede que alguien nos pregunte si AA no es más que un tumultuoso abismo de dolores y conflictos. La respuesta sería, "No lo es en absoluto." En alto grado, los AA hemos encontrado una tranquilidad. Aunque lentamente y a tropiezos, hemos logrado adquirir una humildad cada vez más grande, cuyos dividendos han sido la serenidad y la alegría auténticas. No damos tantos ni tan largos rodeos como antes.

Al comienzo de esta meditación, nos parecía que los ideales absolutos estaban fuera de nuestro alcance, e incluso que sobrepasaban los límites de nuestra comprensión; y que estaríamos, para nuestra desgracia, muy faltos de humildad si creyéramos que, en el corto plazo de nuestra estancia en la tierra, pudiéramos lograr siquiera una cosa parecida a la perfección espiritual. Tal presunción sería el colmo de la soberbia espiritual.

Mucha gente que razona así no quiere tener nada que ver con los valores espirituales absolutos. Dicen que los perfeccionistas, o rebosan de vanidad porque creen haber alcanzado algún objetivo imposible, o se sumen en el desprecio de sí mismos por no haberlo alcanzado.

Sin embargo, no creo que debamos ser de esta opinión. El que abusemos de los grandes ideales de vez en cuando, convirtiéndolos en pretextos superficiales para la culpabilidad, la rebeldía y la soberbia, no es culpa de los ideales en sí. Al contrario, pocos son los progresos que podemos hacer mientras no intentemos saber cuáles son los valores espirituales eternos. Según dice el Undécimo Paso del programa de recuperación: "Buscamos a través de la oración y la meditación mejorar nuestro contacto consciente con Dios, como nosotros lo concebimos, pidiéndole solamente que nos dejase conocer su voluntad para con nosotros y nos diese la fortaleza para cumplirla." Esto, sin duda, significa que debemos ver en la perfección divina una guía, y no una meta que nos sea posible alcanzar en un futuro previsible.

Por ejemplo, estoy convencido de que debo tratar de formular la mejor definición de la humildad que yo pueda imaginar. Esta definición no tiene que ser consumadamente perfecta—solo se me pide que lo intente. Por ejemplo, puedo elegir la siguiente: "La humildad perfecta sería un estado de total liberación de mí mismo, una liberación de todas las pesadas exigencias que ahora me imponen mis defectos de carácter. La humildad perfecta sería una plena disposición, a toda hora y en todo lugar, de saber y hacer la voluntad de Dios."

Al meditar sobre esta visión, no debo sentirme descorazonado ante la certeza de que nunca la alcanzaré, ni debo hincharme con la presunción de que algún día poseeré todas sus virtudes.

Lo único que debo hacer es contemplar esta imagen, y dejarla seguir creciendo y llenándome el corazón. Al haberlo hecho, puedo comparar el resultado con el de mi último inventario. Puedo formarme una idea sana y cuerda de dónde me encuentro en el Camino de la Humildad. Veo que apenas he empezado mi viaje hacia Dios. Al verme reducido así a mi justo tamaño y proporción, mi vanidad y engreída preocupación por mí mismo me parecen cosas de risa. Va creciendo la seguridad de que tengo un lugar en este Camino; de que puedo seguir avanzando con una tranquilidad y una confianza cada vez más profundas. Vuelvo a ver que Dios es bueno; a saber que no he de temer a ningún mal. Esta es una gran dádiva, esta certeza de que tengo un destino.

Según voy contemplando la perfección divina, me espera otro alegre hallazgo. De niño, al escuchar por primera vez una obra sinfónica, me sentía arrobado, transportado por sus indescriptibles armonías, aunque no tenía la menor idea de cómo ni de dónde venían. Hoy día, al escuchar la música sublime de las esferas celestes, vuelvo a oír aquellos acordes divinos que me recuerdan que el gran compositor me ama—y que yo le amo a él.

Este asunto de la honradez

Agosto de 1961

La cuestión de la honradez afecta casi todos los aspectos de nuestra vida. Tenemos, por ejemplo, los diversos fenómenos, muy generalizados y asombrosos, del autoengaño. Hay esas espantosas formas inconsideradas de decir la verdad que muy a menudo carecen de prudencia y amor. Luego tenemos esas incontables situaciones de la vida en las que únicamente servirá la pura honradez, aunque nos veamos gravemente tentados por el temor y la soberbia a contentarnos con medias verdades o negativas inexcusables.

Consideremos primero lo que el autoengaño puede hacer a la integridad de una persona.

Recuerdo muy bien el consuelo que me daba la exagerada creencia en mi propia honradez. Mis familiares de Nueva Inglaterra me habían inculcado lo sagrado que eran todos los compromisos y contratos de negocios. Recalcaban que "el hombre está obligado por su palabra." Me encantaba la historia de Abraham Lincoln en la que se cuenta que él un día caminó seis millas para devolver a una mujer pobre los seis centavos que le había cobrado de más en su tienda. Tras una formación tan rigurosa, siempre me ha resultado fácil ser honrado en los negocios. Incluso en Wall Street, donde me encontré años más tarde, nunca traté de engañar a nadie.

No obstante, este pequeño fragmento de virtud fácilmente adquirida produjo en mí algunos curiosos inconvenientes. Me sentía tan absurdamente orgulloso de mis principios de negocios que nunca perdía la oportunidad de expresar mi gran desdén por aquellos compañeros de Wall Street que eran propensos a estafar a sus clientes. Esta era una postura muy arrogante, pero el autoengaño que me causaba resultó ser aun peor. Mi preciada honradez en los negocios pronto se convirtió en una cómoda manta bajo la cual podía esconder los múltiples graves defectos que influían en otros aspectos de mi vida. Al estar tan seguro de esta única virtud, me era fácil concluir que las tenía todas. Durante muchos años, esto me impedía mirarme a mí mismo con plena sinceridad. Esto es un ejemplo muy común de la fabulosa capacidad de autoengaño que casi todos nosotros podemos mostrar en ocasiones. Además, el engaño a otros casi siempre tiene sus raíces en el engaño de nosotros mismos.

Para ilustrar esto más ampliamente, me vienen a la mente otros dos casos extremos. Uno nos muestra el autoengaño en una forma muy obvia—es decir, obvia para todos menos para la víctima. El otro nos presenta una forma de auto-engaño más sutil, de la que ningún ser humano se puede ver completamente libre.

Un buen amigo mío que había sido ladrón de cajas de caudales, me contó la siguiente historia reveladora: "Mira, Bill, yo solía creer que estaba haciendo mi propia revolución personal en contra de la sociedad. Podía imaginarme a todos los pobres del mundo despojando a los ricos. Esto parecía ser muy razonable. Después de todo, esos malditos ricos no querían compartir su riqueza. Las revoluciones que les despojaban de sus fortunas merecían sin duda un gran aplauso. Pero a los tipos como yo, que también hacían que esos ricos compartieran su fortuna, no nos daban tantos elogios. Con el tiempo caí en la cuenta: la pura verdad era que a nadie le gustaban los ladrones. Revoluciones sí, pero ladrones no. Pero a fin de cuentas, yo no podía ver nada malo en robar cajas de caudales, excepto que me pillaran. Incluso después de varios años en la cárcel, seguía sin poder verlo. Cuando AA apareció en mi vida, gradualmente se me empezó a meter en la cabeza que había buenas y malas revoluciones. Poco a poco me di cuenta de cómo me había engañado a mí mismo. Tenía que haber estado bastante loco. No podré explicarme de otra manera lo imbécil que había sido."

Tengo otro amigo de AA, un alma de Dios. Hace poco tiempo, ingresó en una orden religiosa, en la que los frailes dedican muchas horas del día a la contemplación. Por lo tanto, mi amigo dispone de mucho tiempo para hacer su inventario. Cuanto más se examina, más autoengaño inconsciente encuentra, y más asombrado se siente por el intrincado e ingenioso mecanismo de fabricar excusas mediante el cual se había estado justificando a sí mismo. Ya ha llegado a la conclusión de que la soberbia rectitud de la "buena gente" suele ser tan destructiva como los notorios fallos de los supuestos pecadores. Por ello, cada día vuelve la mirada a su interior y luego la alza hacia Dios, para saber con seguridad dónde se encuentra en relación con la honradez. De todas sus meditaciones siempre surge una certeza absoluta, y es que todavía le queda mucho camino por recorrer.

Precisamente cuándo y cómo decimos la verdad—o nos quedamos callados—puede revelar la diferencia entre la auténtica integridad y la total falta de la misma. El Noveno Paso del programa de AA enfáticamente nos advierte de no hacer mal uso de la verdad al declarar: "Reparamos directamente a cuantos nos fue posible el daño causado, excepto cuando el hacerlo implicaba perjuicio para ellos o para otros." Ya que recalca el hecho de que la verdad se puede utilizar tanto para dañar como para sanar, este valioso principio se puede aplicar ampliamente al asunto de desarrollar la integridad.

Por ejemplo, en AA hablamos mucho sobre los demás compañeros.

Siempre que tengamos indudablemente buenos motivos, esto no tiene nada de malo. Pero el chismorreo dañino es algo muy diferente. Aunque estas habladurías pueden estar basadas en hechos bien fundados, un abuso así de los hechos, por muchas vueltas que le demos, nunca llegará a parecerse a la integridad. No se puede pretender que este tipo de honradez superficial puede hacerle a nadie ningún bien. Así que reconocemos la apremiante necesidad de examinarnos a nosotros mismos. Después de una racha de chismorreo, nos vendría bien hacernos las siguientes preguntas: "¿Por qué dijimos lo que dijimos? ¿Era nuestra única intención ser serviciales e informativos? O, ¿quizás estábamos tratando de sentirnos superiores confesando los pecados de nuestro compañero? O, por temor o antipatía, ¿tal vez estábamos intentando perjudicarle?" Esto sería un intento sincero de examinarnos a nosotros mismos, y no al otro compañero. Aquí vemos la diferencia entre el buen uso y el mal uso de la verdad. Aquí empezamos a recobrar la integridad que habíamos perdido.

No obstante, en ocasiones nuestros verdaderos motivos no son tan fáciles de determinar. A veces, por ejemplo, nos creemos obligados a revelar algunos hechos muy perjudiciales para así poner fin a los abusos cometidos por ciertos malhechores. Nuestro grito de guerra es ahora: "Todo por el bien de AA"—o algo similar. Armados de esta falsa justificación, convencidos de nuestra rectitud, nos lanzamos al ataque. Puede ser cierto que haya una auténtica necesidad de remediar una situación perjudicial. Puede ser cierto que tengamos que valernos de algunos hechos desagradables. Pero lo decisivo del asunto será cómo nos comportemos. Es imperativo que estemos seguros de no contarnos entre aquellos que ven la paja en el ojo ajeno, sin ver la viga en el propio. Por lo tanto, es conveniente hacernos las siguientes preguntas: "¿Tenemos una clara comprensión de la gente involucrada en esta situación? ¿Estamos seguros de habernos enterado de *todos* los hechos? ¿Es realmente necesaria alguna crítica o intervención por nuestra parte? ¿Podemos decir con toda seguridad que no estamos asustados o airados?" Unicamente después de someternos a un examen así, podemos confiar en que estemos actuando con el cuidadoso criterio y con el espíritu de amor que siempre serán necesarios para mantener nuestra propia integridad.

Ahora pasemos a considerar otro aspecto de la cuestión de la honradez. Es muy posible que aprovechemos la pretendida falta de honradez de otra gente, utilizándola como una excusa plausible para no cumplir con nuestras propias obligaciones. Recuerdo haberlo hecho yo en una época. Algunos amigos fuertemente predispuestos contra el asunto me habían exhortado a que no volviera jamás a trabajar en Wall Street. Estaban convencidos de que el desenfrenado materialismo y duplicidad del distrito financiero obstaculizarían mi desarrollo espiritual. Ya que me sonaba tan noble su exhortación, me mantenía alejado del único trabajo que yo conocía.

Por fin, al ver nuestra economía doméstica en quiebra total, súbitamente caí en la cuenta de que yo no había querido enfrentarme con la concreta necesidad de volver a trabajar. Así que reanudé mi trabajo en Wall Street. Y desde entonces, me he sentido muy contento de haberlo hecho. Tenía que volver a descubrir que hay mucha gente buena que trabaja allí en la Bolsa de Nueva York. Además, me era necesario tener la experiencia de mantenerme sobrio en el mismo ámbito en que el alcohol me había derrotado. De hecho, recibí todos esos beneficios, y otros muchos más. Hubo en realidad un dividendo colosal que me vino como consecuencia directa de la decisión que tomé a regañadientes de volver a entrar en el mundo de negocios. Durante un viaje de negocios, relacionado con mis trabajos de Wall Street, que hice a Akron, Ohio en 1935, conocí por primera vez al Dr. Bob—el futuro cofundador de AA. Así que el nacimiento de AA dependía del hecho de que me estaba esforzando por cumplir con mi responsabilidad de ganarme el pan de cada día.

Ahora tenemos que dejar el absorbente tema del autoengaño y considerar algunas de aquellas situaciones difíciles de la vida con las que tenemos que enfrentarnos honrada y directamente. Supongamos que se nos da un formulario para solicitar un empleo en el que figura la pregunta, "¿Ha sufrido de alcoholismo y ha estado hospitalizado en alguna ocasión?" A esto, los AA podemos dar sin duda una respuesta sincera. Casi todos creemos que nada que no sea la pura verdad servirá en tales situaciones. La mayoría de los empleadores sienten respeto hacia nuestra Comunidad y les gusta este tipo de franqueza, especialmente cuando revelamos nuestra pertenencia a AA y los resultados de ser miembros de la Comunidad. Por supuesto, hay otros muchos problemas de la vida que nos piden esta misma franqueza. Por lo general, las situaciones que requieren una total honradez son muy claras y fácilmente reconocibles. Simplemente, tenemos que enfrentarnos a ellas, a pesar de nuestro temor o nuestra soberbia. Si no lo hacemos, sin duda sufriremos los conflictos cada vez más intensos que solo se pueden resolver por medio de la simple honradez.

No obstante, hay ciertas ocasiones en las que decir la verdad de forma inconsiderada puede causar extensos estragos y daño permanente a otras personas. Siempre que parezca que pueda suceder esto, es probable que nos encontremos en un gran aprieto. Nos veremos desgarrados por dos tentaciones. Si la conciencia nos atormenta lo .suficiente, puede que abandonemos toda prudencia y amor. Puede que tratemos de comprar nuestra libertad diciendo la cruda verdad, caiga quien caiga. Pero ésta no es la tentación común y corriente. Es mucho más probable que viremos hacia el otro extremo. Nos pintaremos un cuadro muy poco realista del tremendo daño que vamos a causar a otros. Al pretender sentir una gran compasión y amor para con nuestras supuestas víctimas, nos estamos preparando para decir la Gran Mentira—y sentirnos completamente contentos de hacerlo.

Cuando la vida nos presenta un conflicto tan atormentador, no se nos puede culpar por sentirnos confusos. De hecho, nuestra primera responsabilidad es admitir que estamos confusos. Puede que tengamos que confesar que, por el momento, hemos perdido la capacidad de distinguir entre el bien y el mal. También será muy difícil admitir que no podemos estar seguros de recibir la orientación de Dios, porque nuestras oraciones están repletas de fantasías. Con toda seguridad éste es el momento en que debemos pedir el consejo de nuestros mejores amigos. No hay otro sitio a donde recurrir.

Si no me hubiera visto dotado de consejeros tan sabios y cariñosos, me habría vuelto loco hace mucho tiempo. Una vez un médico me salvó de morir de alcoholismo porque me obligó a encarar lo mortal que es esta enfermedad. Más tarde, otro médico, un siquiatra, me hizo posible mantener mi cordura ayudándome a desenterrar algunos de mis profundamente escondidos defectos. De un clérigo, obtuve los principios honrados de acuerdo a los cuales nosotros los AA tratamos de vivir ahora. Pero estos preciados amigos me ofrecieron mucho más que sus talentos profesionales. Supe que podía acudir a ellos con cualquier problema que se me presentara. Con sólo pedirlas, su sabiduría y su integridad estaban a mi entera disposición. He tenido una relación exactamente igual con muchos de mi más queridos amigos de AA. Muy a menudo, por el mero hecho de ser miembros de AA, me podían ayudar en asuntos en los que otros no podían.

Naturalmente, no podemos depender totalmente de nuestros amigos para resolver todas nuestras dificultades. Un buen consejero nunca va a pensar por nosotros. Sabe que la decisión final debe ser nuestra. Por lo tanto, nos ayudará a eliminar el miedo, la comodidad y el autoengaño, y así nos hará posible tomar decisiones que sean amorosas, sabias y honradas.

La elección de un amigo de este tipo es una cuestión de la más alta importancia. Debemos buscar una persona de comprensión profunda y luego escuchar atentamente lo que tenga que decir. Además, debemos estar seguros de que nuestro futuro consejero va a tratar nuestra comunicación de manera estrictamente confidencial. Si es un médico, un clérigo o un abogado, lo podemos dar por asegurado. Pero al consultar con un amigo de AA, no debemos vacilar en recordarle la necesidad de guardar nuestras palabras en secreto. Por lo general, entre los AA la comunicación íntima es tan espontánea y tan fácil que es posible que un consejero de AA se olvide de que hay ocasiones en que esperamos que permanezca callado. Nunca se debe violar el carácter sagrado de esta relación humana, tan necesaria para nuestra recuperación.

Estas comunicaciones privadas son de un valor inapreciable. En ellas encontramos la oportunidad ideal de ser todo lo honrados que nos es posible ser. No tenemos que considerar la posibilidad de causar daño a otra gente, ni temer a la burla o la condena. Además, tenemos la mayor probabilidad de descubrir el autoengaño.

Si nos estamos engañando a nosotros mismos, un consejero competente puede verlo rápidamente. A medida que él nos ayuda a salir de nuestras fantasías, nos sorprende descubrir que cada vez sentimos menos la acostumbrada ansia de defendernos contra las verdades desagradables. No hay mejor forma de hacer desaparecer el miedo, la soberbia y la ignorancia. Al cabo de un tiempo, nos damos cuenta de que tenemos una base nueva y sólida para nuestra integridad.

Por lo tanto, perseveremos en nuestros esfuerzos por descubrir el auto-engaño en todas sus formas. Tengamos cuidado de siempre templar la honradez con la prudencia y el amor. Y nunca vacilemos en actuar con total honradez siempre que se requiera hacerlo.

Los AA conocemos muy bien la forma en que la verdad nos hace libres. Nos corta las cadenas de la esclavitud del alcohol. Continúa liberándonos de incontables conflictos y penas; destierra el miedo y la soledad. La unidad de nuestra Comunidad, el amor que abrigamos por cada uno de nuestros compañe-ros, el respeto que el mundo nos tiene—todos son los frutos de la integridad que, bajo Dios, hemos tenido el privilegio de adquirir. Por lo tanto, apresurémonos a buscar una honradez cada vez más auténtica, y pongámonos a aplicarla con mayor intensidad a todos nuestros asuntos.

Este asunto del miedo

Enero de 1962

Como dice el Libro Grande, "El miedo es una hebra maligna y corrosiva; la trama de nuestra existencia la lleva entrecruzada." El miedo es sin duda un obstáculo para la razón y para el amor, y por supuesto invariablemente instiga la ira, la vanagloria, y la agresión. Sirve de base a la culpa sensiblera y a la depresión paralizadora. El presidente Roosevelt hizo una vez el siguiente comentario significativo: "Lo único que debemos temer es el miedo mismo."

Esta es una acusación muy seria, y tal vez demasiado general. Hemos descubierto que, a pesar de su acostumbrada destructividad, el miedo puede ser el punto de partida hacia mejores cosas. El miedo puede ser un escalón hacia la prudencia y el digno respeto para con los demás. Puede enseñarnos tanto la senda hacia la justicia como hacia el odio. Y cuanto más justicia y respeto tengamos, más pronto llegaremos a encontrar el amor que tolera el sufrimiento y, no obstante, se da generosamente. Así que el temor no tiene que ser siempre destructivo, porque las lecciones de sus consecuencias nos pueden conducir a valores positivos.

El lograr liberarse del miedo es una empresa para toda la vida, una empresa que nunca se puede terminar completamente. Al vernos ferozmente asediados, seriamente enfermos, o en otras circunstancias de gran inseguridad, todos nosotros reaccionaremos a esta emoción, de buena o mala forma, según el caso. Sólo el vanidoso pretende estar totalmente libre del temor, aunque realmente su presunción tiene sus raíces en los temores que ha olvidado temporalmente.

Por lo tanto, el problema de superar el miedo tiene dos aspectos. Trataremos de lograr liberarnos del miedo tanto como nos sea posible. Después, tendremos que buscar el valor y la gracia para enfrentarnos de una forma constructiva con los temores que nos queden. El intentar comprender nuestros temores, y los temores de los demás, no es sino el primer paso. La cuestión más importante es cómo y adónde vamos desde aquí.

Desde los comienzos de AA, he visto a miles de mis compañeros adquirir una capacidad cada vez mayor para comprender y superar sus temores. Estos ejemplos han constituido una constante ayuda e inspiración. Por lo tanto, tal vez sería apropiado contar algunas de mis experiencias con el miedo y cómo logré deshacerme de él hasta un nivel alentador.

Cuando era niño, sufrí algunos traumas emocionales muy fuertes. Había graves trastornos familiares; yo tenía un aspecto físico desgarbado y otras cosas por el estilo. Otros muchachos, por supuesto, también padecen de estas dificultades emocionales y salen de ellas sanos y salvos. Pero yo no. Es evidente que yo era hipersensible, y por lo tanto, supertemeroso. Fuera lo que fuera, se desarrolló en mí una fobia cierta de que yo no era como los demás muchachos, y nunca podría serlo. Al principio esto hizo que me hundiera en una depresión y de ahí me llevó a la soledad del aislamiento.

Pero estas angustias de la niñez, generadas todas ellas por el miedo, llegaron a ser tan insoportables que me volví muy agresivo. Convencido de que nunca podría encajar en ninguna parte, y prometiéndome que jamás me contentaría con ser de segunda categoría, me parecía que tenía que sobresalir en todo lo que decidiera hacer, ya fuera trabajo o diversión. A medida que esta atractiva fórmula para lograr una vida feliz empezó a tener éxito, según la definición del éxito que yo tenía entonces, comencé a encontrarme delirante de felicidad. Pero cuando en ocasiones fracasaba en alguna empresa, me sentía inundado de un resentimiento y una depresión que sólo podían curarse con la próxima victoria. Por consiguiente, desde muy temprano llegué a valorar todo en términos de victoria o fracaso—todo o nada. La única satisfacción que conocía era ganar.

Este falso antídoto contra el miedo se convirtió en una costumbre, cada vez más arraigada, que me perseguía durante mis días de estudiante, la Primera Guerra Mundial, mi agitada carrera de bebedor en Wall Street, hasta llegar a la hora final de mi colapso absoluto. Para aquel entonces, la adversidad había dejado de ser un estímulo, y yo no sabía si mi mayor miedo era vivir o morir.

Aunque mi acostumbrada forma de reaccionar ante el temor es muy común, hay otras muchas posturas que la gente suele adoptar. Para decir verdad, las formas en que el temor se manifiesta y los problemas que entraña son tan numerosos y tan complejos que no sería posible considerar en detalle tan sólo unos pocos en este breve artículo. Tenemos que contentarnos con repasar aquellos recursos y principios espirituales que tal vez nos hagan posible enfrentarnos al temor en todos sus diversos aspectos.

En mi propio caso, la piedra fundamental de la liberación del miedo es la fe: una fe que, a pesar de las apariencias mundanas en contra, me hace creer que vivo en un universo que tiene sentido. Para mí, esto significa la creencia en un Creador que es todo poder, justicia y amor; un Dios que me tiene asignado un propósito, un significado, un destino de crecer, aunque sea poco y a tropiezos, hacia su imagen y semejanza. Antes de llegarme la fe, vivía como un extraño en un cosmos que, con demasiada frecuencia, me parecía hostil y cruel. En él no podía haber para mí ninguna seguridad interior.

El Dr. Carl Jung, uno de los tres fundadores de la sicología moderna, tenía una profunda convicción sobre este gran dilema del mundo de hoy. Esta es una interpretación de lo que él decía al respecto : "Cualquier persona que ha llegado a los cuarenta años de edad y todavía no posee los medios para comprender quién es, dónde se encuentra, y adónde se dirige, no puede evitar convertirse en un neurótico—hasta uno u otro grado. Esto es cierto tanto si sus impulsos juveniles de sexo, de seguridad material, y de conseguir un lugar en la sociedad han sido o no han sido satisfechos." Cuando el benigno doctor decía "convertirse en neurótico" bien podía haber dicho "sentirse acosado por el temor."

Esta es la razón por la que los AA recalcamos con tanta insistencia la necesidad de tener fe en un poder superior, cualquiera que sea la forma en que lo definamos. Tenemos que encontrar una vida en el mundo de la gracia y del espíritu, y esto sin duda es una nueva dimensión para la mayoría de nosotros. Por extraño que parezca, nuestra búsqueda de este mundo espiritual no nos resulta muy difícil. Por lo general, empezamos a ser conscientes de haber entrado en este mundo tan pronto como hemos confesado sinceramente nuestra impotencia personal para seguir a solas, y hemos hecho nuestra petición a cualquier Dios que creamos que existe—o exista. El resultado es el don de la fe y la sensación de la presencia de un poder superior. A medida que crece la fe, aumenta nuestra seguridad interior. El profundo y tremendo temor a la nada empieza a sosegarse. Por lo tanto, los AA nos damos cuenta de que nuestro antídoto fundamental contra el miedo es el despertar espiritual.

Sucede que mi propio despertar espiritual me vino como un relámpago y fue totalmente convincente. Al instante me convertí en una parte—aunque fuese una pequeñísima parte—de un universo regido por la justicia y el amor personificados por Dios. Fuesen cuales fuesen las consecuencias de mi propia obstinación e ignorancia, y las de mis compañeros de viaje en esta tierra, ésta era, no obstante, la verdad. Esta era la nueva y rotunda seguridad que sentía, y ha quedado conmigo para siempre. Se me dio a conocer, al menos por el momento, lo que era la ausencia del temor. Huelga decir que mi propia experiencia de la fe no es en su esencia distinta de los despertares espirituales experimentados desde entonces por incontables AA—sólo fue más repentina. A pesar de su importancia decisiva, este nuevo enfoque sólo marcó el punto de partida del camino que nos aleja del temor y nos lleva hacia el amor. Mis viejas y profundamente arraigadas inquietudes no fueron extirpadas de manera instantánea y permanente. Naturalmente, volvieron a aparecer, y a veces de forma alarmante.

No era nada asombroso que, por haber experimentado una experiencia espiritual tan espectacular, la primera etapa de mi vida en AA estaba caracterizada por mucha soberbia y ambición obstinada de poder. Seguía sintiendo ese deseo ardiente de ejercer mi influencia y tener la aprobación de los demás, esa ansia de ser *el* jefe. Y aun más, ahora podía justificar esta conducta—en nombre de las buenas obras.

Afortunadamente resultó que esa fase de flagrante grandiosidad, que duró varios años, fue seguida de una racha de adversidades. Mi exigencia de tener la aprobación de los demás, claramente suscitada por el miedo de no tener toda la que deseaba, empezó a chocar con las tendencias idénticas de mis compañeros de AA. Por lo tanto, sus esfuerzos para proteger de mi influencia a la Comunidad, y mis esfuerzos para protegerla de la suya se convirtieron en nuestra ocupación principal. Naturalmente, esto provocó la ira, el recelo y toda clase de episodios atemorizadores. En esa época extraordinaria de nuestro desarrollo, que ahora nos parece bastante cómica, un buen número de nosotros volvimos de nuevo a hacer el papel de Dios. Durante algunos años, los AA ávidos de poder andaban desbocados. Pero de esa temible situación se desprendieron los Doce Pasos y las Doce Tradiciones de AA. Fundamentalmente, estos principios estaban encaminados a reducir nuestros egos y así reducir nuestros temores. Esperábamos que estos principios nos mantuvieran unidos y aumentaran el amor que sentíamos los unos por los otros y para con Dios.

Poco a poco aprendimos a aceptar tanto los pecados como las virtudes de nuestros compañeros. En esta época acuñamos la potente y significativa expresión: "Que siempre amemos lo mejor de los demás—y nunca temamos lo peor." Después de unos diez años de intentar incorporar en la vida de nuestra Sociedad esta clase de amor y aplicar los Pasos y las Tradiciones a la reducción de nuestros egos, simplemente se disiparon los grandes temores que sentíamos por la supervivencia de AA.

La aplicación de los Doce Pasos y las Doce Tradiciones de AA a nuestras vidas personales nos ha liberado de forma increíble de todo tipo de temores, a pesar de la multitud de graves problemas personales que abundaban entre nosotros. Aquellos temores que subsistían, los podíamos reconocer por lo que eran y, con la gracia de Dios, llegamos a ser capaces de encararlos. Empezamos a considerar cada adversidad como una oportunidad que Dios nos había deparado para cultivar el valor que nace de la humildad y no de la arrogancia. Y así podíamos aceptarnos a nosotros mismos, y aceptar nuestras circunstancias y a nuestros compañeros. Con la gracia Dios, nos dimos cuenta de que incluso podríamos morir con dignidad y decoro y fe, sabiendo que "El Padre es quien hace las obras."

Los AA ahora nos encontramos viviendo en un mundo caracterizado más que nunca por los temores destructores. No obstante, en este mundo vemos también vastas áreas de fe y magníficas esperanzas de justicia y hermandad. Sin embargo, no hay ningún profeta que se atreva a predecir si el destino final de este mundo será una inmensa conflagración o el comienzo, según el designio de Dios, de la época más ilustrada e iluminada que haya conocido la humanidad. Ya sé que a nosotros los AA este escenario nos resulta muy familiar. Cada uno en su propia vida ha pasado, en microcosmos, por este mismo estado de incertidumbre espantosa. Sin soberbia alguna, los AA podemos decir que no tenemos miedo de cuál pueda ser el destino final de este mundo, porque se nos ha posibilitado sentir y decir con seguridad, "No temeremos ningún mal— hágase Tu voluntad, no la nuestra."

Aunque la siguiente historia se ha contado numerosas veces, vale la pena volver a contarla. El día que nuestro país sufrió la tremenda calamidad de Pearl Harbor, un amigo de AA, una de las figuras espirituales más destacadas que jamás podamos conocer, iba caminando por una calle de St. Louis. Se trataba de nuestro muy querido Padre Edward Dowling de la Orden de los Jesuitas. Aunque no era alcohólico, había sido uno de los fundadores del grupo de AA de su ciudad y uno de sus principales inspiradores. Ya que muchos de sus amigos, normalmente sobrios, ya habían recurrido a la botella para borrar de sus mentes las posibles consecuencias del desastre de Pearl Harbor, el Padre Ed se sentía angustiado por la probabilidad de que su querido grupo de AA fuera a hacer lo mismo, si no más. Al parecer del padre Ed, esto sería en sí mismo una calamidad de primera categoría.

Entonces, un miembro de AA, que llevaba sobrio menos de un año, le abordó y se puso a entablar con él una animada conversación—principalmente acerca de AA. Para su gran alivio, el Padre Ed vio que su compañero estaba totalmente sobrio. Y no soltó ni una palabra acerca del asunto de Pearl Harbor.

Agradablemente sorprendido, el buen Padre le preguntó: "¿Cómo es que no tienes nada que decir acerca de Pearl Harbor? ¿Cómo puedes encajar un golpe de ese calibre?"

"Bueno," replicó el AA, "realmente me asombra que no lo sepas. Todos y cada uno de los AA ya hemos sufrido nuestro propio Pearl Harbor. Te pregunto, ¿Por qué debemos los borrachos venirnos abajo por éste?"

¿Qué es la aceptación?

Marzo de 1962

U na manera de llegar al significado de la aceptación es meditar sobre este principio dentro del contexto de la muy utilizada oración de A.A., "Dios, concédeme la serenidad de aceptar las cosas que no puedo cambiar, el valor para cambiar las cosas que puedo, y la sabiduría para reconocer la diferencia."

Esto es esencialmente pedir el recurso de la gracia por medio de la cual podemos progresar espiritualmente sean cuales sean las circunstancias. Lo que se encuentra destacado grandemente en esta maravillosa oración es la necesidad de tener la clase de sabiduría que puede distinguir entre lo posible y lo imposible. También veremos que el formidable repertorio de penas y problemas de la vida requerirá muchos grados diferentes de aceptación según tratamos de aplicar este valioso principio.

A veces tenemos que encontrar el tipo apropiado de aceptación para cada día. A veces necesitaremos desarrollar aceptación para lo que pueda ocurrir mañana, y otras veces tendremos que aceptar una condición que quizás no cambie nunca. Luego, además, frecuentemente tiene que existir la apropiada y realista aceptación de nuestros lamentables defectos de carácter y de los graves fallos de los demás—defectos que tardarán muchos años en remediarse completamente, si acaso alguna vez lo hacen.

Todos nosotros cometeremos errores, algunos reparables y otros no. A menudo nos encontraremos con fracasos—a veces por accidente, a veces causados por nosotros mismos, y aun otras veces provocados por la injusticia y la violencia de otra gente. La mayoría de nosotros llegaremos a alcanzar algún grado de éxito material en el mundo, y en cuanto a esto, el problema del tipo apropiado de aceptación será verdaderamente difícil. Luego se presentarán la enfermedad y la muerte. ¿Cómo podremos aceptar todas estas cosas?

Siempre vale considerar lo mucho que se puede tergiversar esa buena palabra *aceptación*. Se puede desvirtuar para justificar casi cualquier tipo de debilidad, tontería e insensatez. Por ejemplo, podemos "aceptar" el fracaso como una condición crónica, sin provecho ni remedio para siempre. Podemos "aceptar" orgullosamente el éxito material, como algo que se debe enteramente a nosotros mismos. También podemos "aceptar" la enfermedad y la muerte como evidencia cierta de un universo hostil y sin Dios. Nosotros los A.A. tenemos una vasta experiencia con todas estas tergiversaciones de la *aceptación*. Por lo tanto tratamos constantemente de recordarnos a nosotros mismos que estas adulteraciones de la aceptación sólo son trucos para fabricar excusas:

un juego perdido de antemano en el que somos, o al menos hemos sido, los campeones del mundo.

Por eso valoramos tanto nuestra Oración de la Serenidad. Nos aporta una nueva luz que puede disipar nuestra antigua y casi mortal costumbre de engañarnos a nosotros mismos. En el resplandor de esta oración vemos que la derrota, si se acepta de la forma apropiada, no tiene porqué ser un desastre. Ahora sabemos que no tenemos que huir, ni debemos de nuevo tratar de superar la adversidad por medio de otra ofensiva precipitada que sólo nos creará obstáculos más rápidamente de lo que podamos derribarlos.

Al entrar en A.A., nos convertimos en los beneficiarios de una experiencia muy distinta. Nuestra nueva manera de mantenernos sobrios está basada literalmente en la proposición de que "Por nosotros mismos, no somos nada, el Padre hace las obras." En los Pasos Primero y Segundo de nuestro programa de recuperación, estas ideas se encuentran explicadas específicamente: "Admitimos que éramos impotentes ante el alcohol—que nuestras vidas eran ingobernables" — "Llegamos a creer que un Poder superior a nosotros mismos podría devolvernos el sano juicio." No podíamos derrotar al alcohol con los recursos que nos quedaban y por eso aceptamos el nuevo hecho de que la dependencia de un poder superior (aunque solo fuera nuestro grupo de AA) podría realizar esta tarea que hasta ahora había sido imposible. En el momento en que pudimos aceptar totalmente estos hechos, empezó nuestra liberación de la obsesión por el alcohol. Este par de aceptaciones nos había requerido a la mayoría de nosotros un gran esfuerzo. Tuvimos que abandonar toda nuestra querida filosofía de la autosuficiencia. Esto no se consiguió con la acostumbrada fuerza de voluntad; se trataba más bien de un asunto de desarrollar la buena disposición de *aceptar* estas nuevas realidades de la vida. Ni huimos ni peleamos. Pero sí *aceptamos*. Y entonces nos liberamos. No había ocurrido ningún desastre irremediable

Este tipo de aceptación y fe puede producir un 100 por cien de sobriedad. De hecho, lo suele hacer; y debe hacerlo, de lo contrario no tendríamos vida en absoluto. Pero en el momento en que aplicamos estas actitudes a nuestros problemas emocionales, nos damos cuenta de que sólo es posible conseguir resultados relativos. Por ejemplo, nadie puede liberarse completamente del miedo, de la ira, y del orgullo. Por lo tanto, en esta vida nunca llegaremos a conseguir nada parecido a la humildad y al amor perfectos. Así que, en cuanto a la mayoría de nuestros problemas, tendremos que contentarnos con un progreso muy gradual, interrumpido a veces por serios contratiempos. Tendremos que abandonar nuestras viejas actitudes de "todo o nada."

Por lo tanto nuestro primer problema es aceptar nuestras actuales circunstancias tales como son, a nosotros mismos tales como somos, y a la gente alrededor nuestro tal como es. Esto es adoptar una humildad realista, sin la cual no se puede ni tan solo comenzar a hacer auténticos progresos. Una y otra vez tendremos que retornar a aquel punto de partida tan poco halagador. Esto es un ejercicio de aceptación que podemos practicar provechosamente cada día de nuestras vidas. Estos reconocimientos realistas de los hechos de la vida, siempre que evitemos por todos los medios convertirlos en pretextos poco realistas para la apatía o el derrotismo, pueden ser la base segura sobre la que se puede construir un mejor bienestar emocional y, por lo tanto, un más amplio progreso espiritual. Al menos, ésta parece ser mi propia experiencia.

Cuando las cosas se ponen muy duras, la aceptación agradecida de mis bendiciones, repetida frecuentemente, también puede traerme algo de la serenidad de la que habla nuestra oración. Cada vez que me encuentro sometido a graves tensiones, alargo mis paseos diarios y voy recitando calmadamente nuestra Oración de la Serenidad al ritmo de mis pasos y de mi respiración. Si me parece que mi dolor ha sido ocasionado en parte por otros, trato de repetir, "Dios, concédeme la serenidad para amar lo mejor de ellos y nunca temer lo peor." Este benigno proceso curativo de repetición, en el que a veces es necesario persistir por algunos días, raras veces ha fallado en devolverme un equilibrio emocional y una perspectiva suficientes por lo menos para seguir.

El dolor es sin duda uno de nuestros mejores maestros. Aunque todavía me resulta difícil aceptar las penas e inquietudes de hoy con mucha serenidad— como, según parece, los más avanzados en la vida espiritual pueden hacer— puedo no obstante dar gracias por los dolores del presente. Encuentro la voluntad para hacer esto al contemplar las lecciones aprendidas de los sufrimientos del pasado—lecciones que me han llevado a las bendiciones de las que ahora disfruto. Puedo recordar cómo las angustias del alcoholismo, la pena de la rebeldía y del orgullo frustrado a menudo me han conducido a la gracia de Dios, y así a una nueva libertad. Así que, mientras voy caminando, sigo repitiendo frases como éstas, "La pena es la piedra de toque del progreso"… "No temas a ningún mal"… "Esto también pasará"… "Esta experiencia se puede convertir en un beneficio."

Estos fragmentos de la oración me traen algo más que el mero consuelo. Me mantienen en la senda de la debida aceptación; disuelven mis temas obsesivos de culpabilidad, depresión, rebeldía y soberbia; y a veces me infunden el valor para cambiar las cosas que puedo cambiar, y la sabiduría para reconocer la diferencia.

A aquellos que no se han aplicado vigorosamente a practicar estos potentes ejercicios de aceptación, les recomiendo enérgicamente que los prueben la próxima vez que se vean en apuros. O, de hecho, en cualquier momento.

Donde entra en juego la fuerza de voluntad

Mayo de 1962

Siempre ha habido mucha confusión sobre este asunto de ejercer la voluntad. Al decir en los Doce Pasos "Admitimos que éramos impotentes ante el alcohol..." afirmamos lo que siempre ha sido un hecho respecto a esta enfermedad—es decir, que un ataque frontal al deseo de beber por medio de la fuerza de voluntad casi nunca tiene éxito.

Esta dura realidad es la premisa en la que debemos comenzar—el reconocimiento de que la locura no se puede dominar por medio de la sola fuerza de voluntad. Bien sabe Dios que los borrachos ya han intentado por todos los medios hacer exactamente esto y generalmente han fracasado. Si cada cleptómano hiciera la promesa solemne de no robar, nadie esperaría muchos resultados. En lo que se refiere a robar, el cleptómano está tan obsesivamente loco como pueda estar. Aunque esta condición obsesiva no está tan generalmente reconocida en el alcohólico, porque beber está socialmente aceptado, es cierto, no obstante, que él está casi igual de loco. Por lo tanto, nuestro Primer Paso se expresa de una manera realista al declarar que somos impotentes para resistir el embrujo del alcohol por nuestros propios medios o nuestra propia voluntad.

Pero incluso el Primer Paso de AA requiere buena disposición—la disposición a admitir que nuestra fuerza de voluntad no nos va a servir en un encuentro frontal. Pero esto es sólo el principio. Todos los demás Doce Pasos de AA requieren tanto buena disposición como fuerza de voluntad. Sin duda tienen que ver con los valores religiosos y morales.

Por ejemplo, debemos tener la buena disposición de hacer un inventario moral. Una vez conseguido esto, debemos armarnos del coraje suficiente para llevarlo a cabo. Podemos llegar a estar dispuestos a creer en la eficacia del Duodécimo Paso de AA—llevar el mensaje a otros. Pero si se nos despierta a las doce de la noche para hacer una visita de Paso Doce—bueno, el hecho de realizar esa visita puede requerir una considerable cantidad de fuerza de voluntad.

Otro ejemplo: al ateo y al agnóstico se les pide especialmente que tengan una mente abierta sobre el tema de Dios. Esto parece exigir un esfuerzo considerable. Si entonces les sugerimos que se dirijan, en meditación y en oración, a cualquier Dios que pueda existir, ellos se dan cuenta de que generalmente esto requiere mucha disciplina, incluso cuando se hace a título de experimento.

Al aplicar la voluntad y la buena disposición a los problemas de la vida en general, el resultado neto termina siendo la liberación del deseo de beber, y así nos evitamos ejercer una gran fuerza de voluntad sobre el problema del alcohol. Es imposible explicar por qué se produce esta liberación en la mayoría de nosotros. Se nos devuelve la cordura, siempre que nos pongamos en condiciones de recibir esta dádiva de recuperación—o, dicho en términos religiosos, nos preparemos a recibir la gracia de Dios que expulsa nuestra obsesión.

No parece que sea importante la manera en que definamos la gracia de Dios. Si queremos, siempre podemos decir que nos estamos valiendo de un recurso interior escondido o que no se utilizaba. No tenemos necesidad de definir exactamente su procedencia. O podemos creer, como finalmente lo hacemos la mayoría de nosotros, que nos estamos valiendo de los recursos de Dios tal como él existe dentro de nosotros y en el universo en general. Nadie puede pretender saber nada preciso respecto a la existencia de Dios.

Naturalmente, no quiero decir que, respecto al problema del alcohol, nunca haga falta hacer uso de la fuerza de voluntad. Durante mis dos primeros años de sobriedad, me sentí fuertemente tentado a beber en dos o tres ocasiones. Pero, por haber practicado con bastante fidelidad el programa de AA, pude ver claramente las consecuencias de hacerlo en el mismo momento de la tentación. No me encontré cegado por las acostumbradas justificaciones. Había recuperado el sano juicio en lo que se refiere al alcohol. No obstante, tuve que elegir. Pero en tales condiciones, no me resultó difícil hacerlo. Y la elección requería cierto grado de fuerza de voluntad. O la buena disposición para tomar la buena decisión.

Creo que es apropiado y necesario utilizar de esta manera la fuerza de voluntad durante el período en que estamos tratando de liberarnos completamente de nuestro problema. Pero es muy posible lograr una liberación total después de una larga práctica del programa de AA. Lo sé porque yo me he visto sometido a grandes tensiones emocionales desde los comienzos de AA. Desde 1943 hasta 1955 sufrí una depresión nerviosa de la que nunca me recuperé completamente. Durante unos tres años, tenía tendencias suicidas. Pero la liberación del alcohol había sido tan completa que, durante este largo asedio, nunca me vi tentado a recurrir a la bebida.

Así que, según lo veo yo, ésta es la esencia de los principios de AA. Pero estén seguros de que ustedes no tienen que verlo de la misma manera. Hay mucha gente que no está de acuerdo conmigo y, sin embargo, siguen estando sobrios. No obstante, la experiencia de la mayoría de nosotros parece confirmar lo que acabo de decir. Los que tratan de poner en práctica el programa de otra manera, y logran hacerlo con éxito, según mi opinión se mantienen sobrios de la forma más difícil. La ortodoxia de AA, si se puede llamar así, no es sino lo que se desprende de la experiencia de la mayoría de los miembros. ¡Siempre tienes la posibilidad de elegir!

Experiencias espirituales

Julio de 1962

El Grapevine tiene la intención de publicar de vez en cuando relatos de experiencias espirituales. Me gustaría decir algunas palabras de introducción para este interesante proyecto. Existe una tendencia natural a prestar especial atención a aquellas experiencias o despertares que ocurren de una manera repentina, espectacular, o que producen visiones. Por lo tanto cualquier relato de éste tipo de experiencias provoca reacciones contrarias. Algunos dicen: "¡Me gustaría tener una experiencia parecida!" Otros, sintiendo que todo este asunto huele demasiado a misticismo, dirán, "No me puedo tragar este asunto. No puedo comprender lo que está diciendo esta gente."

Como ya han oído la mayoría de los AA, en 1934 sufrí una tremenda experiencia mística o "iluminación." Vino acompañada de una sensación de luz blanca intensa, de un súbito don de fe en la bondad de Dios, y de una profunda convicción de su presencia. Al principio, me resultaba muy natural creer que esta experiencia me distinguía como alguien muy especial.

Pero ahora, al recordar este tremendo acontecimiento, sólo puedo sentir una especial gratitud. Ahora parece estar claro que las únicas características especiales de mi experiencia fueron lo súbito de ella y la convicción inmediata y abrumadora que me produjo.

Pero estoy seguro de que en todos sus otros aspectos, mi propia experiencia no era diferente en absoluto de la experimentada por cualquier otro miembro de AA que haya practicado asiduamente nuestro programa de recuperación.

Con mucha frecuencia, sentados en las reuniones de AA, oímos decir al que habla, "Pero yo no he captado todavía el aspecto espiritual." Antes de decirlo, había descrito un milagro de transformación que le había sucedido a él—no solamente su liberación del alcohol, sino también un cambio completo de su total actitud respecto a la vida y la manera de vivirla. A casi todos los presentes, les resulta evidente que él ha recibido un gran regalo, y que este regalo está fuera de toda proporción con todo lo que se puede esperar de la mera participación en AA, tal como la admisión del alcoholismo y la práctica del Paso Doce. Así que los que estamos en el auditorio nos sonreímos y nos decimos, "este tipo está rebosante de espiritualidad—¡aunque parece no saberlo aún!" Bien sabemos que este individuo nos dirá dentro de seis meses o un año que ha encontrado la fe en Dios.

Además, puede que para entonces ya esté exhibiendo "cualidades espirituales" y una forma de actuar que yo mismo nunca he podido igualar—a pesar de mi súbita experiencia espiritual.

Así que cuando hoy día los AA acuden a mí, con la esperanza de descubrir cómo se puede lograr una de esas súbitas experiencias, les digo simplemente que con toda seguridad ya han experimentado una igual de buena—y que las suyas son idénticas a la mía excepto en que se han producido durante un período de tiempo más largo.

Luego paso a decir que si la transformación que han experimentado en AA en un período de seis meses se pudiera condensar en seis minutos—pues, entonces también habrían visto las estrellas.

A consecuencia de estas observaciones, no veo ninguna gran diferencia entre las experiencias súbitas y las que se producen de una manera gradual—sin duda todas tienen el mismo origen. Y hay una prueba segura para todas ellas: "Por sus frutos los conoceréis."

Por esta razón creo que no debemos poner en duda la transformación de ninguna persona—ya se haya producido de una manera súbita o gradual. Ni tampoco debemos exigir para nosotros mismos el tipo especial de experiencia que hayan tenido otros, porque nuestra propia experiencia indica que seguramente recibiremos la que mejor corresponda a nuestras necesidades.

La correspondencia de Bill W. con Carl Jung

Después de retirarse de la dirección de AA en 1961, Bill acometió una tarea que ya desde mucho tiempo había querido emprender—la de reconocer la deuda que AA tenía con aquellos que contribuían a su creación. Una de esas personas era el Dr. Carl Jung, a quien Bill dirigió una carta el 23 de enero de 1961.

Enero de 1963

Muy estimado Dr. Jung,
        Hace mucho tiempo que debía haberle dirigido esta carta de agradecimiento profundo.

Para empezar, permítame que me presente. Me llamo Bill W., y soy uno de los cofundadores de la Sociedad de Alcohólicos Anónimos. Aunque ya habrá tenido usted algún conocimiento de nosotros, dudo que sepa que una conversación que usted tenía, a principios de la década de los años treinta, con un señor de nombre Rowland H., acabó desempeñando un papel decisivo en la fundación de nuestra Comunidad.

Aunque Rowland H. falleció hace ya muchos años, el relato de sus extraordinarias experiencias mientras estaba bajo su atención médica han pasado a ser parte de la historia de AA. Según recordamos, la narración de su experiencia puede resumirse así:

Alrededor del año 1931, al haber agotado todos sus demás recursos para recuperarse del alcoholismo, recurrió a usted como paciente. Creo que usted le atendió durante un año aproximadamente. Le tenía a usted una admiración sin límites y, al terminar el tratamiento, se sentía muy seguro de sí mismo.

Para su gran consternación, tardó muy poco en recaer en la embriaguez. Convencido de que usted era su "tribunal de última instancia," recurrió de nuevo a sus cuidados. Esa fue la ocasión en que tuvo lugar entre ustedes dos la conversación que llegaría a ser el primer eslabón de una cadena de acontecimientos que condujo a la fundación de Alcohólicos Anónimos.

Según puedo recordar, éste fue el relato que él hizo de esa conversación: Usted le dijo ante todo y con total sinceridad que, desde el punto de vista médico y siquiátrico, el suyo era una caso desahuciado. Esta franca y humilde declaración por parte de usted sirvió sin duda alguna como la piedra fundamental sobre la cual se ha venido construyendo nuestra Sociedad.

Por venir de usted, alguien a quien él tenía tanta admiración y en quien tenía tanta confianza, el impacto que le produjo fue tremendo.

Cuando él le preguntó entonces si tal vez hubiera otra esperanza, usted le replicó que podría haberla, pero solo si él se encontrara en condiciones de vivir una experiencia espiritual o religiosa—o sea, experimentar una auténtica conversión. Le explicó que tal experiencia, si llegara a suceder, podría remotivarlo, aun cuando le fallaran todos los demás remedios. No obstante, usted le advirtió que estas experiencias, que a veces habían hecho posible que los alcohólicos se recuperaran, eran relativamente inusitadas. Le recomendó que se situara en un ambiente religioso y que fuera optimista. Creo que ésta era la esencia de su consejo.

Poco tiempo después, el Sr. H. se hizo miembro de los Grupos Oxford, un movimiento evangélico que en ese entonces estaba en el apogeo de su éxito en Europa, y con el cual usted ya se habrá familiarizado. Como usted sin duda recordará, estos grupos subrayaban enfáticamente los principios del autoanálisis, la confesión, y la reparación y la necesidad de dar de uno mismo sirviendo a otros. Insistían enérgicamente en el valor de la meditación y la oración. En ese ámbito, Rowland H. llegó a experimentar una conversión que por el momento le liberó de su obsesión por beber.

De regreso a Nueva York, empezó a participar diligentemente en las actividades de los "G.O." de esa ciudad, dirigidos en esa época por un ministro episcopaliano, el Dr. Samuel Shoemaker. El Dr. Shoemaker, uno de los fundadores del movimiento, era un hombre con una personalidad muy fuerte que rezumaba una inmensa sinceridad y convicción.

Para esas fechas (1932-34) los Grupos Oxford ya habían desembriagado a cierto número de alcohólicos, y Rowland, ya que creía que podía identificarse íntimamente con estos enfermos, se dedicaba a ayudar a otros más. Sucedió que uno de ellos, de nombre Edwin T. ["Ebby"], era un antiguo compañero de clase mío. Se le había amenazado con ser recluido en un manicomio, pero el Sr. H y otro ex-alcohólico, miembro del "G.O.", procuraron que se le liberara bajo palabra y le ayudaron a lograr su sobriedad.

Mientras tanto, yo había recorrido la carrera alcohólica y me veía tambíen amenazado con reclusión. Afortunadamente, me estaba atendiendo un médico—el Dr. William D. Silkworth—que tenía una tremenda capacidad para comprender a los alcohólicos. No obstante, así como usted se había rendido ante el caso de Rowland, así también el Dr. Silkworth se rindió ante el mío. Según la teoría de mi doctor, el alcoholismo tiene dos componentes—una obsesión que le obliga al enfermo a beber, contra su propia voluntad y su propio interés, y una especie de dificultad metabólica, la cual en ese entonces él llamaba una alergia. La obsesión del alcohólico sirve para garantizar que el alcohólico siga bebiendo, y la alergia para garantizar que vaya deteriorándose hasta la locura o la muerte. Aunque él me contaba entre los pocos a quienes creía posible ayudar, a fin de cuentas, se vio obligado a decirme que era un caso desahuciado. Yo también tendría que ser confinado bajo llave. Para mí, esto fue un golpe tremendo. Así como usted había preparado a Rowland para su experiencia de conversión, también mi apreciado amigo, el Dr. Silkworth, me había preparado a mí.

Al enterarse de mi condición, mi amigo Edwin T. vino a visitarme a mi casa, donde me encontró bebiendo. Era el mes de noviembre de 1934, y ya hacía mucho tiempo que yo consideraba a mi amigo Edwin como un caso desahuciado. Sin embargo, allí lo vi frente a mí, gozando de una evidente "liberación" que no se podía atribuir simplemente a su mera y muy breve asociación con los Grupos Oxford. No obstante, este patente estado de liberación, tan diferente de su acostumbrada depresión, era muy convincente. Por su afinidad con mi sufrimiento, le era posible comunicarse conmigo en profundidad. Me di cuenta inmediatamente de que yo tendría que pasar por una experiencia parecida a la suya, que era para mí una cuestión de vida o muerte.

Volví a acudir al Dr. Silkworth para que él me desintoxicara nuevamente, y así pudiera formarme una idea más clara de la experiencia de liberación de mi amigo, y de la forma en que Roland H. le había abordado.

Nuevamente libre de alcohol, me encontré tremendamente deprimido. La causa parecía ser mi total incapacidad para adquirir un mínimo de fe. Edwin T. volvió a visitarme y me repitió otra vez las sencillas fórmulas de los Grupos Oxford. Al poco de marcharse, empecé a sentirme aun más deprimido. En total desesperación, clamé a no sé quién, "Si existe un Dios, ¡que se manifieste!" En ese momento me sobrevino una repentina iluminación de una envergadura y un impacto tremendos, una experiencia que, en años posteriores, traté de describir en el libro *Alcohólicos Anónimos* y, más tarde, en *Alcohólicos Anónimos Llega a su Mayoría de Edad*, textos básicos que le envío a usted adjuntos.

Mi liberación de la obsesión alcohólica fue inmediata. Supe en ese mismo instante que yo era un hombre libre.

Poco tiempo después de esta experiencia, mi amigo Edwin vino a visitarme al hospital y me regaló un ejemplar del libro de William James, *Las Variedades de la Experiencia Religiosa*. Al leerlo, llegué a saber que la mayoría de las experiencias de conversión, a pesar de lo diferentes que sean, tienen en común el profundo colapso del ego. El individuo se ve confrontado con un dilema imposible. En mi caso, el dilema fue ocasionado por mi forma obsesiva de beber, y la desesperación que yo sentía había sido intensificada por el dictamen de mi doctor. Se volvió aun más intensa cuando mi amigo alcohólico me dio a conocer su veredicto en el caso de Rowland H.

Como secuela de mi experiencia espiritual, me vino una visión de una sociedad de alcohólicos, en la que cada uno se identificara con otro y le transmitiera su experiencia—en forma de cadena. Cada alcohólico que comunicara al nuevo la noticia de que, desde el punto de vista científico, el alcoholismo era una enfermedad irremediablemente mortal, podría ponerle así en óptima condición para pasar por una experiencia espiritual transformadora. Este concepto resultó ser la base del éxito que Alcohólicos Anónimos haya tenido desde entonces. Ha hecho realizables, en plan casi universal, las experiencias de conversión—y en casi todas las formas señaladas por James. En los últimos veinticinco años, nuestras recuperaciones sostenidas han ascendido a unas 300,000. En la actualidad hay 8,000 grupos de AA en los Estados Unidos y por todas partes del mundo.

Por lo tanto, nosotros los AA reconocemos la inmensa deuda que tenemos con usted, con el Dr. Shoemaker de los Grupos Oxford, con William James, y con mi médico, el Dr. Silkworth, por las bendiciones que hemos conocido. Como usted puede ver ahora con perfecta claridad, esta asombrosa serie de acontecimientos encadenados tuvo su origen ya hace muchos años en su consultorio, y se derivan directamente de su propia humildad y de su profunda perspicacia.

Muchísimos miembros de AA se han dedicado al estudio de sus obras. Por la convicción que usted ha expresado de que el ser humano no se reduce a una mera mezcla de intelecto, emoción y algunas sustancias químicas con un valor de dos pesos, se ha granjeado su simpatía y afecto.

Los libros y folletos que le envío adjuntos le harán posible formarse una idea de la evolución de nuestra Sociedad, y de cómo hemos venido desarrollando nuestras Tradiciones de unidad y estructurando nuestras operaciones.

Además, le interesará saber que, aparte de la "experiencia espiritual," muchos miembros de AA dicen haber conocido una amplia variedad de fenómenos síquicos, de los que sus testimonios acumulados nos deparan una evidencia considerable. Otros miembros—después de haberse recuperado en AA—han sacado gran provecho de consultar con sicólogos junguianos. A unos cuantos les han fascinado el *I Ching*, y la magnífica introducción que usted compuso para este libro.

Tenga la seguridad, doctor, de que en nuestro afecto y en la historia de nuestra Comunidad, usted ocupa un lugar incomparable.

Me despido de Ud. con gratitud,
William G.W.
Cofundador
Alcohólicos Anónimos

30 de enero de 1961

Muy apreciado Sr. W.

Me ha sido muy grato recibir su carta.

Después de su última visita, no volví a tener noticias de Rowland H. y a menudo me he preguntado qué le habría deparado el destino. Nuestra conversación, de la cual él hizo un relato bien exacto, tenía un aspecto que él desconocía. El motivo para no decírselo todo era que, en aquel entonces, yo tenía que expresarme con suma cautela. Me había dado cuenta de que—de toda manera imaginable— mis palabras eran mal comprendidas o interpretadas. Por lo tanto, al hablar con Rowland, tuve que andar con mucho cuidado; no obstante, las ideas que tenía en mente en ese momento de hecho las había desprendido de muchas experiencias con gente parecida a él.

Su ansia por el alcohol correspondía, en un nivel inferior, con la sed espiritual del ser humano por una unidad e integridad que, en términos medievales, se llamaba la unión con Dios.

¿Cómo se podría formular una percepción así en un lenguaje que no fuese mal comprendido en nuestra época?

La única forma legítima de conocer una experiencia de esta índole es sufrirla real y concretamente, y pueden sufrirla únicamente aquellos que andan por un camino que les lleva a una comprensión superior. Puede que lleguen a esta meta por un acto de gracia, o por medio de un contacto personal sincero con sus amigos, o por una formación superior de la mente, más allá del mero racionalismo. Al haber leído su carta, veo que Rowland H. ha elegido seguir el segundo camino, el cual, bajo las circunstancias, ha sido el mejor.

Estoy firmemente convencido de que el principio del mal que prevalece en este mundo llevará esta necesidad espiritual, si pasa sin ser reconocida, a la perdición, a no ser que esté contrarrestado por una auténtica intuición religiosa o por la muralla defensora de la comunidad humana. Un hombre común y corriente, sin la protección de una acción del cielo y aislado en la sociedad, no puede resistir la fuerza del mal que se llama muy apropiadamente el Diablo. Pero el uso de tales palabras puede provocar tantas equivocaciones que nuestro único remedio es evitarlas lo más posible.

Estas son las razones por las que no me veía en la posibilidad de dar a Rowland H. una explicación completa y satisfactoria. Me arriesgo a hacerlo con usted porque su honrada y muy sincera carta me deja convencido de que la perspectiva que usted tiene sobre el alcoholismo se sitúa más allá de las engañosas perogrulladas que se suelen oír al respecto.

Al terminar, nos valdría considerar que alcohol en latín se dice "spiritus" y se usa la misma palabra para denominar la más sublime experiencia religiosa y el veneno más depravador. Por lo tanto, la fórmula útil será: *spiritus contra spiritum.*

Reiterándole mi gratitud por su muy amable carta, me repito de Ud.

afmo. y SS

C.G. Jung

El Dr. Jung, el Dr. Silkworth, y AA

El artículo que aparece a continuación está compuesto de extractos de una charla que Bill dio en la ocasión de su 33° aniversario de AA, en una función organizada por el Intergrupo de la ciudad de Nueva York. Bill fue el tercero y último en hablar y fue precedido por Jim de Long Island y Kirsten de Scarsdale.

Enero de 1968

Como acaba de decir Kirsten tan conmovedoramente, "los años arrasados por las cigarras han llegado a su fin…" Y como Jim, con tanta sencillez, comentó, "Existe un Dios y existe la gracia."

Esta noche, me gustaría contarles mi historia, enfocándome primero en los "años arrasados" y en las razones por las que, según veo ahora, fueron provocados—los factores ya manifiestos en los primeros años de mi vida que contribuían a mi alcoholismo y entonces, bajo el aspecto de mi creencia de que "existe un Dios y existe la gracia," y de lo que han sido para mí y para otras muchas personas las consecuencias de esta convicción.

El coordinador de nuestra reunión ya se ha aludido a los magníficos amigos que AA ha tenido desde sus comienzos. Podría haber añadido con razón que ya teníamos magníficos amigos aun antes de que apareciera en nuestros sueños la primera y más tenue imagen de A.A.

Años antes de que yo lograra mi sobriedad, años antes de que existiera la más remota idea de que los alcohólicos podrían valerse algún día del programa de AA para ayudarse a sí mismos, ya había hombres y mujeres que iban formulando ideas y adquiriendo técnicas que serían para nosotros en años posteriores de una significación decisiva. Todos estos amigos nuestros que iban a donarnos sus artes y su ciencia tenían una característica en común: En cada instancia, el hombre o mujer que hizo una aportación importante era una persona *enfocada en lo espiritual*, o *animada por lo espiritual*.

Esta noche, yo quisiera narrarles de forma resumida una de las situaciones históricas de las que brotó nuestra Comunidad. Muchos de ustedes ya conocen algunas partes de la historia, la historia de cómo Roland H., un hombre de negocios norteamericano—cuya condición de alcohólico iba empeorando—se iba sometiendo a diversos tratamientos, a una supuesta curación tras otra, sin resultado alguno. Al fin, como refugio de último recurso, viajó a Europa y, literalmente, se entregó a la atención siquiátrica del Dr. Carl Jung, quien, según desenvolvía el asunto, resultaría ser un gran y buen amigo de AA.

Recordamos que Jung era uno de los tres pioneros del arte de la siquiatría. Lo que le distinguía de sus colegas, Freud y Adler, era el que fuera animado por lo espiritual—y esta espiritualidad iba a tener una significación decisiva para todo aquel que se encuentra en esta sala, y la tendrá para todos los que están por venir.

No me había llegado a dar cuenta de la envergadura espiritual del Dr. Jung hasta que, en 1961, le dirigí una carta de agradecimiento bastante atrasada, reconociendo el papel que él había desempeñado en dar origen a la Sociedad de Alcohólicos Anónimos.

Ese fue el último año de la vida del Dr. Jung. Ya era viejo. No obstante, se tomó la molestia de escribirme una carta. Da la impresión de que la había escrito a máquina con un solo dedo. Es uno de mis más preciados recuerdos. Lois la puso en un marco y siempre la tendremos con nosotros.

Debemos prestar mucha atención a lo que el Dr. Jung decía en aquella carta, tan claramente escrita con un profundo amor y una profunda comprensión—en el lenguaje del corazón. Su aguda percepción de lo que se necesitaba para recuperarse del alcoholismo, una percepción que me llegó a través de Rowland y Ebby en un punto crucial de mi propio deterioro, tuvo una significación decisiva para AA cuando aun se encontraba en embrión. Su humilde buena voluntad para decir la verdad, a pesar de que significara confesar las limitaciones de su propio arte, nos da una idea de la dimensión de este hombre.

El Dr. William D. Silkworth era otro hombre motivado por lo espiritual, y su contribución a AA corre pareja con la del Dr. Jung. A diferencia de Jung, el Dr. Silkworth no era un hombre de renombre mundial, pero estaba enfocado en lo espiritual—tenía que estarlo. A todos los que le escucharan, les decía que, después de veinte años de fracaso casi total en sus esfuerzos para ayudar a los alcohólicos, seguía amándolos y quería continuar trabajando con ellos y para ellos. Todo alcohólico que acudía a él, podía sentir ese amor. Se recuperaron muy pocos. El creía que yo tendría la posibilidad de recuperarme. Pero llegó el día en que se rindió ante la evidencia de que yo no iba a recuperarme, que no podía.

En esa época, el Dr. Silkworth ya había definido el alcoholismo como una enfermedad de las emociones, asociada con una enfermedad del cuerpo que él describía en términos aproximados como una alergia. Estas palabras se encuentran en la introducción del Libro Grande, *Alcohólicos Anónimos*, titulada "La Opinión del Médico," y en años posteriores se han incorporado en el consenso de AA.

Así como Jung le había dicho a Rowland que el suyo era un caso desahuciado y que la medicina y la siquiatría ya no podían ofrecerle más ayuda, el Dr. Silkworth le dijo a Lois en ese día trascendental del verano de 1934, "Me temo que sea necesario ingresar a Bill en un manicomio. No tengo nada más que ofrecerle, ni conozco otro remedio que le pueda ayudar." Estas palabras, pronunciadas por un profesional, expresaban una profunda humildad.

Me metieron suficiente miedo para mantenerme abstemio durante dos meses, pero pronto volví a beber. Sin embargo, el mensaje de Dr. Jung y de los Grupos Oxford que Ebby me había transmitido, y la sentencia que el Dr. Silkworth me había dictado seguían dándome vueltas en la cabeza todas las horas del día. Empecé a sentirme resentido. Por un lado estaba el Dr. Silkworth, que había definido el alcoholismo—la obsesión que te condena a beber en contra de tu voluntad y de tu interés genuino, incluso hasta llegar a la destrucción, y la susceptibilidad corporal que asegura que te esperan la locura y la muerte si te atreves a tomarte un solo trago. Y por otro lado, el Dr. Jung, por medio de Ebby y Rowland, confirmaba que, según los médicos, no había ningún escape. Mi dios, la ciencia, el único dios que yo tenía entonces, me había declarado un caso desahuciado.

Pero Ebby también me había traído la esperanza. Poco tiempo después, estaba de vuelta en el hospital, bajo el cuidado del Dr. Silkworth, después de lo que resultaría ser mi última borrachera. Ebby vino otra vez a visitarme. Le pedí que me contara otra vez lo que me había dicho mientras estábamos en la cocina de mi casa de Brooklyn, la primera vez que me relató cómo había logrado su sobriedad.

"Bueno, pues" me dijo, "te miras a ti mismo con sinceridad; haces un autoexamen; conversas sobre el asunto con otra persona; dejas de vivir aislado y empiezas a enderezar tus relaciones con el mundo alrededor tuyo haciendo enmiendas; tratas de practicar esta forma de dar de ti mismo que no exige nada a cambio, ni aprobación, ni prestigio, ni dinero; y pides a cualquier poder superior que exista, incluso si lo haces a título de prueba, que te ayude a encontrar la gracia necesaria para librarte del alcoholismo."

Tal como lo expuso Ebby, era muy simple, muy directo, y dicho con una sonrisa. Pero eso era todo.

Cuando Ebby se despidió, me encontré presa de un terrible dilema. Nunca me había tropezado con tal obstáculo. Sólo puedo suponer que cualquier vestigio de esperanza que yo abrigara de que pudiera hacer algo por mis propios esfuerzos desapareció por el momento. Y volví a sentirme como un niño, completamente solo en una oscuridad total. Y como un niño clamé a gritos, con muy pocas esperanzas—de hecho, sin esperanza alguna. Dije simplemente, "Si hay un Dios, que se manifieste." En ese momento, se me gratificó con una de esas iluminaciones instantáneas, algo totalmente imposible de describir. Me vi sobrecogido por una gran alegría, y una euforia más allá de toda expresión posible. En mi imaginación, me parecía que estaba en la cima de una alta montaña. Había sido transportado allí, no la había escalado. Y entonces me sobrevino de golpe este gran pensamiento: "Bill, eres un hombre libre. Ese es el Dios de las Sagradas Escrituras." Y luego me vi inundado de la conciencia de una presencia. Me invadió una paz profunda, y así me quedé no sé cuánto tiempo.

Pero entonces el lado oscuro hizo su aparición, y me dijo, "Bill, tal vez estés alucinando. Más vale que llames al médico."

El médico vino y yo, con voz vacilante, le conté mi experiencia. Y de él entonces oí unas palabras muy significativas para AA. Después de haberme escuchado, el hombre diminuto mirándome con toda la bondad de sus ojos azules, me dijo: "Bill, no estás loco. Ya sé por mis lecturas que estas cosas suceden, pero ésta es la primera vez que lo he visto con mis propios ojos. No sé lo que te ha pasado, Bill, pero debe ser algún gran acontecimiento síquico, y más vale que lo agarres—es mucho mejor de lo que tenías hace una hora.

Así que yo seguía agarrándome a la experiencia, y entonces supe que había un Dios, y que la gracia existía. Y a lo largo de todos los años posteriores, he seguido creyendo—si puedo permitirme decirlo—que *sé* que estas cosas son así.

Entonces, por haber tenido una formación como una especie de analista, naturalmente me puse a preguntarme por qué esto me había sucedido a mí.. Y por qué les había sucedido con tan poca frecuencia a otros borrachos. ¿Por qué no debe ser esta experiencia el legado de todo borracho? El día siguiente, mientras seguía rumiando así, Ebby vino a visitarme, trayéndome en sus manos el mensaje de otro gran hombre, William James. Este mensaje me llegó por medio de un libro titulado *Las Variedades de la Experiencia Religiosa*. Lo leí de cabo a rabo y, como es de suponer, encontré descritas algunas experiencias parecidas a la mía, y otras que, a diferencia de la mía, se desenvolvían a ritmo lento y gradual. Otras de las experiencias que leí las habían sufrido personas sin ninguna afiliación religiosa.

Sin embargo, casi todas estas experiencias con la potencia para transformar motivaciones tenían denominadores comunes que no se podían explicar por asociación ni por disciplina o fe compartidas, ni por lo que fuese. Estas dádivas de la gracia, ya sea que fueran súbitas o muy paulatinas, tenían su base en la desesperación. Aquellos que las habían recibido era gente que, en alguna esfera clave de su vida, se habían encontrado en una situación que no se podía superar, o esquivar o escapar. Su derrota era total, como la mía.

Luego me puse a reflexionar sobre esta derrota, y me di cuenta del papel que mi dios de la ciencia, personificado por el Dr. Carl Jung y el Dr. Silkworth, había desempeñado en el asunto. Estos hombres me habían comunicado la muy mala noticia de que la probabilidad de recuperarme por mis propios esfuerzos y sin ayuda o por los meros medicamentos era aproximadamente cero. Esto fue un desinflamiento profundo—y me preparó para recibir la dádiva cuando me llegara.

Pero en realidad, aunque ésta es la experiencia más grande de mi vida, no la considero en ningún detalle superior, ni, en su esencia, muy diferente, a la experiencia que todos los AA han conocido—la experiencia transformadora—el despertar espiritual. Todas brotan de la misma fuente: la paz divina.

Así que, con mi propia experiencia, aparecía la posibilidad de una reacción en cadena. Me di cuenta de que no me había sucedido nada hasta que otro alcohólico no me hubo transmitido ciertos mensajes que me tocaron en profundidad. Por lo tanto, me vino la idea de un alcohólico que hablara con otro, como los del Grupo Oxford se hablaban unos con otros—en el lenguaje del corazón. Esto tal vez sería la cinta transmisora. Me lancé a trabajar con otros alcohólicos.

Me presentaba en algunas reuniones del Grupo Oxford y en las misiones. El Dr. Silkworth, con riesgo de su reputación, me permitía trabajar con algunos de sus pacientes en el hospital. Y, por supuesto, nada sucedió. Porque—elementos de mi antigua grandiosidad volvieron a invadirme, y creí que mi experiencia fuera algo muy especial. Mi ego estaba nuevamente en pleno auge. Mi destino era el de sanar a todos los borrachos del mundo—vaya tarea.

Por supuesto que nada sucedió hasta que sufrí—nuevamente—el desinflamiento. Lo sufrí ese día en el Hotel Mayflower, al verme tentado, por primera vez desde mi experiencia en el hospital, a tomarme un trago. En ese momento, me di cuenta inicialmente de la necesidad que tendría de otros alcohólicos para preservarme y para ayudarme a mantener la dádiva original de la sobriedad. No se trataba meramente de intentar *ayudar* a los alcohólicos. Si yo esperaba mantener mi propia sobriedad, *tenía* que encontrar a otro alcohólico con quien trabajar. Así que, cuando el Dr. Bob y yo nos encontramos sentados cara-a-cara, yo ni siquiera pensé en hacer lo que solía hacer en el pasado. Le dije, "Bob, te estoy hablando porque tú me haces tanta falta como yo pueda hacerte a ti. Me veo corriendo un grave peligro de recaer en el abismo."

Esa es la historia. Así les han expuesto la naturaleza de la enfermedad el Dr. Jung y el Dr. Silkworth—y allí está un borracho que habla con otro, contándole su historia de recuperación por medio de su dependencia de la gracia de Dios.

Sección

Con miras al futuro

El liderazgo en AA:
Siempre una necesidad vital

Abril de 1959

Ninguna sociedad puede funcionar bien si no cuenta con líderes competentes a todo nivel, y AA no puede considerarse una excepción. No obstante, es necesario mencionar que los AA a veces abrigamos la idea de que podemos prescindir de todo liderazgo. Tenemos la tendencia a tergiversar el concepto tradicional de "anteponer los principios a las personalidades" hasta el punto de despojar al liderazgo de toda personalidad. Esta idea supondría que los líderes fueran unos autómatas sin cara que se esforzaran por complacerles a todos, sin importar de qué se tratara.

En otras ocasiones, tendemos a exigir con el mismo vigor que los líderes de AA sean gente del más fino criterio, de moralidad impecable e inspiración sublime—gente de gran energía y acción, excelsos ejemplos para todos, y casi infalibles.

El verdadero liderazgo, por supuesto, tiene que seguir un rumbo medio entre estos extremos totalmente utópicos de deseada excelencia. En AA, sin duda, no hay ningún líder sin cara, ni tampoco uno que sea perfecto. Afortunadamente, nuestra Sociedad se ve dotada de una cantidad suficiente de *verdadero* liderazgo—la gente activa de hoy y, según nos llegan en tropel los de cada nueva generación, los posibles líderes futuros. Contamos con una abundancia de hombres y mujeres que tienen la dedicación, la estabilidad, la amplitud de visión y los talentos especiales que les hacen competentes para encargarse de toda tarea de servicio imaginable. Lo único que tenemos que hacer es buscar esta gente y confiar en que nos sirvan bien.

En algún título de nuestra literatura se encuentra una frase que dice: "Nuestros líderes no nos impulsan por mandatos, nos dirigen con su ejemplo." En efecto, les decimos: "Trabajen para nosotros, pero nos manden."

Un líder en AA es, por lo tanto, un hombre (o mujer) que puede personalmente poner en efecto principios, planes y políticas de una manera tan dedicada y eficaz que los demás queremos apoyarlo y ayudarle a realizar su trabajo. Cuando un líder intenta obstinadamente imponernos sus deseos, nos rebelamos; pero si con exagerada docilidad se convierte en un mero recadero sin nunca ejercer su propio criterio—pues, no es en realidad un líder.

El buen liderazgo toma la iniciativa en formular planes, políticas e ideas para el mejoramiento de nuestra Comunidad y de sus servicios. No obstante, en cuanto a nuevas e importantes cuestiones, siempre consulta ampliamente antes de tomar decisiones y ejecutar acciones. El buen liderazgo también tendrá presente el hecho de que un plan o una idea excelente puede ser propuesto por cualquiera, de cualquier parte. Por consecuencia, el buen liderazgo con frecuencia descarta sus propios planes predilectos para adoptar otros mejores, y atribuye el mérito a quien le corresponde.

El buen liderazgo nunca esquiva la responsabilidad. Una vez que se siente convencido de tener, o de poder obtener, suficiente apoyo, libremente toma sus decisiones y las lleva a cabo sin dudar, siempre que las acciones estén dentro del marco de su autoridad y responsabilidad definida.

Un "politicastro" es una persona que siempre está tratando de "conseguir para la gente lo que la gente quiera." Un estadista es un individuo que puede diferenciar entre las ocasiones en que sea apropiado y *no sea apropiado* hacerlo. Se da cuenta de que incluso las grandes mayorías, si sufren de grandes trastornos o si no están bien informadas, a veces pueden equivocarse totalmente. Cuando se le presenta una situación así, y está en juego algo muy importante, es siempre la responsabilidad del liderazgo, aun cuando se encuentre en pequeña minoría, resistir a la tempestad—valiéndose de todos sus talentos de persuasión y autoridad para efectuar un cambio.

No obstante, no hay nada que sea más perjudicial para el liderazgo que la oposición por el mero hecho de oponerse. Nunca se debe decir, "Lo hacemos a nuestra manera o no lo hacemos de ninguna manera." Esta clase de oposición a menudo está motivada por un orgullo ciego o algún rencor que nos lleva a poner obstáculos a algo o a alguien. También existe la clase de oposición que deposita su voto diciendo, "No, esto no nos gusta." No explican nunca sus motivos. Esto no sirve. Cuando se le pida hacerlo, el liderazgo siempre debe explicar sus motivos, y más vale que sean buenos.

Además, un líder debe darse cuenta de que incluso la gente soberbia o airada a veces tienen razón, mientras que los más serenos y humildes pueden estar totalmente equivocados.

Estas observaciones sirven para ilustrar de forma práctica el cuidadoso discernimiento y sincera reflexión que el verdadero liderazgo siempre debe tratar de ejercer.

Otro requisito para ser líder es el de "dar y tomar"—la capacidad para transigir de buena gana cuando un arreglo apropiado pueda hacer progresar una situación en lo que parece ser la dirección correcta. La transigencia nos resulta difícil a nosotros, los borrachos de "todo o nada." No obstante nunca debemos perder de vista el hecho de que el progreso está casi siempre caracterizado por *una serie de acuerdos encaminados a conseguir mejoras*. No obstante, no siempre podemos llegar a un acuerdo. De vez en cuando, es verdaderamente necesario aferrarnos categóricamente a nuestra convicción con respecto a una situación hasta que se llegue a una decisión final. Estas son situaciones que requieren que se sepa aprovechar el momento oportuno y se haga una evaluación cuidadosa sobre el camino que se debe seguir.

El liderazgo a menudo se ve sometido a una crítica severa y a veces muy prolongada. Esta es un prueba decisiva. Siempre hay críticos constructivos, son nuestros verdaderos amigos. Siempre debemos escucharles con cuidadosa atención. Debemos estar dispuestos a dejar que modifiquen nuestras opiniones o que las cambien por completo. Sin embargo, a menudo tendremos que estar en desacuerdo y mantenernos firmes sin perder su amistad. Luego tenemos aquellos a quienes solemos llamar críticos destructivos. Tratan de imponer sus puntos de vista, son "politicastros," hacen acusaciones. Tal vez son violentos, maliciosos. Hacen correr rumores, chismorreos y habladurías para lograr sus fines—todo, por supuesto, por el bien de AA. Pero, dentro de AA al menos, nos hemos dado cuenta de que estos individuos, que posiblemente estén un poco más enfermos que el resto de nosotros, no son necesariamente destructivos; todo depende de cómo nos relacionemos con ellos.

Para empezar, debemos escuchar cuidadosamente lo que dicen. A veces dicen toda la verdad; otras veces, un poco de la verdad. Sin embargo, más a menudo están tratando de convencerse a sí mismos de cosas sin sentido. Si se dirigen a nosotros, tanto la pura verdad como la verdad a medias, o incluso algo muy lejos de la verdad nos pueden herir igualmente. Por eso tenemos que escuchar tan cuidadosamente. Si están diciendo la pura verdad o incluso parte de la verdad, más vale que se lo agradezcamos y sigamos haciendo nuestro propio inventario, y admitamos que estábamos equivocados. Si se trata de cosas absurdas, podemos ignorarlos. O podemos poner las cartas boca arriba y tratar de persuadirlos. Si no lo logramos, podemos lamentar que estén tan enfermos que no pueden escuchar y podemos tratar de olvidar el asunto. Para llegar a conocernos a nosotros mismos y cultivar una paciencia auténtica, hay pocas cosas mejores que esas pruebas a las que nos someten estos compañeros, normalmente bien intencionados pero, no obstante, equivocados. Esto es siempre una ardua tarea y, algunas veces, no llegaremos a cumplirla. Pero debemos seguir tratando.

Pasemos ahora a considerar el importantísimo atributo de la visión. La visión es, según creo yo, la capacidad para hacer buenas evaluaciones, tanto para el futuro inmediato como para el futuro lejano. Algunos pueden considerar esta clase de empeño como una especie de herejía, ya que los AA estamos constantemente diciéndonos, "Un día a la vez." Pero esta preciada máxima realmente se refiere a nuestra vida emocional, y solo significa que no debemos afligirnos por el pasado ni fantasear o soñar despiertos sobre nuestro futuro.

Como individuos y como Comunidad, sin duda sufriremos si dejamos toda la tarea de planificar para el día de mañana en manos de una Providencia benigna. Dios nos ha dotado a nosotros los seres humanos con una considerable capacidad de prever, y evidentemente espera que la usemos. Por lo tanto, tenemos que distinguir entre soñar ansiosamente con un mañana feliz y valernos hoy de nuestra facultad para hacer evaluaciones metódicas y prudentes—evaluaciones que, confiamos, nos conducirán al progreso futuro y no al infortunio imprevisto.

Por lo tanto, la visión es la esencia misma de la prudencia—sin duda una virtud fundamental. Huelga decir que a menudo vamos a equivocarnos total o parcialmente en nuestras evaluaciones del futuro. No obstante, esto será preferible a negarnos completamente a pensar.

El hacer evaluaciones tiene varios aspectos. Consideramos la experiencia pasada y actual para determinar su significado. De esto, podemos sacar una idea o política tentativa. Al considerar en primer lugar el futuro cercano, nos preguntamos cómo funcionaría nuestra idea o plan de acción. Luego, nos preguntamos cómo funcionarían nuestras ideas o planes de acción bajo las diferentes circunstancias que puedan surgir en un futuro más lejano. Si una idea nos parece bastante acertada, la ponemos en práctica—siempre a título de prueba, cuando sea posible. Más tarde, volvemos a considerar la situación para determinar si nuestro plan está dando los resultados deseados o pronto los dará.

En esta etapa, tal vez tengamos que tomar una decisión crucial. Tal vez tengamos una norma o un plan que todavía parece acertado y aparentemente funciona bien. No obstante, debemos considerar cuidadosamente el efecto que tendrá a la larga, ¿Se convertirán las ventajas inmediatas de hoy en grandes desventajas en el futuro? Siempre nos veremos tentados a obtener los beneficios inmediatos y olvidarnos completamente de los peligrosos precedentes que estamos sentando y de las peligrosas consecuencias que puedan entrañar.

Estas no son teorías estrafalarias. Nos hemos dado cuenta de que debemos utilizar constantemente estos principios evaluatorios, especialmente al nivel de servicio mundial donde los riesgos son muy grandes. Por ejemplo, en nuestras relaciones públicas, tenemos que tratar de prever la reacción tanto de los grupos de AA como del público en general, a corto y a largo plazo. Esto mismo se aplica a nuestra literatura. En cuanto a las finanzas, tenemos que hacer cálculos y elaborar presupuestos. Tenemos que analizar nuestras necesidades de servicios en relación a las circunstancias económicas generales, y a la capacidad y la buena voluntad de los grupos para contribuir. Con respecto a muchos problemas parecidos, a menudo debemos tratar de pensar con muchos meses o incluso años de anticipación.

En realidad, al principio todas las Tradiciones de AA tenían que ver con la previsión y la visión del futuro. Hace años, por ejemplo, fuimos desarrollando lentamente la idea de que AA fuera automantenida. Se habían tenido dificultades aquí y allá con respecto a aportaciones ajenas. Luego surgieron dificultades aun mayores. En consecuencia, empezamos a formular una política de no aceptar contribuciones ajenas. Empezamos a sospechar que grandes sumas de dinero podrían hacernos irresponsables y desviarnos de nuestro objetivo primordial. Finalmente, vimos que a la larga aceptar dinero de afuera podría arruinarnos completamente. En este punto, lo que había sido una idea o una norma general se convirtió en una Tradición de AA bien arraigada. Nos dimos cuenta de que teníamos que sacrificar el beneficio rápido e inmediato para obtener la seguridad a largo plazo.

Pasamos por este mismo proceso en cuanto al anonimato. Nos parecía que unas pocas rupturas de anonimato a nivel público habían causado un buen efecto. Pero finalmente vimos que muchas de estas rupturas podrían causar estragos entre nosotros. El proceso se desenvolvió así: primero, una idea tentativa, luego una política experimental, después una política firme, y finalmente una profunda convicción—una visión para mañana. Esta es nuestra forma de prever el futuro. Nuestros líderes responsables a escala mundial siempre tienen que ser sumamente competentes en esta actividad vital. Esta es una capacidad esencial, especialmente para nuestros custodios, y creo que en la mayoría de los casos, a la hora de elegirlos debemos basar nuestra decisión en una aptitud de previsión ya demostrada en el desempeño de sus carreras de negocios o profesionales

Siempre tendremos que contar con que nuestros líderes, en todos los niveles de servicio, estén dotados de muchos de estos mismos atributos. Estos principios de liderazgo serán prácticamente los mismos, no importa cuál sea el tamaño de la operación.

A primera vista, esta discusión sobre el liderazgo puede parecer un intento de definir una clase superior de miembros de AA con privilegios especiales; pero realmente no es así. Simplemente reconocemos el hecho de que hay una gran variedad de talentos. El director de una orquesta no tiene que ser habilidoso en cuestiones financieras o de previsión. Y es aun menos probable que un excelente banquero tenga gran éxito musical. Por lo tanto, cuando hablamos sobre líderes en A.A., sólo decimos que debemos seleccionar a estos líderes con miras a obtener los mejores talentos que podamos encontrar, asegurándonos de colocar estos talentos, cualesquiera que sean, donde nos vayan a ser de la mayor utilidad.

Aunque este artículo se concibió originalmente en relación a nuestro liderazgo de servicio mundial, es muy posible que muchas de estas sugerencias sean útiles a cualquier persona que participe activamente en nuestra Sociedad.

Esto es especialmente cierto en el trabajo de Paso Doce—un trabajo al que casi todos nosotros nos dedicamos afanosamente. Todo padrino es necesariamente un líder. Es enorme lo que está en juego: la vida de un ser humano y, a menudo, la felicidad de toda una familia. Lo que el padrino dice y hace, su capacidad para prever las reacciones del posible miembro, la forma en que presenta sus argumentos y su talento para escoger el momento oportuno, su forma de reaccionar ante las críticas, y el ejemplo personal y espiritual que da al principiante para guiarle—estos atributos del liderazgo pueden tener una significación decisiva, y a menudo pueden suponer la diferencia ente la vida y la muerte.

Gracias a Dios que Alcohólicos Anónimos cuenta con tantos líderes competentes en todos y cada uno de sus importantes asuntos.

La comunicación AA puede superar todas las barreras

Octubre de 1959

Nadie podría dudar en decir que los AA somos muy afortunados; afortunados por haber sufrido tanto; afortunados por poder conocernos, comprendernos y amarnos unos a otros tan supremamente bien—pero no podemos atribuirnos el mérito de tener estas cualidades y virtudes. A decir verdad, la mayoría de nosotros somos bien conscientes de que son dádivas extraordinarias que tienen su verdadera raíz en nuestra afinidad nacida del sufrimiento en común y de la liberación por la gracia de Dios. Por lo tanto, tenemos el privilegio de comunicarnos los unos con los otros de una manera y con una intensidad que rara vez vemos sobrepasar entre nuestros amigos no-alcohólicos en el mundo a nuestro alrededor.

Desde los comienzos de AA, el éxito que hemos tenido con cada nuevo candidato ha dependido directamente de nuestra capacidad para identificarnos con él o ella, por la experiencia, por el lenguaje y especialmente por los sentimientos—estos sentimientos profundos que nos tenemos unos a otros y que no se pueden expresar con palabras. Esto es lo que verdaderamente queremos decir con "un alcohólico que habla con otro."

Hace años, no obstante, nos dimos cuenta de que la afinidad que tenemos por haber sufrido del alcoholismo grave a menudo no era suficiente en sí misma. Para superar todas las barreras, era necesario ampliar y profundizar todos nuestros canales de comunicación.

Por ejemplo, casi todos los miembros pioneros de AA eran lo que hoy llamamos casos de "últimas boqueadas" (o sea, de bajo fondo). La mayoría de los primeros miembros nos habíamos encontrado al borde del abismo. Cuando empezaban a presentarse los casos menos afligidos (los de alto fondo), solían decirnos, "Pero nunca nos han metido en la cárcel. Nunca se nos ha confinado en manicomios. Nunca hicimos esas cosas horribles de las que hablan ustedes. Sin duda, AA no sirve para gente como nosotros."

Durante años los veteranos simplemente no podíamos comunicarnos con esta gente. De alguna forma, íbamos a tener que aumentar el número y la capacidad de nuestras líneas de comunicación con ellos. Si no, nunca podríamos alcanzarlos. Tras mucha experiencia, por fin llegamos a elaborar un medio y un método para hacerlo.

A cada nuevo candidato de alto fondo, le recalcábamos insistentemente el veredicto de eminentes médicos de que "el alcoholismo es una enfermedad mortal y *progresiva*. Luego, le contábamos lo de las primeras etapas de nuestras carreras de bebedores, en las que nuestros propios casos tampoco parecían ser muy graves. Recordábamos lo convencidos que estábamos de poder controlarnos la "próxima vez" que nos tomáramos un trago; o quizás lo admirable que nos solía parecer la idea de que, en ocasiones, el desenfrenado consumo de alcohol no era sino el pecadillo de un buen hombre muy "macho". O, en la próxima etapa, lo propensos que éramos a echar la culpa de habernos entregado al alcohol a nuestras circunstancias desgraciadas o a la conducta desconcertante de otra gente.

Después de haber establecido este grado de identificación, nos poníamos a regalarles con numerosas historias que servían para demostrar lo insidiosa e irresistiblemente que había progresado nuestra enfermedad; que servían para enseñarles que, años antes de darnos cuenta, ya habíamos sobrepasado el punto del que no podíamos volver atrás por un esfuerzo de nuestra propia voluntad o contando únicamente con nuestros propios recursos. Seguíamos insistiendo en lo acertados que estaban los médicos.

Lenta pero seguramente esta estrategia empezaba a dar los resultados deseados. Gracias al apoyo de la autoridad de la medicina y a una presentación más astuta del problema, los de bajo fondo empezaron a comunicarse con los de alto fondo. Pero no íbamos a tener que seguir para siempre con este proceso lento y pesado y sus escasos resultados. Para nuestro gran regocijo, descubrimos que en cuanto los AA de cualquier localidad recibían en su grupo a los borrachos de alto fondo, el progreso con estos compañeros, aun si fueran muy pocos, resultaba mucho más fácil y rápido. Hoy día, sabemos por qué—un borracho de alto fondo puede hablar con otro de alto fondo como ninguna otra persona pudiera hacerlo. Así que este sector de nuestra Comunidad seguía creciendo constantemente. Es probable que casi la mitad de los miembros actuales de AA se hayan librado de los últimos cinco, diez, o incluso quince años de puro infierno que nosotros los de bajo fondo conocemos tan bien.

Desde que se resolvieron estos primeros problemas elementales de comunicación, AA ha logrado entrar y comunicarse con éxito en todas las áreas de la vida donde se encuentran los alcohólicos.

Por ejemplo, al principio, pasaron cuatro años antes de que AA llevara la sobriedad permanente tan solo a una mujer alcohólica. Como los del alto fondo, las mujeres también decían que eran diferentes. No obstante, al irse perfeccionando la comunicación, debido principalmente a los esfuerzos de las mismas mujeres, la situación fue cambiando. Hoy día, debe de haber unas treinta mil hermanas nuestras de AA por todas partes del mundo.

Y así se ha seguido desarrollando este proceso de identificación y transmisión. El borracho de los barrios perdidos decía que era diferente. Se oía decir lo mismo aun más estridentemente al mundano (el beodo de la alta sociedad). Lo mismo decían los artistas, los profesionales, los ricos, los pobres, la gente religiosa, los agnósticos, los indios, los esquimales, los soldados veteranos y los presos.

Pero hoy en día, todos ellos hablan de lo mucho que nos parecemos todos los alcohólicos cuando reconocemos que hemos llegado a la hora de la verdad; cuando nos damos cuenta de que, en nuestra Comunidad "de sufrimiento y liberación," realmente es una cuestión de vida o muerte .

Este es nuestro número internacional anual del Grapevine de AA, en el que aparecen noticias y comentarios de nuestros preciados grupos allende los mares, grupos que hoy día nos devuelven el doble de la inspiración que nosotros una vez intentamos darles a ellos. En aquel tiempo, había un verdadero problema de comunicación. ¿Nos sería posible establecer una identificación con nuestros compañeros en países extranjeros por medio de cartas, por medio de nuestra literatura, de la cual teníamos muy pocos títulos traducidos, y mediante los contactos fortuitos que tuvieran con los AA viajeros?

En 1950, no sabíamos la respuesta con seguridad. Así que Lois y yo, según nos dirigíamos aquel año a Europa y a Gran Bretaña para verlo por nosotros mismos, nos preguntábamos: ¿Podría AA verdaderamente superar las formidables barreras de raza, de idioma, de religión y de cultura; las cicatrices de las guerras recientes y de antaño; la soberbia y los prejuicios que nosotros los norteamericanos ya sabíamos que teníamos? ¿Podríamos comunicarnos con los noruegos, los suecos, los daneses y los finlandeses? ¿Y con los holandeses, los alemanes, los franceses, los ingleses, los escoceses y los israelitas? ¿Y con los africanos, los bóers, los australianos, los latinos, los japoneses, los hindúes y los musulmanes, y—no debemos olvidar—los esquimales? ¿Podría AA superar esas barreras que, con mayor vehemencia que nunca, habían dividido y desgarrado el mundo nuestro?

En cuanto desembarcamos en Noruega, supimos que AA podría llegar y llegaría a todas partes. No entendíamos ni una palabra de noruego y había pocos traductores. Para nosotros, tanto los paisajes como las costumbres eran nuevos y extraños. Sin embargo, desde el primer instante había una comunicación maravillosa. Había una increíble sensación de unidad, de estar completamente en casa. Los noruegos eran de los nuestros. Noruega también era nuestro país. Ellos tenían los mismos sentimientos para con nosotros. Esto se podía ver en sus caras; nos llegaron al corazón.

A medida que íbamos viajando de país en país, se iba repitiendo una y otra vez esta magnífica experiencia. En Gran Bretaña, nos aceptaban como británicos. En Irlanda, estábamos en perfecta armonía con los irlandeses. Por todas partes, era lo mismo. Era algo mucho más importante que un cordial encuentro y acuerdo entre personas. No era un mero intercambio interesante de experiencias y esperanzas comunes. Era mucho más: era la comunicación de corazón a corazón con admiración, con alegría y con gratitud eterna. Lois y yo supimos entonces que AA podría dar la vuelta al globo—y así lo ha hecho.

Nunca tendremos necesidad de otra evidencia. Si hay un miembro que todavía lo dude, que escuche la siguiente conmovedora historia que alguien me contó la semana pasada.

La historia trata de un pequeño grupo de habla inglesa en Japón. Para ser más preciso, es la historia de dos miembros del grupo—un par de japoneses que no entienden ni una palabra de inglés. Vale mencionar que los demás miembros—los de habla inglesa—no entienden ni una palabra de japonés. La barrera lingüística es total. Es probable que los dos japoneses sólo hayan leído una traducción de los Doce Pasos, y nada más.

Hace ya algunos meses que los compañeros japoneses vienen asistiendo a las reuniones, sin perderse ninguna. Allí se sientan en el local de reunión, con caras muy risueñas. Se concentran con toda intensidad en lo compartido por cada orador, como si comprendieran y saborearan cada palabra. Estas palabras inglesas, como palabras, todavía no tienen sentido. No obstante, los que hablan y la reunión tienen para ellos un inmenso significado. Todos sabemos por qué. Los que hablan no se están expresando meramente en inglés sino en el lenguaje universal de profunda y duradera hermandad—el lenguaje del corazón.

Los dos japoneses, una vez aislados y solitarios, ya no se sienten solos; pueden ver y sentir y comprender. Y, gracias a Dios, el resto de nosotros vemos, sentimos y comprendemos también.

Veinticinco años más tarde

Marzo de 1960

Es sumamente grato saber que nuestras familias y nuestros fieles amigos— los que nos han acompañado en nuestras dificultades, que nos han visto y nos han ayudado a pasar de las tinieblas del alcoholismo a la luz resplandeciente de AA—participarán en la mayoría de nuestras reuniones de aniversario internacionales.

Para Lois y para mí, y para la gente de AA de todas partes, este 25° Aniversario es una ocasión de calurosos y felices recuerdos; de gratitud por la sobriedad y por la nueva vida que el pasado cuarto de siglo nos ha traído a tantos de nosotros que éramos una vez gente desahuciada; de gratitud por la oportunidad más amplia que hoy día tenemos de servir al hombre y a Dios, una oportunidad que nos requerirá que nos dediquemos cada vez más afanosamente a nuestros preciados principios de AA de recuperación, unidad y servicio—los lemas de nuestro 25° Aniversario que ahora están en boca de todos.

También estamos pensando en todos aquellos enfermos que todavía están por llegar a AA—millares, sin duda, y tal vez, millones. Según tratan de retornar a la fe y a la vida, queremos que encuentren en AA todo lo que nosotros hemos encontrado, y aun más, si fuera posible. Por lo tanto, para asegurar que estemos totalmente preparados para recibirlos en el día de su regreso a casa, no podemos escatimar cuidados, vigilancia ni esfuerzos para conservar la constante eficacia y la fuerza espiritual de AA.

Al considerar nuestros modestos y casi desapercibidos comienzos de hace solo 25 años; al recordar las dificultades, las incertidumbres y los peligros de nuestra época pionera, me resulta increíble e infinitamente emocionante el hecho de que todo esto llegará a su apogeo el próximo mes de julio cuando Lois y yo nos encontremos cara a cara con tantos miles de ustedes en nuestra

Convención Internacional de Long Beach, California. Desde ahora hasta entonces, sin duda seguiremos diciendo con asombro, unos a otros: "¡Qué gran milagro ha obrado Dios!" Esta significativa exclamación servirá para recordarnos siempre que AA es verdaderamente una creación de Dios. Ninguno de nosotros, ni ningún grupo particular de alcohólicos inventó Alcohólicos Anónimos. Al contemplar la totalidad de lo que ha ocurrido en estos 25 años, vemos que El ha obrado mediante los bien dispuestos corazones, mentes y manos de millares de personas. Por esta razón, el Dr. Bob y yo a menudo hemos deplorado que se nos llame cofundadores, ya que tal título puede causar la impresión de que nosotros solos inventamos, estructuramos y propagamos AA.

De hecho, no hay nada que esté más lejos de la verdad.

Para ilustrar esto, podemos pararnos un momento para repasar las ideas fundamentales en las que se basa nuestro programa de recuperación y luego preguntarnos de dónde nos llegaron estas ideas—y precisamente quién nos las dio.

Nuestro Primer Paso de recuperación dice: "Admitimos que éramos impotentes ante el alcohol—que nuestras vidas se habían vuelto ingobernables." Esto simplemente quiere decir que todos nosotros tenemos que tocar fondo y tocarlo dura y duraderamente. Pero rara vez podemos admitir tan francamente nuestra desesperación personal hasta que no nos demos cuenta de que el alcoholismo es una terrible y a menudo mortal enfermedad del cuerpo y de la mente—una obsesión que nos condena a beber unida a una alergia física que nos condena a la locura o a la muerte.

Entonces, ¿Cómo llegamos a saber que el alcoholismo es una enfermedad tan temible? ¿Quién nos dio esta inapreciable información de la que depende tanto la eficacia del Primer Paso de nuestro programa? Pues, me la dio mi propio médico, "el diminuto doctor que amaba a los borrachos," William Duncan Silkworth. Hace más de 25 años, en el Towns Hospital de Nueva York, nos dijo a Lois y a mí lo que realmente es la enfermedad del alcoholismo.

Desde entonces, hemos descubierto que estas horribles condiciones de la mente y del cuerpo invariablemente provocan la tercera fase de nuestra enfermedad. Esta es la enfermedad del espíritu; una enfermedad para la cual tiene que haber un remedio espiritual. Los AA reconocemos este hecho en las primeras palabras del Duodécimo Paso de nuestro programa de recuperación: "Habiendo obtenido un despertar espiritual…" Aquí identificamos el remedio para nuestra enfermedad de tres facetas—del cuerpo, de la mente y del alma. Al decir esto, reconocemos la necesidad de ese importantísimo despertar espiritual.

¿Quién, entonces, fue el primero en hablarnos de la necesidad absoluta de un despertar de este tipo, de una experiencia que no solamente expulsa la obsesión alcohólica, sino que también da eficacia y realidad a la aplicación de principios espirituales "en todos nuestros asuntos"?

Pues, esta idea vivificadora nos vino de William James, el padre de la sicología moderna. Nos llegó por medio de su famoso libro *Las Variedades de la Experiencia Religiosa*, que mi amigo Ebby me trajo al Hospital Towns inmediatamente después de mi extraordinaria experiencia espiritual en diciembre de 1934.

William James también recalcó la necesidad de tocar fondo. De esta manera, reforzó el significado del Primer Paso de AA y nos procuró la esencia espiritual del Duodécimo Paso, tal como hoy lo conocemos.

Después de haber explicado los orígenes del Primer y del Duodécimo Pasos, es natural que preguntemos, "¿Dónde encontraron los primeros AA el material para los diez Pasos restantes? ¿De dónde nos vinieron los conceptos de un inventario moral, de reparaciones por los daños causados, de la entrega de nuestras vidas y nuestra voluntades a Dios? ¿De dónde nos vino la idea de la meditación y la oración y todo lo demás?"

La sustancia espiritual de los diez Pasos restantes nos vino directamente del Dr. Bob y de mi asociación personal con los Grupos Oxford, que en aquel entonces estaban dirigidos por un pastor episcopaliano, el Dr. Samuel Shoemaker.

No obstante, en ese punto de nuestra temprana experiencia, aun había un eslabón perdido—y de importancia crucial. Todavía no nos dábamos cuenta completamente del tremendo y profundo impacto que puede causar un alcohólico al hablar con otro. Algo de esto logré comprender cuando mi amigo y padrino, Ebby, me contó su historia de bebedor, su liberación, y me explicó los principios de los Grupos Oxford que habían hecho esto posible. Adquirí una mayor comprensión durante mi experiencia espiritual en la que se había incluido una visión de una reacción en cadena entre los alcohólicos, un alcohólico que habla con otro. Pero hasta que no conocí al Dr. Bob, no llegué a darme cuenta de que lo necesitaba a él tanto como él me pudiera necesitar a mí. Esta era la reciprocidad perfecta, la total hermandad. Esta era la respuesta final y decisiva. Así se forjó el eslabón perdido y, de alguna forma, lo supimos inmediatamente.

La deuda que tenemos con aquellos amigos maravillosos que nos pusieron al Dr. Bob y a mí al alcance de la recuperación es incalculable e imposible de pagar. Pero incluso estas magníficas dádivas no habrían llegado a tener ninguna significación, si no se hubieran pasado de mano en mano durante los últimos 25 años. Ustedes, los miembros de AA, han venido forjando incontables eslabones nuevos en la cadena de recuperación que ahora rodea al mundo. El ejemplo de ustedes, su influencia y sus trabajos, bajo la gracia de Dios, ya han llevado la esperanza, la salud y la felicidad a millones de personas—alcohólicas y no-alcohólicas.

Muchos de ustedes pueden recordar muy bien los peligros de la época del crecimiento vertiginoso de AA. Recuerdan lo mucho que temíamos que la frenética búsqueda del dinero, la fama y el poder nos llevara a la ruina. Recuerdan los temores que nos suscitaba cualquier intento de explotar el nombre de AA, ya fuera por parte de nuestros miembros o por otros. Luego estaban los espectros de los conflictos políticos y religiosos—espectros que podían desatarse y aplastarnos. También había el temor de que, si llegáramos a crear una organización de servicio mundial, nuestros servidores que trabajaban allí se convirtieran enseguida en nuestros dueños, y que así nos cargaran con un gobierno caro y desastroso. Sentíamos mucha aprensión por la publicidad a gran escala, por temor a que se convirtiera en publicidad a bombo y platillo que pudiera desvirtuar nuestro mensaje y hacer que se nos pusiera en ridículo y, de esta manera, causar que los alcohólicos y sus familias se distanciaran de nosotros. También temíamos vernos tentados a aceptar grandes donativos monetarios, y así encontrarnos obligados a depender de la caridad de gente ajena y tentados a desparramar nuestras energías descabelladamente, mezclándonos en proyectos ajenos que otra gente podría manejar mejor que nosotros. Recordarán nuestra violenta hostilidad ante cualquier miembro que tuviera la temeridad de meterse en estas empresas en el campo del alcoholismo. Recordarán las andanadas que soltábamos a cualquier AA que aceptara un centavo de nuestro dinero fuera cual fuera el propósito; el temor que teníamos al profesionalismo, tan profundo que apenas nos atreveríamos a contratar a un miembro de AA para atender los teléfonos de nuestras oficinas locales. Sobre todo, recuerdan los escalofríos que nos daba esa primera racha de rupturas de anonimato ante el público, tanto las de nuestros miembros bien intencionados como las motivadas por egoísmo.

Esos eran nuestros temores—algunos risibles otros bien justificados. ¿Qué podríamos hacer?

Durante un largo tiempo lleno de inquietud, simplemente no sabíamos si íbamos a poder vivir y trabajar juntos y con el mundo alrededor nuestro. ¿Podríamos mantener nuestra unidad a todos los niveles, podríamos funcionar eficazmente para llevar el mensaje de AA? Simplemente no sabíamos.

Pero poco a poco, logramos liberarnos de los temores suscitados por nuestros dolores de crecimiento. Empezamos a aprender las lecciones de nuestra experiencia. La prudencia genuina reemplazó al ruinoso temor. Y por fin, de nuestra experiencia colectiva de vivir y trabajar juntos, surgieron las Doce Tradiciones de Alcohólicos Anónimos—la base de la magnífica unidad que hoy día disfrutamos en casi todas partes; la base de una excelente estructura de servicios que ha llegado a ser tan eficaz que, dentro de un plazo de muy pocos años, todos los alcohólicos del mundo tendrán la bendita oportunidad de disfrutar de la cordura y la sobriedad que nosotros aquí reunidos conocemos muy bien. Este extraordinario desarrollo de nuestra unidad y de nuestra capacidad para llevar el mensaje de AA a todo el mundo, no se lo debemos a un puñado de gente, sino a una multitud. A decir verdad, estas maravillosas bendiciones se deben a los esfuerzos de todos nosotros.

Poco a poco, esta dedicación y esta unidad nos han hecho posible superar toda barrera de raza y religión, de nacionalidad y de lenguaje. De hecho, hemos venido adquiriendo la capacidad para enfrentarnos con todo tipo de circunstancia y obstáculo. Para nuestra alegría, hemos visto las buenas nuevas llegar a los alcohólicos jóvenes que no han sufrido todavía las peores aflicciones de nuestra enfermedad, por habernos dado cuenta de la sabiduría de levantar el fondo para que les toque a ellos, y así les hemos liberado de años de sufrimientos. Con la misma satisfacción, hemos visto la salvación de los ricos y de los pobres. Hoy día, les vemos reconociendo lo que es la auténtica riqueza del espíritu.

Con sumo interés, vemos a tantos compañeros nuestros esforzarse por aplicar los principios de AA en todos su asuntos, vemos acelerar y reflejarse en el hogar, en el trabajo y en el mundo en general, nuestra búsqueda del desarrollo emocional y espiritual. Nuestras familias, también, han adoptado como suyos los Doce Pasos de AA. Ahora existen más de mil grupos de Al-Anon, y están experimentado un crecimiento prodigioso, lo cual también refleja el progreso de la multitud, de todos nosotros.

Esta es una mera vislumbre del vasto panorama de AA de hoy día, y tiene que ser un buen augurio para el futuro. No obstante, esta narración de logros pasados y de la visión que abrigamos de nuestro futuro no debe servir como motivo para felicitarnos, no podemos dejar que nos haga sentirnos satisfechos de nosotros mismos. Bien sabemos que nuestros defectos, como individuos y como Sociedad, todavía son muy grandes. Y esperamos que nunca dejemos de dedicarnos afanosamente a remediarlos.

Continuemos profundizando nuestra humildad y reforzando nuestra dedicación al hombre y a Dios para que podamos enfrentarnos a todos los problemas y peligros del futuro y superarlos. Recemos para que los AA de hoy y la nueva generación de mañana lleguen a ser cada vez más dignos del feliz y útil destino que nuestro Creador sin duda tiene reservado para todos nosotros.

¿Qué es la libertad en AA?

Mayo de 1960

Las Tradiciones y las costumbres de Alcohólicos Anónimos constituyen una garantía de libertades individuales y colectivas sin paralelo en la historia. No nos encontramos sujetos a ningún gobierno humano.

Erase una vez un miembro de AA que tenía la impresión de que su grupo era demasiado estirado, respetable e intolerante. Por lo tanto, creía que tenía un exagerado temor a los desliccs y desviaciones de sus miembros. Con genio irónico, se puso a idear un remedio. Finalmente, colgó un letrero en el salón de reuniones. Decía: "Compañeros, aquí se permite casi todo. Pero si sucede que has llegado borracho a esta reunión, por favor, no alborotes el gallinero. Y se ruega no fumar opio en el ascensor del club."

Está claro que nuestro amigo se ha pasado de la raya para hacer valer su punto de vista. Rara vez se ve a un AA borracho en una reunión; y es probable que nadie haya fumado opio en un local de club. No obstante, al contemplar ese letrero, todos podemos leer entre líneas y lo hacemos para beneficio nuestro.

En realidad, nuestro amigo bromista está diciendo a todos sus compañeros respetables y temerosos, "Si no fuera por la gracia de Dios, así me comportaría yo." A los alborotadores, dice, "Nadie puede obligarles a comportarse bien, ni castigarles si se comportan mal. A.A. tiene Doce Pasos para la recuperación y el desarrollo espiritual. Tiene Doce Tradiciones para la unidad de cada grupo y de toda nuestra Comunidad. Estas Tradiciones nos enseñan las formas que nos permitirán mantenernos unidos, si así lo deseamos. Nos cuesta algún dinero alquilar este local. Esperamos que echen algún dinero en el sombrero, pero no queremos forzarles a hacerlo. Pueden atacarnos, pero es probable que nadie se les resista. Pueden romper su anonimato ante el público y explotar el nombre de AA para ganar prestigio y dinero. Si insisten en hacer estas tonterías, nosotros no podemos detenerlos. Tampoco lo podemos hacer si mezclan el nombre de AA en controversias públicas. Esperamos que no hagan ninguna de estas cosas para nuestro perjuicio o el suyo. Decimos simplemente que tendrán que practicar los principios de AA porque ustedes mismos lo quieren hacer—no porque nosotros insistamos. Les corresponde a ustedes tomar la decisión; ésta es su garantía de libertad en AA."

Para cualquier otra sociedad, esta libertad ilimitada sería desastrosa. En un abrir y cerrar de ojos, se convertiría en pura anarquía. Entonces, ¿cómo podemos los AA aguantar tanta libertad, una libertad que a veces parece ser una licencia, individual y colectiva, para hacer exactamente lo que nos complace? Además, ¿son nuestras virtudes las que nos han concedido esta garantía inaudita, o está en realidad accionada por nuestras necesidades?

Nuestras necesidades sin duda son inmensas y apremiantes. Cada uno de nosotros tiene que ajustarse bastante bien a los Pasos y Tradiciones de AA; si no, nos volveremos locos o moriremos de alcoholismo. Por lo tanto, para la mayoría de nosotros, el deseo de sobrevivir y de desarrollarnos pronto llega a ser mucho más fuerte que la tentación de beber o de portarnos mal. Tenemos que hacerlo o morir. Así que optamos por vivir. Esto, a su vez, supone optar por los principios, las costumbres y las actitudes que nos pueden salvar del desastre total, asegurando nuestra sobriedad. Esta es nuestra primera gran decisión crucial. Hay que reconocer que la tomamos bajo el inminente látigo aterrorizador de Don Alcohol, el asesino. Está claro que esta primera decisión es más una necesidad que una acción virtuosa.

Pero una vez superado este obstáculo, empezamos a tomar otra clase de decisiones. Empezamos a ver que los principios de AA son buenos. Aunque todavía nos sentimos muy rebeldes, nos ponemos cada vez más a practicar estos principios, motivados por un sentido de responsabilidad para con nosotros mismos, nuestras familias y nuestros grupos. Empezamos a obedecer porque creemos que *debemos* obedecer. Aunque nos resulta penoso, nos damos cuenta de que es apropiado hacerlo. A medida que tratamos de obtener resultados, nos damos cuenta de que nos vamos desarrollando. Esta es una satisfacción bien merecida. La vida sigue siendo difícil, pero es mucho mejor. Además, tenemos mucha compañía. A todo nuestro alrededor tenemos muchos compañeros de viaje, individuos y grupos. Podemos hacer juntos lo que no podemos hacer aislados.

Finalmente, vemos que la elección tiene otra dimensión que de vez en cuando podemos alcanzar. Llegamos a un punto en el que podemos adoptar una actitud o costumbre, u obedecer un sano principio porque es lo que realmente queremos, sin reserva ni rebeldía. Cuando nuestra aceptación y nuestra buena disposición llegan a ser tan completas, descubrimos que desaparece toda nuestra rebeldía. Ahora nos conformamos porque queremos hacerlo de todo corazón. O dicho de otra manera: Sólo queremos la voluntad de Dios para con nosotros, y su gracia para nuestros compañeros.

Al contemplar el pasado, nos damos cuenta de que nuestra libertad para tomar malas decisiones no era, después de todo, una verdadera libertad. Cuando tomábamos una decisión porque "nos era imperativo" hacerlo, tampoco era una elección libre. Pero fue para nosotros un buen comienzo. Al tomar una decisión porque debíamos hacerlo, estábamos haciendo algún progreso. Así estábamos mereciéndonos un poco de libertad, y preparándonos para tener más. Y cuando en ocasiones podíamos tomar gustosamente la decisión apropiada, sin rebeldía, reserva o conflicto, teníamos nuestro primer indicio de lo que podría ser la perfecta libertad de acuerdo a la voluntad de Dios. Pocos pueden mantenerse mucho tiempo a esas alturas; para la mayoría de nosotros, el lograr permanecer en este elevado nivel es un trabajo de toda la vida o, con mayor probabilidad, un trabajo eterno. Pero sabemos que existe este más alto nivel— una meta que podemos alcanzar algún día.

Estas son las diversas libertades que hay en AA, y así parece que funcionan entre nosotros. Tardamos largo tiempo en llegar a comprenderlo. Ni siquiera nos arriesgamos a poner por escrito las Tradiciones de Alcohólicos Anónimos hasta 1945, diez años después de que el Dr. Bob y yo nos encontramos por primera vez. Pasamos por una época en la que sentíamos un incesante temor a los perjuicios que nuestros miembros volubles y el mundo alrededor nuestro nos pudieran causar. Nos resultaba difícil confiar en que nuestra conciencia de grupo podría ser una guía de fiar. Por lo tanto, dudábamos que fuera prudente conceder la autonomía local a cada grupo de AA.

Además, nos preguntábamos si no deberíamos expulsar a los indeseables e incluso a los incrédulos. Conceder a cada alcohólico del mundo el derecho exclusivo de decir si él o ella es o no es miembro de AA, fue una decisión tremenda. Estos eran los temores de aquel entonces, y tales eran las restricciones que nos encontrábamos tentados a imponer los unos a los otros. ¿No se habían visto obligadas las sociedades y gobiernos más benignos del mundo a imponer estas restricciones en sus miembros y ciudadanos? ¿Qué motivo teníamos para creernos excepciones?

Afortunadamente, no adoptamos ninguna medida gubernamental. En lugar de hacerlo, forjamos las Doce Tradiciones de AA. Estas eran la verdadera expresión de nuestra conciencia de grupo colectiva. El que tantos miembros se muestren tan bien dispuestos a actuar de acuerdo con estas Tradiciones es motivo para nuestro gran asombro y gratitud. Ahora sabemos que siempre vamos a practicar estos principios: primero porque nos es imperativo hacerlo, luego porque debemos hacerlo, y finalmente, porque la mayoría de nosotros sinceramente queremos hacerlo. No cabe la menor duda.

Ya sabemos lo que verdaderamente son nuestras diversas libertades; y confiamos en que ninguna generación futura de AA se sienta en la obligación de limitarlas. Nuestras libertades de AA constituyen la tierra en que puede florecer el auténtico amor—el amor que tenemos unos a otros, y el amor de todos para con Dios.

¿Cómo podemos mantenerlo simple?

Julio de 1960

Este número del Grapevine llegará a manos de sus lectores en julio, el mes en que celebraremos el 25° Aniversario de AA en Long Beach, California. Cruzaremos un nuevo umbral hacia nuestro futuro. Nos alegraremos al pensar en las dádivas y las maravillas del ayer. Y, al volver a consagrarnos a realizar la inmensa promesa del mañana de AA, sin duda consideraremos nuestra posición actual. ¿Hemos logrado "mantener AA simple" o, inadvertidamente, hemos cometido algún error?

Al reflexionar sobre esta cuestión, empecé a considerar nuestra estructura básica: aquellos principios, relaciones y actitudes que forman la sustancia de nuestros Tres Legados de Recuperación, Unidad y Servicio. En nuestros Doce Pasos y Doce Tradiciones, encontramos veinticuatro principios claramente enunciados. En nuestro Tercer Legado se incluyen unos estatutos para el servicio mundial que prevén la existencia de miles de representantes de servicios generales, centenares de miembros de comités locales, ochenta delegados de la Conferencia de Servicios Generales, quince custodios de la Junta de Servicios Generales, junto con el personal de nuestra Sede especializado en asuntos legales, financieros, de relaciones públicas y de publicaciones, y sus ayudantes. Nuestros servicios de grupo y de área contribuyen aun más a esta aparente complejidad.

En la pasada primavera, se cumplieron 22 años del establecimiento de nuestra junta de custodios para AA en su totalidad. Hasta aquel momento, no habíamos tenido principios enunciados ni servicios especiales. No habíamos ni siquiera soñado en los Doce Pasos. En cuanto a las Doce Tradiciones—basta decir que éramos unos 40 miembros con apenas tres años de experiencia. Así que no teníamos mucho que fuera "tradicional." AA estaba compuesta de dos grupos pequeños: uno en Akron y otro en Nueva York. Eramos una familia muy íntima. El Dr. Bob y yo éramos los "papás." Y en aquellos días se hacía lo que nosotros decíamos. Los locales de reunión eran los salones de estar de nuestras casas. La vida social se desenvolvía alrededor de las cafeteras en las mesas de nuestras cocinas. El alcoholismo se consideraba, por supuesto, como una enfermedad mortal. La honradez, la confesión, la reparación de daños, el trabajo con otros y la orientación eran la única fórmula para nuestra supervivencia y nuestro desarrollo. Esos eran años sin complicaciones, de sencillez alciónica. No había necesidad de la máxima: "Mantengámoslo simple." No podíamos haber sido menos complicados.

El contraste entre aquel entonces y ahora es impresionante. Para algunos de nosotros es espeluznante. Por lo tanto, preguntamos, "¿Ha seguido AA la advertencia del Dr. Bob de 'mantengámoslo simple'? ¿Cómo podríamos cuadrar los Doce Pasos, las Doce Tradiciones, las Conferencias de Servicios Generales y Convenciones Internacionales de hoy con nuestro AA original de 'café-y-pasteles'?"

A mí no me resulta difícil hacerlo. La simplicidad auténtica de hoy se encuentra, creo yo, en cualquier principio, práctica y servicio que sirvan para asegurar para siempre nuestra armonía y eficacia generales. Por lo tanto, ha sido mejor enunciar claramente nuestros principios que dejarlos en términos vagos; mejor clarificar sus aplicaciones que dejarlas indefinidas; mejor organizar nuestros servicios que dejarlos al azar o no tener ningún método para realizarlos.

Un regreso a la época de la mesa de cocina no nos daría la deseada sencillez.

Solo podría significar la irresponsabilidad, la discordia y la ineficacia a gran escala. Imagínense: No habría principios orientadores bien definidos, no habría literatura, ni salas de reunión, ni apadrinamiento planificado, ni dirección estable, no habría relaciones bien establecidas con los hospitales, ni sanas relaciones públicas, ni servicios locales o mundiales. Volver a esa especie de sencillez de los días de antaño sería tan absurdo como vender el volante, el depósito de gasolina y los neumáticos del coche de la familia. El coche sería sin duda una cosa más simple—y no habría que comprar gasolina o pagar por reparaciones. Pero nuestro coche no andaría. La vida familiar apenas se podría considerar más simple; en seguida llegaría a ser confusa y complicada.

Una anarquía informe de AA, animada únicamente por el espíritu de "reunámonos," simplemente no nos basta a los AA de hoy. Lo que en 1938 les daba buenos resultados a unos cuarenta miembros no va a funcionar para los 200,000 AA de 1960. Nuestro mayor tamaño y, por consiguiente, nuestras mayores responsabilidades constituyen la diferencia entre la niñez de AA y su mayoría de edad. Nos hemos dado cuenta de lo tonto que sería intentar recuperar la sencillez que conocíamos en nuestra niñez para así evitar la responsabilidad con la que siempre tenemos que enfrentarnos para "mantenerlo simple" hoy. No podemos atrasar el reloj y no debemos intentarlo.

La historia de la evolución de nuestras ideas acerca de la "sencillez para hoy" es fascinante. Por ejemplo, llegó la hora en que tuvimos que codificar— u organizar, si así se prefiere—los principios básicos que habían surgido de nuestra experiencia. A esa idea se le puso mucha resistencia. Muchos miembros expresaban la convicción firme de que, con la publicación de los Doce Pasos se estaba complicando demasiado el sencillo (aunque algo confuso) programa de recuperación transmitido de palabra. Se decía que "estábamos tirando 'la sencillez' por la ventana." Pero no era así. Sólo hay que preguntarse, "¿Dónde se encontraría hoy AA sin los Doce Pasos?" Sólo Dios sabe el bien que se ha hecho con la enunciación precisa y la publicación de estos principios en 1939. La codificación ha simplificado mucho nuestra tarea. ¿Quién podría decir lo contrario ahora?

En 1945, se levantó un clamor parecido cuando se enunciaron claramente en las Doce Tradiciones de AA los sólidos principios para vivir y trabajar juntos. Nos resultaba muy difícil llegar a un acuerdo al respecto. No obstante, ¿quién puede decir ahora que las Tradiciones han complicado nuestras vidas? Al contrario, estos principios tan claramente definidos han *simplificado* grandemente la tarea de mantener la unidad. Y para nosotros los AA la unidad es una cuestión de vida o muerte.

Lo mismo ha ocurrido en todas partes con respecto a nuestros servicios activos, especialmente los servicios mundiales. Cuando se creó nuestra primera junta de custodios de AA, había graves inquietudes. La gente se sentía muy alarmada porque esta operación suponía ciertos trámites legales, ciertas cuestiones de autoridad y de dinero y algunas transacciones comerciales. Habíamos estado diciéndonos alegremente que AA había "separado completamente lo espiritual de lo material." Por lo tanto, se produjo una gran conmoción cuando el Dr. Bob y yo propusimos los servicios mundiales; cuando insistimos en que estos servicios tenían que estar encabezados por una junta permanente; y cuando dijimos además que había llegado la hora de que—por lo menos en esta esfera—tendríamos que aprender a poner lo material al servicio de lo espiritual. Alguien que tuviera experiencia tendría que tomar el volante, y tendría que haber gasolina en el depósito de AA.

A medida que nuestros custodios y sus colegas empezaron a llevar nuestro mensaje a todo el mundo, nuestros temores empezaron a desaparecer poco a poco. AA no se había hecho más complicado. Se había simplificado. Podrían preguntarle a cualquiera de las decenas de miles de alcohólicos y familiares suyos que estaban llegando a AA gracias a nuestros servicios mundiales. Sus vidas sin duda habían sido simplificadas. Y, en realidad, las nuestras también.

Cuando en 1951 se reunió por primera vez nuestra Conferencia de Servicios Generales, volvimos a contener la respiración. Para algunos, este acontecimiento significaba un desastre total. Ahora las peleas y los politiqueos serían la norma. Nuestros peores rasgos de carácter tomarían la delantera. La serenidad de nuestros custodios y de todos los demás se vería trastornada (como a veces de hecho ocurrió). Se pondría obstáculos a nuestra hermosa espiritualidad y la terapia de AA. Algunos se emborracharían por este motivo (y de hecho algunos lo hicieron). Más fuerte que nunca, se oía gritar: "¡Por el amor de Dios, mantengamos esto simple!" Algunos miembros protestaban, "¿Por qué el Dr. Bob y Bill y los custodios no pueden seguir dirigiendo estos servicios? Esta es la única forma de mantenerlo simple."

Pero pocos sabían que el Dr. Bob estaba enfermo de muerte. Nadie se paró a pensar que muy pronto sólo quedaría un puñado de pioneros; y que también éstos no tardarían mucho en desaparecer. Los custodios se encontrarían muy aislados y desconectados de la Comunidad a la que servían. El primer gran vendaval los podría derribar. AA sufriría un ataque de corazón. Con casi toda seguridad el resultado sería un colapso irreparable.

Por lo tanto, los AA tuvimos que tomar una decisión: ¿qué sería realmente lo más simple?

¿Lograríamos establecer esa Conferencia de Servicios Generales, a pesar de sus gastos y peligros particulares? O, ¿nos quedaríamos en casa de brazos cruzados, esperando las funestas consecuencias de nuestro temor y nuestra insensatez? Nos preguntábamos, ¿qué sería a largo plazo lo mejor y, por lo tanto, lo más simple? Como indica nuestra historia, nos pusimos en acción. La Conferencia de Servicios Generales de Alcohólicos Anónimos acaba de celebrar su décima reunión anual. Con toda certeza sabemos que este instrumento indispensable ha consolidado nuestra unidad y ha asegurado la recuperación de multitudes de alcohólicos enfermos que están todavía por venir.

Por consiguiente, creo que *hemos* mantenido la fe. A mi parecer, así es como hemos hecho que AA sea verdaderamente simple.

Puede que algunos todavía nos pregunten, ¿No nos estamos alejando de nuestra Tradición original según la cual 'AA, como tal, nunca debe ser organizada'?" Absolutamente no. No estaremos "organizados" mientras no creemos un gobierno; mientras no digamos quién debe o no debe ser miembro; mientras no autoricemos a nuestras juntas y comités de servicio a imponer castigos por falta de conformidad, por no contribuir dinero, por mal comportamiento. Yo sé que cada AA en su corazón comparte la convicción de que nunca puede pasar ninguna de estas cosas. Simplemente organizamos nuestros principios para que se puedan entender mejor, y seguimos organizando así nuestros principios a fin de poder hacer una transfusión de la sangre vital de AA a los que sin ella morirían. En esto consiste exclusivamente la "organización" de AA. Nunca puede haber más.

Una pregunta para terminar: "¿Ha desaparecido del mundo de AA la época de café-y-pasteles y de íntimas amistades porque nos estamos haciendo modernos?" Difícilmente. Conozco a un AA de mi pueblo que lleva varios años sobrio. Asiste a las reuniones de un grupo pequeño. Las charlas que escucha son exactamente iguales que las que el Dr. Bob y yo solíamos escuchar— y a veces dar—en nuestros respectivos salones de estar. Mi amigo tiene como vecinos una docena de compañeros de AA. Se reúne con ellos regularmente alrededor de las mesas de cocina y tazas de café. Sale con frecuencia a hacer visitas de Paso Doce. Para él, no ha cambiado nada; AA es como ha sido siempre.

Puede que en las reuniones mi amigo vea algunos libros, folletos y ejemplares del Grapevine colocados en una mesa. Oye a la secretaria anunciar tímidamente que todos estos artículos están a la venta. Le parece que el Intergrupo de Nueva York es una buena cosa ya que, por medio de ello, algunos de sus amigos encontraron sus padrinos. Con respecto a los servicios mundiales, no lo tiene tan claro. Oye algunas cosas en contra y otras a favor. Llega a la conclusión de que probablemente se necesitan. Sabe que su grupo envía algún dinero para estas actividades, y no le parece mal. Además, hay que pagar el alquiler del local de su grupo. Así que, cuando le llega el sombrero, echa gustosamente un dólar.

En lo que concierne a mi amigo, estas "modernizaciones" de AA no tienen un impacto devastador en su serenidad o en su bolsillo. Simplemente representan su responsabilidad para con su grupo, su área y AA en su totalidad. Para él, éstas siempre han sido las obligaciones más simples y naturales.

Si trataras de decir a mi amigo que AA se está echando a perder por culpa del dinero, de la política y de la excesiva organización, se echaría a reír. Probablemente te diría, "Por qué no te vienes a casa después de la reunión y nos tomamos otro café."

AA mañana

Julio de 1960*

ste libro nos ha deparado una grata oportunidad de vislumbrar el panorama de AA en acción en el vigésimo quinto año de su existencia. Nos maravillamos y nos deleitamos porque lo que parecía casi imposible se haya convertido en realidad. Todo esto, sin duda, ha dependido de nuestros diversos canales de comunicación, y de nuestra capacidad singular para valernos de estas líneas de transmisión.

Ahora se nos plantea la pregunta: ¿Adónde vamos de aquí y cuál es nuestra responsabilidad para hoy y para mañana?

En cuanto al futuro de AA, está claro que nuestro principal deber es el de mantener a plena potencia lo que ahora tenemos. Solamente la más cuidadosa vigilancia puede asegurar que lo hagamos. Nunca podemos permitir que las aclamaciones que oímos y los éxitos que conocemos en todas partes nos hagan sentirnos satisfechos o pagados de nosotros mismos. Esta es la sutil tentación que puede causar que nos estanquemos hoy y, tal vez, que nos desintegremos mañana. Siempre nos hemos unido para enfrentarnos a las crisis y a los fracasos y superarlos. Los problemas siempre nos han estimulado. ¿Nos será posible encarar los problemas del éxito con un valor y un vigor parecidos?

¿Seguiremos intentando remediar los defectos y lagunas que siempre pueden existir en nuestras comunicaciones? ¿Atacaremos resueltamente, y con la suficiente imaginación, ánimo y dedicación, las numerosas tareas de enmienda y mejora que el futuro ya nos pide que emprendamos? Las únicas respuestas a estas preguntas se encuentran en una visión cada vez más clara y un sentimiento de responsabilidad cada vez más profundo.

Entonces, ¿qué dimensión y alcance tienen nuestras responsabilidades previsibles? Se sabe con certeza que, durante los pasados veinticinco años, 25 millones de hombres y mujeres de todas partes del mundo han padecido del alcoholismo. Casi todos están ahora enfermos, locos, o muertos. A unos 250,000, AA les ha dado la posibilidad de recuperarse. Los demás están todavía fuera de alcance o son irrecuperables. En este mismo momento, se está creando una

---

*Del libro AA Today, *publicado por el Grapevine con motivo del veinticinco aniversario de AA*

nueva y más numerosa generación de borrachos. Frente a la enormidad de esta situación, ¿hay alguien entre nosotros que pueda contentarse con decir: "Bueno, compañeros, aquí estamos. Esperamos que se enteren de nosotros y vengan a visitarnos. Si sucede que llegan, tal vez les podamos echar una mano"?

Huelga decir que no vamos a tomar esta actitud. Sabemos que vamos a seguir ampliando y profundizando cada vez más todos los conductos y canales de comunicación imaginables que nos harán posible alcanzar a estos allegados nuestros. Vamos a recordar al Dr. Bob y a su maravillosa colega, la Hna. Ignacia—y sus trabajos en Akron. Vamos a recordar al Dr. Silkworth y los años que este doctor dedicaba tan generosamente a nuestra causa. Diez mil miembros de AA, que todavía están con nosotros, se dan cuenta de que deben sus vidas a estas tres personas. Cada uno de nosotros va a recordar a su propio padrino, la persona que se preocupaba lo suficiente por su bienestar. ¿Cuántos de nosotros, los herederos de esta tradición de servicio, podrían decir, "Que Jorge haga ese trabajo de Paso Doce; le gusta trabajar con los borrachos. Y, además, yo estoy muy ocupado"? Tiene que haber muy pocos. La autosatisfacción sería impensable.

Otra responsabilidad que tal vez nos valga considerar en el futuro no muy lejano es la relacionada con el problema global del alcoholismo—me refiero a todos aquellos que todavía pagan las espantosas *consecuencias* del alcoholismo. Son de un número astronómico; hay centenares de millones. Consideremos algunos aspectos de este problema:

La mayoría de nosotros, a causa de nuestro alcoholismo, maltratábamos a nuestros hijos. Se supondría que estas heridas emocionales les hubieran convertido en candidatos "lógicos" para el alcoholismo. No obstante, por muy extraño que parezca, los hijos adolescentes de buenos miembros de AA no dan casi ningún indicio de alcoholismo. Beben con moderación, o no beben en absoluto. Si algunos de los más vulnerables se entregan a la botella, en cuanto experimentan los típicos síntomas o pasan por los episodios reveladores, pueden dejar de beber—y lo hacen. ¿Por qué es así?

La respuesta está en la "educación acerca del alcohol"—al estilo AA. Naturalmente, nunca les hemos dicho a nuestros hijos que no beban. Pero durante largos años, en casa y en las reuniones, han oído exponer la escueta verdad de lo que el alcohol puede hacer a la gente. Han visto a su padre en acción, primero como borracho, y luego como miembro de AA. Esta clase de educación sin duda ha salvado la vida de cien mil hijos nuestros.

Y los hijos de los demás—¿no sentimos ninguna preocupación por ellos? Sí la sentimos. Aunque nos damos cuenta de que AA como sociedad no puede meterse en la educación acerca del alcoholismo, ni en cualquiera de las otras actividades que tocan el problema global, como ciudadanos particularmente bien informados, no dudamos que hay mucho que podemos y debemos hacer en estos campos.

Empresas de este tipo—gubernamentales, estatales, privadas—ha venido surgiendo por todas partes, atestiguando el hecho de que el alcoholismo es un problema de salud de la más alta prioridad. Casi todas estas agencias nos dicen que el ejemplo que les hemos dado les ha dado ánimos para seguir trabajando. Ahora les toca a ellas hacer el trabajo de pioneros. Naturalmente, van a cometer algunos errores. Al considerar nuestra propia experiencia, no nos extraña en absoluto. De hecho, nos gusta decir que hemos progresado principalmente por un método de pruebas y tanteos. Multitud de estas empresas están haciendo grandes progresos y son muy prometedoras.

No obstante, me da la impresión de que muchos de nosotros insistimos tanto en enfocarnos en sus muy contados errores, especialmente en los errores de los AA asociados con estas entidades, que no damos a esta gente dedicada el ánimo que realmente necesita. Dado que los AA nos hemos unificado de una manera asombrosa, centrándonos en nuestro único objetivo y en las Doce Tradiciones, no corremos casi ningún riesgo de vernos perjudicados por nada que se haga en estas actividades ajenas.

Más vale enfocarnos en el hecho de que todavía hay unos 24,750,000 borrachos en el mundo. ¿No es cierto que una cooperación más amistosa y generalizada con agencias ajenas nos ayudará a alcanzar a incontables alcohólicos quienes, de otra manera, estarían perdidos? Tal vez hemos empezado a ocultar nuestra propia luz. Quizás estamos obstaculizando la comunicación que podría tener un tremendo impacto. ¿No debemos volver a considerar esta cuestión?

¿Cuál es nuestra postura dentro de AA?

Es un hecho, y un hecho muy fácil de explicar, que, en los últimos diez años, el número de los Grupos Familiares de Al-Anon ha ascendido de un puñado a unos 1,300. Estos grupos han venido atacando uno de los problemas más duros de resolver dentro o fuera de AA. Es decir, el tremendo retorcimiento que nosotros los alcohólicos imponemos en nuestras mujeres (y maridos) a causa de nuestra forma destructora de beber—una forma de beber que ha producido en nosotros una excesiva dependencia de nuestros cónyuges. Los borrachos activos suelen convertirse en hijos rebeldes y díscolos, forzando así a sus parejas a ser sus guardianes y protectores—sus "mamás" y "papás." A menudo esta tendencia ha llegado a estar tan incrustada que es muy difícil de erradicar. De hecho, la sobriedad a veces agrava esta condición intolerable.

Los Grupos Familiares de Al-Anon, compuestos por las mujeres y los maridos de los alcohólicos, ahora se dan clara cuenta de este problema—de hecho, lo ven con mucho más claridad que nosotros los alcohólicos. En sus grupos, se esfuerzan por remediar este daño—y sus demás defectos—practicando los Doce Pasos de AA. Con mayor empeño del que mostramos algunos de nosotros, nuestras esposas y esposos se dedican a "practicar estos principios en todos sus asuntos." Los Grupos Familiares ya han contribuido grandemente a aliviar este espinoso problema, y hay motivo para esperar que vayan a contribuir aun más. Por lo tanto, ¿no debemos darles en su extraordinaria tentativa el más vigoroso ánimo y mostrarles nuestra plena comprensión? Que cada uno de nosotros haga todo lo que le corresponde hacer en esa tarea de reparación casera.

Además, entre los AA hay una necesidad constante de mayor desarrollo espiritual. En esta esfera, la mayoría de nosotros dejamos mucho que desear y yo soy un ejemplo notorio.

El más sencillo autoexamen puede descubrir estas deficiencias. Por ejemplo, "¿estoy tratando de 'practicar estos principios' en todos mis asuntos? O, ¿Me siento satisfecho y contento con tener solamente el suficiente alimento espiritual para mantenerme sobrio? ¿Cuento realmente con los recursos espirituales para superar los tiempos difíciles? O, ¿tengo una buena opinión de mi espiritualidad porque a) las cosas marchan bastante bien en casa, b) me dieron un buen aumento de sueldo, y c) me hicieron vicepresidente de mi club? O, si las cosas van mal y empiezo a sentirme nervioso, deprimido, inquieto y resentido, ¿tiendo a justificar la lástima de mí mismo y la culpabilidad que acompañan este estado de mente echándole la culpa a mi mala suerte o, más a menudo, al comportamiento de otra gente? O, ¿recurro al viejo pretexto de que soy un 'alcohólico enfermo' y por lo tanto no soy responsable?"

Al considerarlo, casi todos nosotros reconocemos que estamos muy lejos de haber alcanzado la madurez, se mire como se mire. Podemos ver claramente que nuestra tarea como individuos y como Comunidad es seguir desarrollándonos haciendo uso constante de nuestros Doce Pasos.

Naturalmente, podemos estar seguros de que esto será un proceso lento. Pero nos damos cuenta también de que nunca podemos valernos de nuestro laborioso progreso como pretexto para fijarnos metas de segunda categoría. Nuestro objetivo final puede que sea la sobriedad emocional, la completa sobriedad emocional—y eso es una buena cosa. No obstante, creo que la mayoría de nosotros prefiere una definición más extensa, con un alcance mayor y más amplio. Tal vez no pueda haber nada "relativo" en el universo a menos que en algún sitio exista lo "absoluto." Para la mayoría de nosotros, este "absoluto" es "Dios como nosotros lo concebimos." Creemos que nacimos en esta tierra para crecer y acercarnos—aunque sólo sea un poco—a su imagen y semejanza. Por corto y cauteloso que sea nuestro próximo paso en el camino del progreso, los AA nunca debemos imponer ninguna limitación obstaculizadora a nuestro destino final y al de nuestra Comunidad, ni al amor de Dios para con todos nosotros. Individual y colectivamente, estructural y espiritualmente, siempre tendremos que construir para el futuro. Todavía estamos sentando las bases sobre las que se apoyarán, quizás durante siglos, las generaciones futuras de AA.

Se ha permitido a nuestra Comunidad hacer realidad—aunque todavía en miniatura—el sueño de un "mundo único" de los filósofos. En nuestro mundo, podemos tener apasionadas diferencias de opinión, sin llegar a pensar nunca que el conflicto o el cisma sea la solución. Como Comunidad no esperamos nada de la riqueza o del poder. Según vamos mejorando en el uso del "lenguaje del corazón," nuestras comunicaciones se mejoran al mismo ritmo; ya tenemos paso franco para atravesar todas las barreras de distancia e idioma, de distinciones sociales, de nacionalidad y religión que han creado tantas divisiones en el mundo de nuestros días.

Mientras sigamos estando seguros de que nuestro "mundo único de AA" es una dádiva de Dios y no un invención nuestra o el resultado merecido de nuestra virtud; y mientras nuestro "mundo único" continúe incluyendo cada vez más a los que lo necesitan; y mientras hablemos y tratemos de perfeccionar el lenguaje del amor—podremos contar con asistir a la cita con el destino que Dios nos tenga reservado.

Nuestros pioneros de ultramar

Octubre de 1960

A cabo de leer las pruebas de imprenta de este número internacional del Grapevine. Hay comunicados profundamente conmovedores procedentes de Sudáfrica, Rhodesia del Norte y del Congo; de Japón, Indonesia, Nueva Guinea, Tasmania y Australia; de Cuba, Trinidad y Jamaica; de Arabia Saudita y de Alemania Occidental, de Dinamarca, Holanda, Finlandia, Irlanda, Escocia e Inglaterra.

No obstante, esta impresionante selección de bases y puestos de avanzada de AA en ultramar apenas representa la cuarta parte de nuestra actividad total en lugares y países lejanos. En aquellas regiones remotas hay cientos de grupos y miles de miembros. Ya se habla nuestro lenguaje del corazón en una docena de lenguas. Esta es la línea frontal pionera de AA hoy día.

A menudo, al hablar de nuestros Solitarios, nuestros grupos aislados y nuestros varios grandes centros en el extranjero, los describimos como puestos de avanzada, bases y líneas frontales. Pero, en el sentido más estricto, estas descripciones no son apropiadas. Aunque es cierto que nuestros Solitarios y grupos lejanos viven y llevan nuestro mensaje en muchas áreas de peligro y revolución, no hay ningún indicio de que tengan miedo de lo que les rodea, ni de que no se quiera su presencia en estas zonas conflictivas. Su falta total de agresividad, su único objetivo de llevar una nueva luz a todos los que sufren del alcoholismo, están perfectamente claros. Son puestos de avanzada para la salud y la fe, y todo el mundo puede ver que es así.

Como prueba, consideremos al AA que, en una misión de paz, atravesó recientemente en solitario todo el continente africano y salió ileso; luego consideremos los Solitarios apostados en otras áreas de conflicto—que siguen manteniéndose sobrios y continúan esforzándose por formar nuevos grupos; recordemos la enorme preocupación del AA que creía haberle fallado a un compañero que se había suicidado; contemplemos el buen humor de los AA del Oriente Medio que se reúnen en lugares secretos por temor a que las autoridades militares o algunos de nuestros amigos mahometanos (¡que nunca beben!) se sientan ofendidos. Consideremos, en estos artículos, los problemas de estos centros de ultramar, recién salidos de su época pionera, que van creciendo a toda prisa—cómo se han ido ganando gradualmente la confianza de la medicina, la religión y la prensa; cómo han llegado a lograr la unidad, gracias a una aplicación cada vez mejor de nuestras Doce Tradiciones; cómo han tratado de realizar un buen trabajo a pesar de la desesperada carencia de traducciones; y cómo han empezado a cruzar todas las barreras de raza, religión o condición social. En los artículos que se han escrito para este número internacional del Gv—y entre líneas—se puede leer todo esto, y mucho más.

Sin duda alguna, estos emocionantes acontecimientos pioneros en la línea frontal de AA nos traen la gran promesa de una vasta evolución mundial futura. Nuestros amigos de ultramar se dan cuenta perfectamente de que éste no es el momento de sentirse satisfechos y sentarse de brazos cruzados; sus cartas son un testimonio elocuente de su intensa diligencia y dedicación.

Entonces, ¿qué podemos hacer aquí en Norteamérica?

Podemos acelerar el ritmo de lo que hemos venido haciendo. Echemos una mirada a una pequeña muestra de nuestros proyectos en ultramar:

Tanto los estadounidenses como los canadienses viajan mucho en estos días. Por lo tanto, que cada viajero tenga presente que muchos grupos del extranjero han sido iniciados por los AA que, como él o ella, estaban de viaje. Tenemos un directorio mundial. Facilitemos este valioso medio de comunicación a todos estos mensajeros. Así, en numerosos lugares, su visita puede significar una gran inspiración para un compañero solitario o un grupo aislado.

A continuación tenemos un ejemplo de una acuciante necesidad actual. Al momento de enviar a la imprenta este número del Grapevine, nos hemos enterado de un gran jaleo que se ha armado en París. En un periódico de allí ha aparecido una serie de artículos sensacionalistas acerca de AA en América. Por no decir más, los franceses se han pasado de la raya en su típico deseo de dramatizar.

En uno de estos artículos, con titulares de dos pulgadas de altura, se describe mi primer encuentro en 1934 con mi padrino, Ebby. Según el artículo, le digo por teléfono: "*Ven sin demora, Ebby. Tengo ginebra.*" A pesar de esta asombrosa y sumamente cómica desvirtuación de nuestro método de Paso Doce, los borrachos franceses van llegando en tropel a AA. Nuestro pequeño grupo de París se encuentra casi empantanado. Casi ninguno habla francés. Así que, viajeros de AA, en París está su oportunidad—especialmente si pueden "parler français."

También tenemos los marineros de AA, nuestros Internacionalistas que surcan los mares. Que sigan creciendo en número y en dedicación. Ya han sembrado y cultivado la semilla de AA en todas partes del mundo. A todos ellos, les decimos, "Que crezcan sus siembras y que sus cosechas hagan rebosar los graneros de AA."

Consideremos ahora los trabajos de nuestra GSO—la Sede mundial de AA. Sin duda podemos ampliar nuestros servicios en ultramar. Para eliminar los desconcertantes malentendidos que ya hace años han plagado los grupos lejanos de AA, tendremos que facilitarles más y mejores traducciones de nuestra literatura básica. Una simple falta de comprensión de las Doce Tradiciones de AA, a menudo ha engendrado condiciones caóticas en muchos países. Hay solamente dos traducciones completas de nuestro libro *Alcohólicos Anónimos*. En forma mimeografiada, se puede leer el texto básico traducido únicamente a otros dos idiomas. Huelga decir que es necesario responder a esta necesidad, y, a nuestro parecer, debemos hacerlo muy pronto.

Hay que ampliar el despacho de ultramar de nuestra sede de Nueva York. Hay una apremiante necesidad de dedicar más energía a este trabajo para así mejorar nuestras comunicaciones con nuestros hermanos de ultramar. Hasta fechas muy recientes, con excepción de Lois y yo, nadie de nuestra Sede mundial había visitado ningún grupo de ultramar. Nosotros hicimos esta visita hace diez años. Naturalmente, abrigamos una profunda esperanza de poder hacer unos cuantos viajes parecidos en el futuro. Pero estos viajes, si los hiciéramos, apenas representarían el continuo contacto personal que algún día nos será necesario mantener.

Por lo tanto les pido a ustedes, los AA de Norteamérica, que den a estos pioneros de ultramar nuestro máximo respaldo. Apoyémoslos, sin demora, con una mayor y más viva comprensión, con cada vez más viajeros dedicados de AA, con toda la ayuda e información e inspiración que les podamos dar a nuestros compañeros allende los mares. Para este fin, no hay otra entidad que pueda hacer más que nuestra Sede mundial. Todos nosotros podemos participar en este esfuerzo. Unos pocos dólares más de contribuciones pueden tener un efecto decisivo—un hecho que nos veremos obligados a tener en mente cada vez que se pase el sombrero para hacer una colecta especial a fin de cubrir los gastos de este importante y singular servicio.

Estoy convencido de que, en un futuro muy próximo, vamos a acelerar el paso en estos proyectos y otros similares. Nuestros pioneros allende los mares se darán cuenta entonces de que pueden contar con algo más que nuestra aprobación interesada y nuestra ayuda ocasional. Sabrán que tienen nuestro amor constante e incondicional—y para siempre.

La libertad bajo Dios:
nos corresponde a nosotros elegir

Noviembre de 1960

En su sentido más profundo, AA es una búsqueda de la libertad—la libertad bajo Dios. Naturalmente, el objetivo inmediato de nuestra búsqueda es la sobriedad—el ser libres del alcohol y de todas sus consecuencias funestas. Sin esta liberación, no tenemos nada.

Paradójicamente, no podemos liberarnos de la obsesión del alcohol hasta que no estemos dispuestos a enfrentarnos con esos defectos de carácter que nos han llevado a esta desesperada situación. Para lograr siquiera la sobriedad, tenemos que conseguir liberarnos, a menos en parte, del temor, de la ira y de la soberbia; de la rebeldía y de la hipocresía, de la pereza y de la irresponsabilidad; de las justificaciones insensatas y de la descarada falta de honradez; de la dependencia malsana y de la ruinosa y agresiva ansia de poder.

En esta búsqueda de la libertad, siempre se nos ha dado tres alternativas. Una rebelde negativa a intentar remediar nuestros más acusados defectos puede significar nuestra perdición. O podemos mantenernos sobrios por algún tiempo con un mínimo de mejora de nuestro carácter y contentarnos con una cómoda pero a veces peligrosa mediocridad. O podemos esforzarnos continuamente por conseguir esas excelentes cualidades que pueden conducir a la verdadera grandeza de espíritu y acción—a una auténtica y duradera libertad bajo Dios, la libertad de buscar y hacer su voluntad.

La mayoría de nosotros realmente tenemos esta última alternativa; nunca debemos dejarnos cegar por la vana filosofía de que no somos sino desventuradas víctimas de nuestra herencia, de nuestra experiencia y de nuestras circunstancias—que estas son las únicas fuerzas que deciden por nosotros. Este no es el camino hacia la libertad. Tenemos que creer que realmente podemos elegir.

De forma parecida, nuestra Comunidad entera, y todo grupo de AA, siempre se verán enfrentados con estas mismas alternativas. ¿Debemos contentarnos con la ruina? ¿Debemos tratar de conseguir nada más que el consuelo pasajero de una cómoda mediocridad? O, ¿debemos siempre aceptar la disciplina, hacer los sacrificios, y sobrellevar las inconveniencias que nos harán dignos de andar el camino que conduce invariablemente hacia la verdadera grandeza de espíritu y acción?

Estas reflexiones sirven como introducción del tema de este artículo, las Doce Tradiciones de Alcohólicos Anónimos.

Las Tradiciones de AA son el patrón por el que nuestra Comunidad puede medir con exactitud su progreso—o la falta del mismo. En nuestras Tradiciones vemos reflejada la sabiduría que hayamos podido acumular durante un cuarto de siglo de vivir y trabajar juntos. No cabe la menor duda de que estos principios marcan el camino que debemos seguir.

Al considerar las Tradiciones, vemos que tienen dos facetas principales, y que cada aspecto sirve para reforzar al otro.

El primer aspecto de las Doce Tradiciones es la *protección*; el segundo, el *progreso*. En primer lugar, se nos recuerda cuáles son realmente las tentaciones a las que se ve expuesta nuestra Comunidad y cuál es la mejor forma de enfrentarnos a ellas. Esto constituye la base de un constante inventario moral de nuestra conducta colectiva—el primer paso para apartar los obstáculos de nuestro camino. En el aspecto afirmativo o positivo de las Tradiciones, aprendemos, directa e implícitamente, a aplicar con la mayor eficacia los nobles ideales del sacrificio y de la responsabilidad gustosamente aceptada, de la confianza y del amor, a nuestras relaciones mutuas y con el mundo externo. De esta aplicación fluye la energía espiritual que nos impulsa por el camino que conduce a la liberación total.

Al reflexionar sobre la *protección*, vemos que nuestras Tradiciones nos advierten de los peligros de la fama y del poder, del peligro de la gran riqueza, de formar alianzas comprometedoras y del profesionalismo. Se nos recuerda que no podemos denegar a ningún alcohólico el derecho de ser miembro, que nunca debemos crear un gobierno humano autoritario. Nos advierten de no imponer nunca en el mundo el mensaje de AA por medio de campañas publicitarias agresivas, y de evitar la controversia pública como si fuera el mismo diablo.

Estos son ejemplos típicos de la prudencia protectora que se expresa directamente o que queda claramente implícita en nuestras Doce Tradiciones. Algunos sostienen que estas advertencias no son sino la suma de nuestros temores colectivos. En el pasado, esto era cierto. En nuestros primeros años, cada violación de estos preceptos parecía poner en peligro nuestra existencia misma. En aquel entonces, dudábamos que nuestros miembros rebeldes pudieran resistirse a estas grandes tentaciones. Pero nos *hemos* resistido y, por ello, hemos sobrevivido. Por lo tanto, los temores de ayer han dado paso a una prudencia vigilante—algo muy diferente del pánico irreflexivo.

Por supuesto, nos damos cuenta de que siempre tendremos que enfrentarnos a las temibles fuerzas que se desatan cuando el ego humano corre desbocado—las mismas fuerzas que están haciendo añicos el mundo de hoy. *Líbranos de la tentación* debe continuar siendo un ingrediente básico de todas y cada una de nuestras actitudes, costumbres y oraciones. Cuando las cosas van bien, nunca debemos caer en el error de creer que jamás nos pueda acontecer ninguna gran desgracia. Tampoco debemos acusarnos de "pensar de forma negativa" cuando insistimos en enfrentarnos, de manera realista y eficaz, con las fuerzas destructoras que habitan en nosotros mismos y a nuestro alrededor. La vigilancia siempre será el precio que hay que pagar para sobrevivir.

Este es el aspecto protector de nuestras Tradiciones. Pero las Doce Tradiciones de AA han de depararnos mucho más que la protección contra la mediocridad y la disolución—y así hacen.

Pongámonos a pensar ahora en el aspecto positivo y progresivo de las Tradiciones de AA; los sacrificios disciplinados que tendremos que hacer y las responsabilidades que tendremos que asumir; la confianza y el amor mutuos que tendremos que cultivar si esperamos alcanzar la libertad que buscamos. Una consideración detallada de todas las Doce Tradiciones no cabe dentro del ámbito de este artículo, pero unos pocos ejemplos pueden servir para ilustrar lo que queremos decir.

Consideremos la Primera Tradición. Dice que el bienestar común de AA tiene la preferencia. Esto quiere decir realmente que tendremos que hacer a un lado nuestras ambiciones personales cada vez que entren en conflicto con la seguridad o la eficacia de nuestra Comunidad. Quiere decir que a veces tenemos que amar a nuestra Sociedad más que a nosotros mismos.

La Segunda Tradición dice: "Para el propósito de nuestro grupo solo existe una autoridad fundamental—un Dios amoroso tal como se exprese en la conciencia de nuestro grupo. Nuestros líderes no son más que servidores de confianza. No gobiernan." Este es un modelo de nuestra confianza colectiva en Dios, en nosotros mismos y en nuestros líderes de servicio. Ha sido uno de nuestros más venturosos experimentos y su éxito ha superado nuestras esperanzas.

La Tercera Tradición define la libertad personal del miembro de AA. Dice, en efecto, que cualquier alcohólico puede ser miembro de AA en el momento que lo diga. Nadie puede privarle de serlo, sea cual sea su comportamiento. Tal vez ninguna otra sociedad haya formulado una definición de la libertad individual de sus miembros tan amplia como ésta. Todo AA recién llegado siente enseguida que se le quiere, se confía en él y se le ama. Qué buena comprensión tenemos de sus necesidades; ciertamente, nosotros mismos las hemos tenido. Rara vez un alcohólico se ha aprovechado de esta ilimitada garantía de libertad. Hace años que tomamos esta decisión en pro de la libertad individual. Nos alegramos de haberlo hecho; no hemos tenido ningún motivo para arrepentirnos.

La Cuarta Tradición es otra segura declaración de la confianza y amor mutuos tal y como fluyen de un grupo de AA a los demás. Cada grupo de AA disfruta de autonomía completa; tiene derecho a dirigir sus propios asuntos como más le convenga. A fin de hacer esta libertad aun más segura y duradera, hemos garantizado a todos los grupos de AA que nunca se van a ver sujetos a ningún gobierno ni autoridad centralizados. Cada grupo a su vez se compromete a nunca hacer nada que pueda perjudicarnos a todos. Rara vez se ha visto a un grupo de AA fallar a esta sagrada confianza.

La Séptima Tradición pone de manifiesto el principio de AA de automantenimiento. Según está expresado, nos comprometemos a cubrir todos los gastos de nuestros servicios y, al mismo tiempo, nos negamos a aceptar contribuciones ajenas.

El hecho de no aceptar dinero del mundo ajeno sirve para reforzar la confianza de todo alcohólico que considere acercarse a nosotros. Esto lo sabemos. La buena voluntad del público en general también ha aumentado, porque a la gente le agrada la idea de que los alcohólicos, que antes eran irresponsables, ahora se han convertido en personas responsables. Tampoco cabe duda de que esta sana costumbre nos encamina hacia una libertad aun más amplia para nosotros mismos. Al negarnos resueltamente a aceptar donativos de fuentes ajenas, ya sea que nos los ofrezcan donantes particulares o gobiernos, garantizamos que siempre mantendremos nuestra propia libertad de acción. Por lo tanto, el viejo refrán "El que paga, manda" nunca obrará en contra nuestra.

Sin duda alguna, hoy se podrían recoger grandes sumas de dinero para AA—si lo aprobáramos. Tal vez, no hay peor calamidad que pueda acontecer a nuestra Comunidad. Nos veríamos dispensados de la beneficiosa responsabilidad de recoger nuestros propios fondos. Si tuviéramos a nuestra disposición grandes cantidades de dinero de otra gente, nuestros prodigiosamente ingeniosos miembros sin duda inventarían multitud de proyectos para hacer buenas obras. En el pasado, en las pocas instancias en que aceptamos dinero de fuentes ajenas, el resultado ha sido, casi sin excepción, la distracción y la disensión interna. Por consiguiente, nos damos clara cuenta de que la responsabilidad de mantenernos completamente a nosotros mismos lleva consigo grandes bendiciones espirituales y prácticas. Esto representa lo mejor de la unión entre la prudencia y el sacrificio—el principal baluarte de nuestras queridas libertades.

Otro ejemplo: La Décima Tradición es una advertencia enfática de los peligros de la controversia pública. De todas las Tradiciones de AA, ésta fue, tal vez, la primera en tomar forma. Naturalmente, nos reservamos el derecho, a veces muy grato, de pelearnos entre nosotros mismos por asuntos menos importantes. Pero en lo concerniente a las formidables cuestiones que convulsan la sociedad alrededor nuestro, los pioneros de AA sabían que no debían meterse en estos conflictos.

Más tarde, se nos presentó otro aspecto de este mismo peligro. Mucha gente y muchas organizaciones de toda índole nos pidieron "tomar una postura," "manifestar nuestra opinión" y "luchar contra el mal" respecto a multitud de asuntos. Otra vez, nos dimos cuenta inmediatamente de que, si siguiéramos ese rumbo, acabaría por llevarnos a la ruina. Por puro prejuicio, miles de borrachos se alejarían de nosotros. El viejo peligro volvería a amenazarnos. Esta vez nos invadiría desde afuera.

En ese momento los AA supimos con toda seguridad que tendríamos que vivir en armonía, con nosotros mismos y con el mundo a nuestro alrededor. Sin duda, muchas de las libertades que hoy día goza la humanidad se han sacado de controversias violentas y guerras encarnizadas. No obstante, los AA hemos tenido que aprender que las libertades que debemos tener no se pueden conseguir por la violencia. Como Comunidad, no podemos luchar nunca contra nadie ni por ningún motivo. Esto ya está demostrado. Cuando atacamos directamente a Don Alcohol, perdimos. El luchar contra la bebida nunca ha funcionado. Cuando nos peleamos demasiado, acabamos emborrachándonos.

Por lo tanto, la paz genuina siempre será un ingrediente básico de la libertad de AA. Pero que nadie se piense que huimos de los conflictos simplemente porque tenemos miedo. Hoy día creemos que mantenemos la paz porque nos amamos los unos a los otros.

Examinemos ahora la importantísima Undécima Tradición. Trata de nuestras relaciones públicas. Aquí tenemos nuestro canal de comunicación con el alcohólico que todavía sufre. La Undécima Tradición dice: "Nuestra política de relaciones públicas se basa más bien en la atracción que en la promoción; necesitamos mantener siempre nuestro anonimato personal ante la prensa, la radio y el cine." Ya que esta gran Tradición describe la más importante aplicación del principio de anonimato de AA, y debido a que da el tono de toda nuestra política de relaciones públicas, no hay nada que pueda tener una importancia más decisiva. Si las ambiciones personales invadieran alguna vez nuestras relaciones públicas, nos veríamos gravemente impedidos, tal vez completamente perdidos.

Por supuesto, el peligro está en la posibilidad de que un día podamos abandonar insensatamente el principio de anonimato personal al más alto nivel público. Esta posibilidad surge del hecho de que muchos de nosotros hemos estado—y a veces aun estamos—poseídos por una enorme avidez de poder, frecuentemente alimentada por un ansia casi irresistible de dinero, de aprobación y de aclamación pública. En este respecto, mi propia historia es un caso ejemplar. Conozco muy bien la tentación de convertirse en un personaje público. Por ello, he insistido en todo momento que los AA mantengamos nuestro anonimato personal al nivel más alto, sean cuales sean los sacrificios personales que suponga hacerlo.

Nuestra mejor esperanza para el futuro es que estos horribles impulsos nuestros sean refrenados por la autodisciplina, el amor para con AA, y por una firme opinión colectiva y pública. Hasta la fecha, estas poderosas fuerzas constructivas, obrando en conjunto, han sido suficientes para hacerlo. Rezamos para que prevalezcan para siempre.

Volvamos a considerar lo inmensa que es esta tentación. Una gran red de comunicaciones ahora se extiende por toda la tierra, incluso hasta los rincones más remotos. Aun teniendo en cuenta sus enormes beneficios públicos, este ilimitado foro mundial es, no obstante, un vasto terreno de caza para todos aquellos que buscan el dinero, la aclamación y el poder a expensas de la sociedad en general. Aquí las fuerzas del bien y del mal están enzarzadas en un combate mortal. Todo lo que hay de mezquino y destructor lucha con todo lo hay de noble y excelente.

Por lo tanto, no hay nada más importante para el bienestar futuro de AA que la forma en que utilicemos esta red colosal de comunicación. Si se utiliza bien y sin egoísmo, los resultados pueden sobrepasar todo lo que nos podamos imaginar. Si hacemos mal uso de este magnífico instrumento, acabaremos destrozados por las exigencias egoístas de nuestros propios compañeros—a menudo motivados por las mejores intenciones. Contra este peligro, el espíritu de sacrificio del anonimato de AA al nivel público más alto es, literalmente, nuestro escudo y nuestra defensa. Nuevamente, tenemos que confiar en que el amor a AA y el amor a Dios siempre salvarán la situación.

Por último, en la Duodécima Tradición vemos que "el anonimato es la base espiritual de todas nuestras Tradiciones, recordándonos siempre anteponer los principios a las personalidades."

Este principio, y sus vastas implicaciones, toca todo aspecto de nuestra vida. El anonimato es la humildad en acción. Para mantener la humildad de nuestra Sociedad, debemos constantemente hacer un inventario de nuestras tentaciones y de nuestros defectos. El espíritu de anonimato nos pide a cada uno de nosotros que hagamos sacrificios personales en todas las actividades de nuestra Comunidad. Solamente al aceptar hacer estos sacrificios, podemos cumplir con las responsabilidades que tenemos ante nosotros mismos, ante las víctimas del alcoholismo de todo el mundo, y ante la sociedad en general. Vemos claramente que solo por el sacrificio podemos cumplir con la responsabilidad; que solo la responsabilidad puede conducirnos a la confianza mutua; y que solo la confianza mutua puede ser la base del gran amor—el que sentimos para con todos nuestros compañeros, y el que todos sentimos para con Dios.

Con este mismo espíritu, todos los presentes en el 25° Aniversario de AA en Long Beach volvieron a dedicarse al servicio de AA. Sabían que tenían la oportunidad de elegir, y eligieron. Se expresaron con las siguientes palabras elocuentes:

"Por la gracia de Dios estamos aquí reunidos para conmemorar agradecidamente el 25° Aniversario de la fundación de nuestra Comunidad.

"En esta significativa ocasión, al haber cumplido un cuarto de siglo, nos damos profunda cuenta de que nos encontramos en el umbral de una gran puerta que se abre de par en par hacia nuestro futuro. El nuestro puede ser un destino de promesas y satisfacciones cada vez más grandes. Nunca ha flaqueado nuestra fe en esta visión.

"No obstante, el futuro no cobrará su pleno sentido y significado a menos que nos presente nuevos problemas e incluso graves peligros—problemas y peligros por medio de los cuales podemos llegar a alcanzar la verdadera grandeza de acción y espíritu.

"Para lograr estos fines, hemos comprometido nuestras vidas y nuestras fortunas. Hoy reiteramos nuestro compromiso a hacer cada vez más profundo el amor que sentimos los unos por los otros—amor por la creación maravillosa en la que vivimos y servimos, y amor por su supremo autor, Dios.

"A ustedes, los AA venidos de todas partes del mundo—que simbolizan tan bien la comunicación cariñosa y singular de la que disfrutamos en esta Comunidad universal—les confiamos ahora la tarea de llevar este mensaje a nuestros compañeros de todas partes; y muy especialmente a todos los que aún no nos conocen, y quienes, Dios mediante, saldrán muy pronto de las tinieblas hacia la luz."

Una perspectiva del porvenir

Febrero de 1961

Los primeros veinticinco años de AA ya forman parte de la historia. Los siguientes veinticinco años se abren ante nuestros ojos. ¿Cómo podemos sacar el mejor provecho de este tiempo?

Tal vez, para empezar, debemos reconocer el hecho de que no podemos permanecer inmóviles. Ahora que nuestros principios parecen estar bien establecidos, ahora que estamos funcionando con bastante eficacia en bastantes lugares, podríamos fácilmente caer en la tentación de contentarnos con ser nada más que otra agencia de utilidad en el escenario mundial. Podríamos llegar a la conclusión de que "AA está bien tal y como está."

Pero, cuántos de nosotros se atreverían a decir, "Estoy sobrio y estoy feliz. ¿Qué más puedo querer o hacer? Estoy bien tal y como estoy." Sabemos que esta clase de autosuficiencia significa un inevitable retroceso que culminará algún día en un rudo despertar. La alternativa que tenemos es la de seguir desarrollándonos o decaer. Para nosotros, el "status quo" solo vale para el día de hoy, nunca para mañana. Tenemos que cambiar; no podemos quedarnos quietos.

Entonces, ¿cómo debemos cambiar si esperamos que el cambio siempre signifique una mejora para AA. ¿Supone juguetear con nuestros principios básicos? ¿Debemos tratar de enmendar nuestros Doce Pasos y Doce Tradiciones? La repuesta parece ser que no. Estos veinticuatro principios primero nos han liberado, y luego nos han mantenido unidos y nos han hecho posible funcionar y desarrollarnos como miembros de AA y como una totalidad. Claro que Dios tiene una idea más clara que nosotros de lo que es la verdad perfecta. No obstante, hemos llegado a creer que los Pasos de recuperación y las Tradiciones de AA representan las verdades aproximadas que necesitamos para lograr nuestro objetivo particular. Cuanto más los ponemos en práctica, más nos gustan. Así que, no cabe la menor duda de que debemos seguir preconizando los principios de AA en la forma que ahora tienen.

Entonces, si nuestros principios básicos van a quedar tan firmemente fijados, ¿qué hay para cambiar o mejorar? La respuesta se nos ocurre enseguida. Aunque no tenemos que modificar nuestras verdades, sin duda podemos mejorar las formas en que las aplicamos a nosotros mismos, a nuestra Comunidad en su totalidad, y a nuestras relaciones con el mundo que nos rodea. Podemos seguir perfeccionando la aplicación de "estos principios en todos nuestros asuntos."

Por lo tanto, en este momento en el que iniciamos la próxima gran fase de la vida de AA, comprometámonos a responsabilizarnos aun más de su bienestar general. Sigamos haciendo nuestro inventario como Comunidad, intentando descubrir nuestros defectos y confesándolos sin reserva. Dediquémonos a remediar todas las relaciones defectuosas que puedan existir, ya sean internas o externas.

Y sobre todo, recordemos la multitud de personas que todavía sufren del alcoholismo y que todavía están sin esperanza. Sea cual sea el costo o el sacrificio que suponga, pongámonos a mejorar nuestras comunicaciones con toda esta gente para que encuentren lo que hemos encontrado—una nueva vida de libertad bajo Dios.

Los rincones remotos

Octubre de 1961

Las narrativas apasionadas y dramáticas que aparecen en este número internacional del Grapevine son muy conmovedoras y prometedoras. En los artículos y entre líneas, tenemos una maravillosa oportunidad de vislumbrar el desarrollo de AA tal como se desenvuelve hoy en las áreas más remotas de nuestro mundo. Todo lector de este número tendrá sin duda una magnífica perspectiva de lo que AA será mañana.

Uno de nuestros colaboradores sudafricanos, un veterano de ese país, termina su artículo con las siguientes extrañas palabras: *"Hamba gahle, hlale gahle."* En el idioma de los Zulúes, estos saludos quieren decir: "Viaja en paz" y "vive en paz." En estas expresiones conmovedoras se ven revelados los más profundos deseos y aspiraciones de la gente zulú.

Los AA nos podemos identificarnos con estas palabras tan bien como lo pueden hacer los zulúes. Porque, ¿no es esto exactamente lo que hemos venido buscando—primero como alcohólicos activos, y luego como miembros de AA? Siempre hemos deseado irnos del lugar en donde nos encontrábamos, para encontrar otro donde reinara la paz. La historia de AA es la historia de nuestro viaje común, en búsqueda de lo mejor.

Según nos cuenta nuestro compañero sudafricano, no es de extrañar que sus numerosos amigos alcohólicos zulúes, bantúes e hindúes, al llegar a nuestra Comunidad de todas partes del Transvaal y sus alrededores, vean hacerse realidad sus más queridas esperanzas. Viajan con nosotros, y encuentran la quietud.

La historia de la difusión de AA en ultramar es sin duda la historia de los AA que han viajado así, tanto en cuerpo como en espíritu. En las páginas del Gv, encontramos narrada la emocionante experiencia de la mujer de un diplomático. Aquí la podemos describir como una "Solitaria." No obstante, nos dice que no se encontraba sola, ni mucho menos, cuando viajaba a pasar temporadas primero en Noruega y luego en Indonesia. En este momento vive aun más alegremente en Haití.

Luego tenemos la historia de la dama inglesa—también una de nuestras hermanas alcohólicas—que cuenta cómo se desmoronó completamente en Singapur, como preludio a encontrarse ahora bien y feliz en Malta, donde ella y otra mujer han formado un grupo de AA de dos personas.

Y no se pierdan el artículo de nuestro amigo inglés, un oficial del ejército y uno de los fundadores de AA en Gran Bretaña, en el que describe cómo él, un Solitario, logró mantenerse sobrio en Malaya durante una dura época de guerra de guerrillas; y luego les dirá lo que encontró en AA a su regreso a Inglaterra.

Tampoco se pierdan ese cuadro de AA en Australia tal como lo pinta un veterano de allí. Se me hizo un nudo en la garganta al leerlo, porque podía recordar los comienzos de AA en aquel continente inspirados por una simple carta y un Libro Grande enviados desde Nueva York hace 20 años.

Y no dejen de leer la historia de ese trabajo de Paso Doce extraño e increíble realizado recientemente en Sudáfrica. Nuestro colaborador del Gv trabajaba día y noche para apadrinar a un joven húngaro quien, junto con su madre, había estado viviendo en un aislamiento y una miseria absoluta. Al principio la barrera del idioma parecía ser insuperable. Pero el padrino y su ahijado podían leer algunos pasajes de la Biblia en latín, y eso les ayudó. Sin embargo, el idioma no era la única barrera. El candidato resultó ser sordomudo. No obstante, logró su sobriedad, y la historia de cómo consiguió hacerlo es asombrosa.

De hecho, se debe leer toda palabra de este número internacional del Gv. Descubrirán sin duda algunas nuevas ideas sobre posibles formas de pasar de donde están ahora a un lugar donde se pueda encontrar aun más quietud. Así me pasó a mí. *"Hamba gahle, hlale gahle."*

De nuevo en la encrucijada

Noviembre de 1961

L os AA de todas partes vamos adquiriendo una comprensión más aguda de nuestra historia y del significado de sus virajes decisivos. Además, creo que nos estamos formando una idea acertada de nuestra historia; algo de suma importancia sin duda. La historia del mundo revela que muchas sociedades y naciones han caído víctimas del miedo y de la soberbia o de sus intenciones agresivas. Por ello, perdieron el sentido de su propósito y de su justo destino y así se desintegraron y desaparecieron. Ni el poder, ni la gloria ni la riqueza podían garantizar en absoluto su supervivencia.

En los primeros veinticinco años de la historia de AA hay poco que indique que nos espere una suerte parecida. En nuestras vidas personales y, por consiguiente, en nuestra Comunidad misma, nos hemos esforzado constantemente por poner a un lado esas vanagloriosas reivindicaciones de prestigio, poder y posesiones materiales que nos habían arruinado a tantos de nosotros en nuestros días de bebedores. Por tener tan vívidamente ante nuestros ojos estas temibles experiencias, no es de extrañar que los Doce Pasos de AA continuamente nos recuerden la absoluta necesidad del desinflamiento del ego; que nuestras Doce Tradiciones nos adviertan con tanta insistencia de los peligros de la acumulación de riqueza, de la vana búsqueda de la fama, y de la tentación perenne de meternos en controversias o de lanzarnos al ataque.

No son nuestras virtudes las que nos han dado esta sabiduría; la mejor comprensión que ahora tenemos tiene sus raíces en nuestros antiguos errores. En el momento más oportuno y por la gracia de Dios, a cada uno de nosotros se nos ha concedido la posibilidad de adquirir una comprensión cada vez más amplia del significado y del propósito de su propia vida. Ya que esto ha sido la esencia de nuestra experiencia individual, es también la esencia de nuestra experiencia como Comunidad. Hemos sufrido lo suficiente como para llegar a saber algo del amor a Dios y al prójimo. Así se nos ha enseñado a escoger aquellos principios y formas de actuar mediante los cuales podemos sobrevivir y desarrollarnos. Este es el clima espiritual en el que hoy los AA tenemos el privilegio de vivir.

Incluso el hecho de habernos comportado de manera a veces voluble desde que logramos la sobriedad no ha alterado ese clima prevaleciente de humildad y de amor. Creemos que ésta es la condición espiritual que nos ha merecido tanta orientación sabia y providencial. Decimos esto sin ninguna presunción; es una realidad patente de nuestra experiencia. No tenemos que hacer más que reflexionar sobre la larga serie de decisiones aparentemente acertadas que hemos podido tomar durante los últimos veintiséis años; decisiones referentes a nuestros principios y a los métodos apropiados de comunicarlos. Ninguna de estas decisiones significativas nos ha dado el menor indicio de ser equivocada. Hasta la fecha, parece que en cada una de las nuevas encrucijadas, hemos optado por el camino acertado. No es posible que esto se deba solamente a nuestro criterio. Nuestra Comunidad ha deparado una prueba convincente de aquel viejo y sabio refrán que dice: "En las situaciones extremas del hombre, Dios encuentra su oportunidad." Ya que ésta ha sido nuestra experiencia, podemos enfrentar con fe segura nuestra próxima decisión.

Es innegable que AA se encuentra ahora en una nueva encrucijada. Tiene que ver con la futura administración de los servicios mundiales de AA en su totalidad. Por lo tanto, tendremos que echar una nueva mirada al porvenir. En esta encrucijada, me veo obligado a tomar una decisión crucial. Y es ésta:

Estoy convencido de que debo retirarme completamente de la administración activa de los asuntos de servicio mundial de AA, y de que la parte que he desempeñado en la dirección de estos asuntos debe transferirse totalmente a los custodios de la Junta de Servicios Generales de AA.

Esta no es una idea nueva; es simplemente la última escena de una obra que se ha venido desenvolviendo durante más de diez años. El Dr. Bob y yo ya la teníamos en mente en 1948 cuando escribimos un artículo para el Grapevine titulado "¿Por qué no podemos unirnos a AA nosotros también?" La teníamos aun más presente cuando se convocó, a título de prueba, nuestra primera Conferencia de Servicios Generales en 1951. Y cuando en 1955, en Saint Louis, se transfirió a nuestra Conferencia la autoridad y la responsabilidad de mantener nuestros servicios mundiales, ya estaba claramente previsto mi retiro de la dirección activa de los servicios.

No obstante, aun queda un vestigio de mi antigua situación, lo cual merece una explicación. Después de la transferencia efectuada en Saint Louis, había algunas tareas que todavía requerían mi plena atención. Pero estas tareas ahora están prácticamente terminadas. Durante los últimos seis años, me he ocupado conjuntamente con nuestros custodios de la dirección de estos asuntos. Sin duda, mi continua participación en estas actividades ha contribuido a crear en la mente de muchos AA la impresión de que sigo siendo un líder y el símbolo del liderazgo mundial de AA. Este es el último vestigio de mi papel en la dirección de nuestros servicios.

Hay motivos excelentes e incluso contundentes para esta decisión. La razón fundamental estriba en la necesidad actual de aplicar estrictamente la Segunda Tradición de AA a cada aspecto de nuestras actividades de servicio mundial. Esto quiere decir que debo dejar de actuar por la conciencia de grupo de AA en la dirección de nuestros servicios. Esta dirección debe ser asumida completamente por nuestros custodios, según les orienten los delegados de la Conferencia. Consideremos además la muy sana tradición de AA de tener una dirección rotativa. Hoy día este principio se aplica en todas partes al pie de la letra—excepto en lo que a mí concierne. Para eliminar esta discordancia debo retirarme al margen, donde se encuentran ahora casi todos los pioneros de AA.

Pero esto no es todo. Puede que la continuación de mis actividades en la Sede de AA esté ocultando algunos defectos imprevistos en nuestra estructura. Si los hubiera, debemos depararles la ocasión de manifestarse. Además, nuestros excelentes custodios y el muy competente personal de nuestra Sede deben tener la oportunidad de hacer sus trabajos sin mi colaboración. Sabemos que, a la larga, una dirección con dos cabezas es muy arriesgada. Mi retiro del servicio activo remediaría este defecto.

También hay razones sicológicas de la más profunda significación. AA es una familia, de la cual los ancianos hemos sido los padres espirituales. El padre que abandona a su familia antes de que sus hijos hayan llegado a la edad de responsabilizarse, ha defraudado su confianza. Pero el padre que se queda más tiempo de lo conveniente también puede causarle grandes perjuicios. Si insiste en mantener su autoridad paterna y la custodia protectora de sus hijos mucho tiempo después de que hayan alcanzado la mayoría de edad, les está privando del inapreciable privilegio de enfrentarse por sí mismos a la vida. Lo que era totalmente apropiado en su infancia y adolescencia no lo es en absoluto en su madurez. Así que el padre sabio siempre modifica su papel de acuerdo a las circunstancias. Naturalmente, si se le pide que eche una mano en las emergencias que puedan surgir, siempre lo hace. Pero se da cuenta de que tiene que dejar que sus hijos cometan y rectifiquen la mayoría de sus propios errores, vivan sus propias vidas, y crezcan. La Segunda Tradición del programa de AA reconoce claramente esta verdad universal al declarar: "Solo existe una autoridad fundamental: un Dios amoroso tal como se exprese en la conciencia de nuestro grupo."

Naturalmente, no estoy sugiriendo una retirada total; sólo propongo cambiar mi relación con AA. Por ejemplo, espero estar disponible para asistir a las reuniones de los custodios y de la Conferencia. Si aparecieran algunos defectos notables en nuestra actual estructura de servicio, sería un gran placer para mí ayudar a remediarlos, si se me pidiera hacerlo. En pocas palabras, espero "estar a su disposición" y no volver a "ser el que disponga"—ésta es precisamente la postura que AA espera que tomen todos sus pioneros.

Mi retiro al margen de las actividades supondrá necesariamente otros cambios. Salvo la posibilidad de un par de visitas a países de ultramar y mi asistencia a las Convenciones Internacionales que se celebren, creo que mis días de viajar y dar charlas han llegado a su fin. Desde el punto de vista práctico, ya no me resulta posible aceptar los centenares de invitaciones que me llegan ahora. Además, está muy claro que el seguir haciendo acto de presencia aumentaría mi importancia en AA en el mismo momento en que ésta debería disminuir considerablemente. Se puede decir lo mismo con respecto a mi abundante correspondencia que ha llegado a alcanzar tales proporciones que ahora no puedo contestarla adecuadamente.

No obstante, aún queda plenamente abierto un solo y principal canal de comunicación—el de escribir artículos para el Grapevine. Sin duda, me gustaría continuar haciéndolo. Por ejemplo, en estos días, estoy dedicándome a componer una serie de ensayos titulada "Practicando estos principios en todos nuestros asuntos." Tal vez, en fecha futura, estos artículos puedan ampliarse y convertirse en un libro, que sería un intento de tratar del problema global de vivir, tal como lo vemos nosotros los AA. Si sucede que lo logro escribir, esta obra podría ser de un valor permanente.

Hay otro factor que influye en mi decisión. Como todos los demás miembros de AA, tengo una clara responsabilidad de ser un ciudadano del mundo alrededor mío; y de llevar a este mundo mi experiencia de vivir y trabajar en nuestra Comunidad. Por lo tanto, ya estoy explorando ciertas esferas de actividad externa a las que podría hacer una aportación provechosa y, tal vez, significante. Por primera vez, me siento libre de seguir el ejemplo constructivo sentado por incontables compañeros míos. Pero, mi principal motivo para tomar este nuevo rumbo es la profunda y segura convicción de que esto resultará ser a largo plazo lo más provechoso para Alcohólicos Anónimos.

Apenas hace falta decir que me acerco a esta nueva encrucijada con un nudo en la garganta y un corazón lleno de gratitud por todos esos extraordinarios privilegios y dádivas que por tanto tiempo me han sido concedidos.

Nuestro lema: la responsabilidad

Julio de 1965

Para marcar la ocasión del trigésimo aniversario de AA, vamos a celebrar, este mes de julio, nuestra Convención Internacional en Toronto. Es muy apropiado que el lema escogido para esta celebración sea : "La Responsabilidad de AA." Allí vamos a pasar revista a las tres décadas de la vida de la Comunidad que ahora son parte de la historia. Animados de una gratitud inexpresable, vamos a dar gracias a Dios por habernos hecho posible lograr el nivel de responsabilidad, individual y colectiva, que ha conducido a nuestra Comunidad a su estado actual de bienestar y alcance mundial.

Al recordar los años pasados, apenas si podremos llegar a formarnos un concepto parcial de todo lo que Dios ha obrado entre nosotros. Nadie podría imaginarse la suma de los sufrimientos que experimentamos en una época, o de la desgracia que tuvieron que padecer nuestros seres cercanos y queridos. ¿Quién puede realmente comprender la naturaleza interna de nuestras experiencias espirituales transformadoras, aquellos dones de Dios, que abrieron ante nosotros un nuevo universo, una nueva forma de ser, de actuar y de vivir? Los beneficios que hemos recibido sobrepasan la comprensión humana.

En nuestra reunión internacional, veremos nuevas caras. Oiremos hablar er. otras lenguas a muchos venidos de muy lejos. Veremos que el sol nunca se pone en la Comunidad de AA, que 350,000 personas se han recuperado de nuestra enfermedad; que hemos empezado a superar por todas partes las formidables barreras de raza, religión y nacionalidad. Este testimonio seguro de que tantos de nosotros hemos podido cumplir con las responsabilidades que aseguran nuestra sobriedad, nuestro desarrollo y nuestra eficacia en el turbulento mundo en que vivimos, sin duda nos llenará de la más profunda alegría y satisfacción. No obstante, por ser gente que casi siempre hemos aprendido por la dura experiencia, no nos vamos a felicitar a nosotros mismos. Nos daremos cuenta de que estos bienes son dádivas de Dios, a los cuales hemos respondido en parte mostrándonos cada vez más dispuestos a descubrir y hacer su voluntad para con nosotros.

También recordaremos que los sufrimientos de nuestra enfermedad literalmente nos forzaron a tomar lo que para la mayoría de nosotros era la primera decisión responsable en muchos años: la de unirnos a AA. Bajo el látigo del alcoholismo nos habíamos visto reducidos a tal condición que estuvimos dispuestos a hacer lo que fuera necesario para ponernos bien; era un asunto de vida o muerte.

Así impulsados, acabamos uniéndonos a la Comunidad de AA y allí vislumbramos por primera vez un nuevo mundo de comprensión y cariñoso interés. Pronto echamos una mirada a los Doce Pasos de AA para la recuperación y muchos de nosotros en seguida nos olvidamos de diez, por ser tal vez innecesarios. Aceptamos únicamente la idea de que éramos alcohólicos; de que asistir a las reuniones y ayudar a los recién llegados sería suficiente para resolver el problema del alcohol y probablemente todos los problemas. Nos parecía muy acertado aquel viejo y trillado refrán que dice "el beber no es sino el pecadillo de un hombre bueno." Una vez librados de la bebida, la vida sería como un jardín de rosas. Al calentarnos alegremente las manos en el fuego de AA, todo nos parecía bien.

No obstante, con el tiempo, empezamos a sentir cierto descontento y alguna inquietud, incluso dentro de nuestro propio grupo; todo no era tan maravilloso como nos habíamos imaginado. Tal vez, nos vimos metidos en una pedrea provocada por algún escándalo, o quizá se armó un jaleo al tratar de decidir quién iba a ser coordinador del grupo. Había gente que simplemente no nos gustaba; y aquellos que admirábamos no nos prestaban la atención que nos creíamos merecer. En casa también sufrimos una brusca desilusión. Cuando la nube rosada se había disipado, las cosas parecían ir tan mal como siempre. Las viejas heridas no se cicatrizaban. Aunque nuestra sobriedad le causaba una buena impresión, el banquero no obstante seguía preguntándonos cuándo le íbamos a reembolsar su dinero. Nuestro jefe también, con tono severo, nos exigía que nos pusiéramos a trabajar.

Así que cada uno de nosotros recurrió a su padrino para contarle sus penas. Según nuestra opinión, nuestros resentimientos, nuestras inquietudes y nuestras depresiones estaban causados sin duda por nuestras circunstancias desgraciadas y por el comportamiento poco considerado de otra gente. Para nuestra gran consternación, nuestras palabras tampoco parecían impresionarles a nuestros padrinos. Se sonreían y simplemente nos decían, "¿Por qué no echamos una mirada detenida a todos los Doce Pasos de AA? Es posible que se te haya escapado mucho—de hecho, casi todo."

Entonces, empezamos a hacer nuestros propios inventarios, en vez de hacer los de otra gente. Al acostumbrarnos al autoexamen, empezamos a darnos cuenta de cuáles eran nuestras verdaderas responsabilidades para con nosotros mismos y para con la gente a nuestro alrededor. Aunque era una tarea penosa, nos iba resultando cada vez más fácil. Empezamos a hacer enmiendas a los que habíamos perjudicado, de mala gana al principio, y luego con mejor disposición. Poco a poco, nos dimos cuenta de que todo progreso espiritual consistía en saber cuáles eran nuestras responsabilidades reales y luego ponernos a hacer algo al respecto. Estas actividades empezaron a dar buenos resultados. Descubrimos que, al ir asumiendo más gustosamente las responsabilidades de vivir y crecer, no siempre teníamos que estar motivados por nuestro propio malestar.

Entonces, para nuestro gran asombro, llegamos a saber que la aceptación total de cualquier responsabilidad bien definida y la firme resolución de actuar de acuerdo a esta responsabilidad casi siempre nos llevaban a la verdadera felicidad y tranquilidad de espíritu. Además, estas satisfacciones duraderas se redoblaban cuando nos dábamos cuenta de que la mejor disposición que ahora teníamos nos hacía posible, en nuestras meditaciones, llegar a conocer la voluntad de Dios. Por fin descubrimos que teníamos un alegre deseo de vivir de una manera responsable.

Este ha sido el curso que ha seguido nuestra evolución espiritual en AA; nuestro peregrinaje, si así lo prefieren.

Lo que le ha pasado a todo miembro de AA, también le ha pasado a todo grupo y a AA en su totalidad. A menudo he visto a nuestra Sociedad comportarse de manera tímida y temerosa, airada y soberbia, apática e indiferente. Pero también he visto desvanecerse estas características negativas según se iban aprendiendo y aplicando gustosamente las lecciones de la experiencia.

Recordemos algunos casos:

En nuestros primeros días, éramos tan tímidos que creíamos que AA debería ser una sociedad secreta. Huíamos de la publicidad porque todavía sentíamos el peso del estigma del alcoholismo—y también por miedo a que nos viéramos inundados por una gran afluencia de supuestos indeseables. A menudo nos hemos sentido airados por las críticas internas y las procedentes del mundo exterior. En general, hemos tenido más talento para hacer críticas que para aceptarlas. A veces hemos alardeado de AA como si fuera la única panacea y la suprema autoridad en cuanto al alcoholismo, y así hemos alienado a nuestros amigos. Conscientes de los peligros de la acumulación de riqueza, hemos convertido este temor en un pretexto para no cubrir los pequeños gastos de los grupos, los intergrupos y los servicios mundiales—esos brazos vitales de servicio que son tan indispensables para llevar el mensaje de AA al mundo que nos rodea. Por falta de apadrinamiento adecuado, a veces no hemos satisfecho las necesidades de los enfermos recién llegados.

Entonces, en ciertos momentos decisivos de nuestra historia, por ira o por pura indiferencia, hemos tratado de evitar algunas responsabilidades, cuya importancia debía haber sido evidente para nosotros. En algunas ocasiones, nos salvamos por muy poco de consecuencias desastrosas. Los veteranos pueden recordar que el libro *Alcohólicos Anónimos* nunca se habría publicado si hubiéramos hecho caso a los que decían que no se necesitaba o a los que se espantaban ante los riesgos de preparar ese valioso texto. Se levantó un gran clamor en contra de la formación de la Conferencia de Servicios Generales de Alcohólicos Anónimos, ese organismo indispensable de delegados que hoy día vincula a nuestra Sociedad con los custodios de los servicios mundiales de AA. Casi nadie creía que se pudiera forjar eficazmente ese vínculo; muchos opinaban que el mero intento de realizar este proyecto nos arruinaría. Como consecuencia, esta empresa de importancia decisiva casi fue abandonada en mitad de camino a causa de la indiferencia, de las duras críticas y de la poca fe.

No obstante, con el tiempo y por la gracia de Dios, nuestros valores espirituales siempre han acabado por superar obstáculos incluso de este calibre. La recuperación en AA sigue avanzando a grandes pasos. La aplicación de las Doce Tradiciones de AA ha cimentado nuestra unidad de manera asombrosa. Nuestras asociaciones intergrupales y nuestra Conferencia de Servicios Generales han hecho posible una amplia difusión de nuestro mensaje, tanto en este país como en el extranjero. Al comienzo, nuestros sufrimientos y nuestras necesidades nos hicieron aceptar nuestras responsabilidades. Pero en años posteriores, la buena voluntad y la fe segura han ido penetrando cada vez más todas las actividades de nuestra Comunidad.

A pesar de esta grata capacidad para superar los problemas de ayer y de hoy, nos damos cuenta claramente de que nuestros defectos de carácter no han desaparecido, y nunca desaparecerán. Por lo tanto, nuestra constante responsabilidad debe ser la de hacer sin miedo un inventario de nuestros defectos según vamos progresando, para estar así en mejores condiciones para remediarlos.

En Toronto, vamos a preguntarnos a nosotros mismos, "¿Qué tipo de herencia dejamos para uso de las futuras generaciones de nuestra Sociedad? ¿Es esta herencia todo lo buena que pueda ser? ¿Qué podemos hacer mientras nos queda tiempo para multiplicar lo positivo y disminuir lo negativo?"

Al examinar así nuestra Sociedad actual, espero que no se me considere como un anciano sabio y recto que amonesta y exhorta a sus compañeros. Si hago un inventario de los defectos de AA, pueden estar seguros de que también estoy haciendo el mío. Sé que mis errores de ayer tienen todavía sus repercusiones; y que mis defectos de hoy pueden afectar igualmente nuestro futuro. Y así sucede con todos y cada uno de nosotros.

Por lo tanto, consideremos los aspectos más importantes de la vida de nuestra Comunidad, donde siempre sentiremos una apremiante necesidad de mejorarnos.

Debemos preocuparnos sobre todo por los enfermos que aun no hemos logrado alcanzar. Empecemos por reconocer humildemente el hecho de que hoy día por todo el mundo hay 20,000,000 de alcohólicos, y 5,000,000 de ellos se encuentran en los Estados Unidos. Naturalmente, en esta gran cifra se tienen en cuenta todas las etapas de la enfermedad. A algunos no los podemos alcanzar porque aun no han sufrido bastante; a otros, porque han sufrido demasiado. Muchos enfermos tienen complicaciones mentales y emocionales que parecen anular sus posibilidades de recuperación. No obstante, un cálculo moderado nos indica que en cualquier momento hay 4,000,000 de alcohólicos en el mundo que se encuentran listos y dispuestos a ponerse bien y en condiciones de hacerlo—si supieran cómo. Está claro que todos estos enfermos necesitan saber lo que es el alcoholismo y reconocer que se encuentran afectados por esta enfermedad. Luego, tenemos que utilizar todos los recursos de información pública y de comunicación personal para alcanzarlos y decirles exactamente los pasos que pueden dar para encontrar el camino de la recuperación. Al tener en cuenta que, en los treinta años de existencia de AA, solo hemos alcanzado a menos de un 10 por ciento de aquellos que podían haber estado dispuestos a acudir a nosotros, empezamos a hacernos una idea de la inmensidad de nuestra tarea y de las responsabilidades que siempre tendremos que asumir.

Estos hechos nos enseñan claramente cuál será nuestra próxima gran responsabilidad: la de apadrinar inteligente y cariñosamente a cada hombre y cada mujer que recurra a nosotros buscando ayuda. El empeño y el amor con los que nos pongamos a realizar este tarea, individual y colectivamente, tendrán una importancia decisiva. Además, es la forma más atinada de expresar nuestro agradecimiento por todo lo que se nos ha dado a nosotros. No sería una exageración decir que un millón de alcohólicos han recurrido a AA durante los últimos treinta años. Con toda seriedad, debemos preguntarnos ¿adónde fueron los 600,000 que no se han quedado con nosotros? ¿Cuánto y cómo les hemos fallado a todos ellos?

No debemos bajo ningún concepto creer que AA sea la única panacea y la suprema autoridad en cuanto al alcoholismo. Solamente en los Estados Unidos y Canadá, hay tal vez cien agencias dedicadas a la investigación, la educación y la rehabilitación del alcoholismo. La investigación ya ha producido resultados de gran significación y utilidad, y puede hacer mucho más. Los que trabajan en el campo de la educación han venido llevando el mensaje de que el alcoholismo es una enfermedad y de que se puede hacer algo al respecto. Todos estos trabajadores contribuyen a facilitar nuestros esfuerzos. Las estadísticas indican que cada año las agencias de rehabilitación en los Estados Unidos y Canadá atienden a unos 50,000 alcohólicos. Es cierto que su manera de abarcar el problema es a menudo muy diferente de la nuestra. Pero, ¿qué nos importa esto—dado el hecho de que la mayoría de estas agencias están, o pueden llegar a estar, perfectamente dispuestas a cooperar con AA? Creo que, con demasiada frecuencia, hemos depreciado e incluso ridiculizado los proyectos de nuestros amigos, simplemente porque no siempre vemos el asunto con los mismos ojos que ellos. Una y otra vez, con toda gravedad posible, debemos hacernos la pregunta, ¿cuántos alcohólicos han seguido bebiendo simplemente porque nosotros no hemos cooperado de buena fe con esas numerosas agencias—ya sean buenas o malas o regulares? Ningún alcohólico debe volverse loco o morir, por el mero hecho de no haber venido directamente a AA.

Consideremos ahora la cuestión de la crítica—la crítica que se dirige a AA en el mundo que nos rodea. Ya hace años que nos vemos exentos de los dardos que la sociedad dispara contra toda empresa de importancia, ya sea sociológica, médica, religiosa o política. Así que, al oír a alguien criticar a Alcohólicos Anónimos, nos sentimos asombrados, desconcertados y airados. Es probable que nos deje tan trastornados que no podemos sacar ningún provecho de la crítica constructiva. Y en cuanto a la crítica menos constructiva, no nos resulta fácil tomarla a bien. Aunque esta actitud no es la norma entre nosotros, hay muchos AA que reaccionan así cuando los disparos les tocan en sus puntos más sensibles. Está bien claro que esta especie de resentimiento no nos gana amistades, y no tiene ningún propósito constructivo. En esta esfera, sin duda podríamos mejorarnos.

Alcohólicos Anónimos no es una religión, ni es un tratamiento médico, ni pretende tener ninguna pericia en cuanto a las motivaciones inconscientes del comportamiento humano. Estas son realidades que olvidamos demasiado a menudo. Aquí y allá oímos a nuestros miembros proclamar que AA es una nueva y gran religión. Además, excepto en lo concerniente a la desintoxicación pura y simple, tenemos una tendencia a menospreciar las aportaciones de la medicina a nuestro bienestar. El hecho de que la siquiatría no ha logrado todavía llevar la sobriedad a muchos alcohólicos, nos inclina a hablar de esa profesión en palabras poco halagadoras. Una vez más olvidamos que debemos nuestra existencia misma a la religión y las artes médicas. En la formación de sus principios y actitudes fundamentales, AA se ha apropiado mucho de estos recursos. Eran nuestros amigos, sobre todo, los que nos facilitaban los principios y actitudes que hoy nos permiten vivir y progresar. Por lo tanto, todos debemos reconocer el gran mérito de estos colaboradores. Aunque es cierto que los borrachos creamos AA, otra gente nos proporcionó todos los ingredientes básicos. En este caso en especial nuestra máxima debe ser: "Seamos amistosos con nuestros amigos."

La historia de la raza humana nos enseña que casi todos los grupos de hombres y mujeres tienden con el tiempo a ser cada vez más dogmáticos; sus creencias y costumbres van endureciéndose y, a veces, acaban quedándose rígidos. Esta es una evolución natural y casi inevitable. Todo el mundo, por supuesto, debe obedecer a la voz de sus convicciones; y los AA no constituimos una excepción. Además, todo el mundo debe tener derecho de expresar sus convicciones. Este es un buen principio y un sano dogma. Pero el dogma también tiene sus desventajas. Por el mero hecho de que tenemos unas convicciones que nos dan buenos resultados, nos llega a ser fácil creer que tenemos toda la verdad. Si dejamos que se manifieste este tipo de arrogancia, forzosamente acabamos tratando de imponernos, *exigiendo* que la gente esté de acuerdo con nosotros. Nos las damos de Dios. Este no es un sano dogma. Es un dogma muy malsano. El entregarnos a este error puede tener en nosotros un efecto devastador.

Decenas de miles de recién llegados recurren cada año a AA. Representan casi todas las creencias y actitudes que se pueda imaginar. Tenemos ateos y agnósticos. Tenemos gente de casi todas las razas y culturas y religiones. Se supone que en AA estamos vinculados por una afinidad derivada de nuestro sufrimiento común. Por lo tanto, debemos considerar de suma importancia la libertad incondicional de adherirse a cualquier creencia, teoría o terapia. Por consiguiente, nunca debemos intentar imponer a nadie nuestras opiniones personales o colectivas. Debemos tener, los unos a los otros, el respeto y el amor que cada ser humano merece a medida que se esfuerza por acercarse a la luz. Intentemos ser siempre inclusivos y no exclusivos; tengamos presente que todos nuestros compañeros alcohólicos son miembros de AA mientras así lo digan.

Algunos de los peligros más notorios que nos amenazan siempre tendrán que ver con el dinero, con las controversias internas, y con la tentación perenne de buscar descabelladamente, tanto en el mundo exterior como dentro de nuestra Comunidad, los honores, el prestigio e incluso el poder. Hoy vemos el mundo a nuestro alrededor desgarrado por estas fuerzas insumisas. Como bebedores, hemos sido más susceptibles que otra gente a estas formas de destrucción. Por esta experiencia, gracias a Dios, tenemos—y espero que sigamos teniendo—una clara y profunda conciencia de nuestra responsabilidad de mejorarnos.

No obstante, no debemos dejar que el temor que sentimos ante estas fuerzas nos engañe, de manera que vayamos inventando justificaciones absurdas. El temor de acumular riqueza o a montar una torpe burocracia, no debe depararnos un pretexto para no cubrir nuestros legítimos gastos de servicio. El temor a la controversia no debe causar que, al surgir la necesidad de un debate animado y una acción resuelta, nuestros líderes se comporten con timidez. Ni debe el temor de acumular prestigio y poder impedirnos conceder a nuestros fieles servidores la autoridad apropiada para actuar por nosotros.

No temamos nunca a los cambios necesarios. Naturalmente, tenemos que distinguir entre los cambios que conducen a la mejora y los cambios que nos llevan de lo malo a lo peor. No obstante, en cuanto se hace bien evidente la necesidad de cambiar, personalmente, en el grupo o en AA como una totalidad, ya hace tiempo que nos dimos cuenta de que no podemos quedarnos quietos y hacer la vista gorda. La esencia de todo progreso es la buena disposición para hacer los cambios que conducen a lo mejor y luego la resolución de aceptar cualesquier responsabilidades que estos cambios nos entrañen.

Para concluir, vale comentar que, en la mayoría de los aspectos de nuestra vida, los AA hemos podido hacer progresos sustanciales, en cuanto a nuestra buena voluntad y a nuestra capacidad para aceptar y cumplir con nuestras responsabilidades, hecho que nuestra gran reunión de Toronto simbolizará y mostrará.

Al echar una mirada hacia el futuro, vemos claramente que una buena voluntad cada vez más profunda será la clave del progreso que Dios espera que hagamos a medida que andemos hacia el destino que nos tiene reservado.

La dirección de los asuntos mundiales de AA

Enero de 1966

En nombre de la junta de custodios de AA, nuestro presidente y fiel amigo, el Dr. Jack Norris, nos ha pedido que hagamos frente a una responsabilidad de mucho alcance. Los futuros historiadores de AA marcarán sin duda esta ocasión como un momento crucial en el desarrollo de nuestra muy querida

Comunidad. El motivo de esto es que ahora vamos a reconsiderar, y tal vez cambiar, la naturaleza y la composición del futuro liderazgo mundial de AA. Mientras meditamos sobre este problema por tanto tiempo sin resolver, estaría bien que recordáramos que en los asuntos de las sociedades nuevas y de las naciones, la determinación de su liderazgo final ha sido siempre una cuestión de importancia crucial. Esto es lo que nos enseña la historia de la humanidad.

El Dr. Jack nos ha pedido específicamente a los Alcohólicos Anónimos—al nivel de nuestra junta de custodios—que asumamos el papel principal en la dirección de los asuntos mundiales de AA. Para lograr esto, él ha presentado un programa detallado, un plan recomendado casi unánimemente por sus compañeros custodios. Si adoptáramos este nuevo concepto en 1966, la responsabilidad principal de la dirección de nuestros asuntos mundiales pasaría de los no alcohólicos de nuestra junta actual a los custodios alcohólicos de la nueva junta.

Nuestra reorganizada junta estaría compuesta de catorce custodios AA y siete custodios no alcohólicos. Siete de los miembros de AA serían escogidos de entre las áreas apropiadas de los Estados Unidos y Canadá en base a su capacidad de liderazgo en AA. Los siete restantes AA serían seleccionados en base de sus diversas pericias y talentos profesionales y administrativos. Esto constituiría una junta equilibrada de veintiún miembros, en la que los AA estarían en mayoría de dos a uno. Esto se puede comparar con nuestra junta actual de diez no alcohólicos y nueve AA. Los puestos principales de la nueva junta estarían abiertos a sus miembros AA en cualquier momento en que tal cambio fuera deseable. Sólo por razones prácticas, el mejorado equilibrio entre las tres clases de custodios nos debería complacer a todos nosotros.

No obstante, el plan de los custodios, según el esbozo del Dr. Jack, tiene implicaciones más grandes que el mero sentido práctico: Entraña profundos valores espirituales; es también una llamada a la responsabilidad más grande de AA. De hecho, también es una declaración de que AA ha evolucionado ahora hasta tal punto de estabilidad y competencia que ya no debe funcionar bajo lo que, desde 1938, ha sido el símbolo de la custodia protectora de nuestros amigos no alcohólicos. Como ya sabrán, la estructura actual fue creada hace mucho tiempo—en una época en la que AA no tenía nada más que tres grupos y sólo catorce miembros.

Merece la pena hacer una pausa aquí para recordar por qué nuestra Junta de Servicios Generales se constituyó originalmente de esta manera. Para nosotros los AA, el año 1938 fue de una incertidumbre angustiosa. No había ninguna prueba de que los alcohólicos pudieran estar sobrios indefinidamente. Tampoco había evidencia convincente de que tuviéramos la estabilidad emocional para cuidar de nosotros mismos, aunque estuviéramos sobrios. Además, no teníamos posición ante el público; la gente ni siquiera sabía que existíamos. Y también, ¿cuántos grupos de AA distantes pensarían en enviar sus contribuciones monetarias a una junta de custodios compuesta completamente de alcohólicos neoyorquinos? Este era el clima de miedo e indecisión que ensombrecía nuestro cielo en aquellos primeros tiempos.

Sin embargo, ya se había puesto en claro que nuestra naciente sociedad tendría que tomar una dirección. En la cumbre de la creciente pirámide de nuestros miembros, habría que erigir un faro cuya iluminación llevara el mensaje de AA a los que todavía sufrían del alcoholismo. Por miedo a que algún día su resplandor fuera apagado por las recaídas y la irresponsabilidad, no queríamos arriesgarnos a cuidar de este faro por nosotros mismos.

Nos hacía falta cierta forma de protección, ¿pero cuál? La solución que propusimos en 1938 es ahora bien conocida. Habíamos pedido a algunos amigos no alcohólicos, cuidadosamente escogidos, que formaran nuestra junta de custodios, y decidimos darle estado legal a esta junta. También estipulamos que, por tradición, el presidente y el tesorero fueran siempre no alcohólicos. Al admitir francamente que AA tenía la absoluta necesidad de tener tal protectorado, juzgamos, de una manera pesimista, que si todos los custodios AA se emborracharan, nuestra junta podría no obstante continuar funcionando gracias a sus guardianes no alcohólicos.

Hoy día, podemos sonreír alegremente al pensar en todos estos temores excesivos y complicadas precauciones. Durante los pasados veintisiete años, solamente dos custodios AA han sucumbido ante el alcohol. Mientras tanto, nuestro mensaje ha sido transmitido al mundo entero de una manera muy eficaz. Probablemente no sería exagerado decir que la mitad de nuestros miembros actuales y una porción considerable de nuestra admirable unidad se deben, en gran parte, a los esfuerzos de los servidores mundiales de AA, tanto de la junta de custodios como de la Oficina de Servicios Generales.

Naturalmente, a veces hemos conocido tormentas emocionales, pero ninguna de ellas más grave que las que afligen a la mayoría de las otras sociedades. En cada caso, hemos logrado superar estas dificultades gracias al inmenso espíritu de dedicación que siempre ha caracterizado nuestros servicios mundiales en todos sus niveles. Los hechos hablan por sí mismos. Hoy sabemos que no tenemos que temer al alcoholismo, ni tampoco al desequilibrio emocional excesivo.

Examinemos ahora la aportación de nuestros custodios no alcohólicos a través de los años. Puedo decir sin vacilación que su valor ha sido incalculable. Solo Dios puede saberlo. Por lo tanto, espero sinceramente que un buen número de estos amigos se queden con nosotros, tal como está previsto en nuestro nuevo plan.

En los días en que AA era desconocido, nuestros custodios no alcohólicos fueron los que nos presentaron ante el público. Nos proporcionaron las ideas que ahora son parte de la estructura del funcionamiento de nuestra Sede. Pasaron horas y horas trabajando voluntariamente a nuestro lado y en las tareas más detalladas e ingratas. Nos comunicaron gratuitamente sus conocimientos profesionales y financieros. De vez en cuando, fueron los mediadores que ayudaron a resolver nuestras dificultades.

Especialmente en los primeros años, su sola presencia en nuestra junta bastaba para infundir confianza y respeto total a muchos grupos lejanos, mientras aseguraban del valor de AA a todos a nuestro alrededor. Estos son los extraordinarios servicios que aún prestan hoy día. Ellos son también los hombres que se mantuvieron firmes durante aquella época emocionante pero peligrosa entre 1940 y 1950, cuando la unidad de AA y su responsabilidad colectiva fueron puestas a prueba—una época en que se iban forjando nuestras Doce Tradiciones a partir de las lecciones de aquella experiencia.

Por haber sido yo mismo un residente continuo en la casa de los servicios mundiales de AA durante más de un cuarto de siglo, no hay nadie que pudiera comprender mejor que yo lo que estos fieles amigos han significado para nosotros. Es para mí una de las satisfacciones más profundas y duraderas testimoniar en este artículo el reconocimiento a sus magníficas aportaciones. La expresión de nuestra gratitud no podría ser completa sin la mención de la contribución indispensable al bienestar de AA que en una ocasión nos aportó un amigo y custodio no alcohólico. Me refiero a un hombre a quien muchos de ustedes ya conocen—quien en una época fue nuestro presidente, el Sr. Bernard Smith. Durante una de las crisis más graves que esta Comunidad haya experimentado jamás, fue Bern quien nos persuadió para que asumiéramos nuestras responsabilidades claras y legítimas.

Hay que confesar que, como individuos, nosotros los alcohólicos nunca hemos estado muy dispuestos a aceptar con mucho entusiasmo las grandes responsabilidades. Todos nosotros nos vimos forzados al principio a acudir a AA bajo el látigo del alcohol. En medio de una nueva vida, nos vimos confrontados por los Doce Pasos y las Doce Tradiciones. Muy a menudo, adoptamos estos principios de una manera parcial. No obstante, según iba pasando inevitablemente el tiempo, nos conformábamos cada vez más. Empezamos a practicar los principios de AA porque sabíamos que eran buenos para nosotros, aunque muchos de ellos todavía nos resultaban muy difíciles. No obstante, tuvo que pasar mucho tiempo antes de que llegáramos al punto de poder aceptar nuestras mayores responsabilidades con esa disposición total y alegre que la espiritualidad consistente y eficaz terminó por concedernos.

También se puede observar que, como cualquier otra gente, nosotros los AA somos propensos a resistirnos a los cambios grandes, especialmente cuando todo parece funcionar bien. A menudo, esta resistencia estaba fundada en nuestros temores. Pero a veces ha constituido la auténtica prudencia. En algunas ocasiones, este conservadurismo ha evitado decisiones apresuradas y poco estudiadas sobre asuntos importantes.

Lo que ha sido cierto en lo concerniente a nosotros como individuos, ha tenido que serlo también con respecto a nuestra Comunidad. Puedo acordarme muy claramente de la gran resistencia que hubo a la creación de nuestra junta mundial de custodios en 1938, a la publicación de nuestro libro de texto *Alcohólicos Anónimos* en 1939, y aún tiemblo al recordar la fuerte oposición que surgió ante la idea de celebrar una Conferencia de Servicios Generales de Alcohólicos Anónimos, cuando este proyecto se presentó por primera vez en 1946. En aquellos tiempos, la mayoría de los AA creían sinceramente que las tentaciones y los riesgos que entrañaban estas empresas tan complejas eran demasiado para nosotros. No obstante, ahora podemos dar gracias a Dios por haber asumido y aceptado finalmente estas responsabilidades vitales y claramente definidas.

Tenemos que decir, sin embargo, que en cada una de estas ocasiones tuvimos que estar firmemente convencidos de la absoluta necesidad de un cambio. Tenía que haber de manifiesto un sólido núcleo de liderazgo personal constructivo y convincente.

Esto es exactamente lo que nos dio nuestro excelente amigo Bern Smith en 1950, cuando tras años de discusiones acaloradas pero poco aclaratorias, no habíamos podido llegar a la decisión de formar la Conferencia de Servicios Generales de AA. Lo que salvó la situación fue su liderazgo personal.

Permítanme que amplíe el contexto de esta declaración. Para 1946, comenzaron a salir a relucir algunas realidades de la vida de AA. Nuestra junta de custodios—conocida entonces como la Fundación Alcohólica—se iba encontrando cada vez más aislada a medida que nuestros grupos se expandían por el mundo entero. De hecho, el único vínculo entre nuestra junta y estos miles de miembros consistía en unos pocos incansables alcohólicos de la Oficina de Servicios Generales, el Dr. Bob y yo. Los custodios eran prácticamente desconocidos. El Dr. Bob había caído enfermo, tal vez mortalmente enfermo. Nuestro vínculo era perecedero y demasiado frágil. Por eso, a algunos de nosotros nos parecía que era urgente que nuestra junta de custodios se relacionara directamente y sin demora con la totalidad de AA.

Había una razón más: Una mayoría de nuestros grupos ya habían dicho que no querían seguir viviendo bajo la protección y la administración de sus fundadores y veteranos locales—sin importar lo muy queridos que fuesen. Para suerte o para desgracia, nuestros grupos tomaron la decisión de cuidarse de sí mismos.

Esta fue la revolución de AA que condujo a la redacción de la Segunda Tradición, cuyos principios para el funcionamiento de AA estipulan que la conciencia de grupo sea la autoridad final de todas las actividades de servicio y que los servidores de confianza nombrados por los grupos actúen en su nombre.

Los miembros de nuestra junta, aislados durante tanto tiempo, eran sin duda servidores de confianza. Pero era cierto, no obstante, que estos custodios no tenían conexión directa con la conciencia de grupo de nuestra Sociedad, ni tampoco eran responsables ante ella. Por lo tanto, empezó a ser evidente que nosotros, en Nueva York, continuábamos funcionando como un protectorado, algo que para entonces ya estaba pasado de moda y no concordaba con las disposiciones y el espíritu de la Segunda Tradición de AA. Por consiguiente, se propuso formar una Conferencia de Servicios Generales de delegados que pudieran hacer frente directamente a estas deficiencias. Según se propagaban las nuevas de este proyecto, empezó a aumentar la resistencia. Cuanto más se insistía en efectuar la Conferencia, más inflexible era la oposición. Muchos AA estaban profundamente atemorizados. Se imaginaban a sí mismos envueltos en una oleada de búsqueda de prestigio, de politiqueo, de dificultades financieras y todo lo demás. Bajo tales circunstancias, muchos miembros no podían ver la apremiante necesidad de un cambio radical. Ante todas estas protestas, naturalmente la junta llegó a la conclusión de que la mayoría de los AA no querían en absoluto una Conferencia de Servicios Generales. Me temo que yo también contribuí a empeorar este atolladero con mi incesante e implacable insistencia sobre el asunto de la Conferencia.

Entonces entró en escena Bern Smith. Con una diplomacia y un tacto inigualables, comenzó a señalar que el riesgo real de la aventura de la Conferencia era, en su opinión, mucho menor que el riesgo de no hacer nada en absoluto. Él creía que esta política de inacción acabaría por provocar el colapso o, cuando menos, un grave deterioro del corazón del servicio de AA. Estaba convencido de que no podíamos arriesgarnos a tener tal desastre en nuestra Sede, una desgracia de la que posiblemente nunca nos recuperaríamos.

También nos recordaba constantemente que el *autogobierno es la primera responsabilidad* de toda sociedad democrática, tal como habíamos declarado que era la nuestra en la Segunda Tradición. Como ya sabemos, estas opiniones de Bern fueron finalmente aceptadas, y nunca olvidaré aquel maravilloso día en su oficina en el que el comité de estructura de los custodios recomendó la inmediata creación de la Conferencia de Servicios Generales de AA. Por lo tanto, a nuestro amigo Bern le debemos el que hoy tengamos nuestra Conferencia anual.

Esta historia tiene ciertamente una relación clara y profunda con este asunto tan importante de la dirección futura de AA; un asunto que tenemos de nuevo en el tapete y sobre el que se ha estado discutiendo diez años.

Resulta evidente que el Dr. Jack ha estado realizando por nosotros un servicio parecido, de importancia única. Por lo tanto, a él y a sus compañeros custodios, les debemos rendir un homenaje parecido. Debido en gran parte al sabio y paciente liderazgo del Dr. Jack durante este período de cambio, tenemos ahora ante nosotros el plan de los custodios. Si lo adoptamos, este plan marcará el último paso esencial en la evolución de la estructura de los servicios mundiales de AA.

Apenas si hace falta decir que yo apoyo el plan de los custodios; su exposición en la Conferencia de 1965 fue uno de los acontecimientos más inspiradores y conmovedores de toda mi vida de AA.

Finalmente, reflexionemos juntos sobre el contenido espiritual de este plan tan importante.

Como ya sabemos, todo progreso en AA se puede calcular en términos de sólo dos palabras: humildad y responsabilidad. Nuestro desarrollo espiritual se puede medir con precisión en función de nuestro grado de adhesión a estos dos magníficos criterios. Una humildad cada vez más profunda, acompañada de una creciente disposición de aceptar y asumir las obligaciones bien definidas, son las piedras de toque de nuestro progreso en la vida espiritual. Para nosotros, son la esencia misma del buen vivir y del bien hacer. Por medio de ellas podemos descubrir y hacer la voluntad de Dios.

Por lo tanto, consideremos las dádivas espirituales que nuestros amigos han ofrecido hoy para el futuro bienestar de AA. Se han ofrecido a ser tres menos en la junta. Teniendo aún la mayoría en la junta, en la que todavía ocupan los puestos importantes, a nuestros amigos no alcohólicos se les ha asignado durante todos estos años el papel de guardianes, una responsabilidad que nunca se han visto obligados a desempeñar. Por lo tanto, hace tiempo que este antiguo símbolo de protección carece de sentido. Reconociendo esto, el nuevo plan de los custodios prevé que, en el futuro, nuestros amigos serán una minoría en la junta, convirtiéndose así en nuestros asociados. Al hacer esta humilde oferta, nos han invitado a asumir la responsabilidad más grande—la dirección, con la ayuda de Dios, de nuestra propia vida como Comunidad.

Si ésta es su forma de demostrar la humildad, ¿cómo vamos a demostrar nuestra responsabilidad? Como si fuéramos una familia que acaba de alcanzar su mayoría de edad, nos han dicho en esencia: "Tienen el porvenir abierto ante ustedes, y ya están listos para hacerle frente. Abrácenlo sin miedo. Tenemos una fe y una confianza inquebrantable en ustedes. En su marcha hacia su destino, recuerden siempre que Dios, con su sabiduría, les ha concedido tres gracias preciosas: la liberación de una aflicción mortal; una experiencia que les permite llevar a otros esta inapreciable liberación; y una visión cada vez más amplia de la realidad de Dios y de su amor."

Que nosotros los Alcohólicos Anónimos permanezcamos siempre dignos de estos tres dones de gracia y de las supremas responsabilidades que ahora son nuestras, por tanto tiempo como Dios, con su gran generosidad, quiera que duremos.

La Primera Reunión de Servicio Mundial

Octubre de 1969

Con toda seguridad llegará el día en que nuestra población de AA de ultramar excederá a la de los Estados Unidos y Canadá. En *El Manual del Tercer Legado* [ahora *El Manual de Servicios de AA*] y en otros escritos, ya se ha enunciado el principio de que la Oficina de Servicios Generales de Nueva York se convertirá un día en el "centro de servicio veterano" de entre las oficinas nacionales y zonales alrededor del mundo.

Esta actitud ya ha sido de inmenso valor al dirigir nuestros esfuerzos hacia ultramar. Ha desterrado toda posible sospecha de que la GSO de Nueva York vaya a manejar todo el universo de AA.

Es obvio que no podemos llevar y dirigir la información pública y las relaciones con la medicina y la religión en Sudáfrica, las Islas Británicas, o, de hecho, en ningún otro sitio. En el campo de la literatura, se necesitan centros de distribución que tengan en cuenta tanto los problemas lingüísticos como los problemas de envíos. Estamos muy alejados para hacer esos trabajos, y por razones sicológicas nunca debemos intentarlo.

Pero podemos ayudar compartiendo con otros países los treinta años de historia y experiencia de la GSO. En Nueva York, del 9 al 11 de octubre de 1969, AA va a dar un paso gigantesco hacia la unidad mundial de AA.

En esos tres días, se celebrará la primera Reunión de Servicio Mundial, a la que asistirán veintiséis delegados de doce países de ultramar, de la zona de Centroamérica, y de la Conferencia de Norteamérica. Estos delegados participarán en conferencias de compartimiento con los custodios de la Junta de Servicios Generales y los miembros del personal de la GSO y del Grapevine.

Naturalmente, esta reunión se lleva a cabo con la aprobación de nuestra Junta de Servicios Generales, la Conferencia de Norteamérica, y las juntas o comités de los países participantes.

Los objetivos de la Reunión de Servicio Mundial son: 1) considerar el futuro desarrollo de los servicios mundiales; 2) fortalecer el trabajo de servicio general ya existente en los países extranjeros; 3) aumentar el número de centros de servicio; 4) proporcionarles un plan metódico de evolución; 5) ayudarles a fortalecer su automantenimiento.

Damos la bienvenida a nuestros amigos delegados mientras nos reunimos para asegurar que siempre habrá disponible ayuda para los alcohólicos enfermos dondequiera que estén y sea cual sea el idioma que hablen.

Sección

3

Otros escritos de este período

El antídoto contra el temor: la prudencia, la confianza y la fe

Noviembre de 1959

Esta Conferencia se abrió recalcando los temas de la prudencia, la confianza y la fe, y éstas han sido las actitudes que han caracterizado todas sus sesiones y debates. En esta reunión, por lo tanto, la confianza ha abundado entre nosotros y nos hemos librado de casi toda inquietud o temor. Para decir verdad, todo se ha desenvuelto con tanta tranquilidad que nos sentimos algo aburridos por la falta de la acostumbrada emoción de los debates acalorados y "los puntos de vista alarmistas de los preocupados por el bien de la Comunidad."

No obstante, hemos conocido la emoción; una emoción más sana, de otro género o especie. Por ejemplo, me sentía muy gratamente emocionado al ver la diligencia, la disciplina y la dedicación con las que esta asamblea, durante largos días, se ha puesto a realizar un montón de trabajos rutinarios, pero muy necesarios. Me alegro muchísimo oírles a ustedes, los delegados, agradecida y repetidamente rendir homenaje a la gente de sus áreas—los centenares de miembros de comité y los millares de representantes de servicios generales, cuyos aunados esfuerzos han sido, y siempre deben ser, la base fundamental sobre la cual descansa seguramente nuestra estructura de servicio mundial, y todos nuestros trabajos. La dirección de los servicios de AA, según ustedes, no es asunto únicamente de los delegados y de los custodios; tiene que ser la responsabilidad de la gran generalidad de los miembros—y ya lo es.

Además, nos han sido gratas las noticias que vienen llegando de todas partes de nuestra Comunidad, que indican que la confianza que tenemos en nuestros servicios mundiales, así como en nuestros servidores, va creciendo; y que los temores de antaño casi han desaparecido. Estos son algunos de los sanos motivos que tenemos para sentirnos emocionados en esta extraordinaria Conferencia de 1959.

Está todavía fresca en mi memoria, la risotada que uno de los delegados produjo al ponerse de pie en una de las sesiones y decirme a mí: "Bill, la noche que llegamos aquí, todos escuchamos tu pequeño sermón convincente acerca de la confianza y la fe. Ahora bien, qué me dirías si te dijera que en nuestro rincón del país, teníamos a un compañero encargado de servir como tesorero de una reunión bastante grande e importante; que en cuanto se habían vendido las entradas y se había ingresado el dinero en nuestra cuenta bancaria, dicho compañero se encontraba con una sed insaciable, retiró todo el dinero del banco y se lanzó en una parranda a campo traviesa—una juerga de mil millas de larga." Todos recordamos cómo sonreían los delegados mientras él hablaba, y cómo, cuando terminó, nos tronchamos de risa.

Hubo una época, hace años, en la que ese tesorero sediento desfalcador podría haber minado grandemente nuestra confianza. Qué bien recuerdo la primera vez que sucedió. Recuerdo también el asombro y consternación que me causaba cuando uno de mis amigos más íntimos se puso a atacarme despiadadamente, porque no le gustaba mi manera de actuar. Recuerdo esas primeras rupturas de anonimato ante el público, y todos los temores y violentas controversias que entrañaban. Tales eran las alarmas de los primeros años de AA. Teníamos miedo de no poder mantenernos sobrios; teníamos miedo de que nuestro grupo no pudiera sobrevivir; teníamos miedo de que AA se fuera abajo.

Pero los tiempos han cambiado. Lo que antes nos hacía morirnos de miedo, ahora nos hace morirnos de risa—por ejemplo, la historia del tesorero errante. Creo que en este relato encontramos algunas cosas muy buenas. Consideremos: en nuestra risa no había ni pizca de desprecio o ira. No había la menor idea de imponer castigos; y dudo que se le hubiera ocurrido a nadie de entre nosotros tildarle de ladrón. En esa risa había una comprensión compasiva, un reconocimiento de que cualquiera de entre nosotros sigue siendo capaz de una parecida locura. Por haberlo comprendido tan bien, nos resulta fácil perdonarlo. También, por supuesto, nos dio risa pensar en lo estupefactos que se quedaban nuestros compañeros, organizadores de la convención, al tener las noticias y encontrarse de repente sin un céntimo; pero creo que nuestra risa tenía una significación mucho más profunda.

Estoy seguro de que, en realidad, nos reíamos de nosotros mismos, y de nuestros viejos y exagerados temores. Nos alegrábamos de que hubieran desaparecido. Se había desvanecido el espantoso temor del perjuicio que nos pudieran causar a todos nosotros los errores o el comportamiento de un solo compañero, así como el viejo temor de que las presiones y conflictos del mundo a nuestro alrededor pudieran invadir y destrozar a AA algún día. Creo que nos reíamos porque nos sentíamos liberados de todo temor, y libres. Habíamos dejado de dudar de nuestra seguridad colectiva.

Estas reflexiones me llevan a otra idea, y otro motivo de consolación. Parece ser verdad que, en cuanto a casi todas las naciones y sociedades, el comportamiento colectivo a menudo ha sido peor que el comportamiento individual de sus miembros. Por ejemplo, en el mundo de hoy, muy contados son aquellos que ansían entrar en guerra. No obstante, numerosos países anhelan las conquistas y los conflictos armados. Los países celebrados por la honradez individual de sus ciudadanos falsean sus libros de contabilidad, provocan la inflación de su dinero, cargan a su población con deudas que nunca se pueden pagar, y hacen todo tipo de propaganda fraudulenta. Incluso las grandes religiones, como organizaciones, en total desacuerdo con sus propias enseñanzas, se han comportado con una violencia e intolerancia que la mayoría de sus adherentes no se imaginaría, ni soñando, imitar en sus vidas particulares. La masa hace todo tipo de cosas que los individuos que la componen rara vez harían a solas y por su propio motivo.

Aunque no nos corresponde hacer un inventario moral del mundo con ningún sentimiento de orgullo ni de superioridad, creo que es justo y oportuno hacer notar que los AA, hasta la fecha, hemos manifestado un comportamiento colectivo que es tal vez superior a nuestra conducta individual. En nuestro caso, parece que el todo es algo mejor que la suma de las partes. Somos más bien una pandilla de gente agresiva y sedienta de poder. No obstante, AA como un todo, no ha reñido con nadie. Como individuos, nos gusta el dinero, pero mantenemos pobres las tesorerías de nuestra Comunidad. Nos gusta el prestigio pero, de alguna u otra manera, nos mantenemos anónimos. Como individuos somos propensos a ser agresivos; pero nuestra Sociedad no es agresiva y no se mete en asuntos ajenos.

En pocas palabras, formamos un contraste inusitado con el mundo que nos rodea, y esperamos fervientemente seguir así. En esta época peligrosa, tendremos una constante necesidad de este tipo de prudencia colectiva. Más que nada, esta prudencia garantizará nuestra eficacia, nuestra seguridad y nuestra supervivencia.

Nuestra prudencia colectiva en cuanto al dinero, la fama y la controversia—derivada por supuesto de nuestras Doce Tradiciones—ha seguido ganando una multitud de amistades para AA y, de igual importancia, no nos ha hecho ningún enemigo. Que este proceso benigno, dentro y fuera de nuestra Comunidad, nunca llegue a su fin.

Como esta magnífica Conferencia nos ha enseñado, la ausencia del temor ha dado paso a la sabiduría y a la prudencia; la prudencia nos ha conducido a la fe y a la confianza—confianza en nuestros semejantes, confianza en nosotros mismos, y confianza en el amor de Dios.

Nuestros críticos pueden ser nuestros benefactores

Cuando una revista publicó una crítica de ciertos aspectos de AA, poniendo en duda las relaciones de AA con la medicina, la religión y el mundo en general, la redacción del Grapevine fue a consultar con Bill. El les sugirió que volvieran a leer las siguientes secciones pertinentes de AA Llega a su Mayoría de Edad *y* Doce Conceptos Para el Servicio Mundial.

Abril de 1963

Como Sociedad, nunca debemos volvernos tan vanidosos como para pretender que hayamos sido autores e inventores de una nueva religión. Recordaremos con humildad que cada uno de los principios de AA, *cada uno de ellos*, lo hemos apropiado de fuentes antiguas. Tendremos presente que somos legos, y que estamos siempre bien dispuestos a cooperar con todas las personas de buena voluntad, sea cual sea su religión o nacionalidad.

Hablando en nombre del Dr. Bob y mío, quisiera decirles que nunca hemos tenido la menor intención de establecer una nueva secta religiosa. El Dr. Bob tenía ciertas convicciones religiosas y yo tengo las mías. Este es, por supuesto, el privilegio personal de todo miembro de AA.

Pero no podría haber nada más nefasto para el futuro de AA que el intentar incorporar nuestras ideas teológicas personales en las enseñanzas, las costumbres o las tradiciones de nuestra Comunidad. Me siento totalmente convencido de que el Dr. Bob, si estuviera todavía con nosotros, compartiría la opinión de que sería imposible insistir demasiado en este punto.

Además, sería fruto del falso orgullo creer que Alcohólicos Anónimos sea una panacea, o incluso el único remedio para el alcoholismo. No debemos olvidar la deuda que tenemos con la gente de la medicina. En este respecto, tenemos que ser amistosos y, sobre todo, receptivos a todos los descubrimientos de la medicina y de la siquiatría que prometan ofrecer alivio a los enfermos. Siempre debemos dar prueba de amistad para con todos los que trabajan en los campos de investigación, rehabilitación y educación sobre el alcoholismo. Sin respaldar a nadie en particular, debemos estar siempre dispuestos a cooperar con todos en la medida que podamos. Tengamos siempre en mente que los expertos en religión son los clérigos; que a los médicos les corresponde ejercer la medicina; y que nosotros, los alcohólicos, somos sus ayudantes.

Hay aquellos que predicen que Alcohólicos Anónimos puede llegar a ser la nueva vanguardia de un despertar espiritual en todas partes del mundo. Al decir cosas así, nuestros amigos son generosos y sinceros. Pero nosotros los AA debemos reconocer que tales tributos y profecías pueden convertirse en una bebida embriagadora para la mayoría de nosotros—es decir, si llegáramos a creer que esto es el verdadero objetivo de AA y empezáramos a comportarnos como si lo fuera. Por lo tanto, nuestra Sociedad se aferrará prudentemente a su único propósito: llevar el mensaje al alcohólico que aún sufre. Resistámonos a la presunción de creer que, ya que Dios nos ha hecho posible hacer bien en un solo campo, estamos llamados a ser un conducto de la gracia salvadora para todos.

Por otro lado, no debemos convertirnos nunca en una sociedad cerrada; nunca debemos privar al mundo de nuestra experiencia, sea cual sea el valor que tenga. Nuestros miembros no deben vacilar en hacer sus aportaciones individuales a todos los diversos campos del esfuerzo humano. Que lleven la experiencia y el espíritu de AA a todas estas esferas de actividad, para hacer todo el bien que puedan. Porque no sólo nos ha salvado Dios del alcoholismo, sino que también el mundo nos ha acogido nuevamente como ciudadanos. No obstante, ya que creemos en las paradojas, debemos darnos cuenta de que cuanto más se ocupe de sus propios asuntos la Sociedad de Alcohólicos Anónimos, sin meterse en cuestiones ajenas, tanto mayor será nuestra influencia, menor será la oposición que encontremos, y más disfrutaremos de la confianza y del respeto del mundo a nuestro alrededor.

Alcohólicos Anónimos Llega a su Mayoría de Edad

Supongamos ahora que AA se vea expuesta a un duro ataque público o fuertemente ridiculizada; y supongamos que en este caso, las críticas tienen poca o ninguna justificación.

Casi sin excepción podría decirse que la mejor defensa sería no hacer defensa alguna; es decir, mantener un total silencio a nivel público. La gente irrazonable se siente más estimulada con la oposición. Si mantenemos nuestro buen humor y no les hacemos caso, es muy probable que los ataques cesen muy pronto. Si persisten y se ve claramente que se originan en información errónea, puede que sea aconsejable tratar de comunicarnos con ellos de manera cordial e informativa; y de tal manera que ellos no puedan valerse de nuestra comunicación como una nueva arma para atacarnos. Rara vez es necesario que nuestra Conferencia emita oficialmente tales comunicaciones. Muchas veces podemos utilizar los buenos oficios de nuestros amigos. Los mensajes que transmitimos a los que nos atacan nunca deben poner en duda sus motivos; deben limitarse a facilitarles información. Además, estas comunicaciones deben ser privadas. Si se hacen públicas, pueden convertirse en nuevos pretextos para la controversia.

Pero si en cierta ocasión, la crítica que se hace de AA es parcial o totalmente justificada, puede que lo apropiado sea reconocerlo privadamente a los críticos y agradecérselo...

Doce Conceptos Para el Servicio Mundial

En los años venideros sin duda cometeremos errores. La experiencia nos ha enseñado que no debemos temer a hacerlo, siempre que sigamos estando bien dispuestos a confesar nuestros defectos y corregirlos prontamente. Nuestro desarrollo como individuos ha dependido de este sano proceso de pruebas y tanteos. Así también será para nuestra Comunidad. Tengamos siempre presente que cualquier sociedad de hombres y mujeres que no puede corregir libremente sus defectos, está condenada a caer en decadencia o a derrumbarse. Este es el precio que tiene que pagar todo aquel que se niega a continuar desarrollándose. Así como cada miembro individual de AA tiene que seguir haciendo su inventario moral y hacer lo que le corresponda para mejorarse, así también tiene que hacerlo nuestra Sociedad entera si hemos de sobrevivir y esperamos servir bien y eficazmente.

Alcohólicos Anónimos Llega a su Mayoría de Edad

Un mensaje de Bill

Mayo de 1964

Me resulta sumamente grato el que nosotros tan a menudo digamos unos a otros: "La fe sin obras es fe muerta—la clave está en la acción." A medida que nos esforcemos por ingeniar nuevas formas más eficaces de llevar el mensaje de AA a los que aun están sufriendo, espero que intentemos al mismo tiempo fomentar una comprensión más amplia de las operaciones y de las necesidades de los servicios mundiales de AA—ese conjunto de actividades muy significativas que le hace posible a nuestra Comunidad funcionar como un todo. Ya que estos servicios se extienden a las partes más remotas del mundo, con demasiada frecuencia su influencia directa y positiva pasa desapercibida y, por lo tanto, desconocida.

Sin este esfuerzo a escala global, nos encontraríamos en un estado desgraciado y caótico. Los siguientes dos ejemplos servirán para ilustrar este punto:

Supongamos, por ejemplo, que durante los últimos veinticinco años AA no hubiera publicado nada—ningún libro ni folleto. No hace falta mucha imaginación para ver que, llegados a estas fechas, nuestro mensaje estaría irremediablemente desvirtuado. Nuestras relaciones con la medicina y la religión serían una confusión total. Los alcohólicos no nos tomarían nada en serio, y al público en general le pareceríamos un oscuro enigma. Sin tener su literatura, AA sin duda se habría estancado en una maraña de controversia y desunión.

Pero logramos preparar una literatura eficaz, y la publicación en 1939 del Libro Grande constituyó nuestro primer servicio mundial. De allí en adelante, se ha venido poniendo bien en claro lo que AA es, cuáles son sus creencias, y cómo funciona. Millones de nuestros folletos y centenares de miles de nuestros libros están hoy en circulación. El mensaje de AA nunca puede ser desvirtuado; puede saber de nosotros fácilmente todo aquel que quiera hacerlo. Sólo Dios sabe cuáles han sido los dividendos de este proyecto de la comunicación mundial.

Otro ejemplo: Hoy día, en todas partes, nuestra Comunidad cuenta con una inmensa buena voluntad, lo cual, en gran parte, se debe directamente a otro servicio mundial de AA—el servicio de información publica. Hace ya muchos años que la prensa y los demás medios de comunicación vienen publicando magníficos relatos acerca de AA. Este éxito asombroso habría sido impensable sin la gran diligencia, la alta competencia y la generosa dedicación de nuestros trabajadores de servicio general. No cabe la menor duda de que este torrente inacabable de publicidad favorecedora ha atraído a AA la mitad de sus miembros actuales.

Pero, supongamos que el uso de estos grandes canales de comunicación se hubiera dejado al azar; o, aun peor, que nunca hubiéramos intentado explotarlos. Nos estremecemos al pensar en las consecuencias funestas de tal falta de perspicacia. Decenas de miles de nuestros miembros actuales estarían todavía bebiendo. De hecho, muchos estarían locos o muertos.

Me siento seguro de que nuestros lectores ya se han dado cuenta de lo sumamente necesarios que son nuestros servicios mundiales para nuestra unidad y desarrollo futuros—e incluso para nuestra supervivencia como Comunidad.

El mantener en buen estado y a plena potencia estas arterias vivificadoras siempre será una alta prioridad de todas las generaciones futuras de nuestra Sociedad. Para poder hacerlo, tendremos que tener una comprensión cada vez más aguda de las necesidades inmensas que se hayan de satisfacer, y una dedicación constante de la más alta categoría.

En el mundo de hoy hay veinte millones de hombres y mujeres alcohólicos—una horrenda realidad. Sin duda, una gran proporción de estos compañeros enfermos podrían empezar a encontrar su sobriedad y una nueva manera de vivir, si solo tuvieran la oportunidad de asistir a una sola reunión de AA. La experiencia ya ha demostrado que nuestros servicios mundiales constituyen la más grande y potente agencia con la que podremos contar para poner al alcance de estas legiones de enfermos lo que nosotros—los AA de todas partes del mundo—hemos descubierto providencialmente para nosotros mismos.

Por conocer íntimamente a esta Comunidad, me siento completamente seguro de que gustosa y afanosamente aceptaremos esta alta responsabilidad de nuestro Tercer Legado y que cumpliremos con nuestra correspondiente obligación.

Que Dios nos bendiga, mientras continuemos llevando nuestro mensaje en el lenguaje del corazón a todas partes y a pesar de toda barrera.

La Tradición de automantenimiento de AA

Octubre de 1967

Las numerosas actividades de Paso Doce por las que transmitimos nuestro mensaje a los alcohólicos enfermos de todo el mundo son la sangre vivificadora de nuestra aventura de AA. Sin esta actividad vital, pronto nos volveríamos anémicos; literalmente, nos secaríamos y moriríamos.

Ahora bien, ¿cómo se encajan los servicios de AA—mundiales, de área y locales—en el cuadro global? ¿Por qué debemos financiarlos? La respuesta es bastante sencilla. Todos y cada uno de los servicios de AA están encaminados a hacernos posible realizar más y mejores trabajos de Paso Doce, ya sea que se trate de un local de reunión de grupo, de una oficina central o intergrupo para facilitar la hospitalización y el apadrinamiento, o de la Sede de servicios mundiales para mantener nuestra unidad y asegurar nuestra eficacia en todas partes del mundo.

Estas agencias de servicio, aunque no son muy costosas, son absolutamente esenciales para nuestro continuo desarrollo—para nuestra supervivencia como Comunidad. Sus gastos son una obligación colectiva, que recae directamente sobre todos nosotros. Mantener nuestros servicios es, de hecho, reconocer que AA debe funcionar en todas partes a su plena potencia—y que de acuerdo a nuestra Tradición de automantenimiento, *nosotros vamos a pagar la cuenta.*

Ya hace tiempo que nos damos cuenta de que Alcohólicos Anónimos no necesita contribuciones caritativas de ninguna fuente ajena. Nuestra Comunidad es automantenida. Los grupos de AA no intentan cubrir los gastos de rehabilitación de los miles de principiantes. Hace ya muchos años nos dimos cuenta de que esto no sería muy práctico.

AA ofrece al recién llegado una manera espiritual de vivir que puede eliminar el problema alcohólico. Logrado esto, el principiante, rodeado por sus compañeros, puede empezar a resolver sus problemas personales—incluyendo el problema económico.

Así que los grupos de AA no aceptan donaciones caritativas—y no las dan. A primera vista, puede que esta actitud parezca dura e incluso insensible. Una larga experiencia nos enseña que no es así. Los regalos de dinero—como requisito para lograr la sobriedad—suelen tener poco valor cuando los hacen los grupos de AA.

La principal caridad de AA se encuentra, por supuesto, en las actividades de Paso Doce a las que nos dedicamos diariamente decenas de miles de nosotros para llevar el mensaje de AA a los principiantes. Viajamos millones de millas; nos ausentamos de nuestros trabajos y de nuestras casas. En total, gastamos grandes cantidades de dinero. Como individuos, no vacilamos en prestar ayuda económica temporal al recién llegado, siempre y cuando quiera, sobre todo, la sobriedad. En este trato, no hay escasez de caridad económica, siempre ofrecida en plan íntimo y personal. Y tal vez no se puede considerar ni siquiera esto como completamente caritativo, ya que todo esfuerzo de Paso Doce significa para el padrino una sobriedad más segura y un mayor desarrollo espiritual.

Entendemos muy bien estos dos principios: que AA no desea la caridad; que mantenemos nuestros propios servicios. Lo entendemos—pero a veces lo olvidamos.

Un mensaje navideño

Diciembre de 1970

Durante las Navidades nos damos cuenta más claramente que nunca de que la gratitud es el más excelente atributo que podamos tener. Juntos, contemplamos nuestra suerte y reflexionamos sobre las bendiciones de la vida, del servicio y del amor.

En esta época enloquecida, nos ha sido posible encontrar una paz interior cada vez más profunda. Lois y yo nos unimos a todos los miembros del personal de la Oficina de Servicios Generales de AA para enviarles a todos y a cada uno de ustedes nuestros más calurosos votos; compartimos una fe segura de que el año que viene se contará entre los mejores que haya conocido nuestra Comunidad.

Artículos Conmemorativos

Anne S.

Julio de 1949

Anne S. nos ha dejado. Falleció el miércoles, 1 de junio. Para los centenares que la conocían bien, este fue un acontecimiento significativo y conmovedor. Con aquellos que no la conocían, deseo compartir la inspiración que nos dio a Lois y a mí. Anne era la esposa del Dr. Bob, cofundador de Alcohólicos Anónimos. Era, en un sentido muy literal, la madre de nuestro primer grupo, el Número Uno de Akron.

Su consejo bueno y sabio, su insistencia en anteponer lo espiritual a todo lo demás, su apoyo constante al Dr. Bob en todos sus trabajos—todas éstas eran las virtudes que han nutrido la insegura semilla que llegaría a convertirse en AA. Solo Dios podría calcular el valor de semejante contribución. Nosotros solo podemos decir que era magnífica e inapreciable. Ella era, en todo el sentido de la palabra, uno de los fundadores de Alcohólicos Anónimos.

Nadie que conociera a Anne diría que ella realmente nos ha dejado. Cada uno sabe que su amor y su influencia perdurarán para siempre. Y nadie puede saberlo mejor que el Dr. Bob, Lois y yo, que vimos todas estas cosas desde el principio. Tampoco creemos que no la volveremos a ver jamás. Porque, como casi todos nuestros compañeros de AA, creemos que no existe la muerte. Anne simplemente se ha ausentado temporalmente.

El Dr. Bob: un tributo

Enero de 1951

Después de decir serenamente a quien le atendía, "Creo que ha llegado la hora," el Dr. Bob falleció el 16 de noviembre de 1950 al mediodía. Así terminó la enfermedad que le había consumido, y en el curso de la cual nos enseñó tan claramente que la gran fe puede superar las graves angustias. Murió como había vivido, supremamente consciente de que en la casa de su Padre hay muchas moradas.

Todos los que le conocieron se sentían inundados de recuerdos. Pero ¿quién podría saber cuáles eran los pensamientos y los sentimientos de los 5,000 enfermos de los que él se había ocupado personalmente, y a los que había dado gratuitamente su atención médica? ¿Quién podría recoger las reflexiones de sus conciudadanos que le habían visto hundirse hasta casi perderse en el olvido para luego alcanzar un renombre mundial anónimo? ¿Quién podría expresar la gratitud de las decenas de millares de familias de AA que habían oído hablar tanto de él, sin haberlo conocido cara a cara? ¿Cuáles eran las emociones de la gente más cercana a él mientras reflexionaban agradecidamente sobre el misterio de su regeneración hace 15 años y de sus vastas consecuencias? No se podría comprender ni la más mínima parte de esa gran bendición. Sólo se podría decir: "¡Qué gran milagro ha obrado Dios!"

El Dr. Bob nunca habría querido que nadie le considerara un santo o un superhombre. Tampoco habría deseado que le alabáramos o que lloráramos su muerte. Casi se le puede oír decir, "Me parece que se están pasando. No me deben tomar tan en serio. Yo solo era uno de los primeros eslabones de esa cadena de circunstancias providenciales que se llama AA. Por gracia y por suerte este eslabón no se rompió; a pesar de que mis defectos y mis fracasos pudieran haber tenido esta desgraciada consecuencia. Sólo era un alcohólico más que trataba de arreglármelas—con la gracia de Dios. Olvídenme, pero vayan y hagan lo mismo. Añadan sólidamente su propio eslabón a nuestra cadena. Con la ayuda de Dios, forjen una cadena fuerte y segura." Así es como el Dr. Bob se valoraría a sí mismo y nos aconsejaría.

Era un sábado del mes de mayo de 1935. Me encontraba en Akron por un desafortunado asunto de negocios que en seguida fracasó, dejándome en un estado de precaria sobriedad. Aquella tarde, la pasé dando vueltas de un lado a otro del hall del Hotel Mayflower de Akron. Al contemplar el grupo que se iba congregando en el bar, me empezó a invadir un miedo cerval de sufrir una recaída. Era la primera tentación grave que había tenido desde que mi amigo de Nueva York me había expuesto, en noviembre de 1934, lo que llegarían a ser los principios básicos de AA. Durante los seis meses siguientes, me había sentido totalmente seguro de mi sobriedad. Pero ahora no había seguridad; me sentía solo, desesperado. Durante los meses anteriores había estado trabajando asiduamente con otros alcohólicos. O, mejor dicho, les había sermoneado con un tono bastante arrogante. Lleno de una falsa seguridad, tenía la impresión de no poder tropezar. Pero esta vez, era diferente. Había que hacer algo inmediatamente.

De un directorio de iglesias colocado en una pared del hall, seleccioné al azar el nombre de un clérigo. Le llamé por teléfono y le expliqué mi necesidad de trabajar con otro alcohólico. Aunque no había tenido éxito con ninguno de ellos, me di cuenta repentinamente de que este trabajo me había mantenido libre del deseo. El clérigo me dio una lista de diez nombres. El estaba seguro de que algunos de ellos me podría dirigir a un caso que necesitara ayuda. Me apresuré a ir a mi habitación y me puse a llamarles. Pero mi entusiasmo fue disminuyendo rápidamente. De las primeras nueve personas que llamé, ninguna podría, o quería, sugerirme nada que pudiera satisfacer mi urgente necesidad.

Aún quedaba un solo nombre en mi lista—Henrietta Sieberling. Por alguna razón, no podía armarme del suficiente valor para marcar el número. Pero después de echar otra mirada al bar de abajo, algo en mi interior me dijo, "Más vale que lo hagas." Para mi gran asombro, una voz cálida, con acento del sur, me respondió. Aunque me dijo que no era alcohólica, Henrietta me aseguró que me entendía. ¿Podría ir a su casa inmediatamente?

Debido a que había podido enfrentarse a otras calamidades y superarlas, ella sin duda entendía la mía. Iba a desempeñar un papel vital en la serie de acontecimientos fantásticos que pronto contribuirían al nacimiento y desarrollo de nuestra Comunidad. De todos los nombres que el servicial pastor me había dado, ella era la única que se había interesado lo suficiente. Quiero expresar aquí nuestra gratitud imperecedera.

No tardó en contarme la crítica situación del Dr. Bob y Anne. Uniendo la acción a la palabra, llamó por teléfono a su casa. Cuando Anne respondió Henrietta me describió como un alcohólico sobrio de Nueva York que, estaba segura, podría ayudar a Bob. Aparentemente, el buen doctor había agotado todos los remedios médicos y espirituales para su problema. Luego Anne dijo, "Lo que me dices, Henrietta, es muy interesante. Pero me temo que ahora no podemos hacer nada. Por ser el Día de la Madre, mi querido Bob acaba de traerme una planta muy bonita. La planta está en la mesa, pero, desgraciadamente, Bob está en el suelo. ¿Podemos intentar vernos mañana?" Henrietta les invitó a venir a cenar el día siguiente.

La tarde siguiente, a las cinco en punto, Anne y el Dr. Bob se presentaron en casa de Henrietta. Ella discretamente nos condujo al Dr. Bob y a mí a la biblioteca. El Dr. Bob me dijo, "Muy encantado de conocerte, Bill. Pero sucede que no puedo quedarme mucho tiempo, cinco o diez minutos como mucho." Me reí y le dije, "Parece que tienes mucha sed, ¿no?" Me replicó, "Bueno, parece que después de todo tal vez entiendes este asunto de la bebida." Así comenzó una conversación que duró varias horas.

Esta vez mi actitud era muy diferente. Mi temor a emborracharme había provocado en mí una humildad más apropiada. Después de contar mi historia al Dr. Bob, le expliqué lo mucho que lo necesitaba. Si me permitiera ayudarle, tal vez pudiera mantenerme sobrio. Así empezó a crecer hacia la luz la semilla que iba a dar nacimiento a AA. Pero como ya había adivinado nuestra querida Anne, ese primer brote era muy frágil. Mas vale que tomáramos algunas medidas prácticas. Me invitó a pasar una temporada en su casa. De esta manera yo podría vigilar al Dr. Bob. Y él a mí. Esta era la clave del asunto. Tal vez podríamos hacer juntos lo que no podíamos hacer solos. Además, era posible que pudiera reavivar ese asunto de negocios tan poco prometedor.

Durante los tres meses siguientes, viví con esta maravillosa pareja. Siempre creeré que ellos me dieron más de lo que yo les pudiera haber dado. Cada mañana había un período de recogimiento. Después del largo silencio, Anne leía unos pasajes de la Biblia. Nuestro favorito era Santiago. Sentada en su sillón en un rincón de la habitación, terminaba su lectura diciendo suavemente "La fe sin obras es fe muerta."

Pero las angustias alcohólicas del Dr. Bob aún no habían llegado a su fin. Tenía que asistir a la Convención Médica en Atlantic City. En veinte años, no se había perdido ninguna. Esperando inquietamente, Anne y yo pasamos cinco días sin tener noticias suyas. Finalmente, la enfermera de su consultorio y su marido lo encontraron una mañana temprano en la estación de ferrocarril de Akron en un estado algo confuso y desaliñado—por no decir más. Surgió un terrible dilema. Tres días más tarde, el Dr. Bob tenía que hacer una delicada operación quirúrgica. Nadie podía sustituirle. Simplemente tenía que hacerla. Pero, ¿cómo? ¿Ibamos a poder ponerle en condiciones para realizarla?

Nos instalaron a los dos en un dormitorio con dos camas. Empezamos el acostumbrado proceso de reducir gradualmente la ingestión de alcohol. Nadie pudo dormir mucho, pero él cooperó. El día de la operación, a las cuatro de la mañana, Bob me miró y me dijo: "Voy a llevarlo a cabo." Le pregunté, "¿Quieres decirme que vas a llevar a cabo la operación?" Me respondió, "He puesto la operación y a mí mismo en manos de Dios. Voy a hacer lo necesario para lograr mi sobriedad y mantenerla." No me dijo otra palabra. A las nueve de la mañana, mientras le ayudábamos a vestirse, él estaba temblando lastimosamente. Nos sentíamos presos de pánico. ¿Iba a poder hacerlo? Ya fuera por estar demasiado tenso o demasiado tembloroso, podría dirigir mal el bisturí y quitarle la vida a su paciente. Nos arriesgamos. Le di una botella de cerveza. Este fue el último trago que se tomó en su vida. Era el 10 de junio de 1935. El paciente sobrevivió.

Luego apareció nuestro primer candidato, enviado por un pastor de la vecindad. Ya que el recién llegado se veía amenazado con el desahucio, Anne decidió hospedarle a él y a su familia—su esposa y dos hijos. El nuevo era un enigma. Cuando estaba bebiendo, se volvía totalmente loco. Una tarde, sentada a la mesa de cocina, Anne le estaba mirando calmadamente mientras él jugueteaba con un cuchillo de trinchar. Al sentir su fija mirada, él retiró la mano. Pero no logró su sobriedad en ese momento. Su mujer desesperada se fue a vivir con sus padres y él desapareció. Quince años más tarde volvió a aparecer para rendir el último homenaje al Dr. Bob. Allí lo vimos, sana y felizmente sobrio en AA. En 1935 no estábamos tan acostumbrados a los milagros como lo estamos hoy; le habíamos dado por perdido.

Entonces, atravesamos una época de calma en el frente del Paso Doce. Anne y Henrietta aprovechaban esa época para infundir a Bob y a mí una muy grata y fructífera espiritualidad. Lois se tomó un descanso de su penoso trabajo en un gran almacén de Nueva York, y vino a Akron para pasar las vacaciones con nosotros, lo cual nos levantó mucho la moral. Empezamos a asistir a las reuniones del Grupo Oxford celebradas en la casa de T. Henry Williams en Akron. La devoción de este buen hombre y de su mujer brilla en nuestros recuerdos. Sus nombres aparecerán inscritos en la primera página del libro de los primeros y mejores amigos de AA.

Un día el Dr. Bob me dijo, "¿No te parece que deberíamos ponernos a trabajar con algunos borrachos?" Llamó por teléfono a la enfermera encargada de admisiones del Hospital Municipal de Akron y le explicó que él y otro borracho de Nueva York tenían un remedio para el alcoholismo. Le vi sonrojarse y desconcertarse un poco. La enfermera le había comentado, "Bueno, Doctor, más vale que se sometiera usted a ese tratamiento."

No obstante, la enfermera nos propuso un cliente. Nos dijo que era un tipo difícil. Se trataba de un eminente abogado de Akron, que había perdido casi todo. En los últimos cuatro meses, se había encontrado seis veces en el hospital. Había llegado en ese mismo momento; acababa de atropellar a una enfermera que él había tomado por un elefante rosado. "¿Le servirá éste?" nos preguntó. El Dr. Bob le dijo, "Instálelo en una habitación privada. Cuando se mejore, le visitaremos."

Al poco rato el Dr. Bob y yo nos encontrábamos contemplando un cuadro que, desde entonces, decenas de miles de nosotros hemos vuelto a contemplar: el de un hombre sentado en la cama que no se da cuenta todavía de que se puede recuperar. Al hombre en la cama le explicamos la naturaleza de su enfermedad y le contamos nuestras propias historias de bebedores y de recuperación. Pero el enfermo, negando con la cabeza, nos dijo, "Parece que lo han pasado muy mal, muchachos. Pero nunca se han encontrado tan mal como yo estoy en este momento. Ya es muy tarde para mí. No me atrevo a salir de aquí. Soy también hombre de fe; solía ser diácono de mi iglesia. Todavía tengo fe en Dios, pero me parece que Dios no la tiene en mí. El alcohol me tiene vencido; ya no hay solución. Pero vuelvan a verme. Me gustaría hablar más con ustedes."

Al entrar en su cuarto para nuestra segunda visita, vimos a una mujer sentada al pie de la cama. Le estaba diciendo, "¿Qué te ha pasado, marido mío? Tienes un aire muy diferente. Me siento muy aliviada." El hombre nos dirigió la mirada y dijo a gritos, "Aquí están. Ellos lo comprenden. Ayer, después de que se fueran, no podía quitarme de la cabeza lo que me habían dicho. Pasé la noche sin dormir. Luego me vino la esperanza. Si ellos lograron encontrar su liberación, tal vez yo también podría hacerlo. Llegué a estar dispuesto a ser sincero conmigo mismo, a reparar los daños que había causado y a ayudar a otros alcohólicos. En cuanto hice esto, empecé a sentirme transformado. Sabía que iba a ponerme bien." El hombre en la cama seguía hablando, "Ahora, mi querida mujer, tráeme mis ropas. Voy a levantarme y vamos a salir de aquí." Dicho esto, el AA número tres se levantó de la cama, para nunca volver a beber. La semilla de AA había germinado otra vez, y otro retoño brotó del nuevo terreno. Aunque todavía no lo sabíamos, ya estaba en flor. Eramos tres los allí reunidos. El Grupo Número Uno de Akron se había hecho una realidad.

Los tres trabajábamos con veintenas de alcohólicos. Eran muchos los llamados; pocos los elegidos. El fracaso nos acompañaba diariamente. No obstante, cuando me fui de Akron en septiembre de 1935, parecía que dos o tres enfermos más se habían unido a nosotros definitivamente.

Los dos años siguientes de nuestra época pionera constituyeron el período de "volar a ciegas." Con su agudo instinto de buen médico, el Dr. Bob seguía atendiendo e indoctrinando a cada nuevo caso, primero en el Hospital Municipal de Akron y luego, durante los doce años siguientes, en el renombrado Hospital Santo Tomás, donde miles de enfermos contaban con su cuidadosa vigilancia y su especial toque de AA. Aunque no eran sus correligionarios, el personal y las hermanas que trabajaban con él obraban milagros. Nos ofrecen uno de los más preclaros ejemplos del amor y de la dedicación que los AA jamás hayamos conocido. Diríjanse a los miles de visitantes y pacientes de AA—a los que realmente lo saben. Pregúntenles cuál es su opinión de la Hna. Ignacia, de Santo Tomás. O del Dr. Bob. Pero me estoy anticipando.

Mientras tanto, un pequeño grupo había tomado forma en Nueva York. Las reuniones de Akron en casa de T. Henry empezaron a atraer a algunos visitantes de Cleveland. En esa coyuntura, pasé una semana visitando al Dr. Bob. Nos pusimos a contar cabezas. De los centenares de alcohólicos, ¿cuántos se habían quedado? ¿Cuántos se habían mantenido sobrios? Y, ¿por cuánto tiempo? En ese otoño de 1937, el Dr. Bob y yo calculamos que había cuarenta casos que llevaban un tiempo considerable abstemios—contándolos a todos, tal vez sumaban un total de sesenta años. Se nos saltaron lágrimas de alegría. Había pasado una cantidad suficiente de tiempo con una cantidad suficiente de casos para indicar que algo nuevo—y tal vez algo muy significativo—estaba sucediendo. De repente, se aclaró el cielo. Ya no volábamos a ciegas. Se había iluminado un faro. Dios había enseñado a los alcohólicos la forma de transmitirlo de mano en mano. No olvidaré nunca ese momento de súbita y humilde comprensión en compañía del Dr. Bob.

Pero esa nueva comprensión nos presentó un gran problema; nos veíamos enfrentados a una decisión de inmensa envergadura. Habíamos tardado casi tres años en efectuar cuarenta recuperaciones. Sólo en los Estados Unidos debía de haber un millón de alcohólicos. ¿Cómo íbamos a comunicarles nuestro mensaje? ¿No sería necesario tener trabajadores a sueldo, nuestros propios hospitales, y grandes cantidades de dinero? Sin duda tendríamos que redactar una especie de libro de texto. ¿Sería sensato andar a paso de tortuga mientras nuestro mensaje se fuera desvirtuando y tal vez miles de alcohólicos se murieran? ¡Qué dilema!

La forma en que logramos librarnos del profesionalismo, de la riqueza y de la administración de bienes importantes, y de cómo nos las arreglamos por fin para publicar nuestro libro *Alcohólicos Anónimos*, es una historia en sí misma. Pero en esta época crítica, los consejos prudentes del Dr. Bob muy a menudo nos refrenaban para que no nos lanzáramos a empresas precipitadas que podrían habernos retrasado durante años e incluso podrían habernos arruinado. Ni tampoco podemos olvidar la dedicación que el Dr. Bob y Jim S. (que falleció el verano pasado) pusieron en su tarea de recoger historias para el Libro de AA; tres de cada cinco de estas historias provenían de Akron. La entereza y la sabiduría del Dr. Bob fueron factores de importancia primordial en aquella época de graves dudas y de graves decisiones.

¡Cuánto nos regocijamos de que Anne y el Dr. Bob vivieran el tiempo suficiente para ver llegar a todas partes de la tierra aquella luz que se encendió en Akron; de que se dieran cuenta de que algún día millones de personas podrían pasar por debajo de ese arco cada vez más amplio cuya piedra clave ellos habían contribuido a esculpir. No obstante, estoy seguro de que ellos, por ser tan humildes, nunca se formaron una idea clara de la magnitud del legado que nos dejaron, ni de lo bien que cumplían con su tarea. Hicieron todo lo que tenían que hacer. El Dr. Bob incluso tuvo la oportunidad de ver a la Comunidad llegar a su mayoría de edad cuando, por última vez, nos dirigió la palabra a 7,000 de nosotros reunidos en Cleveland.

Vi al Dr. Bob el domingo anterior al día de su muerte. Hacía escasamente un mes, me había ayudado a formular una propuesta para la Conferencia de Servicios Generales de Alcohólicos Anónimos, el Tercer Legado de AA. Este legado, en forma de folleto, estaba en la imprenta cuando él se despidió de nosotros por última vez el jueves siguiente. Por representar su último gesto y deseo para los AA, este documento habrá de tener para todos nosotros una gran y especial significación.

No he tenido una relación parecida con ningún otro ser humano. La cosa más bella que yo pueda decir es que durante todos los años a veces difíciles de nuestra asociación, él y yo nunca tuvimos una penosa diferencia de opinión. Su espíritu fraternal y su capacidad para el amor estaban fuera de mi alcance.

Para terminar, permítanme que les ofrezca un último ejemplo conmovedor de su sencillez y humildad. Por muy extraño que parezca, es una historia que trata de un monumento—un monumento que se propuso erigir en su honor. Hace un año, cuando Anne murió, a muchos compañeros les pareció sumamente apropiado que se le dedicara un impresionante monumento conmemorativo. La gente insistía en hacer algo de esta índole. Al llegar este rumor a los oídos del Dr. Bob, él no tardó en declararse en contra de que los AA erigieran un mausoleo o monumento para Anne y para él. Con una sola frase arrolladora, expresó su sereno desprecio de los típicos símbolos de honor personal. Dijo, "Anita y yo queremos que se nos entierre como a cualquier otra persona."

No obstante, en el pabellón alcohólico de Santo Tomás, sus amigos han colocado una sencilla placa que dice: "Con gratitud: Los amigos del Dr. Bob y Anne Smith afectuosamente dedicamos esta placa conmemorativa a las hermanas y al personal del Hospital Santo Tomás. En Akron, el lugar de nacimiento de Alcohólicos Anónimos, el Hospital Santo Tomás era la primera institución religiosa en abrir sus puertas a nuestra Sociedad. Que la cariñosa dedicación de aquellos que trabajaban aquí en nuestra época pionera siempre constituya para todos nosotros un ilustre y maravilloso ejemplo de la gracia de Dios."

Nunca dejó de creer

Noviembre de 1954

Bill D., el AA Número Tres, murió en Akron la noche del viernes, 17 de septiembre de 1954. Mejor dicho, la gente dice que murió, pero de hecho no es así. Su espíritu y sus obras aún viven en los corazones de incontables miembros de AA; y no cabe la menor duda de que Bill ya habita una de las numerosas moradas del más allá.

Un día de verano hace 19 años, el Dr. Bob y yo lo vimos por primera vez. Bill estaba tumbado en una cama de un hospital y nos miraba con asombro.

Dos días antes de ese encuentro, el Dr. Bob me había dicho, "Si esperamos mantenernos sobrios tú y yo, más vale que nos pongamos a trabajar." Bob llamó enseguida al Hospital Municipal de Akron, y pidió que se le pusieran con la enfermera encargada de admisiones. Le explicó que él y un hombre de Nueva York tenían un remedio para el alcoholismo. ¿Tal vez había un paciente alcohólico con quien pudiéramos experimentar? Hacía mucho tiempo que la enfermera conocía al Dr. Bob y le replicó bromeando, "Bueno, doctor, supongo que ya lo ha probado usted."

Sí, había un paciente—un tipo difícil. Acababa de llegar con los DT. Les había puesto los ojos morados a dos enfermeras y ahora lo tenían atado a la cama. ¿Nos serviría éste? Después de recetar algunos medicamentos, el Dr. Bob le dijo a la enfermera, "Instálelo en una habitación privada. En cuanto se le aclare la mente, le haremos una visita."

Descubrimos que Bill era un paciente duro de pelar. Según nos contó la enfermera, había sido un abogado muy conocido de Akron, y miembro del consejo municipal. Pero en los cuatro meses pasados, había ingresado seis veces en el Hospital Municipal de Akron. Cada vez, al darle de alta del hospital, se volvió a emborrachar antes de llegar a su casa.

Allí estábamos, hablando con Bill, el original "hombre en la cama." Le contamos nuestras experiencias de bebedores. Recalcamos con insistencia el hecho de que el alcoholismo es una obsesión mental acoplada a una alergia corporal. Le explicamos que la obsesión condenaba al alcohólico a beber en contra de su propia voluntad, y la alergia, si siguiera bebiendo, serviría como una garantía segura para la locura o la muerte. Para el alcohólico, el problema estaba en librarse de la obsesión y recobrar la cordura.

Al oír estas malas noticias, Bill abrió sus ojos hinchados. Luego, cambiamos de rumbo para darle esperanza. Le dijimos lo que habíamos hecho: que habíamos llegado a ser más sinceros que nunca con nosotros mismos; que habíamos hablado, el uno con el otro, acerca de nuestros problemas en total confianza; que habíamos intentado hacer reparaciones por los daños que les habíamos causado a otros; y que nos habíamos visto milagrosamente librados del deseo de beber en cuanto le pedimos a Dios, como Lo concebíamos nosotros, su orientación y su protección.

Nuestras palabras no parecieron causarle mucha impresión a Bill. Con cara más triste que nunca, nos dijo cansadamente, "Pues, esto es maravilloso para ustedes, muchachos, pero para mí no vale. Mi caso es tan grave que me da miedo pensar en salir del hospital. Y no traten de convertirme en una persona religiosa. En una época servía como diácono de mi iglesia y todavía creo en Dios. Pero no me parece que El crea en mí."

El Dr. Bob le dijo, "Bueno, Bill, tal vez te sientas mejor mañana. ¿Quieres que volvamos a visitarte?"

"Claro que sí," respondió Bill. "Incluso si no sirviera para nada, me gustaría verles a ustedes dos. Sin duda saben de lo que hablan."

Cuando llegamos a su cuarto al día siguiente, encontramos a Bill con su mujer, Henrietta. Señalándonos con el dedo, le dijo entusiasmadamente, "Estos son los hombres de los que te hablaba, los que comprenden."

Luego Bill nos dijo que había pasado casi toda la noche sin dormir. En el fondo de su depresión, nació una nueva esperanza. Como un relámpago, se le cruzaron en la mente las palabras, "Si ellos pueden hacerlo, yo también puedo hacerlo." El seguía repitiendo esta frase una y otra vez. Finalmente, de esa esperanza surgió la convicción. El se quedó convencido. Luego le sobrevino una gran alegría. Al fin le invadió una sensación de paz y se durmió.

Antes de que nos fuéramos, Bill volvió la mirada hacia su esposa y le dijo repentinamente, "Tráeme mis ropas, querida. Voy a levantarme y vamos a irnos de aquí." Bill salió del hospital como un hombre libre, para nunca más beber. El Grupo Numero Uno de AA data de esa fecha.

La fuerza del bello ejemplo que nos dio en nuestra época pionera durará tanto tiempo como nuestra Comunidad misma.

Nunca dejó de creer—¿Que más podríamos decir?

El Dr. A. Weise Hammer

Mayo de 1957

Este sencillo relato del fallecimiento de uno de los más destacados cirujanos de América aviva recuerdos que siempre brillarán en los anales de Alcohólicos Anónimos. El Dr. A. Wiese Hammer era uno de los mejores amigos que AA haya tenido jamás.

Algunos de los miembros pioneros de Philadelphia han redactado una detallada historia del Dr. Hammer y de sus obras bienhechoras. A continuación aparece condensada esta historia.

Era el mes de febrero de 1940. Jim, un compañero AA, nativo de Nueva York, recién trasladado a Philadelphia, estaba tratando de convencer al propietario de una librería local de que pusiera en venta el libro *Alcohólicos Anónimos*.

El gerente de la librería no podía ver por qué. Sus clientes no podrían tener interés alguno en el libro *Alcohólicos Anónimos*. Y a él personalmente, no le importaba en absoluto.

Una dama que por casualidad había oído el diálogo intervino en el asunto. Dijo que ella había enviado un ejemplar de *Alcohólicos Anónimos* a su sobrino alcohólico que vivía en Los Angeles. Para el gran asombro de la familia, el muchacho problema logró su sobriedad inmediatamente y ahora llevaba tres meses sobrio. Esto era una cosa inaudita. No obstante, la historia no impresionó al gerente de la librería.

Pero al enterarse de que Jim estaba intentando establecer un grupo de AA en Philadelphia, Helen Hammer se sintió totalmente encantada. Sin demora, llevó a Jim y a uno de sus nuevos candidatos a ver a su marido que era cirujano.

El Dr. Hammer trabajaba con brío en todo lo que hacía. Este hombre apasionado, de cara rojiza, rebosaba de entusiasmo las veinticuatro horas del día. Tenía una alegría de vivir contagiosa que comunicaba a casi todos los que le conocían. Al oír a Jim contar su historia de AA, en seguida se puso a obrar en pro de nuestra Sociedad. Estas obras, como veremos, no se limitaron a los confines de Philadelphia. En una época en que AA tenía una gran necesidad de un amistoso respaldo, el Dr. Hammer intercedió por nosotros a nivel nacional.

He aquí lo que hizo el doctor: nos abrió las puertas de su casa a todos los miembros de AA; le procuró su primera sala de reunión al grupo de Philadelphia; nos presentó al Dr. Stouffer, en aquel entonces jefe de siquiatría del Hospital General de Philadelphia, hombre que llegaría a ser otro gran amigo nuestro; procuró que en ese hospital se nos concedieran privilegios de visita y atenciones médicas; consiguió que los AA hablaran ante la sociedad médica del condado. Acompañado por su esposa, Helen, asistía durante años a casi todas las reuniones de AA que se efectuaban en esa ciudad; ofrecía tratamiento médico y quirúrgico gratis a todo AA que lo deseara; viajaba a otras ciudades para dar charlas sobre AA y sufragaba los gastos de viaje de los AA que le acompañaban; propuso comprar el primer local de club del grupo de Philadelphia (propuesta que el grupo tuvo que rechazar); consiguió que su amigo, el juez Curtis Bok, propietario del *Saturday Evening Post*, se interesara en AA; y le convenció de que asignara a Jack Alexander la redacción del famoso artículo de 1941 que convirtió a nuestra Sociedad en una institución nacional.

Esta no es sino una pequeña lista de las buenas obras del Dr. Hammer en pro de nuestra Sociedad. Hay sin duda centenares de otros gestos benévolos que nunca llegarán a ser conocidos, salvo para los enfermos a quienes él mostraba su extraordinaria bondad.

Me resulta imposible hablar del Dr. Hammer sin mencionar nuestros gratos recuerdos del Dr. Dudley Saul, otro eminente médico de Philadelphia, quien siempre rivalizaba con el Dr. Hammer en las buenas obras que hacía por los borrachos.

Para nuestro gran asombro—y siempre en gran beneficio nuestro—estos magníficos caballeros se entregaban a una feroz competencia para ingeniar nuevas formas de sernos útiles a los AA. Aquí tenemos una bella historia que les contaré algún día. ¿Cómo podría haber sobrevivido AA su infancia, sin haber contado con amigos como estos médicos de Philadelphia que trabajaban mano a mano con los Dres. Tiebout y Silkworth de Nueva York?

A Helen Hammer, le envío las condolencias y la gratitud más profundas de AA. A menudo me pregunto cuáles serán sus recuerdos de nuestros días pioneros.

Al Padre Ed—Vaya con Dios

Junio de 1960

El domingo, 3 de abril, por la mañana temprano, en la ciudad de Memphis, Tennessee, el Padre Edward Dowling murió serenamente mientras dormía. Alegremente despreocupado por su debilitada salud, había venido a visitar uno de sus grupos "Caná". [Una empresa predilecta, a la que él había dado inicio, los grupos "Caná" del Padre Ed, bajo los auspicios de la iglesia, están dedicados a resolver los difíciles problemas familiares mediante la aplicación de los Doce Pasos de AA.] Los participantes jamás habían pasado una noche más alegre que la anterior. El habría deseado despedirse así de nosotros. Era una de las almas más bondadosas y uno de los mejores amigos que los AA conoceremos nunca. Nos dejó un legado de inspiración y de gracia que estará con nosotros para siempre.

El Padre Ed planeaba asistir a nuestra Convención de 1960 que se celebrará en Long Beach el próximo mes de julio. Esta esperanza, aunque tendrá que quedar incumplida, nos trae algunos recuerdos emocionantes de su acto de presencia en la Convención Internacional de AA efectuada en Saint Louis en 1955. Parece muy apropiado volver a repetir aquí las palabras con las que yo le presenté ante aquella asamblea, junto con un relato de la impresión inolvidable que él me produjo a mí la primera vez que nos conocimos—un fragmento de nuestra historia que puse por escrito años más tarde en el libro *Alcohólicos Anónimos Llega a su Mayoría de Edad:*

"Con la alegría más profunda, les presento a ustedes al Padre Ed Dowling que vive en la Casa de los Jesuitas aquí en Saint Louis. Ya que sabe de dónde le viene su fortaleza, el Padre Ed es alérgico a las alabanzas. No obstante, creo que se deben consignar en nuestros archivos ciertos hechos que le concierne a él—para que las futuras generaciones de AA puedan escucharlos, leerlos y conocerlos.

"El Padre Ed ayudó a fundar el primer grupo de AA en esta localidad. Fue el primer religioso católico que notó la sorprendente similitud entre los Ejercicios Espirituales de San Ignacio (fundador de los Jesuitas) y los Doce Pasos de Alcohólicos Anónimos. Como consecuencia, se aprestó a escribir en 1940 la primera recomendación de AA hecha por un religioso católico de la cual tengamos conocimiento.

"Desde entonces, su labor en nuestro favor ha sido prodigiosa. No sólo se han escuchado sus recomendaciones en todas partes del mundo, sino que él se ha dedicado a trabajar para y por los AA. Viajes, reuniones de AA, consejos sabios y bondadosos—estas obras suyas pueden medirse en millares de millas y millares de horas. De todas las personas que conozco, nuestro amigo el Padre Ed es el único a quien nunca he oído decir una sola palabra de resentimiento ni de crítica. Para mí ha sido siempre un amigo, un consejero, un ejemplo formidable y una fuente de inspiración mayor de lo que les pueda describir.

"El Padre Ed tiene madera de santo.".…

"El auditorio estalló en un caluroso saludo de bienvenida cuando el Padre Edward Dowling, haciendo caso omiso de su penosa cojera, subió a la tribuna. El Padre Dowling de la orden de los Jesuitas de Saint Louis es íntimamente conocido por miembros de AA de millares de millas a la redonda. Muchos de los asistentes a la Convención recordaban con gratitud su apostólica respuesta a sus necesidades espirituales. Los miembros antiguos de Saint Louis recordaban cómo él les ayudó a establecer su grupo. Aunque sus miembros eran en su mayor parte protestantes, él no se sentía amedrentado en absoluto. Algunos pudimos recordar su primer artículo acerca de nosotros publicado en "*Las Obras de la Reina*," una revista de la cofradía. El fue el primero en notar el gran paralelismo que había entre los Doce Pasos de AA y los Ejercicios Espirituales de San Ignacio, disciplina espiritual básica de la Orden Jesuita. Con gran intrepidez, él había escrito a todos los alcohólicos y especialmente a los de su propia religión: 'Amigos, AA es bueno. Vengan y aprovéchense.' Y sin duda, lo hicieron. Sus primeras palabras escritas marcaron el comienzo de una influencia extraordinariamente benigna en favor de nuestra Comunidad, cuyo efecto total nadie podría calcular.

"La charla que nos dirigió el Padre Ed en la Convención aquel domingo por la mañana estuvo matizada de humor y profundidad. A medida que hablaba, me vino a la memoria, tan nítidamente como si hubiera sido ayer, la primera vez que este sacerdote apareció en mi vida. Una noche de invierno de 1940 en el Viejo Club de la Calle Veinticuatro de Nueva York, me había ido a acostar más o menos a las diez, afligido por un grave arranque de lástima de mí mismo y por molestias causadas por una úlcera imaginaria. Lois se había ido a no sé dónde. El granizo y la llovizna repiqueteaban en el tejado de hojalata. El club estaba desierto, salvo por el viejo Tom, bombero jubilado, aquel diamante en bruto salvado a última hora del manicomio de Rockland. Sonó el timbre de la puerta y un momento después Tom abrió la puerta de mi dormitorio. Dijo, 'Hay un tipo de Saint Louis allí abajo que quiere verte.' '¡Ay, Dios mío!' dije. '¿Otro más? ¡Y a estas horas de la noche! Bueno, dile que suba.'

"Escuché unos pasos pesados en la escalera. Luego, le vi entrar en mi dormitorio, apoyándose precariamente en su bastón, llevando en sus manos un sombrero negro magullado, informe y empapado de aguanieve. Se sentó en una silla y, cuando abrió su sobretodo, vi su cuello de sacerdote. Se alisó con la mano un mechón de pelo canoso y me miró con los ojos más extraordinarios que yo haya conocido. Hablamos de un montón de cosas, y poco a poco fui recobrando los ánimos hasta que finalmente me di cuenta de que este hombre irradiaba una gracia que llenaba el cuarto con una sensación de presencia. Esta sensación me impresionó intensamente; fue una experiencia emocionante y misteriosa. En años posteriores he visto muchas veces a este buen amigo, y ya sea que me encontrara triste o alegre, siempre me produjo esa misma sensación de gracia y de presencia de Dios. Mi caso no es una excepción. Muchos de los que conocen al Padre Ed experimentan este mismo toque de lo eterno. No es de extrañar, por lo tanto, que esa maravillosa mañana dominical, él pudiera inundarnos a todos los reunidos en el Auditorio Kiel con su inimitable espíritu."

Todos los allí presentes recordarán las siguientes famosas palabras que cito de la charla del Padre Ed en Saint Louis:

"Hay un camino negativo para salir del agnosticismo. Esa fue la actitud que tomó el apóstol Pedro. 'Señor, ¿a quién recurriremos?' Dudo que se pueda encontrar a nadie en esta sala que realmente haya buscado la sobriedad. Creo que todos estábamos tratando de escaparnos de la embriaguez. No creo que debiéramos despreciar lo negativo. Tengo la impresión de que si algún día me encuentro en el cielo, será por haber huido del infierno."

En memoria de Ebby

Junio de 1966

A la edad de setenta años, el 21 de marzo de este año, mi amigo y padrino Ebby pasó a mejor vida.

Ebby fue quien, una tarde fría de noviembre de 1934, me pasó el mensaje que me salvó la vida. Aun más importante, él fue el portador de la gracia y de los principios que, poco tiempo después, me condujeron a mi despertar espiritual. Esa fue una auténtica llamada a llevar una vida del espíritu. Este tipo de renacimiento ha llegado a ser el don más precioso de todos y cada uno de nosotros.

Al verlo en su último reposo, me sentía conmovido por recuerdos de todos esos años en los que le había conocido y amado.

Había recuerdos alegres de nuestros días de estudiantes en el internado de Vermont. Después de los años de la guerra, nos juntábamos en ocasiones, y, por supuesto, íbamos a beber. Creíamos que alcohol era la solución de todos nuestros problemas, un auténtico elixir de la buena vida.

Y hubo aquel episodio absurdo de 1929. Ebby y yo estábamos en Albany pasando una noche de borrachera. De repente, recordamos que se había construido un nuevo aeródromo en Vermont, en una pradera a poca distancia de mi pueblo natal. Se estaba acercando el día de su inauguración. Entonces nos vino una idea embriagadora. Si pudiéramos fletar un avión privado, podríamos adelantarnos unos días a la inauguración y así escribir una página en la historia de la aviación. Ebby no tardó en llamar y despertar a un amigo suyo que era piloto, y, a un precio bien elevado, le contratamos a él y su pequeño avión. Enviamos un telegrama a los ancianos del pueblo para anunciarles la hora de nuestra llegada y, hacia media mañana, emprendimos el vuelo, en estado eufórico—y muy borrachos.

No se sabe cómo nuestro achispado piloto logró hacer el aterrizaje. Nos estaba esperando una muchedumbre, incluyendo la orquesta municipal y un comité de recepción, y la hazaña suscitó una salva de aplausos. Luego, el piloto desembarcó. Y nadie más. Perplejos, los espectadores seguían esperando en silencio. ¿Dónde estarían Ebby y Bill? Entonces, se hizo el horrible descubrimiento—los dos estábamos desplomados al fondo de la carlinga, borrachos perdidos. Algunos amables amigos nos bajaron del avión y nos depositaron de pie en la tierra. Y nosotros, que íbamos a escribir una página en la historia de la aviación, nos caímos de bruces. Nuestros amigos tuvieron que sacarnos de allí en total ignominia. No se podría haber imaginado un fracaso más vergonzoso. Pasamos los días siguientes escribiendo nuestras disculpas con manos temblorosas.

Durante los cinco años siguientes, vi a Ebby muy raras veces. Pero naturalmente seguíamos bebiendo. A fines de 1934, tuve un choque tremendo cuando me llegaron noticias de que se iba a confinar a Ebby, esa vez en un hospital mental del estado.

Tras una serie de parrandas enloquecidas, un día, al volante del nuevo Packard de su padre, se desvió de la carretera y chocó contra una casa, derrumbando la pared de la cocina y casi aplastando a la aterrada ama de casa. Con esperanza de aliviar las tensiones de esta situación embarazosa, Ebby dirigió a la mujer un sonrisa abierta y le dijo, "¿Qué te parece una tacita de café?"

Naturalmente, ninguno de los interesados le vio la gracia a su comentario. A los ancianos del pueblo, se les había agotado la paciencia y llevaron a Ebby a comparecer ante la justicia. Según parecía, Ebby acabaría en el manicomio. Para mí, esto significó que ambos habíamos llegado al fin del camino. Hacía muy poco tiempo, mi médico, el Dr. Silkworth, se había visto en la obligación de decirle a Lois que no nos quedaba la menor esperanza de recuperación; que yo también tendría que ser confinado o correr el riesgo de volverme loco o morir.

Pero la Providencia nos tenía reservado otro destino. Poco tiempo después, nos enteramos de que habían puesto a Ebby en libertad vigilada, bajo la custodia de algunos amigos que habían logrado su sobriedad (por el momento) en los Grupos Oxford. Le llevaron a Nueva York, donde se sometió a la benigna influencia del Dr. Shoemaker, director de la Iglesia Episcopaliana de Calvary, y futuro gran amigo de AA. Muy afectado por Sam y los "G.O.", Ebby pronto logró su sobriedad. Al enterarse de mi grave condición, se apresuró a visitarme en nuestra casa de Brooklyn.

Al seguir con mis recuerdos, volví a ver vívidamente a Ebby sentado a la mesa de nuestra cocina mirándome. Como ya saben la mayoría de ustedes, me habló de la liberación de la desesperación que había conseguido (mediante los Grupos Oxford) como resultado del autoexamen, la reparación, ayuda generosa a otros, y la oración. En pocas palabras, me estaba proponiendo las actitudes y los principios que más tarde usé para formular los Doce Pasos de AA de recuperación.

Había sucedido. Un alcohólico había llevado eficazmente el mensaje a otro. Ebby se había visto en la posibilidad de llevarme la dádiva de la gracia porque pudo comunicarse conmigo en el lenguaje del corazón. Había entreabierto la gran puerta por la que todos los AA han pasado desde entonces para encontrar su libertad por la gracia de Dios.

En memoria de Harry

Julio de 1966

Cuando este número del Grapevine llegue a sus lectores, todo el mundo de AA se habrá enterado del fallecimiento de nuestro muy querido amigo, el Dr. Harry M. Tiebout, siquiatra, el primero de su profesión en presentarnos a todo el mundo. Sus dones de ejemplo valeroso, profunda comprensión de nuestras necesidades y labor constante en favor de nuestra Comunidad han sido—y siempre serán—de un valor incalculable.

Empezó así: Nos encontrábamos en los comienzos del año 1939, y el libro *Alcohólicos Anónimos* estaba a punto de ser impreso. Para ayudarnos a hacer las últimas correcciones del libro, habíamos distribuido varias copias mimeografiadas del manuscrito. Una copia cayó en manos de Harry. Aunque gran parte del contenido estaba entonces en contra de sus propia ideas, leyó nuestro libro con gran interés. Aun más importante, enseguida tomó la decisión de enseñar el nuevo libro a un par de sus pacientes, que ahora conocemos como Marty y Grenny. Eran dos de sus pacientes más difíciles, y aparentemente desahuciados.

Al principio, el libro les hizo poca impresión. De hecho, el frecuente uso de la palabra "Dios" enfureció tanto a Marty que cogió el libro y lo tiró por la ventana, se fue enfadada del elegante sanatorio donde se encontraba y se lanzó a una tremenda borrachera.

Grenny no llevó tan lejos su rebeldía; se lo tomó fríamente.

Cuando por fin Marty volvió a presentarse, temblando violentamente, y le preguntó al Dr. Harry qué podía hacer ahora, él simplemente se sonrió y dijo, "Más vale que vuelvas a leer ese libro." De vuelta en su habitación, Marty finalmente se convenció a sí misma de hojear el libro una vez más. Una frase en especial le llamó la atención: "No podemos vivir con resentimiento." En cuanto pudo aceptar como suya esta idea, se sintió llena de "una experiencia espiritual transformadora."

En seguida asistió a una reunión. Tuvo lugar en la Calle Clinton, donde vivíamos Lois y yo. De regreso a Blythewood, se encontró a Grenny lleno de curiosidad. Estas fueron las primeras palabras que le dijo: "Grenny, ya no estamos solos."

Este fue el comienzo de la recuperación de ambos—recuperaciones que han perdurado hasta hoy. Al ver estos acontecimientos, Harry se quedó maravillado. Apenas una semana antes, los dos se habían resistido obstinadamente a todos sus métodos. Ahora hablaban, y lo hacían abiertamente. Para Harry, éstas eran las realidades—las nuevas realidades. Por ser científico y hombre valeroso, Harry no vaciló ni por un momento en reconocer estos hechos. Puso a un lado sus propias convicciones acerca del alcoholismo y sobre sus manifestaciones neuróticas, y pronto se convenció de que en AA había algo, tal vez algo muy importante.

Durante todos los años posteriores, y a menudo poniendo en gran riesgo su posición profesional, Harry seguía respaldando a AA. Teniendo en cuenta su posición profesional, esto requería un valor muy grande.

Permítanme que comparta con ustedes algunos ejemplos concretos. En una de sus primeras ponencias médicas, aquella famosa acerca de la "Entrega," había declarado que el proceso del desinflamiento del ego no solo era lo básico de los principios de AA, sino también absolutamente fundamental en su práctica de la siquiatría. Esta actitud requería tanto humildad como entereza. Siempre será un ilustre ejemplo para todos nosotros.

No obstante, esto era un mero comienzo. En 1944, con la ayuda del Dr. Kirby Collier de Rochester y Dwight Anderson de Nueva York, Harry había persuadido a la Sociedad Médica Norteamericana del Estado de Nueva York de que me permitieran a mí, un profano, leer una ponencia sobre AA en su reunión anual. Cinco años más tarde, el mismo trío, de nuevo encabezado por Harry, persuadió a la Asociación Siquiátrica Norteamericana para que me invitaran a leer otra ponencia mía—en esta ocasión, ante su Reunión Anual en Montreal en 1949. Para entonces, AA tenía unos 100,000 miembros, y muchos siquiatras ya habían visto de cerca el impacto que teníamos en sus pacientes.

Para los AA que estuvimos presentes en esta reunión, fue una hora muy emocionante. Mi presentación sería acerca de "la experiencia espiritual" según el punto de vista de AA. ¡Seguro que nadie se lo tomaría en serio! Para nuestro gran asombro, la ponencia fue muy bien recibida—al menos a juzgar por los largos aplausos.

Inmediatamente después, se me acercó un venerable caballero muy distinguido. Se presentó como un antiguo presidente de la Asociación Siquiátrica Norteamericana. Con gran entusiasmo, me dijo: "Sr. W., es muy posible que yo sea el único de mis colegas aquí presentes que realmente cree en la 'experiencia espiritual' de la misma manera que usted. En cierta ocasión, yo mismo tuve un despertar muy parecido al suyo, una experiencia que tenía en común con dos íntimos amigos, Bucke y Whitman."

Naturalmente, le pregunté, "Pero, ¿por qué a sus colegas les parecía gustar la ponencia?"

Me replicó algo como esto: "Mire, los siquiatras sabemos muy bien lo difíciles que son ustedes los alcohólicos. Lo que conmovió a mis amigos no fueron las afirmaciones que usted hizo en su ponencia, sino el hecho de que AA puede llevar la sobriedad a los alcohólicos al por mayor."

Al verlo de esta manera, me sentía aun más profundamente conmovido por el magnífico y generoso tributo que se nos había rendido a los AA. Muy pronto mi ponencia apareció publicado en la *Revista Siquiátrica Norteamericana*, y nuestra Sede de Nueva York fue autorizada por la Asociación para hacer y distribuir todas las copias que deseáramos. Para ese entonces, AA ya había empezado a difundirse en ultramar. Sólo Dios sabe el bien que hizo este artículo al ser reproducido por nosotros y presentado a los siquiatras de países lejanos por los grupos recién nacidos de AA. Aceleró enormemente la aceptación mundial de AA.

Podría seguir hablando sin fin de Harry, contándoles sus actividades en el campo global del alcoholismo, de su señalado servicio en nuestra junta de custodios. Podría contarles historias de nuestra grata amistad, recordando en particular su buen humor y su risa contagiosa. Pero el espacio que se me ha asignado es demasiado pequeño.

Para la Hermana Ignacia

Agosto 1966

En la mañana del viernes, 2 de abril de 1966, la Hermana María Ignacia, una de las mejores amigas que los AA jamás conoceremos, nos dejó para disfrutar su descanso eterno. Al día siguiente, las Hermanas de la Caridad de San Agustín abrieron las puertas de su convento a los visitantes. Durante las primeras dos horas, más de mil personas firmaron el libro de honor. Fueron los primeros de la gran multitud que en los dos días siguientes pasó para rendir sus respetos a la Hermana.

El lunes al mediodía, apenas si había un lugar libre en la Catedral de Cleveland. Asistieron al servicio amigos residentes en la ciudad y procedentes de lugares lejanos. Las Hermanas de la Caridad estaban sentadas en un grupo, radiantes de fe. Nosotros los AA, junto con nuestras familias y nuestros amigos, habíamos ido allí para expresar nuestra gratitud por la vida y obras de nuestra muy querida Hermana. Realmente no era una ocasión de duelo, sino de dar gracias a Dios por Su gran bondad para con todos nosotros.

En su afirmación de la fe, la Misa fue de una belleza singular; y aun más para muchos de los asistentes porque se dijo en inglés. La eulogía, escrita y leída por una íntima amiga de la Hermana, era un retrato gráfico y conmovedor de su carácter y de sus obras. Se dio un pronunciado énfasis a los méritos de AA y al papel que había desempeñado el Dr. Bob, cofundador de AA, en la gran aventura de la Hna. Ignacia entre nosotros. Nos sentíamos más seguros que nunca de que los que habitan en la comunidad del espíritu no tienen porqué preocuparse por las barreras o las fronteras.

Para los millares de hombres y mujeres y niños cuyas vidas habían sido tocadas e iluminadas directamente por la Hna. Ignacia, tal vez no sería necesario escribir este relato de su vida. Ellos ya conocen mejor que nadie a la Hna. Ignacia y la gracia que les infundió a todos. Pero para los muchos que nunca sintieron su presencia y su amor, es de esperar que esta narración les pueda servir de especial inspiración.

Hija de padres devotos y amantes de la libertad, la Hna. Ignacia llegó a este mundo en 1889 en Shanvilly, Condado de Mayo, en la Isla Esmeralda. El celebre poeta Yeats, nacido en las cercanías, comentó una vez que la rara belleza del Condado Mayo de Irlanda estaba destinada especialmente a engendrar poetas, artistas, héroes y santos. Nadie puede dudar que Ignacia, incluso a la edad de seis años, cuando sus padres emigraron de Irlanda a Cleveland, ya empezaba a manifestar muchas excelentes virtudes.

Muy pronto, la niña empezó a dar indicios de un talento musical poco común, como pianista y como cantante. Unos años más tarde, estaba dando clases en el hogar de sus padres. En 1914, se vio poseída por un gran deseo de hacerse religiosa. En ese año, se unió a las Hermanas de la Caridad de San Agustín, esa comunidad tan bien conocida por muchos de nosotros los AA. Allí continuó su educación musical y sus enseñanzas.

Ya en ese entonces, la Hna. Ignacia era de salud delicada, extremadamente delicada. Para 1933, los rigores de dar clases de música habían llegado a ser demasiado grandes. Sufrió un grave colapso físico. Su médico le presentó esta alternativa. "Tienes que tomártelo con calma. Puedes ser una maestra de música muerta o una hermana viva. ¿Qué prefieres ser?"

Con gran alegría, según sus compañeras, María Ignacia aceptó un puesto más tranquilo y menos distinguido. Se encargó de las admisiones en el Hospital Santo Tomás de Akron, Ohio—una institución administrada por su orden. En esos días, no se sabía si incluso esa tarea resultaría ser demasiado para ella. Nadie habría creído que iba a llegar a los setenta y siete años; sólo Dios sabía que estaba destinada a atender en años posteriores a 15,000 alcohólicos y a sus familias.

Durante mucho tiempo, la Hna. Ignacia serenamente seguía trabajando en el despacho de admisiones de Santo Tomás. No se sabe con seguridad si en aquel entonces ella había oído hablar de AA. Aunque el Grupo Uno de Akron y el Grupo Dos de Nueva York habían experimentado un crecimiento lento e irregular desde 1935, ninguno había atraído la atención del público.

No obstante, en 1939, la situación cambió súbitamente. En la primavera de ese año, se imprimió por primera vez el Libro de AA, y la revista *Liberty* publicó a principios de otoño un artículo acerca de nuestra Sociedad. A esto le siguió una serie de notables artículos que aparecieron en la página editorial del *Plain Dealer* de Cleveland. El periódico y las dos docenas de miembros que en ese entonces había en la ciudad se vieron inundados por frenéticas súplicas de ayuda. A pesar de esta caótica situación, el número de miembros de Cleveland ascendió a varios centenares en unos pocos meses.

Sin embargo, este repentino aumento de miembros de AA entrañaba ciertas dificultades, especialmente la falta de instalaciones hospitalarias adecuadas. Aunque los hospitales de Cleveland habían respondido valientemente a esta emergencia, su interés naturalmente disminuyó al encontrarse a menudo con cuentas sin pagar, o al ver a los ex borrachos pasar en tropel por los pasillos para hacer lo que ellos llamaban trabajo de "Paso Doce" con ruidosas víctimas recién llegadas. Incluso el Hospital Municipal de Akron, donde el Dr. Bob había atendido numerosos casos, estaba dando muestras de cansancio.

En Nueva York, por el momento, habíamos dado un mejor comienzo. Allí contábamos con nuestro querido Dr. Silkworth y, algo más tarde, con su maravillosa enfermera Teddy, miembro de AA. En los años siguientes, estos dos iban a "procesar" unos 12,000 borrachos del área metropolitana de Nueva York y así llegaron a ser "la réplica" del equipo compuesto por nuestro cofundador el Dr. Bob y la Hna. Ignacia en Akron.

Sintiéndose muy preocupado por la posibilidad de que, en lo concerniente a la hospitalización, su área no se encontrase preparada para responder a la gran oleada de publicidad acerca de AA., el Dr. Bob decidió en 1940 ir a visitar el Hospital Santo Tomás y explicar la gran necesidad que teníamos de establecer un vínculo eficaz y permanente con un hospital. Ya que Santo Tomás era una institución eclesiástica, él creía que la gente de allí podrían ver en su petición una buena oportunidad de servir, oportunidad que otros no habían visto. ¡Y cuánta razón tenía!

Pero Bob no conocía a ninguno de los responsables del hospital. Así que simplemente se presentó en Admisiones y le contó a la pequeña monja encargada de este despacho la historia de AA, incluyendo la de su propia recuperación. Según se iba desenvolviendo su relato, iba creciendo el entusiasmo de la pequeña monja. Su alma compasiva se sentía profundamente conmovida y tal vez su asombrosa intuición ya había empezado a decir, "Esto es." Claro que ella intentaría ayudar, pero ¿qué podría hacer una sola monjita? Había ciertas actitudes y normas. Todavía no se consideraba el alcoholismo como una enfermedad; no era sino una forma extremada de gula.

Luego el Dr. Bob le mencionó que había un alcohólico que se encontraba en condiciones muy graves. Simplemente sería necesario encontrarle una cama.

María Ignacia dijo, "No tengo la menor duda de que su amigo está muy enfermo. Mire, doctor, tengo la impresión de que él está sufriendo de un caso muy grave de indigestión." El Dr. Bob, tratando de contener la risa, le respondió, "Sí, tiene razón—es un terrible caso de indigestión." Con ojos risueños, la monja le dijo en seguida, "¿Por qué no lo trae aquí inmediatamente?"

Los dos benignos conspiradores se vieron pronto enfrentados con otro dilema. La víctima resultó estar completamente borracho. Nadie tardaría en darse cuenta de que su indigestión sólo era un síntoma secundario. No podrían instalarlo en un pabellón. Tendrían que encontrar una habitación privada. Pero no había ninguna libre. ¿Qué podrían hacer? La Hna. Ignacia apretó los labios y luego se sonrió abiertamente. Dijo sin demora, "Conseguiré que se coloque una cama en nuestra florería. Allí no puede molestar a nadie." Hizo esto inmediatamente y el enfermo de indigestión se encontró sin más en el camino hacia la sobriedad y la salud.

Por supuesto que los conspiradores tenían un peso en la conciencia por este subterfugio de la florería. Además, no iban a poder mantener por mucho tiempo el pretexto de la indigestión. Tendrían que decírselo a las autoridades, o sea, a la superiora del hospital. Con gran inquietud, la Hna. Ignacia y el Dr. Bob se dirigieron a esa buena dama, y le explicaron el asunto. Para inmenso regocijo de nuestros amigos, ella se mostró de acuerdo, y poco tiempo después, expuso atrevidamente el nuevo proyecto ante el consejo administrativo de Santo Tomás. Hay que rendir eterno homenaje a los miembros del consejo por haber aprobado igualmente el proyecto—y tan fuerte era su apoyo que, sin pasar mucho tiempo, invitaron al Dr. Bob a integrarse en el cuadro médico de Santo Tomás, un ilustre ejemplo del espíritu ecuménico.

Pronto tenían un pabellón reservado para la rehabilitación de los alcohólicos—naturalmente, bajo la supervisión directa de la Hna. Ignacia. El Dr. Bob apadrinaba a los nuevos casos y les facilitaba atenciones médicas, sin cobrar nunca nada a nadie. Los precios de hospitalización eran muy módicos, y la Hna. Ignacia a menudo insistía en admitir pacientes en un plan de "pagos aplazados," a veces para la leve consternación de los administradores.

Ignacia y el Dr. Bob inculcaban a todos los que querían escucharlos los métodos de AA según quedaban descritos en el libro *Alcohólicos Anónimos*, recién salido de la imprenta. El pabellón estaba abierto a los AA visitantes de los grupos cercanos, quienes, desde la mañana hasta la noche, contaban sus historias de bebedores y de recuperación. No había nunca ninguna barrera de raza o de credo; ni tampoco se imponían a nadie las enseñanzas de AA o de la iglesia.

Debido a que pasaba casi todas su laboriosas horas en el pabellón, la Hna. Ignacia llegó a ser una figura central en el escenario. Escuchaba y hablaba alternativamente, con ternura y comprensión infinitas. La familia y los amigos del alcohólico recibían el mismo trato. Este compasivo cariño era el ingrediente principal de su gracia singular; con esa especie de magnetismo, atraía incluso a los más duros y obstinados. Pero no siempre aguantaba las tonterías. Cuando era necesario, sabía dar pruebas de su autoridad. Luego, para amortiguar el golpe, se valía de su maravilloso sentido del humor. En una ocasión, al oír a un borracho recalcitrante decir con tono arrogante que nunca volvería a poner los pies en un hospital, la Hna. Ignacia le respondió, "Bueno, esperemos que no. Pero en caso de que vuelvas, recuerda que ya tenemos pijamas de tu talla. Lo tendremos listo y esperándote."

A medida que aumentaba la fama del Hospital Santo Tomás, los alcohólicos llegaban en tropel de lugares lejanos. Después de su hospitalización, se solían quedar una temporada en Akron para absorber más información sobre AA por contacto directo con el Dr. Bob y con el Grupo Número Uno de Akron. Cuando regresaban a sus hogares, la Hna. Ignacia mantenía con ellos una correspondencia cada vez más nutrida.

A menudo se nos oye decir a los AA que nuestra Comunidad está basada en recursos que hemos sacado de la medicina, de la religión y de nuestra propia experiencia de bebedores y de recuperación. Nunca, ni antes ni después de esta época pionera de Akron, hemos visto una síntesis más perfecta de estas fuerzas sanadoras. El Dr. Bob representaba la medicina y AA; Ignacia y las Hermanas de San Agustín también practicaban la medicina, y esa práctica estaba animada por el maravilloso espíritu de su comunidad. No se puede imaginar una mezcla más perfecta de gracia y de talento.

Nunca sería necesario insistir, una por una, en las virtudes de estos magníficos amigos de los primeros tiempos de AA—la Hna. Ignacia y el Dr. Bob. Solo tenemos que tener presente el dicho "por sus frutos los conoceréis."

En la Convención Internacional de Cleveland de 1950, el Dr. Bob nos dirigió la mirada por última vez. Su querida esposa Anne ya había fallecido, y a los pocos meses él acudiría a su propia cita con la nueva vida.

Ya habían pasado diez años desde el día en que él y la Hna. Ignacia habían puesto en la cama al primer enfermo en la florería de Santo Tomás. Durante esta década maravillosa, Ignacia y el Dr. Bob habían dado cuidados médicos e inspiración espiritual a cinco mil alcohólicos. La mayor parte de ellos encontraron su libertad por la gracia de Dios.

Con agradecido reconocimiento por esta obra inmensa, los AA dedicamos a las Hermanas de la Caridad de San Agustín y al personal del Hospital Santo Tomás una placa de bronce, que se ve colocada en el pabellón donde la Hna. Ignacia y el Dr. Bob obraban sus milagros. La placa dice:

"Con gratitud:
Los amigos del Dr. Bob y Anne S.
dedicamos afectuosamente esta placa conmemorativa
a las Hermanas y al personal
del Hospital San Tomas.
En Akron, el lugar de nacimiento de Alcohólicos Anónimos,
el Hospital Santo Tomás fue la primera institución religiosa
que abrió sus puertas a nuestra Sociedad.
Que la cariñosa dedicación de aquellos
que trabajaban aquí en nuestra época pionera
siempre constituya para todos nosotros
un ilustre y maravilloso ejemplo de
la gracia de Dios."

Las personas que hoy visitan Santo Tomás se suelen preguntar por qué no aparece en esta dedicación ni una palabra acerca de la Hna. Ignacia. El hecho es que ella no quiso que se inscribiera su nombre. Se negó categóricamente a hacerlo; esa fue una de las ocasiones en que ella dio prueba de su autoridad. Era, por supuesto, una muestra resplandeciente de su innata y absolutamente genuina humildad. La Hna. Ignacia creía firmemente que ella no merecía ninguna atención especial; que la gracia que ella tuviera sólo podría atribuirse a Dios y a la comunidad de sus hermanas.

Esta era una perfecta expresión del espíritu de anonimato. Nosotros, los que habíamos visto en ella esa cualidad, nos sentíamos profundamente conmovidos, especialmente el Dr. Bob y yo. Su influencia era lo que llegó a convencernos de no aceptar nunca ningún honor público. Su ejemplo nos enseñó que el mero hecho de observar al pie de la letra la Tradición de anonimato nunca debe convertirse en un pretexto para ignorar su esencia espiritual.

Después de la muerte del Dr. Bob, había una grave preocupación de que la Hna. Ignacia no estuviera autorizada para seguir con su trabajo. Al igual que en otras órdenes religiosas, las Hermanas de la Caridad practican la rotación en sus tareas de servicio. Esta es una vieja costumbre. No obstante, por un tiempo no se hizo ningún cambio. Con la ayuda de los grupos de AA de las cercanías, la Hna. Ignacia continuaba haciendo sus trabajos en Santo Tomás. Entonces, en 1952, la trasladaron repentinamente al Hospital de la Caridad de San Vicente de Cleveland, donde, para gran regocijo de todos nosotros, se le encargó de dirigir el pabellón alcohólico. En Akron, se nombró a un excelente sucesor para reemplazarla; se seguirían realizando los trabajos.

El pabellón alcohólico de San Vicente ocupaba una parte de una sección derruida del edificio, que necesitaba reparaciones y renovaciones. Los que conocíamos y queríamos a la Hna. Ignacia nos dábamos cuenta de que esta oportunidad resultaría ser para ella un gran estímulo. Los administradores del hospital también reconocían la necesidad de hacer algo. Empezaron a llegar al hospital contribuciones substanciales. En sus horas libres, algunos carpinteros, fontaneros y electricistas, miembros de AA, se pusieron a hacer los trabajos de renovación de las viejas instalaciones—sin cobrar un centavo por sus servicios. El bello resultado de esas obras de amor hoy se conoce por el nombre de la Sala del Rosario.

De nuevo los milagros de recuperación del alcoholismo empezaron a multiplicarse. Durante los catorce años siguientes, la asombrosa cantidad de 10,000 alcohólicos cruzaron el umbral de la Sala del Rosario para allí caer bajo el encanto de la Hna. Ignacia y de AA. Más de los dos tercios de esa gente se recuperaron de su espantosa enfermedad y volvieron a hacerse ciudadanos del mundo. Desde el amanecer hasta el anochecer, la Hna. Ignacia ofrecía su gracia extraordinaria a esa interminable procesión de gente afligida. Además, se las arreglaba para tener tiempo para atender y ocuparse de sus familias, y este aspecto tan fructífero de su trabajo llegó a ser una gran inspiración para los Grupos Familiares de Al-Anon de toda la región.

A pesar de contar con la ayuda de sus magníficos asistentes del hospital y con la de los AA de afuera, su trabajo debía haber sido muy duro y agotador para aquella monjita de salud cada vez más delicada. Tenemos que sentirnos admirados por el hecho de que la Providencia le permitiera quedarse tantos años con nosotros. A centenares de amigos les merecía la pena hacer largos viajes sólo para poder ser testigos de su suprema y constante devoción.

Hacia fines de sus numerosos años de servicio, La Hna. Ignacia se vio varias veces a las puertas de la muerte. En algunas de mis visitas a Cleveland, se me permitió sentarme al lado de su cama. En estas ocasiones, pude verla en sus mejores momentos. Su fe perfecta y su completa aceptación de la voluntad de Dios siempre estaban implícitas en todo lo que decía, ya fuera que estuviéramos conversando en tono serio o alegre. El temor y la incertidumbre parecía serle totalmente ajenos. Al despedirme, ella siempre tenía aquella radiante sonrisa; aquella devota esperanza de que Dios le permitiera quedarse un poco más tiempo en la Sala del Rosario. Unos días más tarde me llegaban noticias de que estaba de vuelta en su despacho. Este magnífico drama se volvió a repetir una y otra vez. Ella no se daba cuenta en absoluto de que esto pudiera tener nada de extraño.

Sabiendo que iba a llegar el día que sería su último con nosotros, a los AA nos parecía apropiado regalarle privadamente a la Hna. Ignacia alguna muestra tangible que le pudiera expresar, aun si fuese en pequeña parte, el amor profundo que sentíamos por ella. Teniendo en cuenta su insistencia en negarse a atraer la atención del público a su persona, en lo concerniente a la placa en Akron, yo simplemente le envié una carta, para decirle que me gustaría ir a

Cleveland a visitarla, añadiendo de paso que, si su salud lo permitiera, tal vez podríamos cenar juntos en compañía de algunos de sus fieles compañeros y amigos de AA. Además, era su quincuagésimo año de servicio a su comunidad.

Dicha tarde, nos reunimos en uno de los pequeños comedores del Hospital de la Caridad. La Hna. Ignacia llegó, claramente encantada. Apenas podía caminar. Ya que éramos todos veteranos, pasamos la hora de cenar contando historias de los días de antaño. La Hna. Ignacia nos regaló con memorias de Santo Tomás y con gratos recuerdos de Anne y del Dr. Bob, nuestro cofundador. Fue inolvidable.

Para que la Hna. Ignacia no se cansara demasiado, pronto emprendimos nuestro proyecto principal. Yo había traído de Nueva York un pergamino iluminado. El texto tenía el formato de una carta dirigida por mí a la Hna. Ignacia, escrita en nombre de nuestra Comunidad mundial de AA. Me puse de pie y leí en voz alta el pergamino y luego se lo enseñé. Se quedó totalmente sorprendida y durante un rato apenas si podía hablar. Finalmente dijo en voz baja, "Oh, esto es demasiado, no me merezco tanto."

Nuestra mejor recompensa de aquella tarde fue, por supuesto, la alegría de la Hna. Ignacia; una alegría ilimitada desde el momento en que le aseguramos que no era necesario que el público supiera nada de nuestro regalo; que si quisiera guardarlo en su baúl, no tendríamos el menor inconveniente.

Parecía que esta tarde memorable y conmovedora había llegado a su fin. Pero íbamos a tener otra experiencia inspiradora. Haciendo poco caso de su gran fatiga, la Hna. Ignacia insistió en que todos fuéramos a la Sala del Rosario, para hacer una visita al pabellón alcohólico. Así hicimos, preguntándonos si la volveríamos a ver trabajando en esa vocación divina a la que ella se había entregado plenamente. Para cada uno de nosotros, aquello fue el final de una época. Yo solo podía pensar en sus conmovedoras y muy repetidas palabras: "La eternidad es ahora."

El pergamino que le entregamos a la Hna. Ignacia ahora puede verse en la Sala del Rosario. He aquí el texto:

En reconocimiento de la Hna. Ignacia con motivo de la ocasión de su aniversario de oro:

Querida Hermana,

Nosotros los Alcohólicos Anónimos te consideramos nuestra mejor amiga y el alma más noble que jamás podamos conocer.

Recordamos tus tiernas atenciones en los días en que AA era muy joven. Tu colaboración con el Dr. Bob en esa época nos ha legado una herencia espiritual de incomparable valor.

A lo largo de todos estos años, te hemos visto a la cabecera de la cama de miles de enfermos. Al verte así, nos hemos visto a nosotros mismos como los beneficiarios de la luz milagrosa que Dios siempre nos ha enviado por tu intercesión para iluminar nuestras tinieblas. Has cuidado incansablemente de nuestras heridas; nos hemos nutrido con tu extraordinaria comprensión y tu amor inigualable. Estas serán las mayores dádivas de gracia que jamás podamos tener.

En nombre de los miembros de AA de todo el mundo, digo: "Que Dios te recompense abundantemente por tus benditas obras—ahora y para siempre."

Con devoción,
Bill W.

Sam Shoemaker

Febrero de 1967

El Dr. Shoemaker era una de esas personas indispensables para AA. Si él no se hubiera ocupado tanto de nosotros en nuestros primeros días, nuestra Comunidad no existiría hoy. Por lo tanto, su recién publicada biografía, titulada *I Stand By the Door* [Espero en la puerta], tan bien escrita por su esposa Helen, sirve como un recordatorio conmovedor de la gran deuda que tenemos con él y para enriquecer nuestra comprensión de este magnífico amigo.

Para empezar, permítanme que familiarice a nuestras nuevas generaciones con el "Sam" que los ancianos conocimos tan bien en los primeros días de AA y en años posteriores. Con este fin, me gustaría hablar de su presencia en nuestra Convención Internacional de 1955, celebrada en Saint Louis. Cito las siguientes palabras de nuestro libro de historia, *AA Llega a su Mayoría de Edad*.

"El Dr. Sam aparentaba ser escasamente un día más viejo que cuando lo conocí por primera vez hace veintiún años en su dinámico grupo de la casa parroquial de Calvary en Nueva York. Cuando empezó a hablar, nos produjo a los allí reunidos en el Auditorio Kiel el mismo impacto que nos había producido a Lois y a mí años atrás. Como siempre, llamaba al pan, pan y al vino, vino; y su ardiente entusiasmo, su sinceridad y su claridad diáfana servían para reforzar el efecto de su mensaje. A pesar de todo su brío y su elocuencia, Sam nunca perdió su sentido de la medida. Era un hombre que nunca vacilaba en hablar de sus propios pecados. Se presentó como un testigo del poder y del amor de Dios, tal como lo habría hecho cualquier miembro de AA.

"La presencia de Sam ante nosotros era otra evidencia de que la Providencia se había valido de muchos conductos para crear Alcohólicos Anónimos. Y ninguno más vitalmente necesario que el conducto abierto por Sam Shoemaker y su Grupo Oxford de la generación anterior. Los principios de autoexamen, de reconocimiento de los defectos de carácter, de reparaciones por los daños causados y de trabajo con otros, adoptados por la Comunidad en sus días pioneros, nos venían directa y exclusivamente de los Grupos Oxford y de Sam Shoemaker, su líder en Norteamérica en aquel entonces. Siempre aparecerá en nuestros anales como la persona cuyo ejemplo inspirado y cuyas enseñanzas contribuyeron más a crear el clima espiritual en el que los alcohólicos podríamos sobrevivir y luego desarrollarnos. AA tiene una deuda de gratitud eterna por todo lo que Dios nos envió a través de Sam y sus amigos en los días de la infancia de AA."

Creo que cualquiera que lea el libro de Helen Shoemaker, *I Stand By the Door*, será una mejor persona por haberlo hecho. Este relato vívido y conmovedor de Sam en su vida privada, en su trabajo pastoral, y en su vida pública nos ofrece un amplio y detallado retrato de uno de los mejores seres humanos de nuestro tiempo.

Bernard B. Smith

Octubre de 1970

S iento mucho que mi salud no me permita asistir a los servicios en memoria de mi viejo amigo Bern Smith. Su muerte es para mí una gran pérdida personal, porque me he apoyado en él muchos años. Siempre podía contar con sus sabios consejos, con solo pedirlos; desde el comienzo he disfrutado de su calurosa amistad.

Desde el mismo comienzo, Bern Smith entendía los principios espirituales sobre los que se basa la Sociedad de Alcohólicos Anónimos. Es raro encontrar una comprensión parecida entre la gente ajena. Pero Bern nunca fue una persona ajena. No solo comprendía nuestra Comunidad, sino que además creía en ella.

Hace exactamente un mes, Bern dio una extraordinaria e inspiradora charla antes unos 11,000 miembros de AA reunidos en Miami Beach para celebrar el trigésimo quinto aniversario de nuestra Comunidad. El tema de su charla era la Unidad—tema muy apropiado, porque no hubo nadie que hiciera más que él para asegurar la unidad de nuestra Comunidad.

Además, contribuyó muchísimo para asegurar nuestra supervivencia, porque era uno de los principales arquitectos de nuestra Conferencia de Servicios Generales.

Bern Smith no querría elogios de mi parte—ni los necesita. Lo que ha hecho por Alcohólicos Anónimos es un testimonio más elocuente que cualquiera que yo pudiera hacer. Todos echaremos mucho de menos su sabiduría y su perspicacia.

Sólo puedo añadir que he perdido un viejo y apreciado amigo; y AA ha perdido un grande y dedicado servidor.

Artículos acerca del Grapevine

Editorial:
Una perspectiva del porvenir

Junio de 1944

En el libro *Alcohólicos Anónimos*, hay un capítulo titulado "Una Visión Para Ti." Recientemente, mientras iba hojeando sus páginas, me atrajo la atención el siguiente asombroso párrafo escrito hace apenas cinco años. "Tenemos la esperanza de que algún día todo alcohólico que viaje encuentre en su lugar de destino una comunidad de Alcohólicos Anónimos. Esto ya es verdad hasta cierto punto. Algunos de nosotros somos vendedores y viajamos de un lado a otro. Pequeños grupos de dos, tres y cinco de nosotros han surgido en varias comunidades por medio del contacto con nuestros dos grandes centros..." Sin poder creerlo volví a leerlo otra vez. Se me hizo un nudo en la garganta. "Hace sólo cinco años," me dije, "nada más que un par de centros grandes... pequeños grupos de dos y tres... viajeros que esperaban encontrarnos algún día dondequiera que llegaran."

Me resultaba difícil creer que ayer todo esto era una mera esperanza—los pequeños grupos de dos o tres, esos faros diminutos que mirábamos con inquietud, cuyas llamas vacilaban sin llegar nunca a extinguirse.

Y hoy día tenemos centenares de centros que arrojan una luz acogedora sobre las vidas de millares de personas, e iluminan los sombríos escollos donde yacen los náufragos y los desahuciados, expuestos a los estragos del mar—los rayos que ya han llegado a los países de ultramar.

Y ahora tenemos encendida una nueva lámpara—este pequeño periódico que se llama el Grapevine. Que sus rayos de esperanza y experiencia siempre alumbren la corriente de nuestra vida de AA e iluminen algún día todo rincón oscuro de este mundo alcohólico.

Las aspiraciones de su redacción, de sus colaboradores y de sus lectores bien pueden expresarse en las últimas palabras de "Una Visión Para Ti": "Entrégate a Dios, tal como tú Lo concibes. Admite tus defectos ante El y ante tus semejantes. Limpia de escombros tu pasado. Da con larguez de lo que has encontrado y únete a nosotros. Estaremos contigo en la Fraternidad del Espíritu, y sin duda te encontrarás con algunos de nosotros mientras vayas andando por el Camino del Destino Feliz. Que Dios te bendiga y conserve hasta entonces."

El Grapevine:
Pasado, presente, y futuro

Julio de 1949

El Grapevine acaba de cumplir su primer año de existencia. Nos está llegando una multitud de cartas entusiásticas de todas partes de los Estados Unidos y de algunos países extranjeros, para felicitar a los miembros de la redacción y animarles a que sigan haciendo su buen trabajo.

A estas felicitaciones, me gustaría unir las mías. El personal, compuesto de voluntarios que contribuían generosamente con su tiempo y energía, ha hecho un trabajo fantástico. Y algunos también contribuyeron con dinero; no se puede empezar a publicar un periódico con paja. A los voluntarios que se retiran, me gustaría decirles, en nombre mío y en el de todos los abonados del Grapevine, "Felicitaciones y gracias."

¿Cómo empezó el Grapevine, y hacia dónde se dirige ahora?

El pasado verano, algunos AA neoyorquinos decidieron que ya era hora de que los grupos de nuestra área metropolitana tuvieran una publicación mensual. Al comienzo, había algunas discusiones sobre la posibilidad de solicitar el apropiado respaldo de los grupos, de la Fundación Alcohólica, o de quien fuese. Pero nadie pudo dar su respaldo a una revista que no había aparecido todavía. No obstante, los del Grapevine decidieron proceder con su proyecto, diciéndose que la revista, si fuera suficiente buena, tendría éxito; y si resultara ser trivial y aburrida, fracasaría automática y rápidamente. La gente podría "tomarla o dejarla."

En una arranque entusiástico de orgullo local, los editores enviaron muestras del primer número a todos los grupos de los Estados Unidos. Sin presión ni solicitación alguna. Nada más que un simple envío. Empezaron a llegar algunas subscripciones de todas partes. Hoy el chorrito se ha convertido en una riada. El Grapevine tiene abonados en cada uno de los cuarenta y ocho estados, e incluso en ultramar.

Con previsiones de ampliar sus actividades, los miembros de la redacción del Grapevine tuvieron la bondad de preguntarme hace algunos meses si me interesaría participar en su empresa durante el año que viene. Según su parecer, se podría ampliar el alcance de la revista hasta tener una dimensión nacional; que, con el tiempo, debería constituirse en sociedad, y, finalmente, tal vez, debería vincularse a la Fundación Alcohólica, la cual, como ya saben casi todos, es la patrocinadora de nuestra Oficina Central y de todas nuestras actividades a escala nacional.

Esa conversación sirvió para poner bien claro el hecho de que, aunque algunos equipos rotativos de voluntarios podrían seguir solicitando colaboraciones y preparando los manuscritos para su publicación, no cabe la menor duda de que pronto sería necesario ampliar las instalaciones y contar con la ayuda permanente de trabajadores asalariados. Me pidieron que les ayudara a hacer estos arreglos, y que escribiera un artículo de vez en cuando. Acordé hacer estas cosas, si la salud me lo permite.

Ahora, aparte de los voluntarios, tenemos una secretaria asalariada que trabaja a media jornada, y se ocupa de multitud de detalles. No obstante, el volumen de trabajos, así como el número de manuscritos sometidos para consideración, sigue aumentando. Es muy probable que la revista se vea en la necesidad de contratar a más trabajadores a sueldo y de ampliar su tamaño, lo cual entrañaría un pequeño aumento del precio de las subscripciones. El Grapevine ahora es completamente automantenida, y debe serlo siempre, y nunca debe depender de subvenciones o donaciones para asegurar su supervivencia, su calidad o su eficacia.

Aunque el Grapevine es joven todavía, ya ha empezado a tener su propia tradición. Cada miembro de la redacción aspira a conseguir que la revista sea la voz de AA. Todos somos muy conscientes del hecho de que nunca debe dirigirse a un grupo particular de lectores y que nunca debe tomar partido con respecto a ninguna cuestión controversial. Aunque las noticias y las opiniones que aparecen en sus páginas siempre deben tener que ver con la gente, nunca debe glorificar ni menospreciar a nadie, ni prestar su apoyo a ninguna empresa comercial, ni convertirse en el portavoz de nadie, ni siquiera de la Oficina

Central o de la Fundación Alcohólica. Naturalmente, cualquier lector encontrará de vez en cuando artículos publicados en el Grapevine con los que él o ella no esté de acuerdo. Así que siempre será necesario tener en cuenta que los artículos que se publican reflejan las ideas y los sentimientos de sus autores, y no necesariamente los del Grapevine. A fin de poder cristalizar las tradiciones y los principios, solicitamos más colaboraciones de todas partes del país.

Mientras tanto, les rogamos a nuestros lectores que no esperen demasiado de nosotros con demasiada rapidez. No tenemos todavía suficientes trabajadores; no nos resulta posible responder a todas sus cartas y a todas sus solicitudes de información. Me temo que esto también sea cierto en lo que a mí se refiere. No me veré en la posibilidad de mantener una correspondencia personal. Solo podré escribir un artículo de vez en cuando dirigido a todos ustedes.

Si les conviene a todos los abonados, en futuros números me gustaría tratar de ciertos temas, como por ejemplo, el anonimato, el liderazgo, las relaciones públicas, el uso del dinero en AA y otros similares. Con respecto a tales asuntos, nuestra tradición todavía no está fijada en absoluto. Al igual que la mayoría de los AA veteranos, he llegado a confiar grandemente en la capacidad de los grupos para extraer de su experiencia acumulada los principios que sean acertados. Por lo tanto, en los artículos que escriba, mi intención será la de exponer las ideas y opiniones actuales, el pro y el contra, con respecto a estas cuestiones polémicas. Los artículos no serán sino sugerencias. El propósito será el de fomentar una más amplia discusión, y no el de anunciar ningún principio nuevo.

Nosotros los del Grapevine reiteramos que esta revista es su revista. Será un vehículo para las ideas, los sentimientos, las experiencias y las aspiraciones de sus lectores—si ustedes desean que sea así. Aunque solo podemos publicar una pequeña fracción del material que nos llegue, ustedes pueden contar con que haremos nuestro mejor esfuerzo para hacer una selección buena y equitativa. Con el deseo constante de reflejar AA y solamente AA, el ideal del Grapevine será el de servir, y nunca dictar ni mandar. Les rogamos que nos ayuden a lograr que sea la voz auténtica de nuestra Comunidad.

¿Qué es nuestro Grapevine de AA?

Diciembre de 1946

Centenares de miembros de AA todavía no han visto ni han oído hablar del Grapevine. Otros nos preguntan, ¿quién es? ¿qué es? ¿cuáles son sus ideales? Por lo tanto, me han pedido que lo explique.

El Grapevine es nuestra principal revista mensual. Está dedicada a los intereses de Alcohólicos Anónimos y a nada más. En sus páginas se intenta publicar noticias y exponer los puntos de vista de los AA de todas partes. Su intención es reflejar una muestra representativa de nuestras ideas y nuestras actividades. La revista, que ya se distribuye en todas partes de los Estados Unidos y Canadá, ha empezado a llegar a lectores de países extranjeros. Algunos de sus 5,600 abonados son gente no-alcohólica, profundamente interesada en nuestro progreso y en nuestra filosofía.

En pocas palabras, el Grapevine se está convirtiendo rápidamente en "la voz colectiva de Alcohólicos Anónimos." Al igual que todas las cosas buenas, es el fruto de una evolución—no de una promoción. Como Topsy en el libro *La Cabaña del Tío Tom*, "simplemente se puso a brotar." Permítanme ahora que les lleve a un corto viaje retrospectivo para ilustrarles con mayor claridad cómo y por qué nació el Grapevine.

Hace diez años, nuestra Comunidad era como un niño débil que andaba a pasos inseguros—compuesta solamente por unos pocos alcohólicos que se aferraban desesperadamente a un ideal y que se apoyaban los unos en los otros. Estos pioneros fueron quienes originaron el movimiento de Alcohólicos Anónimos. Naturalmente, a medida que iba aumentando el número de miembros, los recién llegados recurrían al ejemplo y a la ayuda de los veteranos. Empezaron a llamarnos "líderes" a los veteranos, y al Dr. Bob y a mí, nos dieron el resonante título de fundadores. Visto que AA tenía en realidad veintenas de fundadores, nos habría gustado a los dos que nunca lo hubieran hecho. Pero lo hicieron—simplemente, suponemos, porque históricamente éramos los primeros y, por consiguiente, teníamos más experiencia.

Así que, a ojos de nuestros compañeros, llegamos a tener un estatus bastante excepcional. Nunca de una manera oficial, pero no obstante muy real. En lo concerniente a cuestiones de principios o de normas, los AA empezaron a considerarnos al Dr. Bob y a mí como representantes de su conciencia colectiva; además, empezaron a vernos como el corazón del movimiento, al cual llegaba un flujo incesante de problemas e inquietudes y del cual salía una profusión de respuestas y soluciones. Luego, cuando íbamos visitando los grupos, cada vez más numerosos, nos exigían que nos subiéramos a platafor-mas para exponer AA a auditorios cada vez más grandes. Así llegamos a ser la "voz colectiva de AA." Como dijo un amigo nuestro, "¡Vaya tarea!"

Bob y yo estamos de acuerdo con él. Es una tarea demasiado grande para cualquier par de alcohólicos. Somos demasiado falibles. Y aun si fuéramos infalibles, no vamos a vivir para siempre. Por lo tanto, ya hace largo tiempo que él y yo venimos intentando transmitir a otros el cometido de representar la conciencia, el corazón y la voz de AA.

Hace años contribuimos a establecer la Fundación Alcohólica, cuyos miembros custodios han llegado a ser los depositarios del fondo general de AA y, en tiempos recientes, por costumbre y acuerdo general, son considerados cada vez más como los guardianes de la Tradición de AA y de sus normas generales. Los custodios no son un organismo investido de autoridad. Simple-mente sirven como una especie de comité de servicios generales para AA en su totalidad. Son principalmente guardianes y mediadores. Por esta razón, los grupos han empezado a considerarlos como representantes de nuestra concien-cia colectiva de AA. Bob y yo esperamos que siga siendo así. Parece cada vez más probable que así será, a medida que todos vayan logrando una mayor comprensión de quiénes son los custodios y cuáles son sus responsabilidades.

En abril de 1939, un año después de la formación de la Fundación Alcohólica, se publicó el libro *Alcohólicos Anónimos*. Este proyecto también fue emprendido por un grupo de miembros de AA que creían conveniente que nuestra experiencia fuera codificada y puesta por escrito. Este grupo suministró dinero, sugerencias e historias. A Bob y a mí, se nos encargó la tarea de determinar el contenido del libro, y a mí se me asignó la labor de redactar el texto. La publicación del libro de AA marcó un momento de nuestra historia en el que nuestros miembros pioneros, junto con Bob y yo, transmitieron nuestra experiencia por este nuevo medio a un círculo cada vez más amplio, y que ahora promete abarcar todo el mundo del alcoholismo.

La Oficina Central de Nueva York nació a la misma vez que el libro. Hoy día, el personal de la oficina responde a millares de solicitudes de información, se ocupa de nuestras relaciones públicas globales, envía cartas a nuevos grupos aislados para darles ánimo, procura que se publiquen y se impriman las listas de grupos, los folletos y materiales impresos parecidos y el libro *Alcohólicos Anónimos*. Hace unos cuantos años, los custodios de nuestra Fundación adqui-rieron los derechos del Libro de AA y, al mismo tiempo, asumieron la responsabilidad de la supervisión de la Oficina Central, cuyo mantenimiento ha pasado gradualmente a los grupos, los cuales lo hacen por medio de sus contribuciones voluntarias a la Fundación. Miles de nuevos miembros han llegado a AA, centenares de grupos han recibido ayuda para superar sus dolores de crecimiento, y millones de personas se han enterado de AA por medio de los trabajos de la Oficina Central. Poco a poco, nuestra Oficina Central ha empezado a ser reconocida como el corazón de AA. Le llegan solicitudes de información y de ayuda, y la oficina, a su vez, responde, facilitando la información más exacta y las mejores sugerencias posibles. De esta manera, otra de las funciones de los miembros que contribuyeron a dar origen a AA se está transfiriendo al personal de la Oficina Central. La Oficina Central casi se ha convertido en el corazón central de AA.

"Ahora bien," dicen nuestros lectores, "¿qué tiene todo esto que ver con el Grapevine?" La respuesta es que, al igual que la Fundación y el Libro de AA, que eran fruto de los trabajos de nuestros grupos pioneros, el Grapevine comenzó sus operaciones hace dos años gracias a los esfuerzos de algunos AA con experiencia periodística que creían que teníamos necesidad de una publicación mensual. Estaban dispuestos a contribuir con un poco de dinero y con energía ilimitada para asegurar que tuviera éxito. Al comienzo, este grupo no recibió ninguna autorización especial para emprender su proyecto. Simplemente se subieron las mangas y se pusieron a trabajar, e hicieron un trabajo tan bueno que, a finales del año, su revista se estaba distribuyendo a escala nacional. No hubo ningún patrocinio, ninguna promoción. Al igual que el Libro de AA, la Oficina Central y la Fundación, el Grapevine llegó a ser una institución nacional por su propio mérito y esfuerzos.

Llegados a este punto, los miembros del personal fueron a consultar a los custodios, para discutir el porvenir de su publicación. También, me pidieron a mí que escribiera algunos artículos y que sondeara a los grupos para saber si les gustaría que esta revista fuera su principal publicación de AA. Centenares de grupos y abonados individuales respondieron entusiásticamente que sí. No hubo casi ninguna voz disidente. Por consiguiente, se constituyó el Grapevine en sociedad no lucrativa, propiedad de la Fundación, y ahora lo dirige un comité conjunto, compuesto por dos custodios miembros de la Fundación, dos miembros del personal voluntario, y el redactor jefe. Aunque en estas fechas aún no ha llegado a ser completamente automantenido, esperamos que pronto lo sea. Así que se ha realizado otra transferencia. El Grapevine se está convirtiendo en la voz de Alcohólicos Anónimos.

Como dijo recientemente un miembro de la redacción, "Creemos que el Grapevine debe llegar a ser la 'voz de Alcohólicos Anónimos,' que debe traernos noticias de nuestros compañeros a pesar de las distancias, y que siempre debe describir los más recientes hallazgos de este manantial vasto y vivificador que llamamos la 'experiencia de AA.' Nunca participará en los debates polémicos de la religión, la reforma o la política; nunca tendrá fines lucrativos; nunca prestará su nombre ni apoyo a empresas comerciales o publicitarias; siempre tendrá presente nuestro único objetivo de llevar el mensaje a los que aún sufren del alcoholismo—ésta es la idea que tenemos del Grapevine."

El Dr. Bob y yo estamos entusiásticamente de acuerdo con estos sentimientos. Esperamos que los AA de todas partes lleguen a considerar esta revista como la suya; que nuestros excelentes escritores de AA colaboren generosamente; que todos los grupos nos envíen noticias de sus actividades que sean de interés general; que a ojos de todos los miembros de AA el Grapevine pronto se vea como uno de nuestros servicios centrales esenciales, junto con la Fundación, el Libro de AA, y la Oficina Central.

Mis queridos compañeros, hay que confesar que el Dr. Bob y yo tenemos una segunda intención. Porque cuando se haya efectuado la transferencia completa de nuestras funciones originales de representar la conciencia, el corazón y la voz de AA a estas nuevas, mejores y más permanentes agencias, los veteranos realmente nos veremos en la posibilidad de quitarnos de en medio.

A través del espejo de AA

Noviembre de 1950

Permítanme que haga una alabanza de los trabajadores del Grapevine y de todas sus obras. Que disfruten de una vida larga y próspera.

Uno se mira al espejo para maquillarse, para afeitarse o para admirarse. Pero es probable que el buen AA eche una mirada más profunda. Cada mañana da gracias por la sobriedad reflejada en su cara; pide perdón por los resentimientos que aún le quedan; espera que le llegue la gracia para vivir bien el nuevo día. Al caer la noche, se vuelve a mirar y dice, "Bueno, amigo mío, ¿cómo nos hemos portado hoy? Gracias a Dios por el privilegio de vivir."

Así que el espejo de AA no refleja el maquillaje, sino la gratitud; no refleja la vanidad, sino la humildad; no refleja la espuma, sino la realidad. Refleja una experiencia inapreciable.

Leer el Grapevine puede ser una experiencia parecida. Pero el Grapevine es un espejo mucho mayor. En sus páginas, tenemos una oportunidad inspiradora de ver a nuestro compañero mientras medita. Nos vemos transportados por arte de magia entre nuestros hermanos y hermanas de todas partes. Nos sentimos unidos a ellos. Alicia en el País de Maravillas nunca tuvo una aventura similar. A través del espejo de AA recorremos alegremente la espaciosa morada que la Providencia nos ha proporcionado—en esa magnífica casa de libertad que se llama AA.

Porque el Grapevine es realmente la revista de ustedes y la mía. Mes tras mes, su contenido se compone de los pensamientos e ideas de ustedes—acerca de AA y de cualquier otra cosa que tengan en mente. Cada mes, un promedio de unos doscientos de ustedes envían artículos. El Grapevine no está escrito por un grupo de grandes cerebros encerrados en una torre de marfil. Lo escriben ustedes.

En cada número, ustedes pueden ver la destreza con la que se ha seleccionado lo mejor de sus contribuciones y la maestría con la que se han presentado en una publicación de la que todos y cada uno de nosotros podemos sentirnos orgullosos. Tal vez le hayan preguntado cómo se logra hacer tan bien este trabajo en un espacio de treinta días. Se hace como casi todo lo demás en AA— por miembros de AA que colaboran en el trabajo sin esperar otra recompensa que la de prestar su ayuda. Sin remuneración y sin alabanzas, tal vez han trabajado bastante tiempo en anonimato total, incluso entre sus mismos compañeros.

Así que, tal vez les gustaría conocer a los trabajadores del Grapevine. Son quienes captan para ustedes todas esas bellas imágenes. Cada mes les presentan las perspectivas, las palabras y las impresiones más recientes de AA en marcha. El Grapevine es la alfombra mágica en la que pueden recorrer todo nuestro ámbito.

Para empezar, les presento a Al, el redactor jefe. Se dice que Al es un periodista muy trabajador que escribe para los noticiarios. Pero nadie sabe de dónde saca el tiempo para dedicarse a su oficio. La mayor parte del tiempo se encuentra en las oficinas del Grapevine ocupándose de los detalles de última hora—o tal vez de los trabajos preliminares. Todas las tareas que normalmente hacen los redactores, las hace Al. Lean el Grapevine y seguro que estarán de acuerdo conmigo.

Ahora les presento a Clyde, Paul, Rod y Sig. El primero es un renombrado editor de obras de ficción; el segundo un redactor/corrector de alto calibre; el tercero es un ejecutivo de publicidad, y el cuarto—tiene algo que ver con las relaciones públicas. Todos estos eminentes profesionales probablemente comprueban lo que hace Al y sin duda le apoyan. De vez en cuando, ellos mismos escriben algunos artículos. Luego tenemos a los artistas, Budd y Glenn. Muy diestros, y así deben ser. Porque en el mundo de afuera son directores artísticos e ilustradores de primera clase. ¿Han visto recientemente las ilustraciones del Grapevine? Más vale que les den un vistazo. O aun mejor, subscríbanse.

Y ahora les presento a los expertos financieros del Grapevine. El hecho de que está experimentando un déficit nos es culpa suya. En la vida real, Mike y (otro) Bud son tesoreros de casas editoriales. Mike también es tesorero del Grapevine. Hace algún tiempo reemplazó en este puesto lúgubre e ingrato a Dick S. (no el Dick S. de Cleveland). Bud aún sigue con nosotros como colaborador y anciano estadista porque él es—ustedes deben saber—uno de los fundadores de nuestra revista. Para estar completamente seguros de tener todos los cabos bien atados, el Grapevine cuenta con otros dos financieros— superfinancieros. Son Jonas y Leonard, custodios de la Fundación, que colaboran en la administración del Grapevine.

El Grapevine y tú y yo

Junio de 1957

Me gustaría hablar con ustedes sobre algunos planes que el Grapevine de AA tiene en perspectiva. En estos planes se incluye el de publicar frecuentemente artículos escritos por mí. Todos los meses del año que viene intentaré escribir algo para todos ustedes.

Hay diversas consideraciones que han motivado esta decisión. La primera es que Lois y yo ya no podemos seguir viajando para visitarles en persona. Reconocemos que ya no somos tan jóvenes como éramos. Si viajáramos a algún sitio, para ser justos deberíamos viajar a todas partes. Pero "todas partes" en AA es ahora un territorio muy extenso. Abarca toda Norteamérica, setenta países de ultramar y 200,000 miembros de AA. Si viajáramos a visitarles a todos, nunca volveríamos a casa. Así que ésta es una buena razón para charlar cada mes con ustedes por medio del Grapevine. Puede ser la mejor alternativa a hacer largos viajes.

Hay otra razón: A medida que AA crece en amplitud y profundidad, también lo debe hacer el Grapevine, porque esta revista es el mayor espejo que tenemos para reflejar los pensamientos, los sentimientos y las actividades actuales de AA. Gracias a sus dedicados trabajadores y colaboradores de los años pasados, nuestra revista siempre ha logrado crecer.

El Grapevine hace periódicamente un esfuerzo especial encaminado a mantenernos al ritmo de la Comunidad. En este momento nos encontramos atravesando uno de estos períodos. Queremos ponernos al día con AA mundial, en todas sus nuevas y fascinantes facetas y ramificaciones. Queremos alcanzar al veterano que a veces cree, y tal vez con razón, que nuestra revista se enfoca demasiado en los problemas de los recién llegados.

Así que, ¿qué podemos hacer, tú y yo, al respecto? Primero, tenemos que apartar un gran obstáculo. Si se ha de producir una revista mejor y más amplia, será necesario aumentar el número de trabajadores, asalariados y voluntarios— el de los asalariados, un poco, y el de los voluntarios, mucho. Hace tiempo que los departamentos de subscripción y redacción tienen falta de personal.

El hecho es que desde hace mucho tiempo los del Grapevine han estado librando una batalla perdida contra la inflación. El precio de 25 centavos no ha cambiado en los últimos doce años. Puede ser la única cosa en el mundo que no ha subido de precio—aparte de los caramelos "Life Savers". Mientras tanto, los gastos de publicar la revista han aumentado grandemente, como casi todo lo demás. Incluso después de la reciente gran campaña para aumentar el número de subscriptores, el Grapevine sigue sin poder equilibrar sus cuentas. Esta situación económica no nos ofrece ninguna seguridad a largo plazo y nos presenta un obstáculo para ampliar el tamaño o mejorar la calidad de la revista tanto ahora como en el futuro, si seguimos en las mismas circunstancias.

Por estas razones, queda bien claro que el precio sin duda tendrá que subir a 35 centavos por número suelto o $3.50 al año. Estamos seguros de que todo el mundo tendrá mucho gusto en dar otros diez centavos al Grapevine—hecho confirmado claramente por un sondeo preliminar. Así eliminaremos el obstáculo que los trabajadores del Grapevine, a pesar de toda su dedicación, ya no pueden superar.

Cuando hayamos logrado este fin, tú y yo todavía podremos ayudar muchísimo. El Grapevine desea agregar dieciséis páginas más a cada número y algunas nuevas secciones dedicadas a noticias, a las actividades de Al-Anon, y otros temas. Desea publicar más artículos de mayor interés para nuestros miembros que llevan cinco o diez años sobrios. La redacción se está esforzando enérgicamente por encontrar ideas nuevas y prometedoras.

Claro está que tú y yo podemos facilitarles algunas de estas ideas.

¿Por qué no se toman la molestia de escribirme algunas cartas "con ideas"? En este momento, no quiero decir ensayos o artículos completos. Lo que ahora le hace falta al Grapevine son ideas referentes a lo que a ustedes les gustaría ver publicado en la revista. Por ejemplo, sugerencias para nuevas secciones, una lista de temas nuevos, o títulos propuestos para nuevos artículos, sobre los cuales la redacción podría documentarse... y—en particular—me podrían indicar los temas que les gustaría que yo abordara durante los próximos doce meses.

Por parte de ustedes, esto tendrá que ser una obra de amor, en el espíritu del anonimato. Las cartas que lleguen serán sin duda demasiado numerosas para que yo pueda contestarlas. Pero ustedes pueden facilitarnos al personal del Grapevine y a mí una abundancia de materiales excelentes y muy útiles—y estoy seguro de que lo harán.

Consideren, queridos lectores, lo ventajoso que es el arreglo que tenemos. Si tuviéramos que abonar a estos expertos los sueldos que cobran en el mundo exterior, nos veríamos pagándoles unos $10,000 al mes. Pero ellos, por nosotros los AA, se pasan las noches en blanco, trabajando en el Grapevine solo por amor. Es difícil imaginar nada mejor.

No nos engañemos. No abriguemos la ilusión de que no nos cuesta nada producir el Grapevine. Cuando una revista tiene una circulación de 23,000 ejemplares, surgen problemas que no existían cuando sus lectores eran solo unos centenares. Ni siquiera los voluntarios que se matan trabajando pueden sacar suficiente tiempo de las actividades en las que se ganan el pan para hacer todo lo que hay que hacer.

Se necesitan oficinas, archivos y mucho espacio para los ficheros. Hay que tener registros para que su subscripción no se pierda. Hay que comprar aparatos muy caros. Hay que contestar la correspondencia. Hay que atender los teléfonos. Por lo tanto, es necesario que el Grapevine tenga trabajadores de plena dedicación—un personal asalariado (de no-alcohólicos) que haga el 90% del trabajo. El redactor jefe dice que los esforzados trabajadores no-alcohólicos hacen todo el trabajo pesado y luego él y los borrachos entran en escena y reciben todos los aplausos. Por lo tanto, no tratemos con condescendencia ni subestimemos a estos trabajadores. Conozcámoslos:

Primero, tenemos a nuestra concienzuda Kitty. Con la ayuda de dos mujeres jóvenes y un hombre joven, hace su trabajo en un sótano de la parte sur de la ciudad en los alrededores del Puente Brooklyn. Más al norte, nos encontramos con los dos miembros del equipo administrativo. Vemos a John en su cubículo encorvado sobre la Vari-Typer. El hombre no puede permitirse el lujo de tener tan solo una resaca. Tiene que estar siempre en buena forma. Y me dicen que siempre lo está.

Ahora tenemos a Virgina, la editora gerente. En el Grapevine, esto quiere decir un alma bien dispuesta a hacer todo los trabajos que el resto del equipo no puede o no quiere hacer. Cuatro de cada cinco artículos del Grapevine nos llegan de fuera de la ciudad. Si el artículo que has sometido es bastante aburrido, ella te lo dice de forma muy amable. Te envía una estupenda carta de agradecimiento en nombre de todo el personal del Grapevine y te dice que tu artículo ha sido archivado en un precioso recipiente que ella llama "la heladera." Es posible que lo puedan utilizar en el futuro. Virginia se ve obligada a hacer cortes y correcciones en todos los manuscritos. Los borrachos tienden a contar historias interminables, como bien sabemos. Ella tiene que recortar nuestro torrente de palabras para que quepa en el espacio del Grapevine. ¡Las mías también! Suele conseguir que los colaboradores respeten el plazo fijado o que el impresor retrase sus planes sin que nadie se enfade mucho. (Cuando los voluntarios han terminado sus trabajos—es decir, han sobrevivido las angustiosas horas dedicadas a pulir la redacción final de sus manuscritos—Virginia los acepta con una pequeña sonrisa irónica.) Parece que los voluntarios pueden cometer errores, pero Virginia no. Si algo sale mal, y resulta que hay que volver a trabajar en la versión "final"—es culpa de Virginia. No obstante, le encanta su trabajo en el Grapevine. Todos los miembros del personal te dirán lo mismo. Para ellos, es una auténtica obra de amor. No se puede explicar de otra manera lo que esta gente hace por nosotros doce veces al año.

¿Qué crees que les gustaría que tú y yo les diéramos? ¿Nuestra gratitud? Claro que sí. ¿Artículos de colaboración? Sin duda, dicen al unísono, envíenoslos. ¿Subscripciones? Al oír esta palabra, se les ilumina la cara, y dicen, ¡Así se habla!

Al, el redactor jefe, me advirtió recientemente, "El Grapevine está en un grave apuro. Los gastos están por las nubes. La impresión, el correo, el alquiler, los sueldos—todo. No hay remedio. Esto supone reducir la revista a la mitad o aumentar el precio de 25 centavos. Lo primero es impensable, lo segundo, malas noticias. La Fundación no puede seguir compensando nuestro déficit para siempre. ¿Qué vamos a hacer?

"¿Qué tal si consiguiéramos muchas más subscripciones?" le pregunté. Al se rascó la barbilla. "Diez mil más para Navidad podrían arreglar el asunto," me replicó.

Tal vez mi última mirada al espejo de este trabajador del Grapevine fue demasiado. Las zalamerías de Al han acabado por convencerme. ¿Y a ti también?

Leamos—y demos gracias a Dios

Octubre de 1958

Este es el primer número internacional del Grapevine y me siento encantado de enviarlo a la imprenta.

Este acontecimiento me recuerda que la carta constitutiva original del Grapevine fue redactada por un abogado, miembro de AA, ya fallecido. Era un buen abogado. Por lo tanto, la carta fue un trabajo concienzudo y muy bien redactada desde el punto de vista legal. Pero nuestro fallecido amigo era mucho más que un buen redactor. Era un miembro de AA de gran perspicacia—con una visión de lo que podría ser el futuro de AA y del papel que el Grapevine podría desempeñar para convertir este sueño en realidad.

Cuando redactó en los estatutos la cláusula referente al "propósito general," se olvidó de que era abogado, y se lanzó a hacer una descripción superentusiasta de los propósitos y de la perspectivas del Grapevine—tanto que en aquel año pionero de 1944 su visión nos parecía inverosímil a la mayoría de nosotros.

Nunca he olvidado una de sus expresiones. Describió el Grapevine como la "alfombra mágica" de AA, que podría transportar instantáneamente a cualquier lector a innumerables ciudades y aldeas y a todos esos aislados puestos fronterizos de países lejanos en los que nuestra Sociedad llegaría a florecer algún día.

Este número internacional es la mejor evidencia de que el sueño de nuestro amigo se ha convertido en realidad. En el corto espacio de catorce años, desde que escribió aquella primera carta constitutiva, la magnífica realidad de lo que nos ha acontecido ha sobrepasado con mucho su visión original.

Leamos este número desde la primera hasta la última página—y demos gracias a Dios.

Una carta de aniversario

Junio de 1959

E ste número del Grapevine marca el aniversario de su fundación hace exactamente quince años.

Siempre tendré conmigo los recuerdos de algunas de aquellas primeras reuniones de la redacción. Sentados alrededor de una mesa de una pequeña y lóbrega sala en algún lugar del sur de la ciudad, los fundadores estudiaban detenidamente los manuscritos recién redactados para los primeros números. En aquellos días, los entusiastas fundadores hacían todo. No sólo dibujaban los ilustraciones y escribían la mayoría de los artículos, sino que además llevaban los libros de cuentas, pagaban las facturas de la imprenta, mecanografiaban las direcciones en cada ejemplar, y finalmente pegaban los sellos. Así se solía desenvolver el alegre paroxismo mensual de crear lo que llegaría a ser la principal revista mensual de toda nuestra Sociedad.

Hoy día, unos 35,000 lectores ven reflejados en cada número del Grapevine los pensamientos, los sentimientos y las actividades de toda nuestra Comunidad. Es nuestro gran vehículo de intercambio de comunicación; una alfombra mágica en la que cada uno de ustedes puede viajar a los lugares más remotos y ver a nuestros nuevos hermanos y hermanas salir de las tinieblas hacia la luz.

Con motivo de esta alegre ocasión, envío mis más calurosos saludos a los lectores y al personal del Grapevine. Que Dios haga que el Grapevine prospere para siempre.

INDICE